# La Bible de la guérison par les chakras

# La Bible de la guérison par les chakras

*Activez le pouvoir transformateur de vos centres d'énergie*

CYNDI DALE

Éditeur : François Doucet
Traduction : Josée Guévin
Révision linguistique : L. Lespinay
Révision : Nancy Coulombe, Véronique Bettez, Suzanne Turcotte
Images : ©Thinkstock
Design de la couverture et de l'intérieur : Tho Quan
Mise en pages : Tho Quan
ISBN papier : 978-2-89667-237-0
ISBN numérique : 978-2-89683-163-0
Première impression : 2011
Dépôt légal : 2011
Bibliothèque et Archives nationales du Québec
Bibliothèque Nationale du Canada

Éditions AdA Inc.
1385, boul. Lionel-Boulet
Varennes, Québec, Canada, J3X 1P7
Téléphone : 450-929-0296
Télécopieur : 450-929-0220
www.ada-inc.com
info@ada-inc.com

Diffusion

| | |
|---|---|
| Canada : | Éditions AdA Inc. |
| France : | D.G. Diffusion<br>Z.I. des Bogues<br>31750 Escalquens — France<br>Téléphone : 05.61.00.09.99 |
| Suisse : | Transat — 23.42.77.40 |
| Belgique : | D.G. Diffusion — 05.61.00.09.99 |

Imprimé en Chine

Participation de la SODEC.
Nous reconnaissons l'aide financière du gouvernement du Canada par l'entremise du Programme d'aide au développement de l'industrie de l'édition (PADIÉ) pour nos activités d'édition.
Gouvernement du Québec — Programme de crédit d'impôt pour l'édition de livres — Gestion SODEC.

« CYNDI DALE COMMENCE LÀ OÙ LES AUTRES LIVRES SUR LES CHAKRAS S'ARRÊTENT. »

— *Catalyst Magazine*

D'abord publié en 1996 sous le titre *New Chakra Healing* (version originale anglaise), l'ouvrage révolutionnaire de Cyndi Dale offrait de la nouvelle information essentielle au sujet du système énergétique humain à l'intention des personnes aussi bien que des guérisseurs. Il présentait aux lecteurs les 32 centres énergétiques du corps humain et était le premier à expliquer comment travailler avec l'énergie de l'envers des chakras. Le succès de *New Chakra Healing* a établi la carrière de Cyndi Dale comme guérisseuse par l'énergie et comme intuitive. L'ouvrage est devenu un best-seller traduit en 15 langues.

*La Bible de la guérison par les chakras* est une ressource encore plus essentielle pour toutes les bibliothèques, puisqu'elle offre de l'information nouvelle et substantielle sur la santé, non disponible au moment de la première publication en anglais. Il promet d'être la ressource la plus complète et la plus utile pour travailler avec le système énergétique humain.

- Des recherches scientifiques récentes qui valident le système d'énergie subtile et comment celui-ci crée le monde physique.
- Des connaissances nouvelles sur les liens entre la santé physique, émotionnelle et spirituelle, prouvés par la physique quantique, des textes ésotériques et l'expérience de Cyndi en tant que guérisseuse.
- De nombreuses illustrations de schémas d'affections énergétiques jamais vues auparavant.
- Des preuves supplémentaires et détaillées du puissant potentiel des chakras.
- L'illustration des influences négatives qui causent les problèmes et la maladie, comme les cordes éthériques, les liens et les sorts, ainsi que des moyens de composer avec ces derniers.
- Des explications sur les méridiens et deux douzaines de corps énergétiques.

## AU SUJET DE L'AUTEURE

Cyndi Dale est reconnue mondialement comme une autorité en matière d'anatomie de l'énergie subtile. Elle a écrit plusieurs livres sur la guérison énergétique, y compris l'original *New Chakra Healing* revu, qui a été traduit en plus de dix langues, de même que six autres ouvrages à succès sur le sujet, dont *Advanced Chakra Healing, Illuminating the Afterlife* et *The Subtle Body*. Par l'intermédiaire de sa compagnie, Essential Energy, elle fournit des évaluations intuitives et la guérison de problèmes de la vie à des milliers de clients chaque année, cherchant sans cesse à inspirer les autres et à leur donner l'envie de trouver leur véritable raison d'être et leur vraie personnalité. Son enthousiasme et son attention enflamment tous ceux qui participent à ses ateliers, ses séances de formation et ses cours universitaires, offerts dans le monde entier.

Cyndi a créé quelques formations sur CD, dont *Advanced Chakra Wisdom, Illuminating the Afterlife, Energetic Clearing : Healing Energetic Wounds, Releasing Negative Influences, and Creating Healthy Boundaries* et *Healing Across Space and Time : Guided Journeys to Your Past, Future, and Parallel Lives*, produits par Sounds True ; et *Healing Across Time*, coproduit par Sounds True et One Spirit. Elle a par ailleurs produit ses propres DVD, dont la série *Song Birds*.

Cyndi a étudié les systèmes de guérison interculturelle et énergétique et a dirigé des cours dans de nombreux pays, dont le Pérou, le Costa Rica, le Venezuela, le Japon, le Belize, le Mexique, le Maroc, la Russie et à travers l'Europe ainsi que parmi les Lakotas et les Kahunas hawaïens. Elle vit à Minneapolis (Minnesota) avec ses deux fils et cinq animaux domestiques (au dernier décompte). Plus de renseignements sur les cours et les produits de Cyndi sont disponibles sur www.cyndidale.com

*À mon père, dont la mort m'a donné des leçons de vie, et à mon fils Michael dont la vie m'a donné des leçons d'amour. Un merci spécial au Michael maintenant devenu adulte qui m'a prêté ses talents pour m'aider dans les révisions. Mon père serait fier de lui. Et j'ai deux autres personnes importantes à remercier. Anthony J. W. Benson, directeur commercial et ami extraordinaire que j'ai rencontré par l'intermédiaire de Llewellyn. Et Gabriel, mon second fils, dont la nature heureuse illumine mon cœur.*

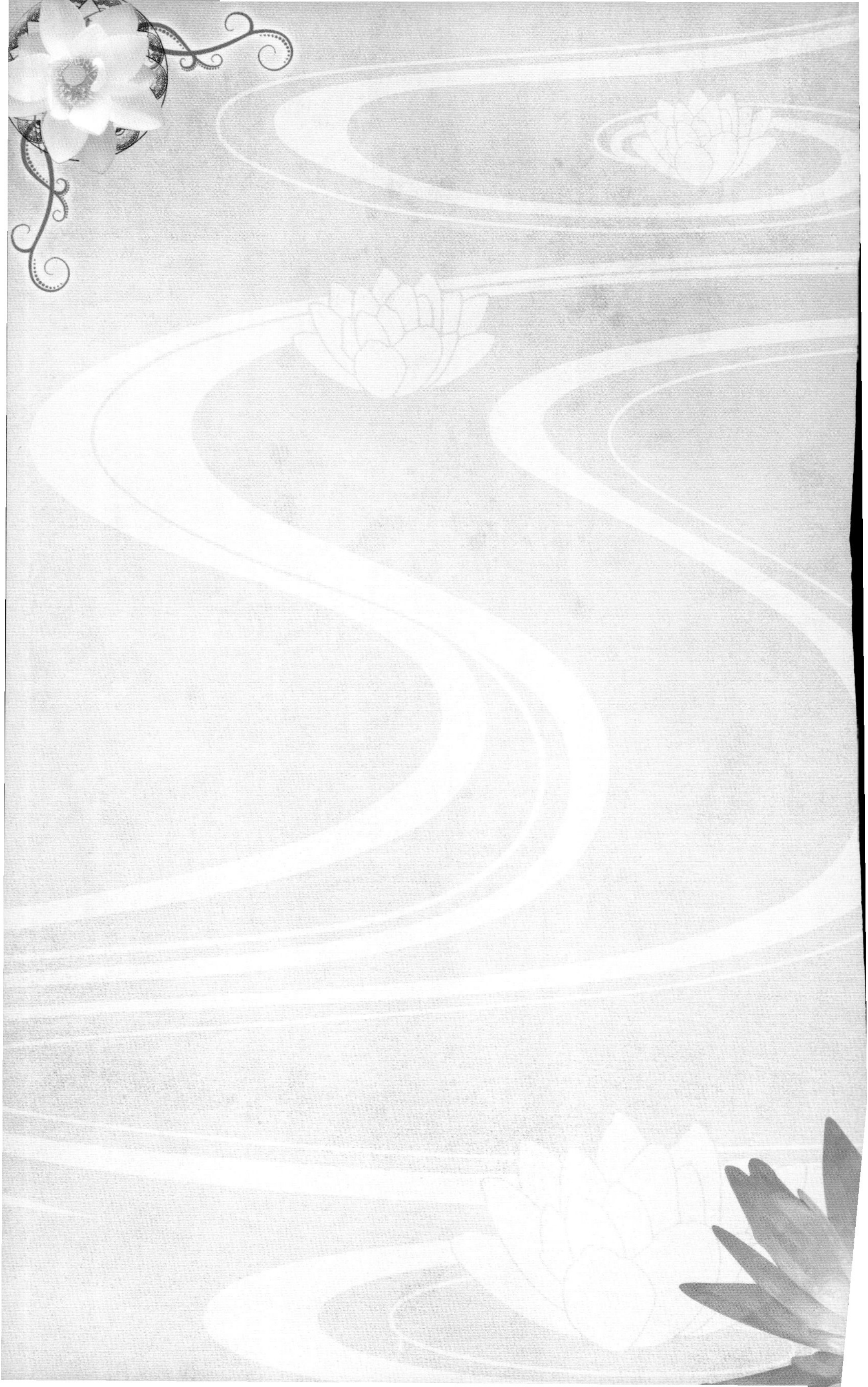

# Table des matières

*Liste des illustrations* - xiii

*Introduction*

LES PROGRÈS ÉNERGÉTIQUES :
DE NOUVEAUX RÊVES POUR L'HUMANITÉ - 1

*Chapitre 1*

LA PORTE BATTANTE :
LE SYSTÈME ÉNERGÉTIQUE HUMAIN -7

*Chapitre 2*

VOUS EN TANT QU'INFINITÉ :
VOS 12 CHAKRAS - 47

*Chapitre 3*

VOS 20 CENTRES ÉNERGÉTIQUES SPIRITUELS - 109

*Chapitre 4*

L'ÉPANOUISSEMENT DU MOI - 135

*Chapitre 5*

DE L'ENDROIT À L'ENVERS :
TRAVAILLER AVEC VOS CENTRES INTERNES - 181

*Chapitre 6*

LE CHAMP ÉNERGÉTIQUE AUTOUR DE VOUS -207

*Chapitre 7*

DANS VOTRE CHAMP :
PLUS ENCORE - 259

*Chapitre 8*

ENTRER DANS LE MOUVEMENT :
LES RAYONS D'ÉNERGIE - 271

*Chapitre 9*

LES PRINCIPES PROTECTEURS - 285

*Chapitre 10*

LA CONCEPTION DE L'ESPRIT - 295

*Chapitre 11*

ESPRITS ET GUÉRISON :
CORDES ET AUTRES LIENS ÉNERGÉTIQUES - 325

*Chapitre 12*

TRAVAILLER AVEC LE CORPS :
LES POINTS CLÉS - 335

*Chapitre 13*

LES CANAUX ÉNERGÉTIQUES - 359

*Chapitre 14*

COMPRENDRE LES ÉMOTIONS - 363

Chapitre 15

LIBÉRER VOS ÉMOTIONS - 393

Chapitre 16

DEVENIR LE MOI DE VOTRE SOURCE DIVINE : VIVRE COMME UN CHAMAN - 413

Chapitre 17

LA GUÉRISON PAR LES CHAKRAS : SURVOL DES MALADIES - 425

Bibliographie - 469

Index - 473

# Illustrations

**Figure 1.1 :** Les couches de la réalité de William Tiller... 15
**Figure 2.1 :** Le système des 12 chakras... 48
**Figure 2.2 :** Les sept chakras internes... 52
**Figure 2.3 :** Structure d'un chakra... 59
**Figure 2.4 :** Communication dans les chakras... 61
**Figure 2.5 :** Premier chakra... 66
**Figure 2.6 :** Deuxième chakra... 69
**Figure 2.7 :** Troisième chakra... 72
**Figure 2.8 :** Quatrième chakra... 75
**Figure 2.9 :** Cinquième chakra... 77
**Figure 2.10 :** Sixième chakra... 81
**Figure 2.11 :** Septième chakra... 83
**Figure 2.12 :** Huitième chakra... 89
**Figure 2.13 :** Neuvième chakra... 92
**Figure 2.14 :** Dixième chakra... 96
**Figure 2.15 :** Onzième chakra... 100
**Figure 2.16 :** Douzième chakra, points 1 à 14 et 25 à 32... 103
**Figure 2.17 :** Douzième chakra, points 15 à 24... 104
**Figure 3.1 :** Vos 20 points énergétiques spirituels... 112
**Figure 3.2 :** Les trois formes de kundalini... 121
**Figure 4.1 :** Programmation d'une forteresse... 147
**Figure 5.1 :** Détecter les chakras au moyen d'un pendule... 205
**Figure 6.1** : Les couches de l'aura... 210

**Figure 6.2 :** L'aura d'une personne souffrant du syndrome de fatigue chronique… 211

**Figure 6.3 :** La première couche, la deuxième et la couche aurique d'intégration… 216

**Figure 6.4 :** La troisième couche aurique… 223

**Figure 6.5 :** La quatrième couche aurique… 227

**Figure 6.6 :** La cinquième couche aurique… 230

**Figure 6.7 :** La sixième couche aurique… 233

**Figure 6.8 :** La septième couche aurique… 237

**Figure 7.1 :** Le champ électromagnétique et les chakras… 261

**Figure 7.2 :** Un corps de lumière… 267

**Figure 7.3 :** L'œuf énergétique… 269

**Figure 10.1 :** La plupart des connexions âme/esprit/corps – 300

**Figure 10.2 :** Stade intermédiaire de guérison comportant l'expression de l'essence… 300

**Figure 10.3 :** Stade avancé de guérison… 300

**Figure 12.1 :** Les 32 chakras et la colonne vertébrale… 336

**Figure 12.2 :** Les vertèbres coccygiennes et sacrées et leurs connexions chakriques… 339

**Figure 12.3 :** Les vertèbres lombaires et leurs connexions chakriques… 345

**Figure 12.4 :** Les vertèbres thoraciques (dorsales) et leurs connexions chakriques… 348

**Figure 12.5 :** Les vertèbres cervicales et leurs connexions chakriques… 351

**Figures 16.1, 16.2 et 16.3 :** Les descriptions du moi… 420

**Figure 17.1 :** Les signes énergétiques du SIDA… 426

**Figure 17.2 :** Les signes énergétiques des allergies… 428

**Figure 17.3** : Les signes énergétiques des dépendances… 434

**Figure 17.4 :** Les signes énergétiques de la dépendance au sucre... 435
**Figure 17.5 :** Les signes énergétiques de l'anxiété... 437
**Figure 17.6 :** Les signes énergétiques de l'arthrose et de l'arthrite rhumatoïde... 439
**Figure 17.7 :** Les signes énergétiques de l'asthme... 441
**Figure 17.8 :** Les signes énergétiques de l'autisme, du syndrome d'Asperger et des troubles de l'attachement... 443
**Figure 17.9 :** Les signes énergétiques du cancer du sein... 445
**Figure 17.10** : Les signes énergétiques du cancer de la prostate... 446
**Figure 17.11** : Les signes énergétiques de la dépression... 449
**Figure 17.12** : Les signes énergétiques d'une migraine... 451
**Figure 17.13** : Les signes énergétiques d'une maladie cardiaque... 452
**Figure 17.14** : Les signes énergétiques du syndrome de l'intestin irritable... 455
**Figure 17.15** : Les signes énergétiques des microbes — bactéries... 457
**Figure 17.16** : Les signes énergétiques des microbes — champignon... 459
**Figure 17.17** : Les signes énergétiques des microbes — parasites... 461
**Figure 17.18** : Les signes énergétiques des microbes — virus... 463
**Figure 17.19** : Les signes énergétiques de la douleur... 465
**Figure 17.20** : Les signes énergétiques d'une phobie... 467

# *Introduction*

## Les progrès énergétiques : de nouveaux rêves pour l'humanité

Il y a plus de dix ans, mon livre *New Chakra Healing* était publié pour la première fois. Je me rappelle à quel point j'étais fière. Une couverture attrayante, de belles pages fraîchement imprimées, des illustrations éclatantes de couleurs. Et l'aspect le plus important, le contenu promettait d'aider les lecteurs à combler leurs besoins les plus chers, notamment une bonne santé, des relations personnelles enrichissantes, un travail gratifiant et une connexion spirituelle.

Depuis cette époque, *New Chakra Healing* a été publié en près de 12 langues et réimprimé 14 fois. L'ouvrage a été considéré comme faisant autorité en matière de chakras, les corps énergétiques subtils du corps humain. Il a innové en intégrant les disciplines de guérison interculturelle, l'analyse scientifique et les principes énergétiques. Et il a aidé des milliers de gens dans le monde entier à réaliser les rêves qui leur importaient le plus.

Il serait impossible de faire la liste de tous les commentaires que j'ai reçus, ni d'exprimer toute ma gratitude d'avoir pu aider les gens à réaliser la beauté et le pouvoir du monde énergétique sous-jacent à celui-ci. Certaines personnes ont cependant marqué mes souvenirs. Par exemple, cette mère qui vivait dans la pauvreté en Estonie et qui s'est servie des principes de mon livre pour démarrer une entreprise et ainsi être en mesure de nourrir ses cinq enfants et de les envoyer à l'école. Ou ce médecin en Russie qui a commencé à faire de la guérison par les mains, en appliquant les connaissances énergétiques de mon livre. Les gens font la queue devant son cabinet pour recevoir ses soins. Ou encore ce père de trois enfants dont le dos est maintenant redressé et qui a pu retourner au travail après quatre ans de chômage. Et les milliers d'autres personnes importantes qui peuvent maintenant mettre en œuvre leurs propres aptitudes à guérir.

Malgré tout ce que ce livre et les suivants ont engendré, qui a permis aux lecteurs d'ouvrir leur cœur et de se connecter à leur moi véritable, il reste encore beaucoup à faire, car le monde *a besoin* de davantage. À titre d'auteure de *New Chakra Healing*, je souhaite leur répondre. Le présent ouvrage, une version revue et mise à jour du précédent, constitue ma réponse.

Si vous avez déjà travaillé avec mon premier livre, vous trouverez le présent ouvrage familier. La différence entre cette version et la première est que celle-ci est conçue pour répondre aux grands défis d'une ère nouvelle. À l'instar de son prédécesseur, ce guide complet demeure une voie révolutionnaire vers la guérison et la manifestation. Il présente à nouveau le système le plus récent des 12 chakras et souligne les 12 couches correspondantes de l'aura. Il aborde les points spirituels, des énergies qui nous aident à accéder à une plus grande et plus puissante sagesse. Il continue à transmettre une pléthore de renseignements interculturels et scientifiques ainsi que de la sagesse, des concepts qui révèlent votre nature énergétique — vous en tant que votre propre univers et comme être sage et spirituel. Ce livre est cependant plus qu'une version améliorée de l'original, car il diffère du premier de quatre principales façons.

Parcourez ces pages et vous y remarquerez d'abord l'abondance de références rigoureuses à la science contemporaine de pointe, à la physique et à la recherche. Il y a 15 ans, alors que je faisais ma recherche pour *New Chakra Healing*, les preuves scientifiques étaient rares. Des pionniers commençaient à remettre en question les concepts newtoniens qui avaient gardé le monde prisonnier de la « pensée sécuritaire », mais la plupart du grand public préférait se contenter de s'en tenir à ce qu'il connaissait plutôt que de viser plus haut. Une quantité considérable et en augmentation constante de matériel scientifique suggère que les chakras, les auras et autres structures énergétiques sont réels.

Deuxièmement, vous découvrirez des histoires variées de clients et des exemples minutieusement choisis pour correspondre aux préoccupations modernes. De génération en génération, certains problèmes de la vie se répètent, mais le temps poursuit son cours. Depuis la rédaction de *New Chakra Healing*, j'ai donné des consultations individuelles à environ 20 000 clients supplémentaires, en plus d'avoir servi les milliers de gens qui ont assisté à mes séminaires à travers le monde. J'ai observé des variations dans les intérêts des gens. Collectivement, nous posons des questions différentes de celles d'il y a 20 ans. Le monde est finalement plus complexe qu'avant et il en va de même de nos « quêtes ».

Troisièmement, vous trouverez une foule de nouveaux renseignements, depuis la description des importants corps et champs énergétiques jusqu'aux nouvelles techniques de guérison. Sur le plan structurel, j'ai ajouté une douzaine de nouvelles sections, quelques nouveaux chapitres, un index, des explications plus élaborées de concepts comme la kundalini, et des illustrations décrivant la signature énergétique de certaines maladies. J'ai également souligné différents niveaux énergétiques de la réalité, comme les domaines du docteur William Tiller, qui décrivent nos liens avec d'autres royaumes, et les quatre zones, qui sont les régions à vérifier pour poser un diagnostic. Le monde a augmenté ses connaissances de façon exponentielle. J'ai sélectionné les renseignements et les techniques de guérison les plus efficaces de ma nouvelle trousse d'outils de guérison pour les insérer dans le présent ouvrage, *La Bible de la guérison par les chakras*.

Et enfin, cette version de *New Chakra Healing* est basée sur une perspective philosophique différente. La première visait à combler les besoins individuels. Le thème était que vous ne pouviez pas donner de l'amour — ni réaliser un objectif plus élevé — avant de vous être d'abord guéri vous-même. Impossible de vous abandonner à votre raison d'être à moins d'avoir un moi auquel renoncer.

Par comparaison, l'objectif global de cette version revue de mon précédent ouvrage, (*New Chakra Healing*) *La Bible de la guérison par les chakras*, consiste à évoquer un ordre mondial supérieur. Il est temps de travailler à un rêve global, sinon universel, plutôt qu'à des buts individuels seulement. Il suffit de constater les conflits qui augmentent dans le monde, de remarquer le regard désespéré des enfants affamés, ainsi que de mesurer le taux croissant de maladies cardiaques et de cancers pour comprendre que nous sommes une société dans le besoin. Pour pouvoir survivre — et mieux encore, se développer — l'humanité doit commencer à fonctionner en tant que *peuple*, comme une tribu unifiée et entière plutôt que divisée et distincte. Bien que nous ayons réalisé des gains sur le plan personnel, nous devons maintenant élargir notre pensée et nos cœurs afin d'avancer collectivement. Il nous faut établir et poursuivre un nouveau rêve pour l'humanité.

Chaque chose et chaque personne est composée d'énergie. Les structures énergétiques subtiles, y compris les chakras et les champs auriques, sous-tendent toute la réalité physique, constituant en fait la structure de cette soi-disant « réalité ». Des livres comme *La Bible de la guérison par les chakras* enseignent ce concept, mais donnent aussi aux individus et aux groupes le pouvoir d'utiliser l'énergie pour atteindre des objectifs supérieurs. Pourquoi *ne pas* prendre les idées du présent ouvrage et apprendre à « aimer son prochain comme soi-même », le plus grand commandement que nous puissions observer ? Pourquoi *ne pas* accéder à l'énergie des chakras et des points spirituels pour créer plus de douceur sur Terre ? Pourquoi *ne pas* appliquer les connaissances des énergies subtiles pour convier l'Esprit dans le monde ? La fin de ce présent ouvrage offre des idées spécifiques pour servir l'humanité dans un esprit de paix.

Une partie de l'information de l'original *New Chakra Healing* proposait la pensée métaphysique en vue de nouveaux horizons. C'était le premier livre à présenter un système de 12 chakras, par opposition au modèle des sept, accepté dans la culture occidentale. Il reliait les chakras et les points spirituels aux vertèbres et introduisait d'autres idées neuves. La vérité est qu'il existait de nombreux systèmes anciens, y compris certains hindous, yogi et indigènes qui se distinguaient en dehors des frontières rigides occidentales. Dans le monde et à travers le temps, les systèmes de chakras en comportent 4, 9, 12 ou tout autre nombre. Nous explorerons davantage certains de ces systèmes au chapitre 1. De nombreuses modalités spirituelles ou de guérison soulignent l'importance du travail vertébral et d'autres moyens d'accéder aux énergies spirituelles supérieures du corps. Cette version de *New Chakra Healing* élaborera ces thèmes ainsi que d'autres, non pas pour défier les approches les plus courantes, mais parce qu'elles sont *efficaces*, et permettent d'accéder aux capacités presque miraculeuses de guérison et de manifestation.

Vous trouverez par ailleurs une foule de nouveaux renseignements, soigneusement étudiés pour fournir des connaissances et des ressources à l'intention des guérisseurs du moi et des autres. Au cours des dernières années, mon propre apprentissage s'est accéléré. Depuis la rédaction de *New Chakra Healing*, j'ai connu les riches enseignements de nouveaux maîtres chamaniques, religieux et médicaux en Russie, au Pakistan, au Maroc, au pays de Galles et dans différents pays de l'Amérique du Sud. J'ai étudié avec certains des plus brillants cerveaux d'Amérique et d'Europe.

J'ai poursuivi des recherches dans Internet ainsi que dans des institutions sérieuses, comme la Fondation mondiale de recherches, à Sedona en Arizona. L'accès à ces sources est surtout dû à un intérêt international marqué pour l'énergie subtile.

En réaction, j'ai créé un système révolutionnaire, une approche de la guérison par les quatre voies, dans ma série *Advanced Chakra Healing*. Ces livres sont les compagnons parfaits à la « nouvelle » *Bible de la guérison par les chakras*, car ils mettent en relief les quatre niveaux de conscience et d'énergie accessibles par les chakras. En plus de quelques autres ouvrages pratiques sur les chakras, dont un sur les finances et un autre portant sur la réalisation d'une forme maximale, j'ai écrit *The Subtle Body : An Encyclopedia of Your Energetic Anatomy*. La création de ces livres m'a amenée dans de nouveaux univers de pensées et de connaissances et j'ai essayé d'inclure le plus de mes découvertes possible dans l'ouvrage que vous tenez entre les mains.

Dans cette édition revue de *New Chakra Healing*, vous trouverez des aperçus des corps énergétiques, des champs et des techniques de guérison qui ne figuraient pas dans la première édition. Des philosophes ésotériques ont longtemps travaillé avec les archives akashiques, la mémoire de tout ce qui a déjà été dit, fait ou pensé, mais qu'en est-il du *Livre de Vie*, son « parent » ? Nous avons examiné les frontières extérieures du champ de l'aura, mais qu'en est-il de la structure de l'œuf énergétique ou du modèle éthérique, qui renferme en fait des parties du champ ? Ceux-ci et d'autres anatomies subtiles représentent des outils nécessaires de la trousse médicale du guérisseur.

Je vous encourage à accueillir et à expérimenter les idées contenues dans ce livre en gardant à l'esprit un concept essentiel : la foi. Ayez foi en vos propres perceptions, vos capacités et votre sagesse.

Le discernement vous aidera à distinguer l'information pertinente de celle qui ne l'est pas, surtout si vous vous basez sur votre vision personnelle, c'est-à-dire celle que votre moi véritable renferme. Et par-dessus tout, je vous invite à avoir foi en votre importance dans le monde. Vous comptez. Il n'y a pas de concurrence à votre mission spirituelle.

Sans la foi en notre mission et en nous-mêmes, nous ne pourrons pas créer le monde neuf que nous désirons. De plusieurs façons, je dois ma propre foi en moi — et en Dieu — à *New Chakra Healing*. Quand il a été publié la première fois, presque personne du « monde normal » ne connaissait les chakras.

C'est ma famille qui m'a obligée à développer la foi. C'était lors d'une grande réunion de famille au Minnesota, où nous étions tous sur la terrasse de ma tante et de mon oncle. Comme tous les autres, je savourais une salade de pommes de terre et des sandwichs lorsque les parents âgés de mon cousin par alliance m'ont demandé quelles étaient mes activités professionnelles récentes. Je leur ai dit que je venais de publier mon premier livre et on m'a demandé quel en était le sujet.

— Les chakras, ai-je répondu, en rougissant. Ce sont les centres énergétiques qui circulent dans le corps.

Tandis que ce charmant couple me posait des questions, j'ai remarqué que le reste du groupe s'éloignait. En fait, tout le groupe — une bonne vingtaine de personnes — se tenait du côté sud de la terrasse, le plus loin possible de moi, afin de ne rien entendre. Sentant les poutres de la véranda plier, j'étais certaine que nous allions tous basculer dans le lac.

La réaction de ma famille a été bénéfique. Elle m'a obligée à me demander si je croyais vraiment que les chakras existent ; si je consentais à appliquer ces connaissances pour m'aider moi-même et les autres ; si j'étais vraiment prête à continuer à élargir la sagesse des chakras à de nouveaux niveaux. Est-ce que je voulais risquer ma réputation professionnelle au profit de quelque chose de subtil et d'invisible ? En répondant par oui à toutes ces questions, j'ai découvert que je disais en fait oui à une nouvelle vie remplie de sens, de défis, pleine de grâce et excitante. En explorant le monde révolutionnaire des chakras et des énergies subtiles ou apparemment invisibles qui composent votre vie, j'espère que vous découvrirez la même joie que moi : la joie de vivre pour et dans le rêve de créer un monde dans lequel chacun est aimé et chéri.

# Chapitre 1

## La porte battante : le système énergétique humain

Nous aimons imaginer ce que serait notre vie « si seulement » : si seulement nous avions beaucoup d'argent, nous étions minces, nous avions mieux réussi ou nous possédions une plus belle voiture. Avez-vous remarqué ce que vous avez ressenti lorsque vous avez obtenu ce que vous vouliez et atteint ces objectifs tant désirés ? Toujours insatisfait, n'est-ce pas ? Après l'euphorie du début, vous vous sentiez peut-être encore plus vide qu'avant. C'est parce que le bonheur véritable ne provient pas des réalisations extérieures ni des biens matériels. Notre désir le plus profond, c'est le sens, qui est une qualité invisible, et non une qualité tangible.

Nous souhaitons tous être comblés. Nous voulons que notre vie rime à quelque chose et savoir que nous faisons une différence pour les autres. Je crois que cette quête de sens est la marque distinctive du XXIe siècle. Nous voulons davantage que des biens matériels. Nous suivons une inspiration qui nous pousse vers les relations authentiques, le cœur à cœur. Nous appelons notre âme à la connexion. Nous cherchons la paix, intérieure et collectivement.

Il suffit de regarder autour de nous pour comprendre pourquoi nous désirons et avons besoin de contribuer personnellement à la paix. La guerre déchire des familles tandis que des familles se déchirent. Des mères ne sont pas sûres de pouvoir nourrir leurs enfants demain tandis que des pères se demandent si demain existera. Des individus de même que des organismes bien intentionnés rédigent des traités de paix que les dirigeants politiques et les terroristes jettent au panier. Pas étonnant que la plupart d'entre nous voulions simplement être une source de lumière, et non pas de ténèbres, dans le monde. Malheureusement, l'importance et l'intensité des problèmes auxquels nous devons faire face nous laissent impuissants et dépassés.

Nous voulons tous apporter quelque chose, mais cela n'est possible que si nous prenons d'abord conscience que personne ne peut faire assez pour « sauver le monde ». Personne ne peut *faire* assez. Le véritable changement et la vraie transformation ne sont possibles que si nous concentrons nos efforts là où ça compte vraiment. Ces actions commencent en nous, dans les royaumes intérieurs, où nous travaillons de manière invisible, spirituelle et subtile. Nous devons commencer — et finir — notre quête de vérité dans le monde de l'énergie, car c'est ce monde invisible — et ses structures intérieures — qui crée et sous-tend le monde physique. Pour accomplir votre destinée, accueillir et réaliser votre formidable potentiel créatif et en mesure de rehausser votre vie, vous devez d'abord comprendre comment reconnaître et diriger ces systèmes sous la réalité.

Ne serait-ce pas plus facile de déplacer une montagne si nous pouvions d'abord la percevoir comme un tas de sable ? Et que dire s'il suffisait de ne déplacer d'un grain pour que le reste de la montagne suive automatiquement ? C'est possible, car c'est la nature de l'énergie. Voilà ce que signifie de travailler de façon énergétique, d'agir sur les plans subtil et spirituel, plutôt que seulement sur le plan physique et matériel de la réalité.

## L'INVISIBLE À L'INTÉRIEUR ET SOUS LE VISIBLE

Tout dans la réalité est construit à partir d'énergies qui ne semblent pas réelles. En fait, elles le sont, mais nous ne pouvons pas les voir, les toucher, les entendre ni les mesurer au moyen d'outils connus. Ce sont les énergies subtiles, non mesurables, invisibles et qui se déplacent à une vitesse incroyable. Elles n'en sont pas moins réelles que les énergies physiques visibles. C'est seulement que nous ne sommes pas habitués à les percevoir ni, pour la plupart d'entre nous, à travailler avec celles-ci.

Les énergies subtiles composent la réalité. Avant qu'une maladie ou un problème ne se manifeste, il a couvé longtemps sous la surface. Lorsqu'une maladie ou un ennui disparaît, c'est parce que nous avons déjà fait le travail nécessaire pour l'effacer complètement. Tout changement durable, bon ou mauvais, commence par un mouvement au niveau subtil situé au-dessous du monde matériel.

Si nous voulons vraiment aider le monde, nous devons d'abord veiller à ce que le moi soit le meilleur possible. Comment aider les autres si nous ne sommes pas solides non seulement physiquement, mais également sur les plans émotionnel, mental et spirituel ? Comment renoncer au moi pour une grande cause si nous n'avons pas de moi auquel renoncer ? Si vous voulez vraiment atteindre la meilleure santé possible et le plus grand bien-être, vous devez consentir à connaître le moi qui se situe sous le moi, le moi subtil composé de structures énergétiques comme celles décrites dans le présent ouvrage. En gagnant le sens du moi intérieur, vous pourrez alors mieux aider le monde, de manière gracieuse et puissante. C'est ainsi que vous pourrez accomplir votre destinée spirituelle.

## POURQUOI NOUS NE POUVONS VOIR QUI NOUS SOMMES RÉELLEMENT

Regardez dans un miroir. Vous apercevez une image. La plupart des gens croient que celle-ci définit le vrai soi, mais c'est faux. L'image reflète-t-elle votre âme ? Votre esprit ? En observant seulement nos caractéristiques, nous ne pouvons même pas déterminer de quelle humeur nous sommes. Comment pourrions-nous, alors, commencer à distinguer notre moi divin ou trouver notre véritable raison d'être ?

Le miroir n'a pas tort. Toutefois, comme n'importe quoi dans la réalité physique, il ne peut pas nous montrer ce qui se passe réellement dessous. Pour atteindre cet objectif, il nous faut une autre trousse d'outils. Nous avons besoin de l'intuition, de notre petite voix intérieure, des connaissances métaphysiques et de l'apprentissage des énergies subtiles. Puis, nous devons nous exercer à chercher et à diriger ces énergies invisibles qui peuvent créer le changement.

Pourquoi ne nous apprend-on pas le monde invisible à l'école ? Comment se fait-il que ceux parmi nous qui s'intéressent au paranormal et au surnaturel soient trop souvent considérés comme étranges et bizarres ? Pourquoi la plupart des gens n'arrivent-ils pas à comprendre que le sort du monde dépend de la maîtrise des pouvoirs disponibles à l'intérieur même et au-dessous du monde matériel, et non pas l'inverse ?

Les raisons sont multiples. La société est assaillie par les abus, les standards médiocres et la peur. Les idéologies et les institutions fonctionnent à partir (et produisent) de la confusion plutôt que des préoccupations authentiques. Même la religion insiste souvent sur la part concrète de la réalité, en nous convainquant par les dogmes que nous ne sommes pas censés regarder sous la surface. Par ailleurs, nous craignons nos propres pouvoirs, croyant que de montrer notre moi véritable et magique, nous attirerons la raillerie et mettrons en danger nos êtres chers ou nous-mêmes. Ces facteurs génèrent un schisme entre le moi intérieur et le moi extérieur. Cette déconnexion nous laisse impuissants et incapables d'appeler les énergies spirituelles nécessaires pour aider le monde.

Par-dessus tout, il y a une raison majeure à l'abîme entre le moi intérieur et le moi extérieur : nos schémas de pensée familiaux. On estime qu'entre 70 et 99 % de nos familles sont dysfonctionnelles. Un grand nombre d'entre nous avons grandi dans des familles affectées par un abus sous une forme ou une autre, et la plupart d'entre nous avons directement ou indirectement connu la négligence ou été victimes d'abus physique, sexuel, verbal ou émotionnel.

Les schémas d'abus se présentent sous différentes formes, dont l'alcoolisme, la toxicomanie et les dépendances aux médicaments ou à la nourriture. L'abus est également présent dans toute situation comportant un danger physique : à partir de la maltraitance jusqu'à la menace de mort. Il peut comprendre des traumatismes mentaux et affectifs causés par la critique constante, la répression ou le manque d'acceptation ou de soutien. Toute forme de mépris des droits d'une personne, de son individualité ou de son intimité représente de l'abus.

Tout système extrême, lorsqu'il implique la rigidité ou l'absence de balises, est abusif. L'abus spirituel, même si on en parle moins, peut causer autant de dégâts que l'abus physique, qu'il soit suscité par le déni imposé d'une divinité et d'un système de croyances essentielles ou par l'adhésion forcée à un système dogmatique et de jugement catégorique. Il y a abus dès qu'une personne se trouve dans une situation lui donnant l'impression de ne pas être à la hauteur. Qui d'entre nous n'a pas déjà vécu au moins une situation dans laquelle il se sentait mauvais, coupable ou trahi ?

La plupart d'entre nous avons géré les difficultés de l'enfance en réfrénant, justifiant, ignorant ou camouflant notre moi invisible, celui qui :

- est sensible ;
- est vulnérable ;

- veut être aimé et nourri ;
- aime instinctivement les autres et veut les nourrir ;
- comprend les animaux, les plantes et la nature ;
- est connecté à la Source divine (une puissance supérieure ou une divinité comme vous la comprenez), aux esprits et à l'univers ;
- connaît le langage invisible de l'âme, de la nature et de la Source divine ;
- est intuitif, peut voir des images, entendre des voix, ressentir des choses au niveau de vérité le plus profond.

Toutefois, sous ce portrait morose se trouve une vérité universelle. Personne n'a réussi à cacher entièrement le moi invisible. S'il vous arrive de vous sentir blessé, heureux, aimé, de désirer être aimé, de marcher seul ou de vous émerveiller de la beauté des étoiles, par exemple, c'est que vous êtes encore connecté à votre moi invisible. Parfois, nous voulons réprimer ce moi intérieur afin de le protéger, le détruire ou le cacher, mais personne ne peut y parvenir complètement. Être vivant consiste à réunir les parties visibles et invisibles de nous-mêmes afin qu'elles se soutiennent mutuellement. Si nous sommes en vie, c'est parce qu'au moins une partie de nous veut vivre, en dépit des difficultés passées ou présentes. La maladie, les troubles, la dépression, le déni, les problèmes, les situations fâcheuses, les fléaux, le stress, les traumatismes, la confusion, les doutes : tout provient de la connexion incomplète entre le moi invisible et le moi visible.

Ce que j'appelle le moi visible est le moi matériel, et ce que je nomme le moi invisible est le moi spirituel. Le moi matériel pourrait aussi être appelé le moi physique ou basé sur les sensations. D'autres mots pour le moi spirituel pourraient être le moi subtil ou basé sur la pensée. Les malaises comme le manque d'estime de soi, les traumatismes de l'enfance, les dysfonctions sexuelles, les dépendances, les problèmes d'argent, les difficultés interpersonnelles et un mode de vie désorganisé tiennent leur source de malentendus et de déconnexions entre le moi matériel et le moi spirituel.

## LA GUÉRISON ET LE TRAVAIL DE L'ÂME

La guérison est le processus qui consiste à réunir le moi matériel et le moi spirituel, le visible et l'invisible, le physique et le subtil. Il peut s'agir également de réunir les parties de nous qui, quoique liées autrefois, ont connu un si gros traumatisme qu'elles sont maintenant déconnectées ou ont créé des liens là où il n'y en avait pas. Dans le premier cas, il nous faut travailler avec les souvenirs, les énergies et les systèmes de croyances ; revivre les blessures refoulées ; apaiser les blessures physiques ; ou trier les relations personnelles présentes et passées. Dans le second cas, il nous faut peut-être examiner les aspects de notre âme, de notre esprit ou de notre corps qui ne l'ont jamais été. Dans les deux cas, la véritable guérison — le processus de devenir entièrement vivant et heureux — repose sur la réunification du moi matériel et du moi spirituel.

Et comment y arriver ? La clé réside dans le paradoxe du miroir. Au premier coup d'œil, nous ne pouvons y voir que notre moi physique. Cela équivaut à remarquer les symptômes physiques et le soulagement de nos problèmes. Nous pouvons apprendre à utiliser ces situations physiques comme des portes, ou des portes battantes, pour relier les parties visibles aux parties invisibles de nous-mêmes. En analysant les problèmes énergétiques qui engendrent les conflits dans la vie, nous pouvons découvrir la véritable cause de nos défis. Alice, dans *Alice aux pays des merveilles*, de Lewis Carroll, traverse un miroir et découvre une toute nouvelle réalité, celle qui pourrait simplement se trouver sous le « monde réel ». La guérison efficace comporte le même genre de traversée entre les mondes (peut-être que le terme « trébuchement » est plus approprié) en passant par les portes battantes qui relient les différentes parties de nous.

Il peut être difficile de travailler avec nos portes battantes, car cela requiert un examen personnel douloureux, des correctifs rigoureux et une manœuvre délicate. Toutefois, en reforgeant les liens entre les aspects matériels et spirituels de notre être, nous nous libérons des chaînes qui nous empêchent de nous exprimer totalement. Nous nous libérons pour devenir réels, ouverts et heureux. Nous nous libérons pour guérir.

## Les couches de la réalité

La guérison comporte souvent de faire des voyages intérieurs et extérieurs qui nous transportent à leur tour vers différents niveaux de réalité. On pourrait comparer ceux-ci aux couches d'un parfait : des biscuits en miettes au fond, recouverts d'une délicieuse crème glacée, puis d'une touche de crème fouettée et pour finir, du sirop au chocolat et une cerise. La réalité est très semblable, sauf que la couche du fond (ou réalité physique) est faite de vibration plus lente, et que la couche supérieure (la réalité la plus spirituelle) est la plus haute sur le plan vibrationnel.

Le physicien de Stanford, le docteur William Tiller, présente un modèle plus scientifique des couches de la réalité (sauf la cerise sur le dessus) dans plusieurs de ses écrits. Il illustre plusieurs couches de la réalité. De la vibration la plus élevée à la plus basse, il décrit les domaines du divin, du spirituel, des trois couches mentales, de l'astral, de l'éthérique et finalement du physique. L'énergie circule depuis le haut vers le bas, le domaine le plus élevé fournissant des directives à un domaine inférieur. Chaque domaine a occupé un continuum espace-temps différent et fonctionne suivant ses propres règles ; toutefois, chaque niveau vibratoire est relié à tous les autres. Sauf pour le domaine physique, nous expérimentons ces domaines comme subtils ou non mesurables. Le niveau éthérique, cependant, est considéré comme étant le plus vital dans notre vie immédiate, car il pénètre tous les aspects de la physicalité, crée la matière et interagit avec notre esprit pour générer des schémas qui nous relient aux domaines plus élevés[1] (voir figure 1.1).

Essentiellement, guérir consiste à manœuvrer les portes battantes entre ces domaines visibles et invisibles. Pour réaliser un véritable changement, nous devons déchiffrer le site du problème d'origine, identifier son domaine, puis libérer le problème. Ce voyage dans le miroir peut nous amener dans une question physique ou nous forcer à examiner une situation dans notre moi émotionnel, notre mental, notre âme ou même notre esprit, mais il comportera éventuellement une leçon pour l'âme, la partie de nous qui conserve tout ce que nous avons déjà fait, pensé ou dit.

1 Concernant la théorie du Dr Tiller, voir le site : www.tiller foundation.com

Comme l'a déclaré l'auteur Zachary F. Lansdowne dans son livre *The Rays and Esoteric Psychology* : « Après la naissance, un être humain apprend à intégrer le corps éthérique à son corps physique, puis le corps mental au corps émotionnel. Après avoir appris comment coordonner tous les aspects de la personnalité, nous entamons le processus d'intégrer la personnalité à l'âme[2]. »

❀

## OUVRIR LES PORTES

Entrer par nos portes battantes consiste à traverser le seuil pour arriver à notre objectif de vie. Je crois que chacun d'entre nous est né pour réaliser un objectif, ou mission spirituelle, et cette raison d'être est notre mission suprême. Elle tient son origine dans notre esprit, ou essence, le moi qui formait et ne forme qu'un avec la Source divine et l'énergie derrière la création. Nous avons chacun une mission différente parce que chacun est unique.

Accomplir notre objectif est le processus dynamique par lequel nous soignons nos blocages et nos fausses perceptions tout en exprimant notre moi véritable. D'un point de vue pratique, vivre notre mission consiste à exprimer pleinement notre moi spirituel dans le monde matériel. Accomplir notre raison d'être est le processus par lequel nous réalisons la complétude ou la reconnaissance de notre unité. Même si votre âme ne réussit pas à reconnaître sa divinité, elle n'en est pas moins divine ; c'est seulement une version ralentie de notre esprit. Notre moi spirituel fournit la direction ; notre moi matériel crée la réalité concrète. Lorsque ces parties de nous-mêmes sont entièrement liées, nous sommes tout ce que nous pouvons être. C'est la clé du bonheur.

Comme nous avons tous un but différent, chacun des processus de guérison doit compter sur l'autonomie. En reconquérant notre moi visible et notre moi invisible, nous apprenons à accepter la responsabilité de comprendre notre moi invisible et à guérir tous les malentendus que nous conservons à son sujet. Comment ?

Selon Dhyani Ywahoo, vénérable guérisseuse Cherokee, nous devons d'abord mettre nos émotions négatives de côté pour pouvoir aller à la

2 Lansdowne. *The Rays and Esoteric Psychology*, p. 33.

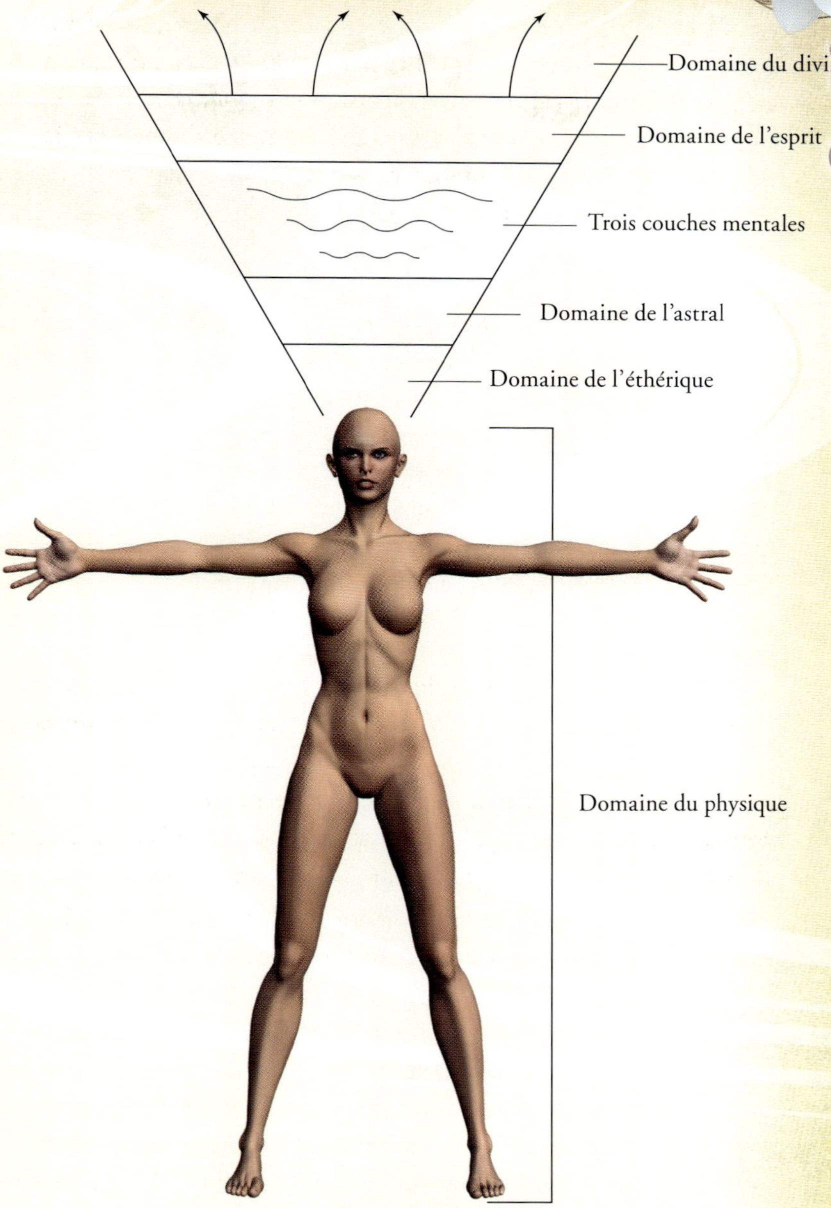


***Figure 1.1 : Les couches de la réalité de William Tiller***

Le docteur William Tiller propose différentes couches de réalité composées de domaines qui font passer l'énergie de la plus haute à la plus basse vibration ; le domaine du divin étant le plus élevé et le domaine du physique, le plus bas.

recherche d'un sens d'unicité. Puis, il s'agit de « chanter la lumière », notre responsabilité sacrée[3].

Nous devons accepter la responsabilité d'intégrer ce moi spirituel interne à notre réalité matérielle externe. Devenir responsable de soi peut signifier savoir quand et comment protéger ou révéler nos vérités intérieures. Cela peut vouloir dire d'acquérir des aptitudes pratiques servant à garantir le succès. Cela signifiera à coup sûr de guérir les barrières entre le moi matériel et le moi spirituel. Comprendre pleinement non seulement la nature de notre raison d'être, mais également la nature de nos systèmes énergétiques, devient impératif, parce que par l'intermédiaire de notre corps, de notre esprit et de notre âme, nous acquérons la connaissance de soi et de nos capacités.

Apprendre ces systèmes énergétiques demande de la compréhension, plus qu'un texte scientifique peut offrir. Comprendre des termes comme chakra, centre énergétique, kundalini, mana et intuition devient important, car ce sont les moyens que nous pouvons utiliser pour réunir le moi matériel au moi spirituel. Comprendre et accepter nos propres peurs, nos défis individuels et nos possibilités devient également important, car cela demande une volonté de briser les limites de nos horizons.

Dans mon propre cheminement, j'ai été confrontée à de nombreux obstacles et défis pour me libérer des règles qui gouvernaient mes perceptions limitées. Ayant grandi dans une famille de la classe moyenne supérieure, je me percevais comme ma famille et ma culture me percevaient. Mon corps était composé d'organes, de tissus et de sang et il lui fallait de la nourriture et des vêtements. Mon esprit avait besoin de livres et d'éducation. Mon âme avait besoin d'être sauvée, ce que ma présence à l'école du dimanche garantissait.

Ce n'est que dans la vingtaine que j'ai commencé à remettre en question ces règles « coulées dans le béton ». J'ai vécu deux expériences de mort imminente dont les médecins n'ont pas pu diagnostiquer la cause. Même si j'étais une « bonne épouse », je n'étais pas heureuse dans mon mariage. Même si j'étais une personne intelligente et remplie d'idées, les livres et les cours à l'université ne répondaient pas à mes questions.

Les dernières années ont suscité une quête qui m'a amenée de la jungle au Pérou jusqu'au Tor de Glastonbury (Angleterre), et des textes d'anatomie au mysticisme hindou. J'ai étudié le christianisme au séminaire et

3 Ywahoo. *Voices of our Ancestors*, p. 257.

suivi les Indiens Bribri au Costa Rica. J'ai rencontré en chemin plusieurs compagnons de voyage. Une vérité en est ressortie, une vérité que d'autres voyageurs ont répétée : comprendre le moi repose sur le fait d'accepter qu'il y a plus, beaucoup plus que notre coquille physique dont on nous a dit qu'elle était la réalité. Ywahoo a une merveilleuse façon de décrire la vérité : « Nous sommes les jours et les nuits et nous sommes les étoiles qui illuminent les chambres étoilées ». Elle suggère que le soleil et la lune dansent en nous, dévoilant le mystère[4].

En plus de l'autonomie, je pense que le cheminement vers le moi demande que nous apprenions à travailler à l'intérieur de la famille humaine, des forces de la nature et du changement. Tout comme notre but est une ouverture pour l'expression de nous-mêmes, c'est aussi une occasion d'aider les autres ; ainsi, accomplir notre raison d'être, réaliser nos rêves et être heureux dépend en notre capacité à transformer les barrières qui empêchent la connexion complète entre les autres et nous. Les relations brisées peuvent être basées sur un manque de compréhension de notre propre nature intérieure ou de celle d'un autre, ou alors sur des traumatismes dans la vie réelle. Être une porte battante signifie savoir faire face aux gens qui bousillent le travail et s'ouvrir à ceux qui n'entravent pas notre chemin. En raison de notre interdépendance, comprendre nos relations avec les êtres visibles et les êtres invisibles (comme les anges, les guides et la Source divine) prend ainsi un nouveau sens.

Dans *Message des hommes vrais au monde mutant*, Marlo Morgan transmet la sagesse de ses maîtres aborigènes qu'elle appelle les hommes vrais : « Tous les êtres humains sont des esprits en visite dans ce monde. Tous les esprits sont des êtres éternels. Toutes les rencontres avec les autres sont des expériences, et toutes les expériences sont des liens éternels. Les hommes vrais ferment le cercle de chaque expérience. Nous ne laissons pas les bouts effilochés… Si vous quittez quelqu'un avec de mauvais sentiments pour cette personne et que le cercle n'est pas fermé, l'expérience se répétera plus tard dans votre vie. Vous ne souffrirez pas une seule fois, mais plusieurs, jusqu'à ce que vous ayez appris. Il est bon d'observer, d'apprendre et de devenir plus sage à partir de ce qui s'est passé[5]. » Des concepts tels le karma, le dharma, les liens ou les cordes, les rayons et les principes expliquent nos relations dans ce contexte plus vaste.

4 Ibid., p. 100.
5 Morgan. *Message des hommes vrais au monde mutant.*

L'idée d'interconnexion et d'interdépendance n'est pas nouvelle. Dans ma pratique, j'ai vu ces vérités se manifester très souvent. Un exemple évident concerne une cliente qui, à 36 ans, était très insatisfaite de sa vie. Elle voulait un mari aimant, une carrière gratifiante, un corps en santé, mais avait l'impression de ne pas avoir les outils pour réaliser ses vœux.

J'ai commencé par lui demander qui elle croyait être. Elle n'a pas su répondre. Durant plusieurs mois, nous avons utilisé une vaste gamme de moyens pour qu'elle puisse retirer les couches de croyances et d'expériences qui la définissaient jusque-là.

Cette étape fut douloureuse. Elle s'est rappelé d'avoir été abusée durant son enfance ; elle s'est souvenue qu'on lui disait qu'elle était mauvaise. Elle a dit que ses parents la couvraient de honte à cause de ce qu'elle prétendait savoir, comme l'existence des anges ou que les plantes pouvaient parler. Graduellement, elle a commencé à rêver au moi qui existait sous celui que sa vie avait créé. Plutôt que de se plaindre à moi et à son thérapeute, elle a commencé à se demander ce qu'elle devait faire de sa vie. Quels étaient ses véritables talents ? Qui était-elle censée aider ?

Sa recherche intérieure a graduellement fait fondre ses kilos en trop. Elle a démarré sa propre entreprise en faisant ce qu'elle avait souhaité faire quand elle était enfant. Grâce à son entreprise, elle a commencé à créer des formes d'art qui aidaient les gens à mieux se connaître et à découvrir leur vraie nature intérieure par des moyens extérieurs. Elle a recommencé à parler aux anges et a compris qu'elle méritait d'être heureuse. La dernière fois que je l'ai vue, elle était sur le point d'emménager avec son nouveau mari.

Parfois, nos maux ne nous appartiennent pas. Au début de ma carrière comme guérisseuse intuitive, j'ai travaillé avec le père d'une petite fille de trois ans du nom de Leslie. Elle souffrait d'un cancer du foie en phase terminale, avec des métastases au cerveau. Deux semaines à vivre. Divorcé et ayant la garde de sa fille unique, Brad est venu me voir pour demander un miracle.

## LES MIRACLES EXISTENT-ILS

Je ne garantis ni ne promets jamais de miracles. Même quand ils se produisent, je ne peux en prendre le crédit ; aucun guérisseur ne le peut ni le devrait. Pourtant, j'ai vu des clients obtenir des miracles et j'ai été reconnaissante de la grâce qu'ils avaient reçue. Je crois que c'est Harry Edwards, un guérisseur phénoménal des années 50, qui explique le mieux la nature du miraculeux ; il a fait part de plusieurs théories au sujet de la source des miracles.

L'une de ces idées est qu'il existe des lois générales qui gouvernent la guérison et que celles-ci sont accessibles à tous, peu importe la religion ou les antécédents. Un autre concept est que la guérison est accordée directement par une Source divine et dépasse les lois de l'univers. On dit aussi que toutes les choses émanent de Dieu et que les êtres sages (habituellement désincarnés) peuvent susciter la guérison par des actes divins. Edwards présente sa propre croyance, à savoir qu'il existe des forces régies par des lois qui contrôlent l'univers et que celles-ci s'appliquent à la guérison. Il n'y a par conséquent pas de véritables « miracles », mais simplement l'application de ces lois dispensées par Dieu[6]. La théorie d'Edwards suggère que n'importe qui peut invoquer les principes supérieurs de l'univers, établis et conservés par la Source divine, pour permettre la guérison.

En regardant Brad en pleurs, j'ai revu les suggestions d'Edwards, tout en luttant contre ma propre peur et mon impuissance. Avais-je la formation nécessaire pour aider cette petite fille ? Avais-je la foi requise pour croire qu'elle pouvait être guérie ? En tant que chrétienne, je crois en un Dieu aimant, mais je suis bien consciente de mon manque de foi et de confiance. Tandis que les larmes me montaient aux yeux, une voix, que j'ai cru être celle de la Source divine, m'a parlé.

« Ce cancer n'appartient pas à cette enfant. »

Pas toujours la plus rapide en matière de réactions, j'ai répété : « Vous dites que son cancer ne lui appartient pas ? »

« Ce cancer ne lui appartient pas. »

La philosophie d'Edwards a soudain pris tout son sens. Il y a des lois naturelles que je crois être d'inspiration divine. Je peux aider quelqu'un à guérir ses problèmes, mais si la personne ne veut pas, je ne peux rien forcer. De la même façon, une personne affligée de l'énergie de quelqu'un d'autre ne peut pas « guérir » cette énergie.

6 Edwards. A *Guide to Spiritual Healing*, p. 12-13.

Ensemble, le père et moi avons médité et demandé que le Divin retire les énergies non naturelles de Leslie. Quelques semaines plus tard, le père m'a appelée. Le cancer avait disparu. Leslie pouvait poursuivre son chemin. Libérée des effets des énergies qui ne lui appartenaient pas, elle pouvait maintenant devenir elle-même.

Cette spirale entre notre moi spirituel et notre moi matériel, ce dévoilement de notre être, est un voyage que nous devons tous entreprendre si nous voulons être véritablement nous-mêmes et heureux. Cela commence par comprendre que nous sommes plus que des êtres humains. Nous sommes des êtres holistiques, entiers, et qui vivons dans un tout. Le bonheur consiste à manifester cette réalité en nous-mêmes, mais aussi dans le monde physique.

## Le processus de création

COMMENT ENVISAGEONS-NOUS LE PROCESSUS de création, en commençant par notre esprit et en finissant par le corps ? Imaginez la Source divine comme un grand soleil. Notre esprit y a déjà habité comme de toutes petites étincelles de lumière. Cette source cherchait à créer plus de lumière, ou d'amour, dans tout l'univers connu et inconnu et a envoyé chacun d'entre nous réaliser cet objectif. Chacun d'entre nous a transporté un ou plusieurs principes ou vérités spirituels sur lesquels fonder les futures étapes de la création.

Nous devons partager nos vérités les uns avec les autres. Pour ce faire, toutefois, nous devons comprendre et finalement devenir celles-ci. Comprendre notre nature divine et les vérités qui la reflètent arrive avec l'expérience.

L'esprit n'acquiert pas l'expérience facilement. Premièrement, l'esprit ressemble à l'air. Du côté positif, il sait qu'il est éternellement connecté à la Source divine, qu'il reçoit sans cesse de l'amour inconditionnel et par conséquent, un appui parfait. La critique, les blessures ou les pensées négatives traversent l'esprit comme un couteau fend l'air. Du côté négatif, cette immatérialité signifie qu'il est difficile, voire impossible, pour un esprit d'acquérir de l'expérience. Qui pourrait saisir une tasse s'il n'a pas de mains? Il est difficile d'offrir aux autres quelque chose à boire à moins de pouvoir boire nous-mêmes.

Pour résoudre le dilemme — fournir de l'expérience — la Source divine a formé une âme à partir de notre esprit. Notre âme est semblable à un aspect «ralenti» de notre esprit, avec une grande différence. Plus faible en vibration, et par conséquent relativement concrète, elle est affectée par l'expérience. Elle peut apprendre, mais également être blessée. Elle peut exprimer des vérités, mais aussi croire aux mensonges. En tant que partie de nous qui enregistre l'expérience, l'âme peut également formuler des conclusions basées sur ces expériences. Et bon nombre de celles-ci sont fausses.

À la base, notre âme recrée sa blessure originelle. Il s'agit de la première fausse perception, forgée dès la première fois où l'âme a décidé qu'elle était distincte du Divin. À un certain moment, après s'être distinguée de notre esprit, notre âme, qui volait toute seule, est tombée. Peut-être à cause de la trahison d'une autre âme. Peut-être parce qu'elle a eu peur, a appelé le Divin à l'aide et n'a pas su entendre la réponse. Peut-être avons-nous fait appel à nos propres pouvoirs et que le processus a échoué. Le scénario original — celui qui a fait en sorte que l'âme pense «Je suis séparée du Divin» — est habituellement la même situation qui nous cause du chagrin dans cette vie, à répétition, comme dans d'autres vies.

La réincarnation représente le processus de s'incarner dans un corps, vie après vie. Notre esprit encourage la réincarnation de l'âme comme moyen de se débarrasser de sa blessure originelle et d'apprendre comment exprimer nos vérités divines. Avant la naissance, notre âme consent à ce processus, formant un plan ou un contrat de vie avec le Divin et les autres. Puis, elle fait l'expérience d'un événement similaire à celui qui a causé la blessure originelle. Plutôt que de demander de l'aide ou d'agir depuis une perspective spirituelle, elle se ferme. Le bon sens nous dit que si nous répétons la même chose plusieurs fois, nous obtiendrons toujours le même résultat. La perception crée des croyances et celles-ci créent la réalité physique. Du fait qu'elle perçoit toujours les situations de la même façon et qu'elle forme les mêmes croyances au sujet des événements, notre âme crée la même réalité sombre et négative qu'elle a toujours connue.

Notre âme télécharge à la fois les croyances négatives et positives dans un autre aspect du moi, le cerveau. À son tour, le cerveau programme le corps avec ces croyances. Le corps réagit par des actes et des sentiments, qui, à leur tour, appuient ou nient l'exactitude des croyances du cerveau. Nous sommes alors bloqués ou incapables de percevoir l'amour si nous nous accrochons trop fortement à nos croyances et perceptions.

❀

## L'HUMAIN HOLISTIQUE

Un médecin respectueux de l'éthique vous dira que les médicaments ne sont pas toujours efficaces, que les examens ne révèlent pas tout, et que les traitements n'aident que certaines personnes. Un thérapeute honnête reconnaîtra qu'il ne suffit pas de vous imaginer riche, mince ou heureux pour l'être, pas plus que de vous sentir heureux ne paiera le loyer ou n'améliorera une relation bancale. Même un spiritualiste vous préviendra que la foi a ses limites. Les miracles font des merveilles, mais la foi ne garantit pas que vous en obtiendrez pour autant.

Pour créer un changement en profondeur, une personne doit changer en profondeur. Le changement survient lorsque nous entrelaçons les quatre dimensions humaines : physique, émotionnelle, mentale et spirituelle. Ce sont ces quatre dimensions qui interagissent pour créer la mosaïque du moi et de la vie.

L'idée que chaque être humain est composé des dimensions physique, mentale, émotionnelle et spirituelle n'est pas nouvelle. On appelle ce concept l'holisme. Appuyé et documenté par des disciplines allant de la physique à la médecine et au spiritualisme, l'holisme est la croyance selon laquelle une personne se compose d'un certain nombre d'aspects différents et que chacun interagit avec les autres. En fait, chaque aspect est reflété par et projeté sur les autres aspects. Bien que les divisions entre le corps et l'esprit soient distinctes à un niveau superficiel, plus profondément, ces distinctions se mélangent. Par exemple, notre corps peut conserver, refléter ou agir à partir de ce que l'esprit expérimente. Lorsque nous soignons une partie de quelqu'un, comme une jambe cassée, nous faisons aussi, indirectement, un changement sur tous les autres niveaux, à savoir l'esprit ou l'âme. Dans mes livres sur l'approche de la guérison par les quatre voies, qui a commencé par le parent du présent ouvrage, *Advanced Chakra Healing*, je présente un portrait plus complet des différents niveaux de conscience. Je vous encourage à prendre connaissance de ces quatre voies de l'existence en lisant cette série de livres. Soigner une jambe peut demander la participation des sentiments, des pensées et de l'esprit pour qu'elle guérisse vraiment. Si l'esprit dit : « Reste malade ; j'aime bien être en congé de maladie », la jambe cassée ne se réparera pas de sitôt.

La connexion corps/esprit a récemment fait l'objet de beaucoup d'articles et d'ouvrages. Une étude a déterminé que l'ingrédient essentiel pour guérir des os cassés n'est pas aussi scientifique que nous pourrions le croire. Est-ce la qualité des soins, les aptitudes du médecin ou la vitesse de réparation des os ? Non, le facteur de rétablissement le plus important est si la personne aime ou non son travail. Ce fait a été prouvé dans des études disponibles au collège de chiropractie Northwestern, à Bloomington au Minnesota.

Les états émotionnels jouent également un rôle important dans la création et le soulagement des maladies. Les maladies cardiaques, en tête de la mortalité en Occident, sont souvent associées aux troubles affectifs. Une étude de l'Université Duke, par exemple, a démontré que les gens hostiles ont 29 % plus de risques de mourir d'une maladie cardiaque que les gens calmes ; ce chiffre grimpe à 50 % chez les 60 ans et plus[7].

Les problèmes émotionnels viennent souvent de l'enfance. Le docteur Maxia Dong du Centre de contrôle et de prévention des maladies a mené une étude auprès de 17 000 adultes dans la région de San Diego, en Californie. Elle a découvert que les risques d'attaque cardiaque étaient de 30 à 70 % plus élevés chez les gens ayant subi de l'abus dans l'enfance[8].

Pour permettre la guérison, il nous faut clairement trier les croyances et les sentiments, mais il est impératif de se rappeler que même les problèmes visibles ont une cause invisible. Par exemple, une étude menée par le Dr Joel Whitton, professeur de psychiatrie à l'École de médecine de l'Université de Toronto, montre le lien entre les décisions de l'âme avant la naissance et les problèmes tangibles de la vie. Whitton a hypnotisé quelques sujets jusqu'au stade précédant la naissance. Plusieurs d'entre eux ont été surpris de découvrir que leurs problèmes actuels, y compris des phobies et des maladies, avaient en fait été inscrits au programme dès ce stade. Ces « contrats de l'âme » étaient considérés comme des événements de la vie susceptibles de donner des leçons et d'aider à libérer les perceptions négatives de l'âme. Un individu a réécrit le scénario de sa vie ; en se réveillant de l'état

7 Underwood. « The Good Heart », p. 50.
8 Ibid., p. 51.

de transe, il a fait l'expérience d'un rétablissement presque miraculeux[9]. Le processus de guérison nous ouvre à tous les niveaux de la réalité — et de la sagesse.

En décrivant la situation et la guérison supposément miraculeuse d'une jambe cassée dans *Message des hommes vrais au monde mutant*, Morgan dit : « En réduisant la fracture plus tôt ce jour-là, les deux médecins aborigènes ont travaillé en envoyant des pensées de perfection au corps. Il se passait autant de choses dans leur tête et leur cœur que dans leurs mains… Que se passerait-il en Amérique si des médecins mettaient autant de foi en leurs capacités à guérir le corps humain qu'à croire que les médicaments peuvent guérir ?[10] »

De nombreux praticiens d'Asie orientale, d'Afrique et d'Amérique du Sud cherchent d'abord la maladie dans l'esprit avant d'essayer de soigner le corps. Plusieurs approches japonaises et amérindiennes examinent d'abord la famille, le mode de vie ou l'environnement de la personne atteinte. Les premiers Polynésiens croyaient que « la plupart des maladies internes en dehors des contrariétés temporaires évidentes… [étaient] induites de façon surnaturelle par des esprits et des démons parce que l'individu ou un membre de sa famille [avait brisé] un tabou[11]. » Bien que la civilisation occidentale ait mis du temps à apprécier ce genre de concepts, la preuve est là, comme de nombreux praticiens alternatifs et des gens ayant été guéris peuvent en témoigner.

Il est intéressant de constater que la connexion corps/âme/esprit est étudiée et explorée en physique et en mathématiques contemporaines. De nombreux physiciens de renommée soutiennent désormais que la théorie holographique, le paradigme qui renferme l'holisme, explique une bonne partie de l'univers de même que notre condition humaine. Dans *L'univers est un hologramme*, Michael Talbot, un écrivain connu en physique nouvelle, dit : « Notre cerveau construit mathématiquement une réalité objective en interprétant des fréquences qui sont ultimement des projections d'une autre dimension, un ordre plus profond de l'existence qui se situe au delà de l'espace et du temps : le cerveau est un hologramme enveloppé par un univers holographique[12]. » Cela nous rappelle la présentation des domaines de William Tiller et nous encourage à réfléchir sur le fait que nous existons dans tous les domaines en même temps. Non seulement

9 Talbot. *L'univers est un hologramme.*
10 Morgan. *Message des hommes vrais au monde mutant.*
11 Whistler. *Polynesian Herbal Medicine.*
12 Talbot. *L'univers est un hologramme.*

l'univers est un hologramme dans lequel le tout se reflète dans ses parties et inversement, mais nous le sommes aussi.

Si nous sommes holographiques, un malaise dans une partie du moi — maladie, stress, relation difficile — signalera un malaise dans le corps tout entier et vice-versa. Une croyance spirituelle à l'effet que nous sommes mauvais peut nous faire sentir mal, provoquer des pensées négatives à l'égard des autres et, ultimement, nous rendre malades physiquement. Manifestement, cela ne peut se produire que si le corps, l'âme et l'esprit sont interconnectés. Ici encore, nous voyons l'idée que les portes battantes existent pour relier les points entre le visible et l'invisible, le matériel et le spirituel.

Que se passe-t-il lorsque nous brouillons la réalité objective et la réalité subjective ? Quand commençons-nous vraiment à saisir que nous sommes à la fois matériel et spirituel, ou physique et subtil, par nature ? Lorsque ces paradigmes nous échappent, nous risquons de devenir confus. Mais nous sommes également encouragés à former un nouveau modèle susceptible de convier la guérison. Si nous cessions de nous percevoir comme des collections de parties, nous pourrions nous imaginer plutôt comme des séries de cercles existant et s'exprimant dans une confluence d'ondes. Notre corps physique circule dans notre réalité émotionnelle, laquelle se connecte à nos formes de pensée, lesquelles sont reliées à nos processus spirituel et intuitif, qui à leur tour reviennent dans notre corps physique.

## LE CORPS SCIENTIFIQUE

Pour comprendre et inviter la guérison, nous devons commencer par comprendre la nature de l'énergie et l'existence des quanta. Comme définition de travail de l'énergie, je propose ceci : « de l'information qui bouge » ou « une vibration informée ».

Le médecin et auteur Paul Pearsall, dans son livre *The Heart's Code*, déclare que tout est rempli d'information et également composé d'énergie. Cela signifie que l'énergie est remplie d'information[13]. Nous savons également que l'énergie ne reste jamais immobile. Tout dans le monde vibre. Nous mettons ensemble ces deux facteurs, la vibration et l'information, et concluons que l'énergie est de l'information qui bouge.

13 Pearsall. *The Heart's Code*, p. 13.

Il existe deux principaux types d'énergie. D'abord celle qui se déplace plus vite que la lumière, que l'on pourrait appeler l'énergie psychique, spirituelle ou subtile. Et il y a aussi l'énergie qui se déplace plus lentement que la lumière. Nous pourrions la qualifier de sensorielle, matérielle ou physique. Albert Einstein et d'autres scientifiques ont affirmé que la matière ne peut pas se déplacer plus vite que la lumière, mais une expérience récente a en fait démontré qu'une pulsion de lumière (qui transporte l'information et vibre) peut, en réalité, se déplacer plus vite que la lumière.

Au cours de l'expérience, le faisceau lumineux dans la cavité s'est déplacé si rapidement qu'on aurait pu dire qu'il en était sorti avant même d'y être entré[14]. L'existence de cette énergie super rapide peut expliquer les phénomènes psychiques, la guérison miraculeuse, l'apparition d'esprits, la télépathie à grande distance, et même la manière dont les structures d'énergie subtile fonctionnent. Essentiellement, un corps énergétique subtil ou spirituel, comme un chakra, est capable de convertir de l'énergie à déplacement rapide en énergie à déplacement lent et vice-versa. Il peut littéralement convertir des données psychiques en réalité matérielle et des objets concrets (comme une tumeur) en ondes.

Quand nous sommes malades ou en difficulté, l'information ou la vibration — ou les deux — qui donne des directives à notre corps, notre esprit ou notre âme ne fonctionne pas bien. C'est peut-être parce que nous nous accrochons à une croyance rigide et destructrice ou à une émotion refoulée, ou encore à des milliers sinon des millions d'autres parcelles de données qui empêchent le bien-être. Encore là, nos problèmes peuvent être causés par des vibrations discordantes, comme l'exposition à un produit chimique toxique ou à l'électropollution, des forces électriques ou géomagnétiques qui causent des dommages à notre corps. Parfois, il est difficile, voire impossible, de séparer l'information de la vibration ; mais le processus de guérison se réduit habituellement à repérer la « mauvaise » information ou les « mauvaises » vibrations pour les remplacer par de la « bonne » information ou de « bonnes » vibrations.

Cela semble assez facile, mais la physique moderne complique les choses — tout en les rendant plus magiques et intrigantes — en enquêtant dans le monde quantique. Les quanta sont des particules subatomiques considérées par de nombreux scientifiques comme étant le matériau de base à partir duquel tout dans l'Univers est constitué. Unités énergétiques

14 Suplee. «The Speed of Light Is Exceeded in Lab»; Wang, «Gain-assisted Superluminal Light Propagation».

minuscules, les quanta peuvent exister à la fois sous forme d'ondes et de particules, et passer d'une forme à l'autre. Michael Talbot fait remarquer que les quanta fonctionnent habituellement sous forme d'ondes, des flots ininterrompus d'énergie. Il dit : « Le seul moment où les quanta se manifestent sous forme de particules, c'est lorsqu'on les observe[15]. » Les quanta invisibles deviennent visibles quand leurs effets sont mesurés.

Lorsqu'on les applique à d'autres ou à nous-mêmes, les implications de ces concepts de particules et d'ondes sont impressionnantes. Si, comme tout le reste dans l'Univers, nous sommes constitués de quanta, il devient évident que nous sommes composés d'énergies visibles et invisibles. Nous pouvons exister simultanément sous une forme matérielle et spirituelle. Ce que nous sommes dépend de la façon de nous percevoir ainsi que de la manière dont nous réagissons à l'opinion des autres sur eux-mêmes ou sur nous. Notre image miroir change en même temps que nous modifions nos points de vue et par conséquent notre énergie. Nous pouvons occuper un espace réel et un autre non apparent, simultanément. Nous pouvons exister dans une ère et dans une autre, simultanément. Nous pouvons être guéris en même temps que d'avoir besoin de guérison.

Pour travailler efficacement au niveau quantique, nous devons être capables d'amener entièrement notre corps, notre esprit et notre âme dans cette réalité et en équilibre.

Nous parlons maintenant de la globalité, une philosophie expliquée par Ywahoo, en évoquant son propre peuple Cherokee. Elle déclare que les Amérindiens regardent l'ensemble, puisqu'une personne est un continuum. « Si nous pensons en termes de « parties », nous nourrissons le problème. Il vaut mieux connaître la globalité[16]. » Ce livre accepte comme prémisse la croyance que nous sommes des êtres matériels et spirituels et que nous existons sur les deux plans, simultanément. Étant donné que ces deux aspects de l'être peuvent être en corrélation, et par conséquent s'influencer l'un l'autre positivement ou négativement, il nous faut un ensemble opérationnel de principes, d'outils et de règles qui nous permette de connecter ces deux entités pour notre bien individuel et collectif.

Le système des 32 chakras représente ce genre d'ensemble de principes. Dans une structure quantique, les chakras agissent comme des portes battantes qui peuvent transformer l'énergie psychique en énergie sensorielle, et vice-versa ; ils peuvent ouvrir les portails entre les antimondes

15 Talbot. *L'univers est un hologramme.*
16 Ywahoo. *Voices of Our Ancestors*, p. 263.

susceptibles d'effacer les problèmes et de les remplacer par la lumière. Nous allons examiner le système des 32 chakras et ses concepts corollaires afin de maximiser les contacts positifs entre notre moi spirituel et notre moi matériel. Il y aura par ailleurs une discussion importante au sujet des aspects du moi individuel qui devrait prendre des décisions au sujet de ce qui pourrait ou devrait arriver. L'accent mis sur l'objectif de l'âme est délibéré, parce que l'âme est l'aspect de chaque moi transportant chaque objectif individuel de la Source divine — Dieu, Bouddha, l'Esprit, le Créateur, le Christ ou autre Puissance supérieure. Par conséquent, il est l'aspect du moi qui doit prendre les responsabilités.

Ce livre présume qu'il existe effectivement une puissance spirituelle supérieure, une Source divine à laquelle toutes les âmes sont connectées. Renforcer et conserver cette connexion par l'âme est essentiel pour être pleinement humain. En raison de nos antécédents spirituels communs, moi et mes clients nous référons à cette Source divine comme étant « Dieu ». Toutefois, j'encourage tous mes clients — et mes lecteurs — à puiser dans leurs propres traditions spirituelles pour accomplir le travail de leur âme.

## Le monde quantique

### UNE EXPLICATION DE LA GUÉRISON

Les guérisseurs par les chakras ont de grosses trousses d'outils remplies de traitements acceptables en soins de santé. Notre formation et nos capacités pour utiliser les bons outils et les bonnes techniques varient, mais le choix est vaste. La trousse comprend le meilleur de la médecine allopathique, y compris la chirurgie, les médicaments d'ordonnance, les appareils de diagnostic, les plâtres et les attelles de même que les traitements liés aux symptômes.

Les guérisseurs par les chakras ont également accès à une infinité d'outils complémentaires dans le domaine de la guérison. Bon nombre de ceux-ci proviennent de la médecine orientale, une tradition ancestrale qui consiste à travailler à la fois sur les plans énergétique, émotionnel, spirituel, mental et physique. Cette approche s'appelle la médecine « holistique », car elle traite la personne dans son entier. En Occident, nous appelons cette approche « complémentaire » ou « alternative », quoiqu'une bonne partie du monde la considère comme « traditionnelle ». Il est plus facile pour la médecine holistique que pour la médecine allopathique d'accueillir le domaine subtil ou spirituel à des fins de guérison.

En termes de guérison, la guérison subtile fait appel à des ressources invisibles, modifie les énergies perçues intuitivement plutôt que physiquement et est fréquemment « sur » naturelle dans sa nature. Contrairement aux approches allopathiques, la guérison subtile s'explique mieux par la physique quantique que par la physique classique.

Un monde basé sur la physique quantique est très différent de celui expliqué de façon classique. Les méthodes de guérison basées sur l'énergie subtile peuvent être efficaces, mais nous ne pouvons pas souvent voir comment elles fonctionnent. De la même façon, nous ne pouvons pas toujours voir ce qui se passe dans les états quantiques ou micro. Dans un système de guérison classique, un objet peut être décrit en fonction de sa position et de sa vitesse, ainsi que comme un ensemble unique de quotients. Il est possible de deviner où se trouve une boule de bowling — ou un électron — si nous savons où elle est, dans quelle direction elle se dirige et à quelle vitesse. Sur l'échelle quantique, un électron, par exemple, peut exister simultanément dans plusieurs positions et plusieurs vitesses. En se déplaçant, il ne prend pas la route la plus droite, mais plutôt plusieurs chemins disponibles en même temps[17]. En ce qui a trait à la guérison, les multiples emplacements d'une particule (ou d'une personne ou d'une balle molle) suggèrent des possibilités de créer des miracles, ou à tout le moins de très bons résultats. Une tumeur cérébrale pourrait éventuellement exister aussi dans un arbre de la forêt amazonienne. Que se passerait-il si nous pouvions la faire sortir du cerveau et la placer dans l'arbre seulement ? Et d'ailleurs, que se passerait-il si nous pouvions également faire appel à une étoile, au futur ou à une autre dimension pour la guérir ?

Diverses théories quantiques suggèrent que c'est possible. Des physiciens ont observé que chaque particule du « monde réel » est associée à une antiparticule dans « l'antimonde ». Le physicien britannique Paul Dirac a introduit la théorie en 1928, décrivant les antiparticules comme des

17 Ambjorn. « The Self-organizing Quantum Universe », p. 43-44.

compagnons en masse qui tournent et renferment une charge contraire. L'antimatière est une source d'énergie. Lorsqu'un électron rencontre son compagnon (le positron), les deux disparaissent pour laisser deux photons ou unités de lumière. Nous avons alors de la lumière et donc de l'énergie utilisable. L'existence de l'antimatière suggère également qu'il y a des « anti-univers », d'autres mondes qui touchent le nôtre.

Certains scientifiques quantiques suggèrent que de tels antimondes ou réalités parallèles sont nombreux. Ces réalités simultanées renferment ce qui « ne s'est pas » produit. Si ce monde contient notre moi malade, un autre renferme le moi en santé. Et dans un autre encore, nous pourrions être morts. Le traitement d'un état terminal dans ce monde peut exister dans une autre réalité parallèle. Un guérisseur énergétique efficace pourrait simplement échanger cette réalité contre une meilleure.

Le scientifique du Massachusetts Institute of Technology, Seth Lloyd, explique ces réalités parallèles (et la guérison) sur son interprétation de l'entropie : le deuxième principe (ou loi) de la thermodynamique. Selon ce principe, l'énergie réduit graduellement sa disponibilité jusqu'à devenir nulle. Dans son livre *Programming the Universe*, Lloyd pose essentiellement la question suivante : « Où va cette énergie ?[18] »

Selon le premier principe de la thermodynamique, l'énergie ne peut être détruite. Cela signifie que l'information « perdue » doit aller quelque part. Lloyd propose que celle-ci glisse dans une zone de l'univers, ou peut-être dans l'un des nombreux antimondes, mais qu'il est possible de la ramener dans notre réalité si on l'observe[19]. Selon la physique quantique, l'information (ou énergie) ne peut être détruite, mais ne peut exister que si on l'observe.

De quelle façon nos rêves quittent-ils les zones qui les cachent ? À partir du moment où ils sont « vus » ou désirés intentionnellement, ils peuvent descendre à travers les niveaux de fréquence sous la couche quantique, puis se densifier dans la réalité matérielle[20]. Peut-être, comme nous l'avons suggéré, qu'ils viennent d'un antimonde ou de l'un des domaines de Tiller. Quel que soit l'endroit où nos rêves s'attardent, il nous faut les voir — et les désirer réellement — pour les rendre vrais.

J'aimerais revenir sur un point abordé quelques paragraphes auparavant. J'ai dit que la rencontre d'une particule avec son antiparticule produisait

18 Lloyd. *Programming the Universe.*
19 Ibid., p. 112.
20 Ledwith. *The Orb Project*, p. 47.

de la lumière. La lumière est créée de plusieurs façons, mais elle est toujours formée de photons, qui sont les pièces quantiques d'énergie qui fonctionnent comme des ondes et des particules. Depuis le début des temps, le processus de guérison a été comparé au fait d'apporter de la lumière là où c'est sombre. Les guérisseurs métaphysiques contemporains se qualifient souvent eux-mêmes d'« artisans de lumière ». La tradition de comparer la guérison avec la production de lumière n'est pas nouvelle ; en fait, elle s'étend sur des millénaires et dans toutes les cultures.

Les chakras et les champs auriques, les corps énergétiques au cœur du présent ouvrage, sont appelés respectivement roues de lumière et bandes de lumière, suivant les définitions du sanscrit. Dans la tradition inca, les méridiens — l'une des structures de l'anatomie énergétique les plus fréquemment utilisées dans la culture orientale — sont appelés fleuves de lumière. On considère que les méridiens et les chakras connectent une personne à un champ énergétique lumineux, qui crée et sous-tend la réalité[21].

Et quelle a été la première création du Divin ? La lumière. La lumière a été la première matière, ou énergie, ce qui signifie que nous sommes essentiellement entourés et constitués de lumière.

De nombreux scientifiques avancent l'hypothèse que nous existons à l'intérieur d'un grand champ de lumière. Des chercheurs, dont le Dr Hal Puthoff, ont démontré qu'un champ « point zéro » englobe le monde matériel. Le point zéro est un champ de lumière qui ressemble à un vide mais qui est en fait un océan d'énergie électromagnétique, fort probablement constellé de particules virtuelles. Les particules virtuelles[22] sont des unités de matière non réelles, mais susceptibles de le devenir, par exemple lorsqu'elles sont perçues. Il y a toujours de la lumière, même quand la réalité semble sombre. Le chercheur Lene Hau Vestergaard a démontré que même au seuil du point zéro, la lumière peut disparaître, mais une radiation demeure en arrière-plan[23]. Ces découvertes suggèrent que non seulement nous sommes englobés dans un champ de lumière, mais que celle-ci renferme tout ce dont nous pourrions avoir besoin, si nous pouvions apprendre comment y accéder pour notre bien-être.

Une autre recherche indique que nous sommes constitués de lumière. Tel que signalé dans son livre *The Field*, Lynne McTaggart dit que le corps humain est une véritable machine à biophotons. Des chercheurs, dont

21 Villoldo. *Shaman Healer, Sage*, p. 42-43.
22 Puthoff. «Gravity as a Zero-Point Fluctuation Force».
23 Vestergaard. «Frozen Light», *Scientific American* 285 (juillet 2001) p. 52-59, et «Frozen Light: At The Edge of Physics», *Scientific American* (mai 2003), p. 56-64.

Fritz-Albert Popp, ont découvert que l'ADN lui-même est un dépositaire d'émissions de biophotons, ou de lumière. Des organismes avancés libèrent davantage de photons ADN que les organismes moins évolués, et il apparaît que le champ point zéro joue un rôle majeur dans l'origine et l'interaction avec cette lumière interne. La maladie survient lorsque le corps prend trop ou trop peu de lumière du champ[24]. L'univers est essentiellement entouré — et produit par — de la lumière, et il en va de même de notre corps.

Comment contrôler ou gérer notre relation avec ce champ? Comment vivre comme la lumière que nous sommes? Ces questions révèlent notre quête de base en tant qu'êtres humains. On pourrait extrapoler que si nous savons que nous méritons d'être aimés, notre ADN libérera des biophotons d'une façon qui favorisera un bien-être physique, émotionnel, mental et spirituel maximal. Si nous entretenons des idées destructrices au sujet du monde et de nous-mêmes, nous repousserons la lumière et vivrons dans les ténèbres. Nous allons littéralement nous rendre malades, de même que les autres.

Nous habitons cette planète en compagnie de plus de six milliards d'autres âmes — et comment pouvons-nous commencer à compter les âmes des royaumes invisibles? L'énergie est transférable d'une personne à l'autre. Vous êtes-vous déjà trouvé en présence de quelqu'un de négatif ou d'ennuyeux? Vous avez commencé à vous sentir déprimé et terne, n'est-ce pas? Je pense que jusqu'à 80 % de nos problèmes sont causés par des énergies qui ne nous appartiennent pas, et cela comprend la maladie physique. Il se peut que ce soit quelqu'un d'autre qui vous rende malade, pas vous. Alors, je le répète, peut-être est-il possible de parvenir à réaliser un état d'union dans le monde où nous pourrions tous nous aider les uns les autres à être bien.

## LE SYSTÈME ÉNERGÉTIQUE HUMAIN COMPLET

Il manque aux explications de guérison par les soins de santé alternatifs et métaphysiques approuvés un portrait clair du système énergétique humain, une image des portes battantes entre les royaumes matériel et spirituel et

24 Vestergaard. «Frozen Light», *Scientific American* 285 (juillet 2001) p. 52-59, et «Frozen Light: At The Edge of Physics», *Scientific American* (mai 2003), p. 44-51

pas seulement des côtés spirituel ou matériel de notre être. *La Bible de la guérison par les chakras* présente un aperçu des aspects visibles et invisibles de notre être et met en relief différentes méthodes pour ouvrir ces portails.

### *Les chakras et les points énergétiques*

Au fil de mon travail, j'ai repéré 32 centres énergétiques sur lesquels l'humain holistique est basé. De ces centres, 12 sont des chakras, la charpente de notre système énergétique physique. Les 20 autres existent sur le plan spirituel. Il est crucial de comprendre la nature de ces centres énergétiques pour nous comprendre nous-mêmes, ainsi que notre vérité et notre raison d'être.

Les chakras gouvernent, entretiennent et gèrent les aspects physique, émotionnel, mental et spirituel de notre être sur le plan physique. Les chakras eux-mêmes servent de portes battantes ou de portails entre le corps, l'esprit et l'âme. Dans *Vibrational Medicine*, Richard Gerber considère les chakras comme étant des centres énergétiques spécialisés, multidimensionnels par nature, et les décrit comme des « portails dimensionnels à l'intérieur des corps subtils qui intègrent et traitent l'énergie de nature vibrationnelle supérieure de manière à ce que celle-ci soit correctement assimilée et utilisée pour transformer le corps physique[25]. »

Le mot *chakra* vient du sanscrit et signifie « roue de lumière ». Un chakra est ni plus ni moins qu'une spirale de lumière qui tourne à l'intérieur de notre système énergétique et à travers celui-ci. C. W. Leadbeater, dans son ouvrage classique *Les Chakras*, les décrit de la façon suivante : « Les chakras, ou centres de force, sont les points de connexion par lesquels l'énergie passe d'un corps humain à un autre… toutes ces spirales tournent perpétuellement, et une force supérieure entre par les ouvertures de chacune pour y circuler en permanence[26]. » Il y a les chakras supérieurs et les chakras inférieurs. Les premiers gouvernent les fonctions vitales et les problèmes les plus graves, tandis que les seconds gèrent les besoins moins essentiels. Ils sont tous importants, mais on pourrait comparer leurs différences à celles des artères par rapport aux capillaires. Une blessure à une artère est catastrophique ; nous n'en avons que quelques-unes et chacune est essentielle à notre survie, alors qu'une blessure à un capillaire ne présente qu'un léger inconfort. Nous en avons des milliers et, bien que chacun

25 Gerber. *Vibrational Medicine*, p. 370..
26 Leadbeater. *Les Chakras*.

soit important, les autres capillaires peuvent prendre la relève en cas de blessure.

Des 12 chakras orientés physiquement, 7 sont situés dans le corps comme tel. Ces derniers sont connus de la plupart des cultures orientales et de quelques cultures sud-américaines depuis des milliers d'années. Récemment, ils ont été employés dans les méthodes utilisées par de nombreux praticiens holistiques occidentaux. Toutefois, aucun praticien que je connais n'a exploré adéquatement toutes les dimensions de l'envers de ces sept chakras internes, préférant plutôt s'en tenir à l'endroit. Le présent ouvrage illustrera la nature et la fonction des deux côtés des chakras internes et comment la colonne vertébrale et les vertèbres servent de portes battantes entre l'endroit et l'envers de ces chakras.

Les cinq qui restent, des chakras externes associés à notre existence visible, n'ont été que vaguement documentés dans d'autres livres. Ma conscience de ces chakras vient surtout de mon travail. Leur existence, cependant, a déjà été perçue par d'autres guérisseurs et décrits par d'autres systèmes spirituels. Autrement dit, je ne suis pas la première à travailler avec un système comportant plus de sept chakras.

Le système *Narayana*, un dérivé du yoga, travaille avec neuf chakras, de même que celui exposé dans le *Yogaranjopanishad*. Le système *Waidika* est une méthode Laya-yoga et met en relief 11 chakras importants[27]. D'autres écoles travaillent avec huit chakras, qu'on appelle le chakra Bindu ou Soma[28].

Le système des sept chakras le plus couramment utilisé en Occident place habituellement ceux-ci dans le corps. La tradition yogi, toutefois, situe en général le septième chakra « au-dessus de la tête et non au sommet[29]. » D'autres guérisseurs situent un chakra sous les pieds. Parmi eux se trouve David Furlong, qui décrit son système dans son livre *Working with Earth Energies*. La plupart des systèmes reconnaissent les chakras secondaires ou mineurs ; Georgia Lambert Randall, par exemple, présente 21 chakras mineurs et 49 chakras minuscules, de même que les 7 de base[30]. De plus, de nombreux systèmes placent des chakras dans les mains et dans les pieds, la base du onzième chakra du système de 12, qui enveloppe le corps mais est plus fort autour des mains et des pieds[31].

27 Goswami. *Layayoga*, p. 160-164.
28 Johari. *Chakras : Energy Centers of Transformation*, p. 141-143.
29 Varenne. *Yoga and the Hindu Tradition*, p. 170.
30 Randall. *The Etheric Body; Randall, Esoteric Anatomy*, p. 5.
31 Stein. *Women's Psychic Lives*, p. 26.

Les 20 autres centres énergétiques, qui existent dans le royaume invisible, n'ont pas fait l'objet de discussion auparavant dans aucun ouvrage contemporain. Celui-ci explorera tous les chakras et tous les points énergétiques afin de situer les connexions charnières entre ces chakras externes et nos centres énergétiques et systèmes internes ; nous examinerons aussi d'autres centres énergétiques, comme l'œuf énergétique, les archives akashiques et le *Livre de Vie*, de même que d'autres chakras secondaires qui complètent la trousse du guérisseur énergétique.

### *Les auras*

Un autre aspect important de notre système énergétique est l'aura, ces couches de lumière qui enveloppent tous les êtres vivants. Des études effectuées à l'Institut de neuropsychiatrie de l'Université de Californie à Los Angeles comportaient l'utilisation de photographies à haute fréquence pour montrer les rayons bleus et blancs émanant du bout des doigts des gens. Si un sujet devenait excité lors du filmage, la couleur changeait en un rouge tacheté. Chez l'un des sujets devenu ivre, les photos ont présenté une brume sombre autour des mains[32]. D'autres études appuient également l'existence de l'aura. La plus importante comprend une recherche dirigée par A. S. Popov, un scientifique soviétique de l'Institut de bioinformation. Popov et son équipe ont en fait mesuré les biocourants qui se manifestent dans les couches d'un corps énergétique et découvert que des organismes vivants dégageaient des vibrations à une fréquence variant entre 300 et 2 000 nanomètres. Après avoir qualifié ce champ de « biochamp », ils ont trouvé que les gens possédant un biochamp vaste et fort pouvaient transférer de l'énergie plus facilement. Cette recherche a par la suite été confirmée par l'Académie des sciences médicales à Moscou[33].

Je crois que chacune de ces couches auriques est connectée à l'un des chakras humains et que ces derniers sont eux-mêmes reliés à des organes visibles et, par conséquent, à notre existence même. Barbara Ann Brennan, une ancienne scientifique de la NASA et maintenant guérisseuse respectée, voit ce lien comme un sceau gouvernant l'échange d'énergie. Elle suggère que les points des chakras se branchent à un courant principal d'énergie et peuvent être considérés comme les « racines » ou les « cœurs » des chakras. À l'intérieur des cœurs se trouvent des « joints d'étanchéité » qui contrôlent l'échange d'énergie entre les couches de l'aura à travers ce chakra. Chaque

32 Stetler. *PSI-Healing*, p. 75-76.
33 www.mietekwirkus.com/testimonials_friedman.html.

chakra comporte sept couches et celles-ci correspondent à une couche du champ aurique[34].

Je crois également que chacun de nos 12 chakras est influencé par les énergies que nous faisons entrer dans notre vie, nos expériences vécues, et les reflets des 20 points énergétiques supérieurs, notre aura nous racontera par métaphore l'histoire de nous-mêmes. Bien qu'elles conservent les projections de tout ce qui s'est passé, se passe et peut-être se passera, ces couches de l'aura servent de centres d'accueil des énergies spirituelles susceptibles de modifier ou de guérir notre passé, notre présent et notre futur. Nous examinerons ces 12 champs auriques en profondeur, en plus de quelques autres champs supplémentaires qui soutiennent notre bien-être, comme le champ morphogénétique, les miasmes, le modèle éthérique et l'œuf énergétique.

### *Les rayons*

Les rayons représentent la troisième grande énergie qui nous influence; ils sont habituellement définis comme des ondes d'énergie universelle par nature. Il existe de nombreux types de rayons, car il y a de nombreux types d'énergie universelle. Dans le cours de mon travail, je vois 6 principales portes battantes, ou points d'entrée, pour ces rayons, et 32 points d'entrée secondaires. Il est important d'isoler ceux-ci dans nos systèmes physique ou énergétique afin d'apprendre à gérer à la fois le flot entrant et le flot sortant des énergies universelles. En gérant notre propre processus de rayons, nous pouvons travailler efficacement sur des problèmes relationnels, des questions professionnelles, des ennuis physiques et bon nombre d'autres problèmes.

Le concept des rayons tient son origine dans la documentation védique. Ils étaient considérés comme les sept attributs de Dieu, des énergies subtiles capables de transformer l'énergie de vibration élevée en énergie physique accessible. Chacun était associé à un *rishi* spécifique, ou maître ou agent de l'Absolu[35].

Le fait de vous aligner sur certains rayons peut également être utile. Votre attirance pour certains rayons dépendra de votre système énergétique global, de votre personnalité, de vos besoins en termes de guérison, de votre but ultime et de votre processus d'épanouissement. Beaucoup de gens trouvent bénéfique de percevoir une connexion aux êtres ou entités

34 Brennan. *Hands of Light.*
35 www.sevenraystoday.com/sowhataretheseven rays.htm.

spirituels par l'intermédiaire de ces rayons. En explorant cette possibilité, il importe d'alterner les méthodes pour absorber et envoyer l'énergie des rayons, parce que travailler à travers un autre être présente des défis et des difficultés susceptibles de l'emporter sur les avantages.

### *Les principes*

Régir le flot des rayons universels et l'interaction de l'énergie spirituelle et matérielle avec notre système énergétique humain représente un ensemble de directives qu'on appelle les principes. Ces principes ne sont pas des règles mais des consignes. À la différence des règles, qui sont rigides, les consignes sont souples. Comprendre les principes qui gouvernent notre système peut nous épargner bon nombre de difficultés en nous évitant des erreurs pour nous orienter plutôt vers le succès. Nous explorerons les principes avec lesquels je travaille de même que leurs différentes applications.

## D'AUTRES CONCEPTS DE GUÉRISON

Il existe d'autres concepts importants à comprendre. La plupart ont rapport au besoin de trouver votre raison d'être comme moyen de guérir, un processus qui diffère légèrement entre les hommes et les femmes.

En travaillant avec les énergies et leurs applications, nous devons nous rappeler qu'il existe des différences entre les genres. Si vous savez comment travailler au mieux avec votre propre système énergétique en tenant compte des applications basées sur les genres, vous éviterez une bonne partie de la confusion actuelle au sujet de l'énergie.

### *La kundalini*

L'un des points de différence des genres réside dans l'utilisation de la kundalini, la force énergétique de vie, souvent symbolisée par un serpent. La kundalini est une énergie explosive, régulièrement utilisée et bien documentée dans les traditions orientales, que plusieurs considèrent comme l'énergie de la volonté, de la passion et de la physicalité. D'autres cultures supportent des idées similaires. Par exemple, les maîtres mayas enseignent que « nous sommes l'intégration des sept pouvoirs de lumière, se déplaçant sous la forme d'un serpent, ondulant éternellement en mouvement et en mesure[36]. » Tandis que le nouvel âge inaugure une vision occidentalisée de

36 Men. *Secrets of Mayan Science/Religion*, p. 126.

la kundalini, les opinions erronées abondent, telles les croyances concernant ses dangers inhérents et les étapes de préparation pour l'utiliser. La confusion au sujet de cette énergie, que plusieurs croient être la force essentielle pour l'épanouissement de soi, provient d'un manque de conscience. La plupart des gens ne savent pas que :

1. La kundalini est en fait une énergie connectée à un point énergétique spirituel supérieur.
2. Elle influence les hommes différemment des femmes.
3. On peut l'atteindre et l'utiliser par l'intermédiaire des points d'accès matériels et spirituels.
4. Il y a en fait trois types de kundalini auxquels on peut accéder respectivement pour le bien-être physique, le développement de la conscience et l'illumination spirituelle. Ces derniers sont la kundalini rouge (ou serpent), la kundalini dorée et la kundalini rayonnante.

Je crois que l'utilisation de cette « énergie de serpent » est cruciale pour s'épanouir, conserver la conscience de soi et puiser dans notre propre pouvoir. Je partage la croyance de Richard Gerber selon laquelle la kundalini est la source créatrice de l'univers, qu'elle contribue à « l'alignement des chakras, à la libération du stress stocké dans les centres du corps et à l'élévation de la conscience vers des niveaux spirituels supérieurs[37]. » Nous explorerons les trois formes de kundalini à titre d'outils efficaces pour lier tout le système énergétique humain lorsqu'on s'en sert en collaboration avec une seconde énergie, tout aussi efficace.

### *Le mana*

Cette seconde énergie est le mana. Les guérisseurs Kahunas d'Hawaï considèrent que le mana est la force vitale qui imprègne l'univers et qu'elle est en forte concentration dans tous les organismes vivants[38]. En raison de son utilité pour obtenir et réaliser des miracles, ainsi que pour soigner, cette énergie mana est essentielle au processus de guérison.

### *Le karma et le dharma*

Dans l'exploration de nous-mêmes, nous avançons inévitablement sur des chemins déjà parcourus par d'autres métaphysiciens. Ce faisant, nous

37 Gerber. *Vibrational Medecine*, p. 389.
38 King. *Kahuna Healing*, p. 62-63.

allons examiner deux autres concepts importants : le karma et le dharma. Typiquement, le karma est considéré comme un processus punitif selon lequel nous refaisons l'expérience de nos erreurs et de nos dilemmes jusqu'à en venir à bout. Je vois le karma de façon totalement différente, soit comme un processus dans lequel nous avons le choix de nous engager ou pas.

Frederic Wiedemann considère le karma comme « la somme totale des conséquences de nos actes… » Il affirme : « Peu importe que nos actes créent un karma positif ou négatif, la loi du karma confirme que nous devons expérimenter le retour des effets de nos actes. Quoique cela puisse sembler contraignant, c'est en fait libérateur. » Wiedemann perçoit le principe du karma comme un système de rétroaction cosmique qui nous permet de devenir plus conscients de nos actes et par conséquent d'en tirer des leçons[39]. » J'ai éclairci une partie de ma propre confusion au sujet du karma en comprenant ce qui suit :

1. Il existe un centre karmique connecté à un corps énergétique réel (un chakra). Travailler avec ce centre énergétique représente la clé pour éliminer les conceptions erronées que nous avons de nous-mêmes.
2. Le karma peut être modifié par l'intermédiaire des points de connexion dans n'importe lequel des centres énergétiques, ou chakras.
3. Le karma n'est important que dans la mesure où il nous conduit vers le dharma ; le processus de conversion dharmique est le seul capable de nous aider à transformer l'énergie karmique (de la souffrance à la sagesse).

Si le karma est le processus qui nous ramène au passé, le dharma est celui qui nous pousse vers l'avenir. Le dharma est en fait un autre mot pour décrire le but ultime. Wiedemann l'explique ainsi : « Sa tâche consiste à servir la vie et à augmenter la conscience de Dieu, de la manière qui convient le mieux aux talents et au niveau d'élévation d'une personne. L'appel de l'âme peut être vu comme un plan détaillé renfermant l'information relative à notre raison d'être ici-bas[40]. » Lorsque l'énergie karmique est maîtrisée correctement, elle peut accélérer le processus dharmique, qui à son tour accélère le processus de guérison. Le dharma est presque toujours connecté à l'âme et au corps-âme, qui doit être efficacement intégré

39 Wiedemann. *Between Two Worlds*, p. 76-77.
40 Ibid., p. 76.

à notre esprit et au corps physique pour être comblé. Nous explorerons les moyens de réaliser cette intégration.

### *Les cordes*

Un autre thème abordé tout au long de cet ouvrage est celui des cordes. Ce sont des connexions énergétiques entre des gens, des êtres ou des parties de nous qui représentent des engagements relationnels négatifs. Le but ultime et les relations personnelles sont les deux côtés d'une même pièce de monnaie. Nous avons besoin des gens pour réaliser notre but ultime et d'une raison d'être pour clarifier nos relations personnelles. Les cordes se forment lorsque nous nous engageons envers une autre personne pour combler nos besoins. Ce contrat peut sembler bénéfique en surface, jusqu'à ce que nous prenions conscience que celui-ci est habituellement créé à cause de la peur et de croyances autodestructrices. Ces croyances créent des modèles qui à leur tour créent des habitudes autodestructrices et limitent les relations établies à une norme de qualité médiocre.

Les liens (ou cordes) sont particulièrement dangereux parce qu'ils peuvent subsister dans le temps. Ils peuvent se former entre âmes, entre esprits ou entre corps durant notre existence (dans des vies antérieures ou dans celle-ci), ou sous toute autre configuration âme/esprit/corps. Ils peuvent nous influencer directement ou indirectement, mais ils sont presque toujours néfastes. L'exception est la corde (ou cordon) entre la mère et son nouveau-né. En général, les cordes bousillent notre système énergétique, remplissant des trous qui devraient être là, embrumant les miroirs qui devraient être clairs, et endommageant des barrières qui devraient rester solides. En résumé, nous ne pouvons pas travailler efficacement — ni même pas du tout — sur nos systèmes énergétiques si nous ne réglons pas nos liens et les raisons pour lesquelles nous les conservons. Dans ce livre, nous allons explorer les liens et autres contraintes énergétiques, y compris les guides énergétiques et les marchés codépendants.

Tous ces termes — chakra, aura, rayons, principes, kundalini, mana, karma, dharma et liens ou cordes — sont destinés à vous rendre plus à l'aise dans l'apprentissage de votre système énergétique. Peu importe leur familiarité, ils sont présentés comme une invitation à expérimenter l'un des plus importants événements de votre vie. C'est une invitation à franchir la porte de vous-même, d'aller à votre rencontre.

Sachez que quelle que soit la profondeur de vos études énergétiques, le système énergétique — et vous-même — conservera malgré tout un certain mystère. Quel que soit votre engagement à vous guérir, ainsi que le monde, certains aspects de votre mission suprême demeureront inconnus et ne se réaliseront peut-être pas. Vous pouvez appliquer un de ces principes de guérison ou tous et rester incertain des résultats, parce que la vie est faite d'incertitudes. Elle est basée sur le principe du changement perpétuel.

Le passé ne se répète jamais, en fait. Chaque instant est nouveau. Chaque seconde qui s'écoule disparaît à jamais. Oui, elle est stockée comme souvenir ou empreinte éternelle, mais le moi qui ouvre l'enveloppe du passé est un « nouveau moi », qui par la force des choses voit le passé avec d'autres yeux. L'avenir, qui peut être entrevu ou tout au moins deviné, est bâti sur des sables mouvants. Chaque fois que nous virons légèrement à droite ou à gauche, nous modifions le futur « prévu », au moins un peu.

Le changement stresse tout le monde. Nous cherchons des garanties afin de revendiquer une forme d'autorité et de contrôle sur l'inconnu. Maintenant que nous sommes au XXIe siècle, il suffit d'ouvrir le journal, de se connecter à Internet ou de parcourir des livres pour constater à quel point nous essayons tous de découvrir ce qui est prévu et déterminé. Les visionnaires de la fin du monde ont lu les manuscrits mayas au sujet de 2012 pour nous prévenir d'une fin imminente, et les chrétiens ont déchiffré l'Apocalypse et assurent que nous sommes près du Jugement dernier. Les optimistes suggèrent que ces écrits du passé — d'un temps révolu — indiquent plutôt que nous allons simplement nous élever à un niveau supérieur ou peut-être quitter littéralement la Terre avec nos corps intacts. Nous allons peut-être nous habituer à la cinquième dimension. Ou alors nous nous préparons à « un siècle de paix », une autre version de l'Apocalypse.

Quoi qu'il en soit, il peut être utile de cesser de regarder le passé pour interpréter l'avenir ou de chercher dans le futur toutes les réponses au sujet du présent, car la vérité est que même « Dieu » ne sait pas exactement ce qui va se passer. Le maître de l'incertitude, la Source divine, doit lui-même participer au monde s'il veut lui donner forme, partager l'amour et fournir l'inspiration. Bien sûr, un certain aspect du Divin est parfaitement conscient de ce qui s'est passé, de ce qui se passe et se passera, mais une autre partie du Divin danse avec nous dans l'incertitude. Être incertain, c'est avoir le pouvoir de changer : nos perceptions du passé, nos actes d'aujourd'hui et nos attitudes de demain. Comme l'a dit Alice, dans son pays des merveilles, « Je ne peux pas retourner à hier, parce que j'étais alors une autre personne[41] ».

La nature de l'énergie — et de la lumière — est telle que chaque fois que vous avez une nouvelle pensée, vous devenez une nouvelle personne. N'est-ce pas merveilleux ? N'est-ce pas grandiose ? Apprendre au sujet de l'énergie, c'est apprendre à faire des choix, puis à faire ceux que vous seul pouvez faire pour assurer un avenir au monde.

## EXERCICES : FRANCHIR LES PORTES DU SOI

Nous avons tous la capacité de nous connaître nous-mêmes, de nous exprimer et d'être nous-mêmes. Des exercices peuvent nous aider à accéder aux zones les plus profondes, celles que nous avons parfois le plus de mal à voir et à ressentir. L'exercice suivant peut vous aider à entrer en vous-même. Un processus en six étapes pour accéder à votre intuition, le point d'accès pour découvrir votre moi invisible.

1. **S'ancrer** — Processus qui consiste à habiter complètement votre corps. Si vous vous ancrez bien, vous pourrez sentir toutes les parties de votre corps physique, de la tête aux pieds. Vous pourrez aussi ressentir le prolongement de votre système énergétique, y compris les parties de vous au-dessus de votre tête et sous vos pieds.
2. **Se centrer** — Processus qui consiste à aller au centre de soi-même. Être centré, c'est être parfaitement connecté à la partie de votre corps qui sert de lieu de rencontre à toutes vos énergies. Cette partie se situe dans l'abdomen, le plexus solaire ou le cœur.
3. **Se protéger** — Processus qui consiste à se libérer, à réparer et à ériger des frontières énergétiques afin de se garder à l'abri. Plus vous vous sentez protégé à l'égard des éléments ou des êtres visibles et invisibles, plus vous serez intuitif.
4. **S'ouvrir** — Processus qui consiste à ouvrir vos centres énergétiques. Vous pouvez les laisser ouverts après un exercice (si vous êtes bien protégé) ou choisir de les fermer une fois l'exercice terminé.
5. **Accéder** — Accomplir ce que vous aviez prévu, comme réaliser une guérison ou obtenir des données.

41 http://en.thinkexist.com/quotation/i_can-t_go_back_to_yesterday-because_i_was_a/195812.html.

6. **Fermer** — Le contraire de s'ouvrir. Il s'agit de fermer correctement les centres énergétiques, de se protéger, de se centrer et de s'ancrer.

## EXERCICES : MÉDITER SUR VOTRE SYSTÈME ÉNERGÉTIQUE

La meilleure façon d'apprendre à utiliser votre système énergétique consiste à pratiquer. Vous pouvez réaliser cette méditation guidée en la lisant d'abord, puis en l'essayant soit en l'enregistrant pour l'écouter ensuite, soit en demandant à quelqu'un de vous la lire.

**A.** Installez-vous confortablement. Les pieds à plat sur le sol, commencez à respirer profondément. Concentrez-vous d'abord sur l'inspiration, en imaginant une douce lumière dorée entrer dans votre corps à chaque inspiration. Voyez ou ressentez ce cercle de lumière autour de votre poitrine s'ouvrir et se développer.

**B.** À chaque nouvelle inspiration, cette lumière se répand plus loin dans votre corps, enveloppe d'abord le cou, les épaules, puis circule dans les bras et les mains. La lumière traverse vos mains et emporte avec elle toutes les énergies dont vous souhaitez vous débarrasser. La lumière continue à se répandre vers le haut, traverse votre tête et en ressort. Là aussi, la lumière vous dégage de toutes les énergies dont vous n'avez plus besoin, fait surgir votre conscience de vous-même, votre vision intérieure, votre propre vérité et lumière.

**C.** La lumière commence alors à descendre, par pulsations, se développant et s'ouvrant en se dirigeant vers le plexus solaire, l'abdomen, pour arriver dans la région des hanches. Elle se sépare en deux faisceaux pour parcourir les jambes puis se rassembler aux pieds. Elle continue vers le bas, trouve une voie, un canal dans le sol. Là, dessous, vous découvrez une partie de vous-même qui vous attend, un centre énergétique ouvert à cette énergie. La lumière y entre, puis le traverse en emportant toutes les substances dont vous n'avez plus besoin pour les transférer dans le sol afin qu'elles y soient transformées.

Vous portez votre attention sur cette partie de vous dans le sol et découvrez que celle-ci commence à respirer au même rythme que vos poumons. Inspirez, expirez. Inspirez, expirez. Vous remarquez que les expirations au-dessus et en dessous retirent maintenant toutes les énergies, les émotions, les pensées, les couleurs et les expériences qui ne vous servent plus. Vos respirations supérieures et inférieures sont accordées sur le même rythme.

**D.** Vous êtes maintenant ancré. Vous ressentez votre corps dans son entier. Vous êtes en sécurité. Vous êtes maintenant capable de déplacer votre conscience et de l'amener dans votre centre. Permettez-vous de trouver votre centre, cette partie de vous où vous vous sentez le plus confortable. Restez là un moment. Ressentez la chaleur, les couleurs, les sentiments et la connaissance de vous-même qui s'y trouvent. Apportez un peu de lumière dans cet aspect de vous-même. Laissez-la se répandre, permettez-vous de fusionner avec elle.

**E.** En devenant de plus en plus confortable à l'intérieur de vous, vous prenez conscience de l'aura, les couches énergétiques qui vous entourent. Portez votre attention vers l'extérieur et demandez à voir toute décoloration, marque, couleur ou ombre qui indiquerait un trou ou un blocage. Si vous voyez quelque chose, demandez quelle couleur ou nuance pourrait réparer votre aura. Vous pouvez aussi demander à votre moi intérieur ou à un guide extérieur de vous dire si une partie de votre aura a besoin de soins. Le cas échéant, demandez de l'aide pour la réparer. Vous pouvez aussi vous permettre de simplement étirer votre énergie pour que celle-ci pénètre votre aura, en y apportant la sensation de lumière que vous avez répandue dans tout votre corps. Laissez cette lumière remplir les trous. Laissez-la expulser toutes les énergies ou les personnes dont vous ne voulez pas. Laissez-la vous réchauffer et vous protéger. Quand vous vous sentirez en sécurité, ramenez votre attention vers votre centre.

**F.** Une fois de nouveau centré, imaginez un commutateur, celui qui contrôle vos centres énergétiques. Ouvrez-le. Vous réveillez alors vos capacités de voir, d'entendre ou de savoir ce que vous devez comprendre. Ouvert et protégé, vous pouvez maintenant accéder à l'information.

**G.** Maintenant, ne vous préoccupez plus que de votre centre. Demandez à votre moi intérieur quelle conscience vous aiderait à rester centré plus souvent dans votre vie quotidienne. Accordez-vous une minute pour voir, entendre, sentir ou percevoir une réponse. Prenez le temps de suivre les directives qu'on vous donne.

**H.** Le moment est venu de fermer. Vous resterez ancré et centré tout au long du processus et après avoir retrouvé toute votre conscience. Examinez votre aura de nouveau. S'y trouve-t-il de nouveaux trous, blocages ou problèmes auparavant invisibles et qu'il faut réparer ? Soignez tout ce qui peut vous empêcher de vivre pleinement. Une fois de plus, imaginez votre commutateur central, mais cette fois sous forme de rhéostat. Ajustez-le vers le haut ou vers le bas, suivant l'intensité qui vous paraît la plus sûre. Ramenez votre attention à votre respiration en ressentant les inspirations et les expirations qui continuent à circuler dans votre corps et tout autour. En ressentant vos mains, vos pieds, votre tête, votre cœur, laissez la respiration vous ramener à la pleine conscience de vous-même. Quand vous serez prêt, ouvrez les yeux.

# Chapitre 2

## Vous en tant qu'infinité : vos 12 chakras

Comme je l'ai dit précédemment, vous possédez de nombreux moi et points de connexion entre les univers matériel et spirituel. Les 12 premiers centres sont reliés au moi matériel. Ils nous aident à faire venir le mana, des particules d'énergie subtile, depuis le monde invisible dans une forme physique. Les transformateurs d'énergie, comme les chakras, accomplissent également la tâche opposée, en convertissant l'énergie physique en énergie invisible du monde subtil.

Sept de ces centres d'énergie sont de véritables chakras, des roues de particules de lumière, car ils sont basés dans le corps et fonctionnent suivant les lois physiques. Les cinq autres sont aussi des chakras. Bien que leurs points de connexion se situent à l'extérieur du corps physique, ils fonctionnent tout de même suivant des principes physiques (voir figure 2.1). Ces chakras réunis composent le système de 12, une approche révolutionnaire de la guérison et de la manifestation. Dans le présent chapitre, nous examinerons ces 12 chakras et nous ferons également ressortir quelques autres centres importants basés sur l'énergie.

Les 20 autres centres sont basés spirituellement et situés à l'extérieur de notre continuum espace-temps. Bien entendu, vous vous demandez peut-être comment je sais qu'ils existent puisqu'on ne peut ni les voir, ni les sentir ni les entendre. Comme dans le cas de nombreuses hypothèses, le test de cette réalité est causal. Dans le cours de mon travail, j'ai vu la démonstration de l'existence de ces points. Il existe également des références dans la documentation ésotérique ainsi que dans les pratiques indigènes et différentes traditions spirituelles. Ces centres ne sont pas officiellement des chakras, car ils comprennent une énergie qui, si elle était mesurable,

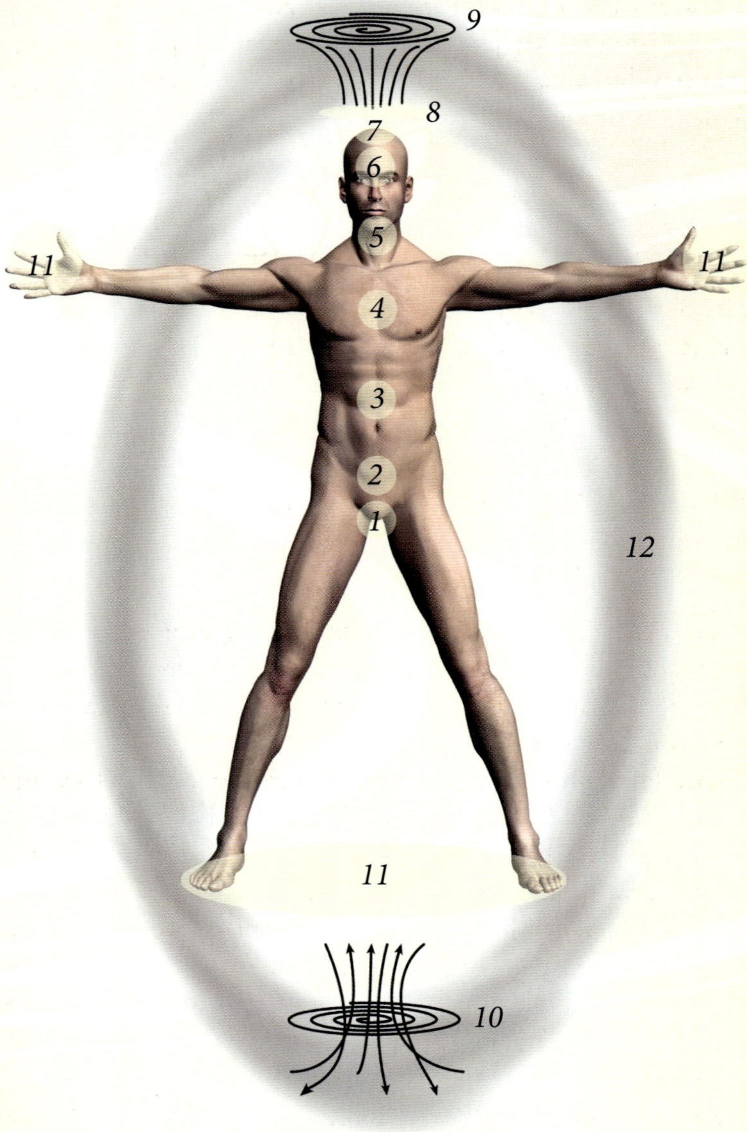


***Fig. 2.1 : Le système des 12 chakras***

Situés à l'intérieur et à l'extérieur du corps physique, les chakras convertissent l'énergie matérielle ou physique en énergie spirituelle, ou subtile, et vice-versa

tournerait, je crois, à une vitesse supérieure à celle de la lumière. Bien qu'ils ne possèdent pas d'attributs physiques, ces points énergétiques spirituels nous aident à transmuter les énergies physiques en énergie immatérielle et inversement. Ils fournissent des directives pour que nous puissions dépasser nos limites humaines normales.

## DÉCRIRE NOS CENTRES ÉNERGÉTIQUES

Tous les centres énergétiques renferment des indices relatifs à tout ce qui nous influence. En fait, ils reflètent parfaitement tout ce qui s'est déjà produit, se produit ou pourrait se produire. Ils ne peuvent s'empêcher de le faire, parce que chaque centre fonctionne comme une unité à part entière tout en servant le système énergétique dans son ensemble. L'holisme, à son meilleur, est représenté dans le système énergétique humain. Sans égard à leur emplacement (ou à l'absence de l'un d'eux), tous les centres énergétiques ont ceci en commun :

- **Un but** — Tous les centres énergétiques régulent le système énergétique humain et cherchent à maintenir l'équilibre de la santé tout en contribuant au besoin de l'esprit, du corps et de l'âme à croître, s'épanouir et guérir.
- **Une fonction** — Tous les centres énergétiques relient les aspects visibles et invisibles du corps, de l'esprit et de l'âme d'un individu et échangent de l'énergie entre les réalités spirituelle et physique.
- **Une forme d'énergie** — Tous les centres énergétiques sont constitués de quanta, qui peuvent être subdivisés en quarks (de l'énergie qui se déplace plus lentement que la lumière) ou en tachyons (de l'énergie qui se déplace plus vite que la lumière) ; les deux ensembles de particules se déplacent en spirales, de la forme matérielle à la forme spirituelle et vice-versa.
- **Des fréquences** — Chaque centre énergétique fonctionne à sa propre fréquence optimale. En général, plus le centre est physique et inférieur, plus sa fréquence est basse. Plus le centre est supérieur, plus sa fréquence est élevée. Une étude effectuée en 1988 par la Dre Valerie Hunt, de l'Université de Californie, a décrit les sept chakras internes comme se situant dans une fréquence de colonne hertzienne de

couleur variant de 250 à 2 000 hertz ou cycles par secondel[1]. Pour la plupart, ces fréquences sont visibles sur le spectre électromagnétique. Les centres énergétiques au-dessus de la tête sont ultraviolets et supérieurs ; les centres énergétiques sous les pieds sont infrarouges et inférieurs. Cependant, toutes ces fréquences sont reliées entre elles. Si l'une n'est pas en phase, toutes les autres suivront.

- **Des effets** — Tous les centres énergétiques affectent le bien-être physique, mental, émotionnel et spirituel d'une entité en stockant, analysant, dispersant et transformant les données relatives à ces processus.
- **Des véhicules de communication** — Chaque centre énergétique possède un mécanisme intégré pour communiquer avec les autres centres ainsi qu'avec l'organisme dans son ensemble. Ce retour d'information est un processus psychique qui comporte de recevoir, d'encoder, de transmettre et de déchiffrer les données entre les centres et l'esprit, le corps ou l'âme de l'organisme. Pour résumer, tous les centres énergétiques sont également des centres intuitifs dont chacun utilise sa forme particulière de processus psychique.

Bien que les centres énergétiques aient beaucoup en commun, ils diffèrent également grandement les uns des autres. Même si chacun affecte notre bien-être physique, émotionnel, mental ou spirituel, chacun contrôle par ailleurs un processus distinct. Et même si les centres énergétiques internes, externes et spirituels supérieurs font tous partie de la même famille, chaque groupe a ses particularités. La principale différence entre les centres réside dans la façon dont chacun influence notre raison d'être. En examinant ces différences de plus près, nous pouvons mieux comprendre ce qui se passe à l'intérieur et à l'extérieur de nous à tout moment, habituellement sans que nous le sachions immédiatement.

Dans le présent chapitre, nous allons examiner les chakras humains, soit les sept chakras internes et les cinq externes. Au chapitre 3, nous explorerons nos 20 points énergétiques spirituels.

1 Hunt. « A Study of Structural Integration ».

## COMMENT FONCTIONNENT LES CHAKRAS INTERNES

Les sept chakras à l'intérieur du corps humain sont les plus connus et c'est nécessaire. En effet, nous vivons, respirons, mangeons, aimons et mourons sous notre forme physique et il est donc normal de nous associer d'abord à nos chakras physiques.

Ceux-ci ressemblent à des entonnoirs. Leur point de contact avec le corps physique se situe dans la colonne vertébrale (voir figure 2.2). Comme les chakras sont alignés avec celle-ci, leurs noms sont relativement simples à retenir. En commençant par la région des hanches :

| **Chakra** | **Emplacement** |
|---|---|
| Premier | Hanches/région génitale |
| Deuxième | Abdomen |
| Troisième | Plexus solaire |
| Quatrième | Cœur |
| Cinquième | Gorge |
| Sixième | Front |
| Septième | Couronne (fontanelle) |

Les six chakras inférieurs ont en fait deux côtés, dont l'un se déroule vers l'extérieur, à l'avant du corps, et l'autre, derrière. Je perçois que le chakra le plus élevé, celui de la couronne, possède un envers également. Celui-ci est moins apparent parce qu'il s'ouvre vers une dimension supérieure à celle des autres.

Dans ce chapitre, nous allons examiner l'endroit du système des chakras ; le chapitre 5 sera consacré à l'envers de ces derniers. Vous êtes probablement familier, soit intellectuellement soit intuitivement, avec le côté endroit du système des chakras, puisque c'est la partie qui s'occupe du processus conscient.

Dans les chakras de l'endroit, nous trouvons :

- **Les archives** — Toutes nos expériences dans cette vie, y compris celles de nos vies antérieures, de même que les expériences marquantes de nos ancêtres et de notre famille.
- **Le stockage** — Tous nos souvenirs, les sentiments non exprimés, les croyances et les modèles de fonctionnement, nos désirs, nos espoirs

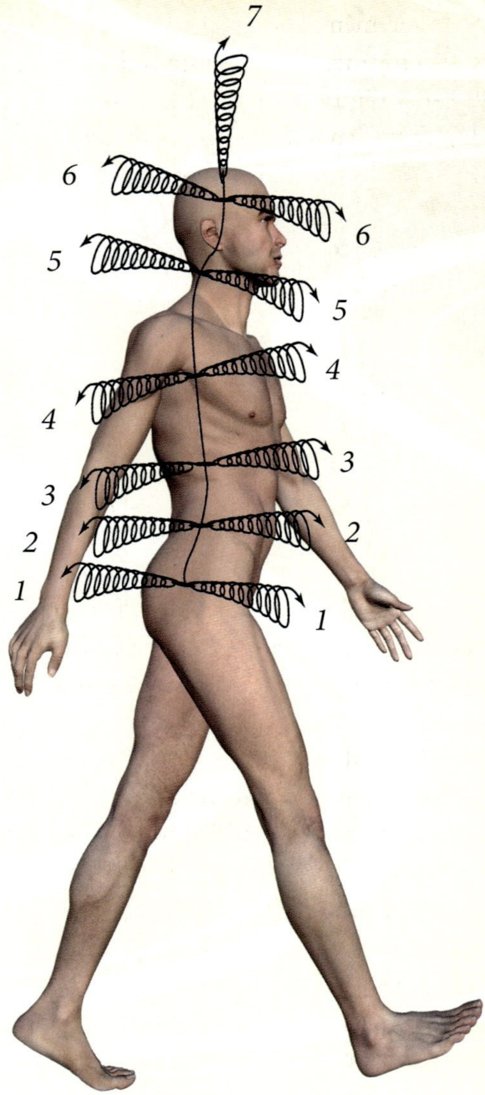


***Figure 2.2 : Les sept chakras internes***

Sous forme d'entonnoirs, les sept chakras internes sont connectés au corps physique au niveau de la colonne vertébrale

« Les chakras ressemblent à des spirales, dont le centre est relié au système nerveux central dans la colonne et dont le vortex, ou partie large de la spirale, traverse le corps à l'horizontale. »

— Diane Stein, tiré de *Women's Psychic Lives*

et nos rêves, de même que les énergies, les expériences, les espoirs, les rêves, les croyances et les opinions des autres.

- **Les fonctions régulatrices** — Les organes et systèmes physiques essentiels ; les systèmes de croyances principaux ; les actions et réactions émotionnelles, de même que l'intégration de l'âme au corps et à l'esprit.
- **Les fonctions de communication** — Par l'intermédiaire du processus physique, du processus psychique et du processus intuitif.

### *Les archives*

À titre de centres d'archives, ces chakras travaillent à la manière des cellules cérébrales. Disons que dans l'enfance, il y ait eu traumatisme (abus sexuel par exemple) dans le premier chakra, situé dans la région génitale et des hanches. Le premier chakra aura enregistré le souvenir de ce traumatisme. J'ai observé des exemples tragiques de ce processus. Une cliente revivait l'abus de son père chaque fois que son mari touchait ses parties génitales. Une autre, une adolescente de 16 ans, m'a dit qu'après sa première expérience sexuelle, elle a été envahie par des souvenirs d'abus sexuel. Le premier chakra (et tous les autres) enregistre les souvenirs d'avoir été blessé ou atteint dans son emplacement physique, la région des organes sexuels et des hanches, dans le cas du premier chakra. Comme vous le verrez, toutefois, le premier chakra contrôle également un certain nombre d'autres systèmes, dont la peau. Par conséquent, les problèmes liés au premier chakra, comme une réaction au viol, peuvent avoir de grandes ramifications. Pour cette raison, j'ai récemment aidé une cliente souffrant d'une maladie de peau en la guidant vers son premier chakra. Par cette approche, elle a commencé à se rappeler des abus sexuels et je l'ai ensuite dirigée vers un thérapeute. Ses problèmes de peau se sont résorbés en thérapie.

À titre de centres d'archives, nos chakras impriment aussi des souvenirs qui ne nous appartiennent pas ou qui proviennent d'une autre vie. J'ai travaillé avec une cliente qui, toute sa vie, avait été perturbée par des rêves de fausse couche. Comme elle n'en avait jamais fait l'expérience, elle était intriguée et croyait que ces rêves pouvaient être des prémonitions. Finalement, je lui ai demandé de se renseigner si sa mère avait déjà fait une fausse couche. Elle a ainsi découvert que oui, par deux fois avant la conception de ma cliente, mais sa mère n'avait jamais jugé bon de le dire à sa fille.

Une autre cliente, une thérapeute, était convaincue que ses craintes à l'égard de la sexualité provenaient de sa vie antérieure récente comme victime de l'Holocauste. Elle disait que depuis sa naissance, elle était terrifiée par les cintres et autres objets du genre. Elle croit maintenant que ceux-ci étaient des instruments de viol dans son ancienne vie. Sous hypnose contrôlée (pas avec moi), elle a revécu ces expériences terrifiantes. Ces souvenirs étaient inscrits dans ses chakras.

***Le stockage***

Le stockage des chakras internes fonctionne de façon semblable, mais en plus vaste. Comme nous l'avons vu, nous pouvons enregistrer ou entreposer nos propres souvenirs, ceux de nos ancêtres physiques, de même que des souvenirs de nos vies antérieures (celles de nos ancêtres ou les nôtres). Stocker se distingue d'enregistrer. Enregistrer consiste à imprimer tandis que stocker consiste à conserver intacte l'énergie de quelque chose. Nous pouvons enregistrer une expérience afin d'en tirer une leçon. En revanche, entreposer l'énergie de celle-ci la préserve, parfois pour en tirer une leçon, mais aussi pour éviter des dégâts ou différer le moment de nous y confronter.

Par exemple, nous pouvons stocker des émotions, des croyances, des expériences physiques et de fausses conceptions spirituelles susceptibles d'être trop négatives ou autodestructrices pour y faire face tout de suite. Si nous avons été trop souvent battus dans l'enfance, nous pouvons inconsciemment décider de ne pas régler ce traumatisme dans l'immédiat. Peut-être que d'y réagir provoquerait plus de colère, alors nous enfermons l'expérience et nous la cachons à nous-mêmes. J'ai rencontré plusieurs personnes qui avaient oublié des pans entiers de leur vie jusqu'à ce que les souvenirs se manifestent soudainement des années plus tard.

Les thérapeutes signalent souvent ce phénomène. Un de mes amis psychologue m'a confié : « souvent, les gens ne viennent me consulter que lorsqu'ils se sentent suffisamment solides et en sécurité pour régler leur passé ». Il dit qu'à ce stade, des souvenirs intacts, des sentiments et des expériences émergent fréquemment sous forme de flash-back, de rêves ou de discussions thérapeutiques.

Où étaient passés ces souvenirs et ces expériences ? Je crois qu'ils étaient stockés dans les chakras eux-mêmes ou dans les parties du corps situées près des chakras primaires. J'ai appris cela au cours des premiers stades de ma formation en guérison. Un jour, en pratiquant le toucher thérapeutique, ma main sur l'épaule d'une cliente a déclenché un accès de colère et le rappel d'un événement qu'elle avait oublié. J'ai eu l'impression que pour protéger son cœur physique, elle avait entreposé, intacte, cette expérience dans son épaule. Elle n'a pu se la rappeler qu'une fois son cœur suffisamment fort pour la supporter.

L'ennui, avec ce processus, c'est que ces souvenirs, ces sentiments et ces croyances non exprimés, qu'il s'agisse des nôtres ou de ceux de quelqu'un d'autre, peuvent nous attirer des effets préjudiciables et causer encore plus de malheur. Si nous conservons des perceptions mentales comme « Je me sens impuissant », « Je suis mauvais », « Le monde n'est pas sécuritaire » ou « Tout le monde me veut du mal », ces croyances peuvent générer une foule de problèmes jusqu'à ce que nous puissions les identifier et nous en libérer. Il se peut que nous évitions des relations et des occasions saines pour céder à d'autres qui confirment notre piètre opinion de nous-mêmes. Il se peut aussi que nous fassions l'expérience d'effets physiques et psychiques secondaires qui, en fonction du chakra affecté, pourraient prendre la forme de cardiopathies (chakra du cœur), syndromes prémenstruels (chakra de l'abdomen), migraines (chakra des hanches et de l'appareil génital), et bien d'autres encore. Notre propension à entreposer de l'information peut également toucher notre âme, car celle-ci est influencée par tout ce que le corps et l'esprit endurent. Si notre âme ne fait pas confiance à notre sexualité, notre expérience de l'enfance peut représenter un clou de plus dans le cercueil de notre résistance au but suprême.

L'un des effets secondaires les plus dangereux du stockage de l'énergie se produit lorsque ce que nous refoulons ne nous appartient pas. Je pense que notre aptitude chakrique à conserver les énergies des autres est une prédisposition culturelle. De nombreuses tribus indigènes, par exemple, croient que les souvenirs peuvent se transmettre « par le sang ». J'ai déterré des souvenirs qui ont affecté ma vie, mais qui ne m'appartenaient pas. Je peux me rappeler des sentiments et des expériences vécus par ma mère et mes ancêtres féminins plusieurs centaines d'années en arrière. Certains de ces souvenirs m'ont aidée en m'enseignant la force et l'amour, mais d'autres m'ont fait du mal parce qu'ils n'ont fait que réitérer le sentiment déjà préjudiciable d'être mauvaise ou impuissante.

Dans les cultures qui reconnaissent les souvenirs stockés, comme celle des Amérindiens, des Péruviens et des tribus d'Amérique centrale, il existe des systèmes pour travailler positivement avec ce phénomène. Au Pérou, par exemple, un chaman que je connais aide chaque patient à se rappeler ses ancêtres, les aide à les soigner, expédie les esprits négatifs sur un autre plan et demande aux esprits positifs de promettre d'aider ses patients. Nous n'avons aucun processus de ce genre dans notre civilisation occidentale, sauf dans différents mouvements charismatiques ou évangéliques ; par conséquent, entreposer l'énergie de quelqu'un d'autre est typiquement problématique. Comme il nous manque la compréhension culturelle ou les méthodes pour reconnaître ou traiter ce processus, nous sommes victimes de la confusion entre nos propres modèles, croyances, sentiments et besoins et ceux des autres.

Je crois que cette confusion était le problème de l'un de mes clients. À 40 ans, il a commencé à se demander pourquoi tout ce qu'il faisait ressemblait tellement à ce que son père avait fait. Ils avaient des professions et des habitudes similaires et avaient épousé le même genre de femme. Nous avons intuitivement exploré chaque chakra et, au moyen de l'imagerie, commencé à distinguer ses désirs, ses expériences et ses sentiments de ceux de son père. Il a retiré des croyances et des expériences intactes du passé de son père. Au bout de six mois, mon client n'avait plus grand-chose à voir avec l'homme que j'avais rencontré au départ. Il avait commencé à s'habiller, à se tenir et à agir différemment. Il explorait de nouvelles options de carrière et avait entrepris une thérapie conjugale avec sa femme. Les derniers mots qu'il m'a adressés étaient : « J'ai passé toute ma vie à être mon père. Dorénavant, je vais me contenter d'être moi. »

Entreposer la réalité d'un autre peut engendrer un problème supplémentaire. Comme nous n'avons pas causé les expériences stockées ni n'y avons participé, nous ne pouvons pas les soigner ni les guérir. Toutefois, elles peuvent agir en nous comme si elles étaient nôtres. L'une des premières choses que je fais quand je travaille avec mes clients consiste à leur demander de séparer leurs problèmes, leurs énergies et leurs sentiments de ceux de quelqu'un d'autre.

## *Structure chakrique*

Les chakras sont structurés de trois façons. Ces divisions comprennent l'endroit et l'envers, les côtés droit et gauche et les roues intérieure et extérieure.

Les structures internes ont un endroit et un envers. En général, l'endroit gouverne le comportement quotidien et régule notre relation avec le monde basé sur le physique. L'envers réagit à nos propres programmes inconscients et gère notre relation avec la réalité moins tangible. De même, chaque chakra interne possède un côté gauche et un côté droit. Le gauche est féminin et régule donc ce qui touche la femme, tandis que le côté droit est masculin et s'occupe de ce qui touche l'homme. Nos fonctions féminines sont la réceptivité, l'attraction, les relations personnelles, l'intuition et les programmes concernant notre féminité ou le genre féminin. Nos fonctions masculines comportent l'action, la domination, la réussite, la rationalité et les programmes touchant notre masculinité ou le genre masculin.

Chacun des 12 chakras comporte également une spirale intérieure et une extérieure. La roue intérieure reflète la programmation de notre propre esprit et de la Source divine. Celle-ci permet d'actualiser nos dons spirituels, les aptitudes nécessaires pour accomplir notre mission spirituelle. La roue extérieure renferme nos problèmes personnels, nos désirs secrets, les blessures, les sons et les problèmes de l'âme. Son rôle consiste à nous aider à nous adapter à la réalité qui nous entoure. Idéalement, ces deux roues devraient fonctionner de concert. Malgré la différence de vitesse, leur relation devrait être en phase et cohérente.

Chez une personne en santé, la spirale intérieure établit la vitesse et la direction des deux (voir figure 2.3). Les deux roues tournent habituellement dans le sens des aiguilles d'une montre, mais il y a des exceptions. Durant les menstruations, les roues d'une femme, surtout la première, la quatrième et la huitième, peuvent tourner dans le sens inverse afin de libérer le trop plein d'émotions. Les roues extérieures vont souvent se déplacer dans le sens inverse des aiguilles d'une montre lorsqu'une personne est en deuil, en état de choc, à l'agonie ou en train de procéder à un nettoyage physique. Il arrive que la roue extérieure, et parfois la roue intérieure, du huitième chakra tourne en permanence dans ce sens inverse chez un chaman, quelqu'un qui pratique la guérison mystique. Et certaines personnes peuvent être considérées « inverses » ou chamaniques de nature. Il se peut alors que plusieurs ou toutes leurs roues intérieures et extérieures tournent en permanence dans le sens inverse des aiguilles d'une montre. Les guérisseurs énergétiques doivent souvent analyser intuitivement ces structures chakriques pour déterminer précisément ce qui se passe à l'intérieur d'un chakra et par conséquent dans le corps physique d'un individu.

❀

## FONCTIONS RÉGULATRICES

Outre le fait de servir d'unité d'entreposage et de centre d'échanges émotionnels, chaque chakra possède des fonctions physiques ou régulatrices individuelles. Par exemple, le premier chakra gouverne les organes et parties du corps situées dans la région des hanches et des organes génitaux. Il touche directement nos processus sexuels et nos organes génitaux, les processus du gros intestin et la région lombaire. Le deuxième chakra, situé dans l'abdomen, régit l'intestin grêle, les reins, l'appendice, l'utérus et les ovaires chez la femme.

Peut-être que la façon la plus facile de travailler physiquement avec les chakras consiste à passer par les glandes endocrines qui y correspondent. Chaque chakra est en effet associé à une glande en particulier. Les glandes endocrines produisent les hormones, des substances qui stimulent la croissance et le développement. Il existe près de 100 hormones connues dans l'organisme. Travailler avec un chakra par le régime alimentaire, la guérison intentionnelle, les processus holistiques et d'autres moyens peut créer le fonctionnement optimal de la glande associée et de toute la région correspondant au chakra.

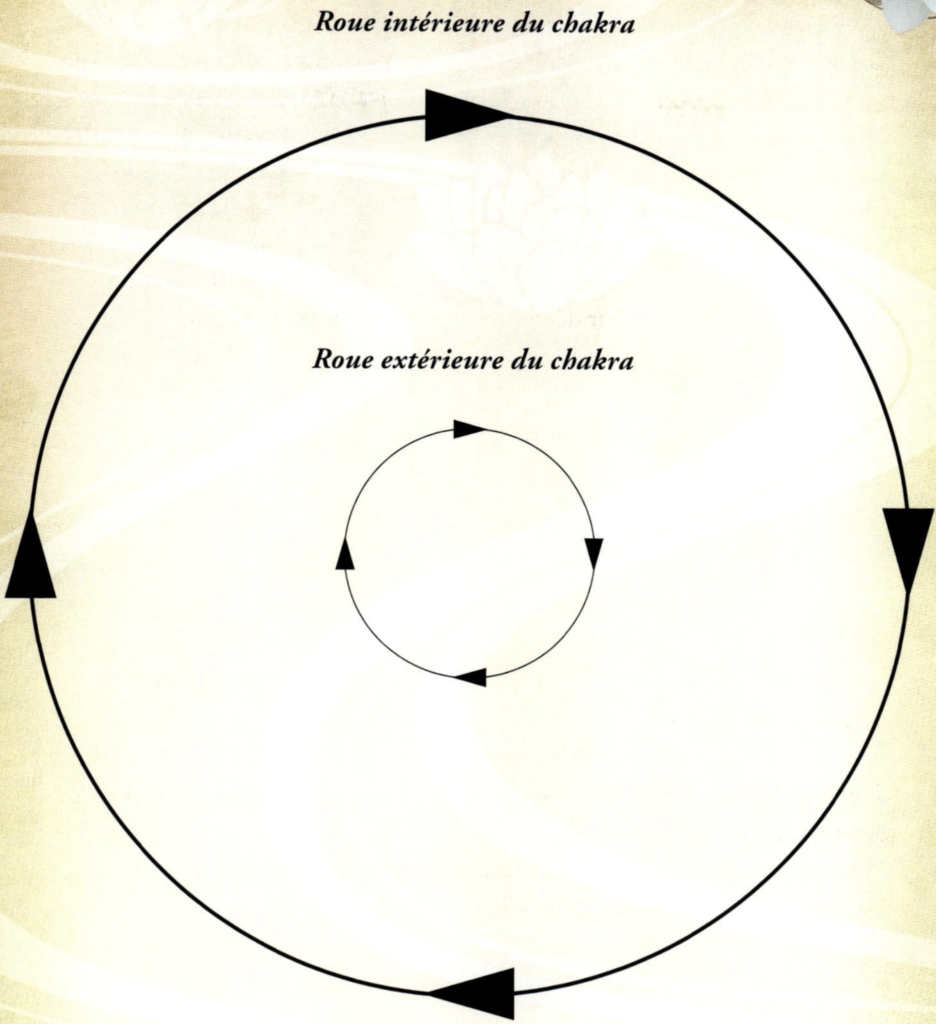


*Roue extérieure du chakra : renferme les programmes humains*

*Roue intérieure du chakra : reflète les programmes spirituels*

***Figure 2.3 : Structure d'un chakra***

Chaque chakra interne est composé de deux roues, l'intérieure et l'extérieure. La roue intérieure reflète notre essence spirituelle, ainsi que l'essence divine ; la roue extérieure est liée à nos programmes humains. Idéalement, les deux tournent en harmonie.

Voici une liste des 12 chakras et des glandes qui y sont reliées, tel que je les ai identifiés par mes recherches et mes applications pratiques. Bien que certaines de ces parties du corps ne soient pas officiellement des glandes endocrines, elles régulent néanmoins les fonctions des hormones. Les chakras externes se connectent à l'intérieur du corps par l'intermédiaire de ces glandes spécifiques.

| **Chakra** | **Glande endocrine** |
|---|---|
| Premier | Surrénales |
| Deuxième | Ovaires chez la femme, testicules chez l'homme |
| Troisième | Pancréas |
| Quatrième | Cœur |
| Cinquième | Thyroïde |
| Sixième | Hypophyse |
| Septième | Épiphyse |
| Huitième | Thymus |
| Neuvième | Diaphragme |
| Dixième | Moelle osseuse |
| Onzième | Tissu conjonctif |
| Douzième | 32 points secondaires |

### *Fonctions de communication*

Comme les chakras dictent ou aident les processus physique, mental, émotionnel et spirituel, ils fonctionnent à la manière de portes battantes entre ces quatre dimensions de notre nature humaine. Vos émotions peuvent affecter votre santé physique ; les jugements que vous portez sur vous-même peuvent altérer votre relation avec la Source divine ; votre bien-être physique peut influencer votre efficacité dans le monde. Par conséquent, les chakras ont également une fonction de communication. Essentiellement, chaque chakra peut communiquer avec nos mondes intérieurs et extérieurs, ce qui signifie que chacun possède des moyens physiques, psychiques et intuitifs distincts d'exprimer ses besoins et ses désirs, de même que les besoins et les désirs de notre être dans son ensemble (voir figure 2.4).

La communication physique est le processus qui consiste à solliciter, traiter ou envoyer des énergies sensorielles (mesurables) à travers le corps physique pour exprimer des besoins concernant les processus physique ou émotionnel. C'est également le processus qui consiste à recevoir de l'aide par l'intermédiaire du corps physique/sensoriel pour répondre à nos besoins.

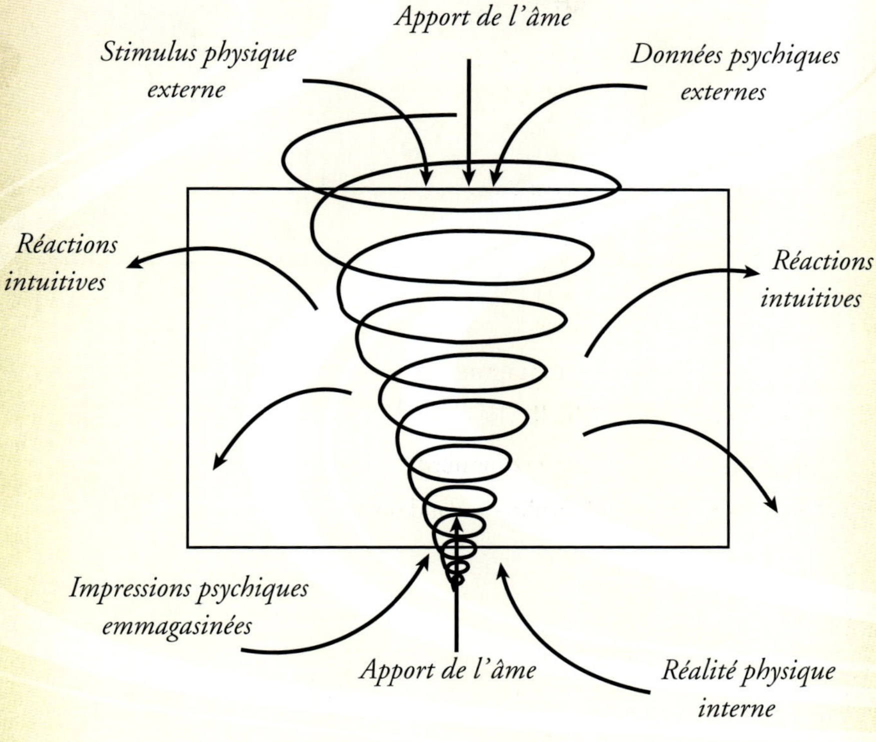


***Figure 2.4 : Communication dans les chakras***
Les chakras utilisent la communication physique, psychique et intuitive.

La communication psychique est le processus qui consiste à recevoir, traiter, encoder et envoyer de l'énergie invisible (ou subtile) pour répondre à nos besoins, habituellement par rapport aux connaissances et aux processus mentaux.

La communication intuitive est le processus qui consiste à recevoir, traiter, encoder et envoyer des données psychiques de façon dirigée afin de répondre à nos besoins ou de recevoir une orientation concernant des questions importantes, habituellement relativement aux connaissances et processus spirituels ou basés sur l'âme.

En résumé, nous utilisons :

- La communication physique pour répondre à nos besoins physiques ou affectifs.
- La communication psychique pour répondre à nos besoins mentaux.
- La communication intuitive pour répondre à nos besoins spirituels.

Par exemple, imaginons que vous recevez un coup de bâton de baseball sur la tête. Ça fait mal et vous êtes triste. Le cinquième chakra, celui de la gorge, peut exprimer à la fois la douleur et la tristesse, verbalement. Vous pleurez, fulminez, tempêtez et demandez de l'aide. Le processus peut se transformer en quelque chose de psychique pour essayer de comprendre ce qui s'est passé. Si vous êtes conscient de vos aptitudes psychiques, vous demanderez peut-être à un guide invisible pourquoi c'est arrivé et on vous répondra, « Tu n'étais pas attentif au jeu ». Une personne moins consciente pourrait simplement entendre un air dans sa tête — une guidance provenant du cinquième chakra — apparemment sans qu'on lui ait demandé, qui dirait quelque chose comme « Tu ne l'as pas vu venir, tu ne l'as pas vu venir, fais attention la prochaine fois ». L'âme pourrait se mettre de la partie en « parlant » un peu plus tard de cet événement, si vous vous assoyez pour méditer, réfléchir, tenir un journal, prier ou demander de la guidance à la Source divine. Vous pourriez alors « entendre » une voix dans votre tête qui dirait : « Ce coup à la tête était destiné à te prévenir de quelque chose qui se produira dans ta vie et que tu dois surveiller. »

## LES SEPT CHAKRAS INTERNES INDIVIDUELS

En examinant chacun des sept chakras internes, nous observerons certains indicateurs clés :

**Emplacement** — Où le chakra se situe dans le corps.

**Couleur** — La couleur qui y est associée. Elle indique le type de fréquence ou de ton affilié à chaque chakra. Chaque couleur pourrait être transformée en une note musicale ou une fréquence mathématique. En général, plus le chakra est situé dans une zone inférieure, plus son ton ou sa couleur est pâle. Plus le ton est bas, plus l'effet du chakra est fort sur le moi matériel (par opposition au moi spirituel).

**Glande endocrine** — La glande hormonale associée au chakra.

**Descripteurs** — Les symboles liés aux différents chakras. Chacun a un aspect yang, masculin prédominant et un yin, féminin, qui concerne l'apport d'énergie et son influence sur le moi.

**Source de** — Une liste de ce qui provient de chaque chakra ; une indication de ce que chacun ajoute au système dans son ensemble.

**Siège de** — Le but ultime de chaque chakra.

**Mot clé** — Un mot attribué à chaque chakra pour vous aider à les différencier les uns des autres. Si vous deviez en retenir un pour un chakra en particulier, ce serait celui-là.

**Type énergétique** — Le type d'énergie qui entre et sort de chaque chakra.

**Style de communication physique** — La façon dont nous exprimons ou recevons les données mesurables et tangibles de chaque chakra. Ces données sont habituellement reconnues comme des sensations physiques.

**Style de communication psychique** — La façon dont nous exprimons ou recevons les données intangibles qui, lorsqu'elles sont traitées par un chakra, produisent un effet physique ou émotionnel. Ces données ne sont pas mesurables scientifiquement et pas toujours confirmables par les autres.

**Style de communication intuitive** — La façon dont chaque chakra nous transmet l'information spirituelle ou reçoit celle destinée à répondre aux besoins de l'âme.

En général, la principale différence entre les styles psychique et intuitif est que le premier est sympathique, ce qui suppose d'absorber les énergies extérieures entièrement dans le corps. L'intuition est empathique, ce qui signifie d'abord de reconnaître ou d'enregistrer les énergies extérieures, mais ensuite de les libérer, de les transformer ou de les transmuter. Le danger de la sympathie psychique est que vous ne pouvez pas traiter de l'énergie qui ne vous appartient pas ; elle peut donc bloquer votre propre système et causer des problèmes.

**Problèmes** — Une liste partielle des principales maladies, y compris les dépendances associées à chaque chakra, en particulier celles dues au déséquilibre du chakra lui-même.

**Conseils** — Conseils relatifs au mode de vie pour guérir ou créer un chakra en santé.

**Renferme** — Des suggestions au sujet du genre d'information que chaque chakra renferme et qu'il serait possible d'atteindre en communiquant avec celui-ci.

### *Premier chakra (le chakra racine)*

Le premier chakra, le chakra racine, est essentiel à notre survie. La plupart des spécialistes, y compris le Dr Richard Gerber, le lient à notre instinct de survie et à nos réactions d'attaque ou de fuite[2].

Situé dans la région génitale, le premier chakra reçoit sa programmation de base de notre famille. Par l'intermédiaire de cette programmation, nous prenons des décisions au sujet de notre droit et de notre volonté de survivre. Nos toutes premières expériences sont imprimées là, ce qui engendre la conscience ou le refoulement de nos sentiments les plus primaires.

Dans *Wheels of light*, Rosalyn L. Bruyere dit : « Dans le premier chakra, être conscient c'est être tactile. Rien ne se produit avant de s'être produit dans le premier chakra ; et rien ne s'est produit avant que nous l'ayons senti, de façon tactile, jusqu'à ce qu'il nous touche… Notre interaction avec notre environnement dépend de la capacité de notre propre corps de simultanément enregistrer et nous rendre conscient de la présence d'un événement ou d'une expérience[3]. » En avançant dans la vie, ce chakra régit notre existence et nos besoins physiques, y compris les questions touchant la sexualité et la passion, de même que la disponibilité de nos besoins de base, soit l'argent, le logement, la nourriture, l'habillement et les relations aimantes. Le premier chakra régule également le domaine physique dans lequel il siège, y compris nos fonctions sexuelles.

2 Gerber. *Vibrational Medicine*, p. 389.
3 Bruyere. *Wheels of Light : A Study of the Chakras*, p. 152.

**Emplacement** — Région génitale, le bas des hanches (voir figure 2.5).

**Couleur** — Rouge.

**Glandes endocrines** — Surrénales.

**Descripteurs** — Images d'un serpent, un dragon ou « feu sacré », semblable à la flamme du Saint-Esprit. L'aspect yang du chakra est lié à la façon dont nous nous présentons dans le monde et dans quelle mesure nous réussissons à survivre. La composante yin concerne notre capacité à recevoir de l'aide matérielle et à garder vivace notre « volonté de vivre ».

**Source de** — Passion ; sentiments bruts et primaires, dont la rage, la frayeur, la joie ; énergie de survie, énergie matérielle pour réaliser notre but ultime ; programmation fondamentale relativement à ce que nous méritons dans la vie.

**Siège de** — L'existence sur le plan physique ; la volonté de vivre.

**Mot clé** — Conscience.

**Type énergétique** — Nourri par l'énergie du feu à l'intérieur et à l'extérieur de nous-mêmes. C'est le chakra qui accueille la kundalini, l'énergie brute de la terre qui alimente notre force de vie et assure notre survie.

**Style de communication physique** — Transmet les besoins physiques ou émotionnels par des impressions sensorielles réelles : souffrance et douleurs, conscience physique, contacts, odeurs, vibrations, mouvements, sensations. Peut impliquer le fait de tomber malade comme moyen de prendre conscience d'un problème.

***Figure 2.5 : Premier chakra***
Un premier chakra qui fonctionne bien signale la conscience de soi : « je suis ».

**Style de communication psychique** — Véhicule l'information concernant nos besoins mentaux par la sympathie physique, l'enregistrement de sensations physiques et basées sur les sentiments à partir de sources perçues comme étant absentes. Cela peut comprendre des douleurs physiques, des maladies et des sensations appartenant à quelqu'un d'autre ; percevoir des odeurs, ressentir des nausées, des contacts et des vibrations semblant provenir de nulle part. J'associe à ce chakra des aptitudes comme la psychométrie et la capacité de décoder des objets physiques.

**Style de communication intuitive** — Reçoit ou envoie des sensations physiques qui nous amènent à examiner une question ou un besoin spirituel ou de l'âme, et parfois à faire l'expérience d'une réalité imaginaire, comme si nous y étions réellement. Même si ces expériences proviennent des énergies psychiques, elles comportent habituellement un apprentissage supérieur et appellent un changement important du mode de vie.

**Problèmes** — Dépendances et compulsions ; troubles sexuels (physiques, de comportement ou émotionnels) ; maladies ou troubles du système nerveux ; troubles du canal urinaire ; problèmes rectaux ; certains problèmes circulatoires, cutanés ou de reproduction ; maux de tête. Dysfonctionnement familial et confusion des rôles de genre ; tous les problèmes d'abus dans l'enfance ; les questions d'argent, de carrière et de finances ; ce qui touche le logement, l'alimentation et les besoins essentiels. Les dépendances peuvent comprendre l'abus d'alcool, les drogues dures, le sexe et le jeu ; la suralimentation ; un besoin insatiable de viande rouge et de produits laitiers.

**Conseils** — Prenez trois repas équilibrés par jour ; aidez les surrénales en absorbant beaucoup d'eau, des vitamines du complexe B ; faites de l'aérobie quotidiennement.

**Renferme** — Nos racines, dont les valeurs, les croyances et l'héritage familial ; les sentiments d'origine au sujet de nous-mêmes, notre droit d'exister, notre droit d'occuper un espace, d'être aimé, d'obtenir que nos besoins soient comblés ; la programmation affectant nos besoins essentiels dont l'argent, l'amour (aimer et être aimé), la sexualité, la nourriture, l'air, l'eau, l'hébergement ; l'énergie matérielle pour accomplir notre raison d'être.

### *Deuxième chakra*

Le deuxième chakra, situé dans l'abdomen, est le centre de nos sentiments et de la créativité. Par ce chakra, nous commençons à comprendre nos réactions à nos mondes intérieur et extérieur et à décider de la façon d'exprimer celles-ci. Les sensations qui y prennent forme sont généralement plus « atténuées » que celles que l'on ressent dans le premier chakra, et la façon la plus saine de les aborder passe par l'expression créatrice ou émotionnelle. Ce centre est particulièrement important pour les femmes qui, je crois, y stockent la plus grande partie de leur énergie vitale. En termes de processus physiques, il est lié aux intestins, aux organes abdominaux et au système de reproduction féminin.

**Emplacement** — Abdomen (voir figure 2.6).

**Couleur** — Orange.

**Glandes endocrines** — Ovaires ou testicules.

**Descripteurs** — Éléments et animaux aquatiques, tels les poissons et les lézards. Son élément yang comporte la façon dont nous exprimons nos sentiments aux autres et dont nous créons dans le monde ; l'aspect yin comporte l'intégration ou l'interprétation des sentiments des autres ; juger nos propres sentiments et notre créativité ; être capable d'absorber l'énergie vitale nécessaire pour ressentir et créer.

**Source de** — Sentiments ; énergie créatrice ; accouchement et gestation (de bébés, d'entreprises, d'idées, de projets — tout) ; pouvoir de la femme.

**Siège de** — Sentiments et de notre conscience de ceux-ci (les sentiments étant le langage du corps) ; aptitudes créatrices ; identité féminine.

**Mots clés** — Sentiment, créativité.

**Type énergétique** — Le Chi, perçu comme l'énergie vitale dans le système chinois.

**Style de communication physique** — Éprouver et exprimer nos sentiments par l'intermédiaire du moyen physique approprié, comme pleurer, crier et rire.

**Style de communication psychique** — Connu comme ressentir de la sympathie, la capacité de faire l'expérience de nos propres sentiments ou de ceux d'une autre personne dans le but de comprendre et de nous débarrasser de croyances autodestructrices. Ce don nous aide à disséquer les émotions, c'est-à-dire les sentiments mêlés aux pensées (exemple : « Je suis en colère, par conséquent, je suis méchant »).

***Figure 2.6 : Deuxième chakra***
Un deuxième chakra qui fonctionne bien signale :
« je ressens ».

**Style de communication intuitive** — Ressentir de l'empathie pour tirer une leçon de l'âme ou aider à intégrer plus pleinement l'âme dans le corps. Cela pourrait comporter d'éprouver les sentiments d'une personne que nous avons blessée ou faire l'expérience des sentiments de notre âme lorsqu'elle s'intègre plus pleinement dans le corps.

**Problèmes** — Des ennuis de santé dont le nom se termine en « ite », comme la diverticulite et la colite ; les troubles de l'appendice ; les ennuis rénaux (problèmes de l'enfance) ; les problèmes de fertilité ; les ennuis féminins, comme le syndrome prémenstruel, la candidose, les troubles ovariens, utérins ; les problèmes causés par les émotions stockées, coincées ou refoulées (les nôtres et celles des autres) ; la codépendance (ressentir ou stocker littéralement les sentiments de quelqu'un d'autre) ; les blocages créatifs. Les dépendances comprennent manger trop d'hydrates de carbone à base de gluten ; les achats compulsifs ; une surémotivité ou « sousémotivité ».

**Conseils** — Surveillez la consommation de grain et de farine, y substituer des produits sans gluten, des ignames, des patates douces, des oranges et autres aliments sucrés mais à faible indice glycémique. Envisagez des exercices apaisants comme le tai-chi, le qi gong, le yoga et la natation.

**Renferme** — Les sentiments de soi et ceux des autres.

### *Troisième chakra (le plexus solaire)*

Le troisième chakra est très complexe. Communément connu comme le « centre du pouvoir », il tient lieu d'entrepôt des jugements, des opinions et des croyances que nous avons accumulés à notre sujet et à l'égard du monde. Ces jugements, en retour, influencent l'estime de soi et la confiance en soi. Peut-être est-ce la raison pour laquelle ce centre est perçu comme une source de connaissance de soi, qui nous indique comment fonctionner dans le cadre de l'école, de la société et du monde. Dans *Women's Psychic Lives*, Diane Stein décrit ce centre comme étant une « pompe énergétique psychique » pour le corps physique et non physique. Elle dit : « Les équilibres émotionnel et psychique sont situés dans ce centre et les formes de pensée s'y forgent[4]. »

Ce centre est particulièrement important pour les hommes qui, je crois, doivent s'en remettre à lui pour prendre des décisions, plutôt que de faire

4 Stein. *Women's Psychic Lives*, p. 33.

appel au premier chakra. Ce troisième chakra est également lié au processus digestif et interagit avec les organes dans lesquels il se trouve.

**Emplacement** — Région du plexus solaire (voir figure 2.7).

**Couleur** — Jaune.

**Glande endocrine** — Pancréas.

**Descripteurs** — Éléments de l'air et entités de l'air, y compris les oiseaux. La présence yang comprend l'expression du soi dans le monde ; l'aspect yin concerne les opinions et les jugements à l'égard de soi et des autres.

**Source de** — Pouvoir personnel ; jugement de soi et des autres ; compréhension intellectuelle de l'existence physique/mondiale ; pouvoir de l'homme.

**Siège de** — L'estime de soi, du pouvoir, de la volonté dirigée, de l'aptitude au discernement, identité masculine.

**Mots clés** — Pouvoir, discrimination.

**Type énergétique** — Mental, intellectuel.

**Style de communication physique** — Perçu comme des idées, des pensées ou des connaissances intellectuelles qui s'inscrivent au niveau du ventre pour nous aider à réussir, être en contact avec le monde, interagir avec les gens et prendre des décisions efficaces.

**Style de communication psychique** — Connu comme étant la sympathie mentale ou prescience (clairsentience), les moyens de savoir ou de sentir quelque chose qui, quoique pouvant être justifiés, ne sont pas rationnels. Cette information s'applique habituellement aux questions de pouvoir personnel et de jugements de soi ou des autres.

**Style de communication intuitive** — Utilisation de l'empathie mentale pour réaliser une position efficace dans le monde qui aidera l'âme à accomplir son but ultime. Les données reçues ou générées créent habituellement des situations, des occasions et des événements pour favoriser la réunion de l'âme et du soi.

**Problèmes** — Troubles digestifs et métaboliques, problèmes de poids, sensations de confusion ou de folie, problèmes de pouvoir. Quand ces problèmes sont liés au cœur : codépendance et protection des autres (confondre amour et besoins de pouvoir). Différents problèmes suivant les différents organes — les ennuis de foie signalent la colère masculine ou le soi masculin ; les troubles de la rate signalent la colère féminine et les questions de défense ou l'usage erroné du pouvoir

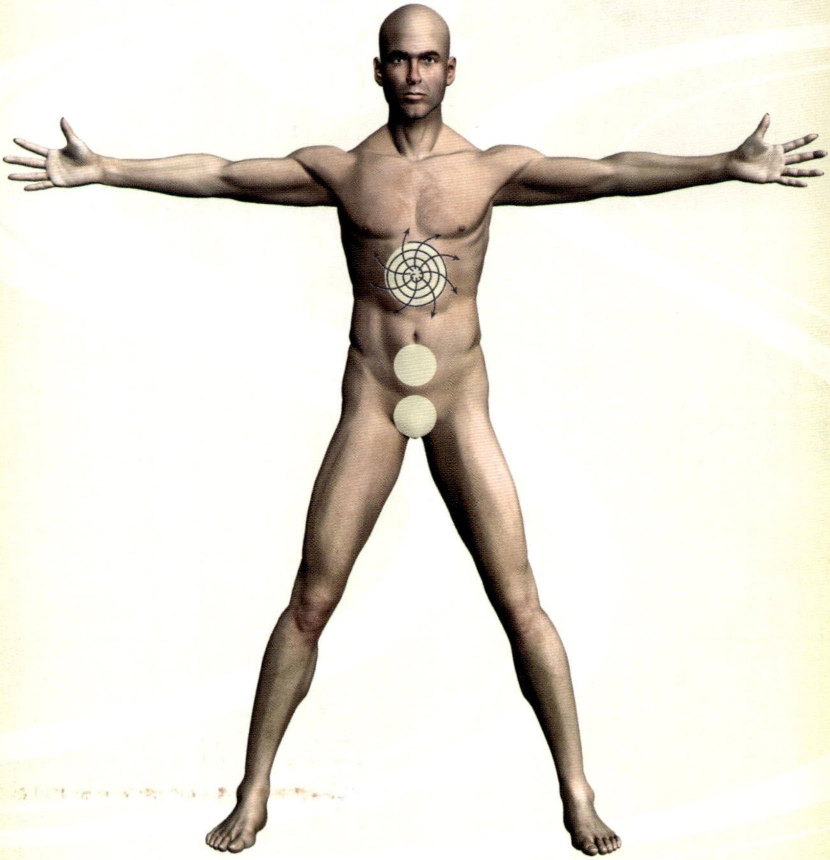

***Figure 2.7 : Troisième chakra***
Un troisième chakra qui fonctionne bien signale :
« je ressens et je pense ».

féminin ; les problèmes d'estomac indiquent l'absorbtion des opinions ou des pensées des autres ; les troubles de la vésicule biliaire indiquent du ressentiment, du chagrin relatif aux hommes, notre soi masculin ou notre réalisation dans le monde ; les troubles du pancréas signalent la capacité d'absorber ou de conserver la « douceur » de la vie ou avoir été étouffé, surprotégé ou insuffisamment nourri de tendresse. Les surrénales (premier chakra) et les reins (situés dans le troisième chakra) sont énergétiquement partagés avec le deuxième chakra et reflètent donc des problèmes de pouvoir et de sentiments — les surrénales conservent les croyances relatives à nos réactions créatrices de percevoir les dangers ou les opportunités ; les reins renferment les perceptions de l'enfance à l'égard des besoins affectifs. Les dépendances comprennent l'abus de boissons caféinées ou additionnées, café, bière, alcool à base de maïs et sucres ; surmenage ; perfectionnisme ; besoin de critiquer ; préjugés menant à la paranoïa ou à la haine intense.

**Conseils** — Prenez cinq ou six petits repas par jour, chacun combinant des gras sains (comme l'huile d'olive ou un autre gras à base d'oméga-3), un féculent faible en sucre et une protéine. Établissez un programme d'exercice structuré.

**Renferme** — Opinions, croyances différenciées.

### *Quatrième chakra*

Depuis le début des temps, le cœur est perçu comme le centre du corps humain, le mélange de l'énergie divine de la couronne et l'élan vital de la zone génitale. Dans la tradition cherokee, Dhyani Ywahoo indique que la plupart des transformations se produisent au niveau de l'émotion « par les poumons et le pont énergétique ou portail derrière le cœur[5]. » En effet, la plupart de nos décisions seraient saines et authentiques si nous les prenions en écoutant le cœur, le centre des relations personnelles, de l'amour et de la compassion. Certains diraient que la réussite humaine dépend de l'évolution de notre cœur.

Le changement dans les énergies psychiques du cœur en évolution pourrait signaler ceci. À la naissance, le cœur est vert, indiquant une capacité et une énergie de guérison innée. Au cours des années productives de l'âge adulte, on devrait le voir comme rose, le mélange du blanc (le but suprême), couleur de la couronne, et du rouge (la passion), couleur du premier chakra. Finalement, nous cherchons à atteindre le doré, couleur de

5 Ywahoo. *Voices of Our Ancestors*, p. 116.

l'amour universel. À un niveau plus terre-à-terre, ce chakra influence les processus physiques liés au cœur et aux poumons (fonctions circulatoires et respiratoires).

Ce n'est que récemment que la science a réussi à saisir un portrait clair de l'importance du cœur sur les plans physique et émotionnel, mais aussi énergétique. Il est dorénavant classé comme une glande endocrine, puisqu'il produit de nombreuses hormones nécessaires aux fonctions organiques. Son champ électromagnétique (CEM) est 5 000 fois plus puissant que celui du cerveau, car il produit 5 000 femto-teslas (la mesure du CEM) comparativement aux 10 émises par le cerveau[6]. Il agit aussi comme son propre centre neurologique pour aider à régir la santé de presque chaque cellule et chaque organe du corps, en générant de l'information à la fois sur les plans psychique et physiologique[7].

**Emplacement** — Cœur (voir figure 2.8).

**Couleur** — Vert, rose, doré.

**Glande endocrine** — Cœur.

**Descripteurs** — Éléments de la terre et mammifères. La fonction yang a trait aux relations avec les autres et à ce que nous donnons au monde ; l'aspect yin concerne les relations avec le soi et à ce que nous consentons à recevoir du monde.

**Source de** — Énergie de guérison ; nos désirs les plus profonds ; nos rêves.

**Siège de** — Compassion, relations personnelles.

**Mots clés** — Amour, guérison.

**Type énergétique** — Astral (se connecte au plan astral et au monde des rêves).

**Style de communication physique** — Communique au sujet des besoins physiques et affectifs par l'intermédiaire des sensations physiques réelles, y compris les douleurs cardiaques, pincements au cœur et petits coups d'émotion. Source d'énergie thérapeutique utilisée dans la guérison par les mains, les embrassades et le contact physique. Le cœur communique et reçoit chaque fois que nous faisons ce que nous aimons.

**Style de communication psychique** — Reçoit des messages des aspects du soi et guide à travers les rêves, les expériences extracorporelles

6 Pearsall. *The Heart's Code*, p. 55.
7 Dale. *Advanced Chakra Healing : Heart Disease*, p. 7, p. 101-102.

***Figure 2.8 : Quatrième chakra***

Lorsqu'il fonctionne bien, le quatrième chakra ajoute cette perspective : « je ressens et je pense avec amour ».

(projection astrale), la réception et l'envoi d'énergie de guérison, l'écriture guidée ou automatique et la tenue d'un journal.

**Style de communication intuitive** — Se produit lorsqu'on travaille avec des fréquences et des énergies supérieures en passant par le cœur, comme les guides de channeling, les rayons, les principes, l'énergie chakrique extérieure au corps et, à pleine maturité, avec la Source divine ou le Christ, en tant qu'individualisé dans notre unicité. Les questions de l'âme, comme donner et recevoir ou vivre les désirs du cœur, entrent et sont guidés et guéris par ce centre.

**Problèmes** — Maladies ou troubles cardiaques ou circulatoires ; hypertension ; problèmes pulmonaires, dont l'asthme, les allergies, la bronchite et la pneumonie ; soucis dans les relations personnelles ; troubles du sommeil. En collaboration avec le troisième chakra, il existe des problèmes de codépendance et lorsque l'on prend soin des autres. Les dépendances comprennent l'abus de chocolat, de sucre et de vin ; la dépendance à l'amour (doit toujours être amoureux) ; et l'incapacité de lâcher prise sur une relation terminée.

**Conseils** — Savourez un régime alimentaire méditerranéen bon pour le cœur ; faites de l'aérobie, mais marchez aussi.

**Renferme** — La capacité d'entrer en relation.

### *Cinquième chakra*

Le cinquième chakra est très utile à la manifestation et à la protection de soi. Par son intermédiaire, nous exprimons ce que nous pensons, ressentons, voyons, désirons et détestons. L'endroit de ce chakra est souvent connu comme le siège de la responsabilité, parce que c'est à travers lui que nous acceptons ou refusons les options de la vie. Également lié à l'âme, ce chakra est perçu comme un véhicule de l'expression des désirs de l'âme. D'une grande importance psychique, ce chakra nous permet de partager l'information que nous recevons du soi invisible. Sa présence physique touche aux processus de la gorge et du système auditif.

**Emplacement** — Gorge (voir figure 2.9).

**Couleur** — Bleu.

**Glande endocrine** — Thyroïde.

**Descripteurs** — Figures reliées à l'élément éthérique ou à l'humanité. La fonction yang a trait à l'expression de la vérité ; l'aspect yin est branché sur la réception de la guidance.

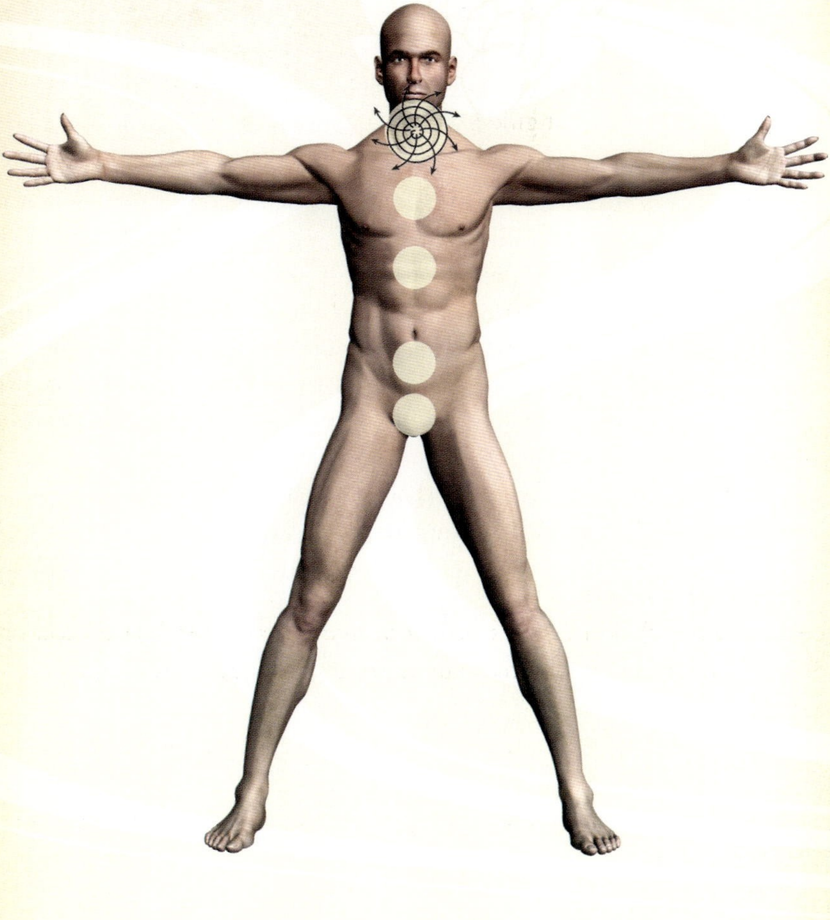

***Figure 2.9 : Cinquième chakra***

Un cinquième chakra qui fonctionne bien nous permet de dire « je ressens, je pense et je m'exprime avec amour ».

**Source de** — Vérité.
**Siège de** — Sagesse, responsabilité.
**Mot clé** — Expression.
**Type énergétique** — Éthérique, une énergie émotionnelle chargée de conscience spirituelle.
**Style de communication physique** — Utilise le langage, les sons, le chant, le ton de la voix ou tout autre moyen de communication pour exprimer les expériences, les besoins ou les états affectifs de la conscience physique. Rassemble l'information concernant ces sujets par l'écoute ou la lecture.
**Style de communication psychique** — Centre de la clairaudience (l'ouïe intérieure), aptitude à entendre et à parler psychiquement à soi-même, aux guides spirituels et à d'autres gens. Peut aussi être appelée sympathie verbale. Des dons comme l'écriture guidée, le channeling, la trans-médiumnité et la télépathie sont liés à ce chakra. Il se sert idéalement de ces capacités pour clarifier et effacer les modèles de croyances mentales débilitantes et pour éliminer les liens (ou cordes éthériques) néfastes.
**Style de communication intuitive** — Souvent perçu comme le siège de l'âme, le point d'entrée pour une âme non-intégrée sur une base quotidienne. L'âme s'exprime verbalement ou psychiquement par ce chakra pour nous aider à créer les circonstances nécessaires à la réalisation du but suprême. L'âme enverra ou recevra également de la guidance d'êtres supérieurs par l'intermédiaire des canaux psychiques disponibles dans ce chakra.
**Problèmes** — Tous les troubles touchant la région de la gorge, y compris la mâchoire ou la bouche, la thyroïde, le larynx, les amygdales et le thymus; l'incapacité de dire oui ou non; la victimisation par manque d'assurance; des problèmes de manque de responsabilisation ou l'inverse. Les dépendances proviennent d'une fixation orale : manger, parler ou avoir sans cesse quelque chose à la bouche. Consommation compulsive de croustilles ou autres aliments salés lorsque la personne s'ennuie, est en colère ou anxieuse.
**Conseils** — Prenez plutôt des collations saines; écoutez de la musique lorsque vous êtes émotif; trouvez un partenaire pour faire de l'exercice et échanger durant les séances. Utilisez les affirmations positives pour créer un changement.
**Renferme** — La capacité de se définir dans le monde.

### *Sixième chakra (le troisième œil)*

Respecté depuis les temps anciens, ce chakra, aussi appelé troisième œil, est notre centre visuel intérieur et extérieur. À travers lui, nous obtenons, enregistrons et envoyons des photos, des symboles, des couleurs et des images qui représentent la réalité. Lié à l'hypophyse, ce centre gouverne bon nombre de nos fonctions hormonales et endocrines, basant sa santé physique sur notre image de soi et nos objectifs. Comme le dit Gerber, les glandes endocrines influencent tous les aspects des fonctions physiques ; sur cette toile de fond, « les chakras sont donc en mesure d'affecter nos humeurs et notre comportement par l'intermédiaire des influences hormonales sur l'activité cérébrale[8]. »

L'hypophyse est considérée comme un important organe énergétique, en ce sens qu'elle renferme de la magnétite, un composé magnétiquement sensible qui, chez les oiseaux, les aide à garder le nord et à conserver leur équilibre durant le vol. La science a découvert un groupe de cristaux de magnétite près de l'hypophyse des humains, ce qui suggère que celle-ci explique notre sensibilité aux champs magnétiques (et électriques). Beaucoup de gens sont préoccupés par les effets néfastes sur notre santé des champs électromagnétiques créés par l'homme ; l'hypophyse pourrait faire partie du mécanisme qui nous prévient en cas d'exposition nuisible à ces champs[9]. Il semble que nous soyons équipés pour évaluer ces champs grâce à l'hypophyse.

J'ai observé que l'hypophyse travaille avec le deuxième chakra pour permettre la manifestation. L'énergie infrarouge de l'envers du deuxième chakra, lorsqu'elle est stimulée par un désir affectif, entre par l'envers du sixième chakra. L'hypophyse antérieure reçoit cette énergie ainsi que les divers choix disponibles. Ces voies potentielles de vie émanent du Divin et entrent comme des faisceaux de lumière dans notre sixième chakra. L'énergie émotionnelle et divine combinée entre ensuite dans un espace vide, qui se situe physiquement au centre de l'hypophyse. Cet espace stocke nos croyances relatives à l'image de soi et à ce que nous méritons. Ces programmes nous aident à choisir l'une des entrées dans notre cheminement de vie. Notre choix est ensuite projeté sur l'endroit ou le côté face de l'hypophyse et établit notre futur. Si nos programmes internes sont autodestructeurs, nous choisirons un avenir négatif ou

8 Gerber. *Vibrational Medicine*, p. 370.
9 www.affs.org/html/biomagnetism.html ; Lindsay, « The Compass of Birds » ; www.item-bioenergy.com.

immature. Si nos programmes internes sont remplis d'amour de soi, nous choisirons un avenir positif.

**Emplacement** — Front (voir figure 2.10).

**Couleur** — Mauve.

**Glande endocrine** — Hypophyse.

**Descripteurs** — Personnages appartenant à l'humain spiritualisé, comme les saints, les esprits et les gourous. L'aspect yang appartient à la capacité de voir et d'atteindre le futur et d'accomplir des mesures de planification stratégiques ; la fonction yin a trait à l'image et à la perception de soi.

**Source de** — Intuition.

**Siège de** — Visions et visualisation.

**Mot clé** — Vision.

**Type énergétique** — Cérébral ; l'endroit du troisième œil tire son énergie du cerveau et du septième chakra.

**Style de communication physique** — Utilise la capacité de voir, de dessiner ou de projeter autrement des images pour communiquer ou déterminer des besoins ou des désirs physiques ou affectifs.

**Style de communication psychique** — Par la clairvoyance, ce chakra peut nous aider à visualiser intérieurement des images, y compris des couleurs, des symboles, des formes, des métaphores ou des images réelles ou figuratives d'êtres, d'événements ou d'idées du passé, du présent ou du futur. Cette aptitude comporte également la capacité d'envoyer ce type de données visuelles. Certaines personnes sont capables de réaliser des fonctions clairvoyantes au moyen de leurs yeux physiques. Le travail effectué avec cette aptitude s'applique habituellement à voir clairement et à travailler avec l'imagination.

**Style de communication intuitive** — Les moyens utilisés par l'âme pour communiquer des désirs pour l'avenir et présenter des visions ayant besoin d'être changées pour les atteindre. Les grands intuitifs peuvent en fait créer leurs projections grâce à leur imagination. L'intuition, l'inspiration et autres capacités basées sur la vision sont situées dans ce centre.

**Problèmes** — Problèmes glandulaires ou endocriniens (ce chakra est lié à l'hypophyse) ; déséquilibres hormonaux ; troubles de croissance ou de développement ; difficulté à planifier l'avenir ; troubles oculaires ;

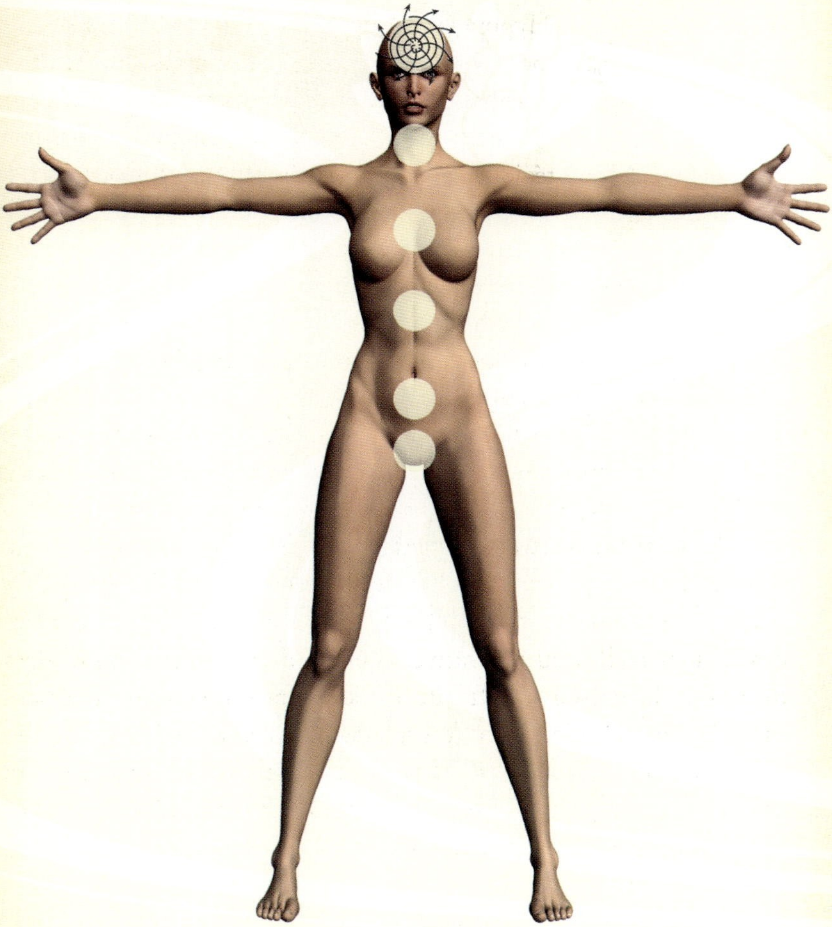

***Figure 2.10 : Sixième chakra***

Lorsque le sixième chakra fonctionne pleinement, nous pouvons dire : « je ressens, je pense et j'exprime ma vision avec amour ».

des maux de tête situés dans l'arcade sourcilière indiquent un problème avec le troisième œil, à cause d'un usage insuffisant ou trop important ; problèmes d'adolescents. Les dépendances comprennent habituellement la suralimentation ou la sous-alimentation et incluent les excès, les purges, l'anorexie, la boulimie et autres distorsions de l'image corporelle.

**Conseils** — Consommez des viandes et de la volaille d'animaux élevés dans les pâturages ; si possible, remplacez la viande rouge par du poisson. Servez-vous de votre capacité visuelle pour favoriser la santé ; par exemple, disposez esthétiquement de petites portions de nourriture sur une assiette et créez une ambiance agréable avec des bougies ; placez la photo de quelqu'un dont vous admirez la silhouette sur le réfrigérateur ou le miroir de la salle de bain ; servez-vous de la visualisation pour imaginer ce à quoi vous voudriez ressembler.

**Renferme** — L'image de soi et les moyens de corriger et de forger l'image de soi et du monde.

### *Septième chakra (la couronne)*

Relié à l'épiphyse, le cortex cérébral, ainsi qu'à nos chakras supérieurs, ce chakra gouverne de nombreuses fonctions organiques intérieures et extérieures. Gerber dit : « Les courants d'énergie entrent dans le corps par le chakra de la couronne[10]. »

« Centre psychique » de la connaissance supérieure, il reçoit les énergies spirituelles et la guidance nécessaires pour activer notre but suprême. Comme il est connecté à des plans supérieurs, le septième chakra est perçu comme le centre de notre divinité, le lieu où nous entrons dans l'unité avec la Source divine et tous les autres êtres spirituels.

Les recherches récentes associent l'épiphyse à des propriétés biochimiques et électromagnétiques favorisant une bonne santé, mais permettant également l'illumination. Au niveau biochimique, l'épiphyse régule l'usage du tryptophane, un acide aminé pour produire des hormones contrôlant le sommeil, l'appétit, les émotions, les rythmes circadiens, la température corporelle, la conscience et les expériences mystiques et psychiques[11].

10 Gerber. *Vibrational Medicine*, p. 371.

11 www.item-bioenergy.com ; Haimov, "Melatonin," p. 106–111 ; Dale, *Advanced Chakra Healing : Energy Mapping on the Four Pathways*, p. 4, p. 139, 272 ; www.acutcmdetox.com/tryptophan2.html ; http ://en.wikipedia.org/wiki/Tryptophan ; heybryan.org/~bbishop/search/AP_Psychology/endocrine%20system.html ; Roney-Dougal, "Recent Findings," p. 313–328 ; Callaway, "A Proposed Mechanism for the Visions of Dream Sleep," p. 119–124. ; http ://www.rickstrassman.com/dmt/chaptersummaries.html

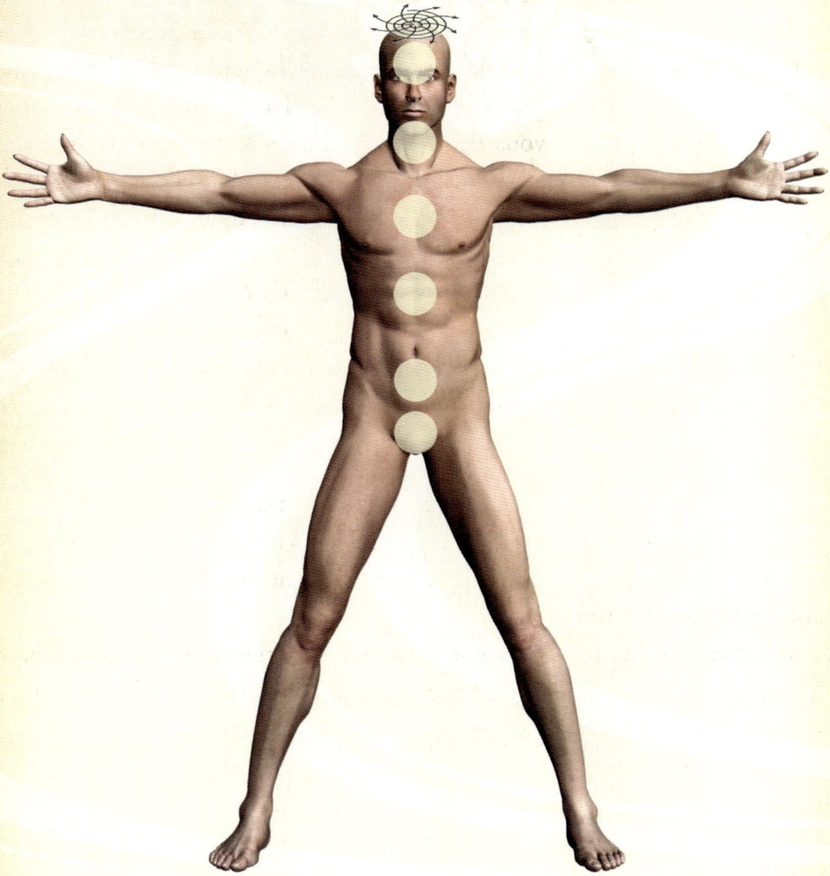

***Figure 2.11 : Septième chakra***

Un septième chakra qui fonctionne bien nous permet de dire : « je ressens, je pense et j'exprime avec amour ma vision du but divin ».

Au cours de mes 20 ans d'expérience auprès de mes clients, j'en suis venue à croire que l'épiphyse est censée être notre organe principal, celui qui contrôle non seulement le bien-être physique, mais le bien-être spirituel également. À la naissance, elle conserve notre connexion au Divin. Si un enfant n'est pas soutenu dans son identité unique, l'épiphyse risque de se recouvrir de métaux lourds, comme le mercure, l'aluminium ou le cadmium, pour se protéger. Ces métaux empêchent l'éveil spirituel qui commence normalement à 13 ans et peuvent causer des problèmes de santé plus tard dans la vie, dont la dépression et l'insomnie.

Au cours de la ménopause, les hommes comme les femmes sont censés transférer leurs fonctions régulatrices hormonales des glandes sexuelles (ovaires et testicules) et de l'hypophyse vers l'épiphyse, ce qui entraîne une cascade de changements hormonaux qui font avancer notre conscience et favorisent la guérison physique.

Il est possible d'effectuer le transfert vers l'épiphyse à tout moment. J'ai travaillé avec une Africaine qui avait subi trois attaques cardiaques en un mois. Après un traitement énergétique, qui comportait de passer de l'hypophyse à l'épiphyse, elle est retournée chez son médecin pour un examen cardiaque et a reçu un diagnostic impeccable. Tout était rentré dans l'ordre, même les cicatrices avaient disparu.

**Emplacement** — Couronne (voir figure 2.11).

**Couleur** — Blanc ou transparent.

**Glande endocrine** — Épiphyse.

**Descripteurs** — Entités et essences spirituelles, comme des formes d'esprit ou de déité, des anges ou des puissances. Renferme la capacité yang de vivre notre identité divine en exprimant notre but suprême, et la capacité yin d'absorber les énergies essentielles pour nourrir notre nature spirituelle.

**Source de** — Conscience divine.

**Siège de** — Notre unité avec tout.

**Mot clé** — Divinité.

**Type énergétique** — Kéthérique, une forme matérialisée d'énergie spirituelle provenant d'au-delà du continuum espace-temps terrestre.

**Style de communication physique** — Décrit nos besoins physiques et nos désirs affectifs par nos pensées et toute action qui nourrit notre raison d'être.

**Style de communication psychique** — Un niveau supérieur de conscience kinesthésique ressentie comme l'inspiration divine, des expériences métatoniques ou extrêmes, un éveil spirituel et autres.

**Style de communication intuitive** — Source de prophétie, capacité de percevoir les désirs de la Source divine.

**Problèmes** — Troubles du système immunitaire; cancers; problèmes osseux; désordres neurologiques. Tous les problèmes liés à l'épiphyse, qui fonctionne à titre de centre d'harmonie psychique et de raison d'être, ainsi que comme régulateur du système immunitaire. Troubles ou difficultés d'apprentissage; schizophrénie, trouble de la personnalité multiple, névrose ou psychose; dépression majeure. Maux de tête; étourdissements ou vertiges. Dissociation ou sensation de perdre pied; toute forme de déséquilibre; manque de connaissance de soi; manque d'orientation. Les dépendances peuvent prendre la forme d'adhésion excessive à un groupe religieux ou spirituel ou à ses dogmes; suralimentation ou sous-alimentation et usage compulsif de la prière ou de la méditation.

**Conseils** — Absorbez des aliments associés à des valeurs spirituelles; priez et méditez régulièrement; faites de l'exercice (peut compenser les quêtes spirituelles).

**Renferme** — Les moyens réceptifs pour comprendre le cheminement et le but suprême.

## LES CINQ CHAKRAS EXTERNES

Pour pouvoir comprendre pleinement le système énergétique humain sur une base physique, il faut connaître les cinq chakras humains supérieurs. Ceux-ci sont liés au corps physique, mais ne sont pas situés ni basés à l'intérieur. Ils servent plutôt d'intermédiaires entre les chakras invisibles supérieurs et les chakras internes. Leur présence valide fermement la croyance de C. W. Leadbeater suivant laquelle « les chakras se divisent naturellement en trois groupes (...) le physiologique, le personnel et le spirituel[12]. »

Essentiellement, les sept chakras inférieurs fusionnent nos énergies physique, mentale, émotionnelle et spirituelle avec l'enveloppe physique. Les changements effectués dans ces sept chakras ont tendance à produire des

12 Leadbeater. *The Chakras*, p. 9.

résultats substantiels et tangibles. Nous trouvons un emploi, tombons malade, retrouvons la santé, gagnons ou perdons une relation personnelle. Toutefois, comme Gerber l'a observé, les chakras fournissent une fonction régulatrice à notre corps ; d'autres corps ou énergies nous influencent. Il affirme : « Les changements dans le corps physique sont simplement le résultat observable des événements physiologiques se produisant simultanément à divers niveaux d'énergie[13]. » L'un de ces niveaux comporte les cinq chakras supérieurs qui relient les centres énergétiques matériel et spirituel. Ils combinent le visible et l'invisible, travaillant le plus souvent avec des énergies élémentales et célestes.

Les énergies élémentales appartiennent au type de quanta qui créent le plan terrestre : le feu, l'eau, l'air et la terre. Ces quatre éléments se combinent pour former six autres éléments : le bois, le métal, la pierre, l'éther, la lumière et l'étoile. (Pour obtenir des renseignements sur la façon d'utiliser ces éléments, consultez mes livres de la série *Advanced Chakra Healing*.) Les énergies célestes circulent sur une fréquence supérieure et plus rapide, probablement via les tachyons — des particules qui se déplacent plus vite que la lumière. Ce sont les énergies relatives aux concepts, aux idées, aux principes, aux valeurs et à la spiritualité. Je crois que les cinq chakras supérieurs travaillent au moyen d'une alchimie qui leur est propre. Ces sont les chakras par lesquels la magie est provoquée, l'imagination devient réelle et l'humanité obtient le salut. Ce sont les chakras qui échangent des énergies élémentales et célestes. Examinons chacun d'eux en profondeur.

## *Huitième chakra*

Le huitième chakra est extrêmement intéressant. Je trouve ce chakra à partir du bas vers le haut ; il est situé à environ deux centimètres au-dessus de la tête. Stein dit : « Pour en ressentir l'énergie, placez la paume de la main gauche au-dessus de la couronne[14]. » Je le perçois plat, par conséquent il est difficile à trouver en passant du haut vers le bas.

En travaillant avec ce chakra, j'en suis venue à croire qu'il représente notre portail pour entrer et sortir du continuum espace-temps. À l'intérieur, mes clients et étudiants signalent avoir la sensation d'être dans l'espace et visualisent souvent différentes images stellaires ou planétaires. Les vents, les cercles, les lignes, et les chemins — les nôtres et ceux des autres — menant au passé, au présent et au futur se trouvent là.

13 Gerber. *Vibrational Medicine*, p. 371.
14 Stein. *Women's Psychic Lives*, p. 36.

On y trouve également les archives akashiques, là où est enregistré tout ce que nous avons vu, fait ou dit, dans cette vie et les précédentes. L'enseignante cherokee Ywahoo qualifie ces archives de « temple de la connaissance » renfermant « tous les programmes de notre expression dans cette vie et dans les autres qui coexistent[15]. » C'est ainsi que nous pouvons accéder à tout ce qui concerne notre passé par l'intermédiaire du huitième chakra. Si c'est opportun, il est possible d'y lire le passé des autres. Nous pouvons nous rendre dans n'importe quel lieu qui existe dans le présent ou d'autres dimensions, et explorer les futurs potentiels ou prédestinés. Il est également possible d'y lire les autres passés, présents et futurs éventuels. Lorsque je travaille avec des clients qui ont du mal à distinguer leurs problèmes de ceux des autres, je les guide vers leur huitième chakra.

Par exemple, un directeur général a passé deux séances à essayer d'identifier la cause de sa peur de l'avion, un handicap évident dans sa position. Je lui ai fait ressentir son huitième chakra, visualiser son livre du soi (archives akashiques), puis chercher des images décrivant les origines de sa peur. Il s'est rappelé une époque de l'enfance où son père lisait à haute voix des histoires d'écrasement d'avion rapportées dans les journaux. Retrouver cette information a aidé mon client à repenser son opinion selon laquelle les avions étaient dangereux. Une autre cliente avait un cancer du cœur, une maladie rare et fatale. Elle avait déjà subi deux chirurgies et en envisageait une troisième. Nous avons invoqué ses archives akashiques, et elle a cherché à voir si elle avait subi des traumatismes dans l'enfance. Une semaine plus tard, elle m'a appelée. Le cancer avait totalement disparu, mais, étrangement, environ le tiers de ses souvenirs d'enfance également. Ils avaient été effacés en même temps que son cancer.

Le huitième chakra renferme également deux autres centres énergétiques importants. L'un d'eux est le *Livre de Vie*. Alors que les archives akashiques présentent scrupuleusement des faits, le *Livre de Vie* n'offre que les perspectives positives sur ce qui s'est passé ou qui arrivera. Il permet à l'observateur de lire le passé, le présent ou le futur à travers des lunettes roses et de ne voir que le bénéfice de toutes les expériences, pensées ou interactions. J'utilise ce Livre quand les gens sont vraiment coincés ou incapables de se libérer d'une vieille culpabilité, de ressentiment ou de schémas de pensée. Par exemple, j'ai travaillé avec une femme qui avait été agressée sexuellement dans l'enfance et qui n'arrivait pas à pardonner ces

15 Ywahoo. *Voices of Our Ancestors*, 106.

atrocités à son père. J'ai pensé que cette attitude était la cause du cancer et de la maladie cardiaque qui envahissait son corps. Nous avons revécu l'abus à travers les lunettes du Livre de Vie et elle a pu voir les leçons tirées de ces expériences, pardonner à son père et se libérer de son ressentiment. Ses deux problèmes de santé ont disparu dans le mois suivant. (Sachez que l'abus ne doit jamais être permis, mais lorsqu'il s'est produit, la victime doit inévitablement parvenir au pardon après avoir assimilé les émotions et les conséquences du traumatisme. Autrement, la personne reste liée au passé.)

Les archives de l'ombre renferment ce qui n'a jamais été fait, dit ou pensé. Elles se présentent comme un mince film autour du huitième chakra et une ombre autour des archives akashiques. Je guide mes clients vers celles-ci lorsqu'ils se demandent ce qui se serait produit s'ils avaient fait des choix différents dans le passé. Ces archives montrent également les différentes issues de futurs possibles. Les archives de l'ombre sont particulièrement utiles pour se débarrasser du regret, et le sentiment d'avoir perdu ou de risquer de perdre une belle occasion.

En général, le huitième chakra est riche de renseignements au sujet de notre karma, la liste des problèmes que nous avons réussi à régler et les leçons que nous cherchons à acquérir. Comme nous enregistrons dans ce chakra de l'information sur les autres et leur rôle dans notre vie, c'est là que nous pouvons découvrir une bonne partie des liens qui nous affectent dans le présent. Nous pouvons également repérer nos schémas de comportement (ceux dans lesquels nous restons coincés) dans le huitième chakra, ce qui en fait un précieux point d'accès pour soigner les problèmes physiques ou affectifs chroniques, ainsi que les relations difficiles. Comme il est lié au temps, une bonne partie de nos problèmes de gestion du temps peut être résolue grâce à ce chakra.

**Emplacement** — Environ deux centimètres au-dessus de la tête (voir figure 2.12).

**Couleur** — Noir, argent ou ultraviolet. Ce chakra est souvent noir, ce qui reflète notre capacité à absorber l'énergie des autres. Il passe à argent ou ultraviolet, ce qui signifie la capacité de servir de canal énergétique lorsque nous décidons qu'il n'est plus nécessaire d'absorber les énergies des autres au niveau chamanique.

**Glande endocrine** — Thymus.

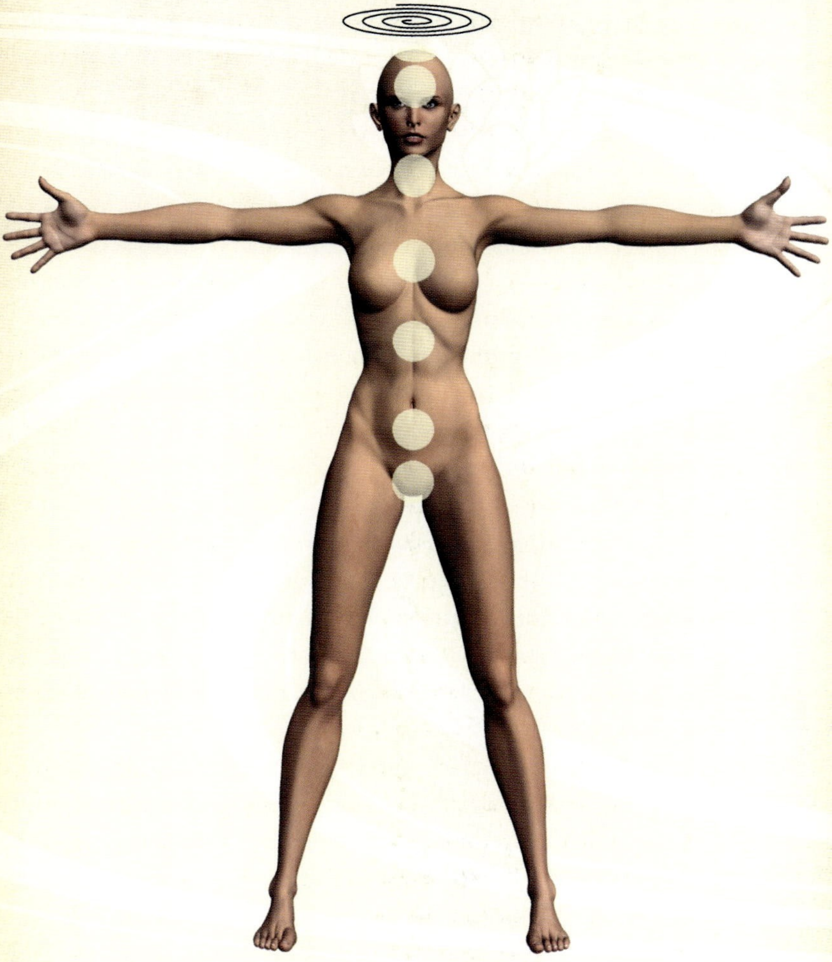

***Figure 2.12 : Huitième chakra***

Un huitième chakra qui fonctionne bien nous permet de dire : « je ressens, je pense et j'exprime avec amour ma vision de l'objectif divin en temps opportun ».

**Descripteurs** — Chakra avec une base féminine et un noyau masculin, le plus souvent associé à des images visuelles comme la lune, les étoiles, la nuit universelle, les planètes, d'autres dimensions et le temps lui-même. Ses éléments yang ont trait à notre façon de vivre notre karma ; ses aspects yin touchent à sa capacité de conserver les souvenirs et de servir de scribe personnel.

**Source de** — Toutes les connaissances passées ; souvenir karmique ; accès à d'autres dimensions et époques.

**Siège de** — Temps et manque de temps ; karma ; relations de l'âme ; portails d'entrée et de sortie du continuum espace-temps actuel.

**Mot clé** — Temps.

**Type énergétique** — Spatial.

**Style de communication physique** — Influence le sens de l'équilibre, la notion du temps et la planification. Introduit les émotions et les expériences physiques du passé.

**Style de communication psychique** — Point d'accès à l'information de vies antérieures, aux données de la vie présente, aux portails des autres réalités, à d'autres dimensions et niveaux, à des futurs sélectionnés et possibles.

**Style de communication intuitive** — Un lieu qui gouverne nos points de destinée, les décisions que notre âme prend avant notre naissance au sujet des événements de la vie. Également le lieu où nous pouvons changer ces décisions.

**Problèmes** — Les problèmes de gestion du temps (être en retard ou en avance) ; le métabolisme, les relations personnelles difficiles ; problèmes et maladies chroniques. Tout problème provenant d'une vie antérieure, qu'il soit d'ordre physique, affectif, mental, relationnel ou professionnel. Plusieurs dépendances sont associées à ce chakra et toutes ont trait à la tendance à absorber les énergies des autres. Nous cédons alors à des substances, drogues, stimulants et dépresseurs de toutes sortes pour compenser.

**Conseils** — Modifiez la couleur du chakra au moyen de la visualisation et de l'intention pour passer du noir à l'argent ou à l'ultraviolet. Cela éliminera la plupart des tendances à la dépendance. Ensuite, suivez le « régime du chaman » qui consiste en aliments sains et purs auxquels on ajoute un peu de sucre ou de sel.

**Renferme** — Les archives akashiques, la mémoire universelle de tout ce que nous avons fait, été, pensé ou dit au cours de nos réincarnations.

### *Neuvième chakra (le chakra de l'âme)*

Notre neuvième chakra est le plus incompris et pourtant je pense que c'est l'un des plus importants. Je crois que les thérapeutes jungiens travaillent à ce niveau sans le savoir et pourtant fréquemment, car le neuvième chakra, qui fonctionne à titre de « siège de l'âme », communique par l'intermédiaire d'images, d'archétypes, de modèles, de chiffres et autres symboles de base.

Essentiellement, ce chakra fonctionne exactement à la manière de l'une de nos cellules physiques. Il renferme les gènes de notre âme, les programmes qui sous-tendent les choix que nous avons faits relativement à notre corps physique, nos états d'âme et nos croyances mentales. Dans *Vibrational Medicine*, Gerber considère ces gènes comme un moule, suggérant que le corps éthérique est la charpente du corps physique. Il ajoute que « Les changements énergétiques se produisent au niveau éthérique avant de se manifester comme des événements cellulaires physiques[16]. » Dans ce chakra se trouvent les semences essentielles de notre but ultime, de même que l'information relative à notre raison d'être et aux tâches à accomplir.

Toute guérison doit être enfermée dans le neuvième chakra pour être entièrement intégrée. Ce n'est qu'en soignant le corps de l'âme, qui conserve toutes les données d'une incarnation à l'autre, que nous pouvons être sûrs de ne pas devoir répéter sans cesse les mêmes leçons.

**Emplacement** — Environ la longueur d'un bras au-dessus de la tête (voir figure 2.13).

**Couleur** — Doré ou infrarouge.

**Glande endocrine** — Diaphragme.

**Descripteurs** — En forme de champignon ; d'apparence masculine recouverte d'une couche féminine. (Son apparence, bien entendu, dépend de la nature de l'âme représentée.)

Il renferme tous les symboles, les modèles et archétypes pertinents à une personne en particulier ; chaque symbole fonctionne comme un chromosome. Renferme la capacité yang de graver et de concevoir le corps physique ainsi que de façonner une vie visant à réaliser les objectifs de l'âme, et la

16 Gerber. *Vibrational Medecine*, p. 371.

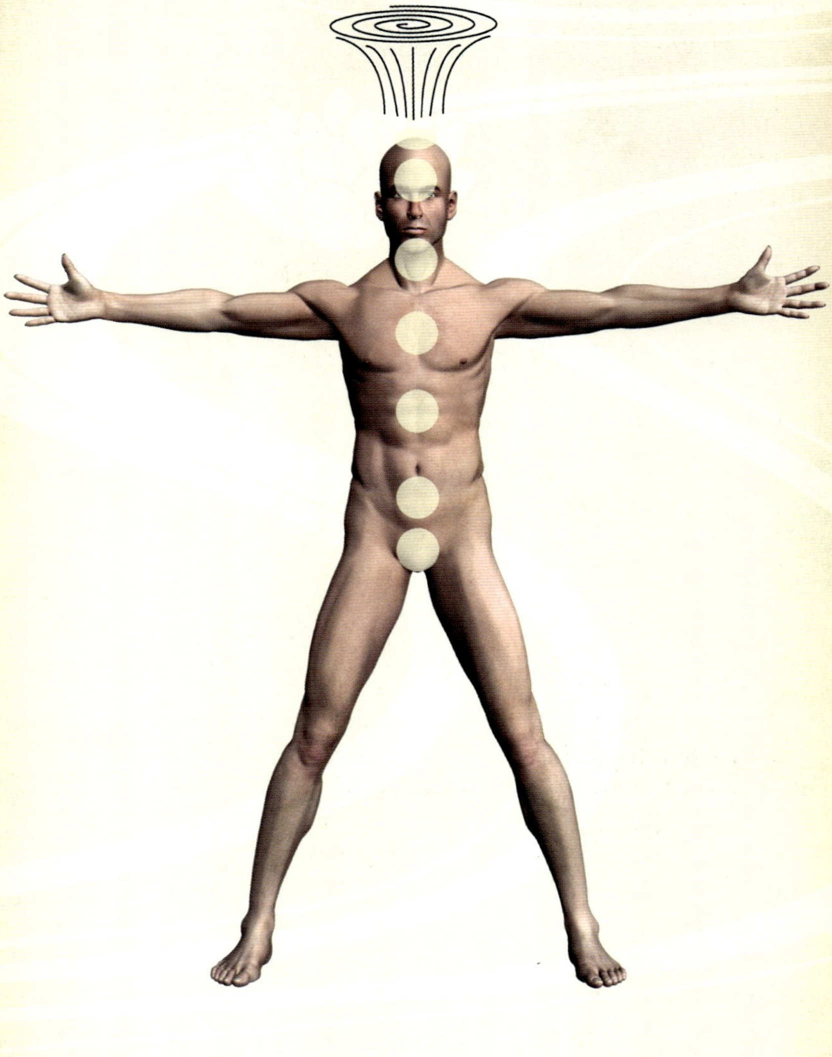

***Figure 2.13 : Neuvième chakra***

Un neuvième chakra qui fonctionne bien vous amènera à savoir ceci : « je ressens, je pense et j'exprime avec amour ma vision de l'objectif divin en temps opportun tout en créant tout ce que je suis ».

capacité yin de canaliser l'énergie de la Source divine afin de créer et de changer l'âme elle-même.

**Source de** — Énergie de création et de changement; plans principaux; semence de vie.

**Siège de** — Gènes et moules de l'âme; archétypes et symboles personnels.

**Mot clé** — Âme.

**Type énergétique** — Radioactif.

**Style de communication physique** — Aide à choisir le bon spermatozoïde et le bon ovule pour la réincarnation et supervise les fonctions de programmation physique et émotionnelle.

**Style de communication psychique** — Nous parle ainsi qu'aux forces extérieures par l'intermédiaire de symboles, d'archétypes, de concepts, de réalités et de sentiments universels et individualisés. Tous les symboles ont un rapport avec nos croyances de base à l'égard du soi.

**Style de communication intuitive** — Nous pouvons y puiser les représentations du soi et de l'âme pour la guérison, l'intuition et la connaissance. Grâce à ce chakra, nous pouvons acquérir la connaissance de l'âme, les objectifs de vie et les tâches à accomplir, les points de destinée, des relations personnelles significatives et des symboles de pouvoir. Il peut aussi nous aider à découvrir des dommages à l'âme dans le but de guérir celle-ci.

**Problèmes** — Des dépendances qui sont souvent reportées depuis une vie antérieure. Peut comporter une trop grande préoccupation à l'égard des autres et entraîner un désir de compenser, comme en se privant de nourriture.

**Conseils** — Rappelez-vous que votre santé et votre bien-être sont importants, pas seulement ceux des autres. Choisissez un groupe ethnique ou culturel et suivez ses directives, comme le régime de la Genèse (manger comme Adam et Ève au jardin d'Éden) ou une autre approche spirituelle.

**Renferme** — La programmation de l'âme et du soi.

### *Dixième chakra (le chakra d'ancrage)*

Je crois que l'une des pires fautes du mouvement métaphysique est le manque ou l'insuffisance d'enseignements au sujet du dixième chakra. Nous ne pouvons pas être efficaces dans la vie quotidienne, accomplir des fonctions psychiques ou tenter de réaliser notre raison d'être si nous ne sommes pas ancrés.

Être ancré signifie être entièrement relié à la terre, « habiter » son corps. Les gens ancrés peuvent avancer avec toutes leurs facultés, aptitudes et expériences, et par conséquent sont capables de gérer n'importe quelle situation. Ainsi, ils sont comparables à Shambhala, le guerrier spirituel qui vit sans peur et est toujours prêt à l'action.

Les gens qui ne sont pas ancrés sont faciles à repérer. Ils ont tendance à manquer de concentration, ils planent ou ne sont pas en contact avec leurs besoins et leurs sentiments. Lorsque je ne suis pas ancrée, j'ai habituellement l'impression d'être en dehors de mon corps. Il s'agit d'une réaction typique de peur. Beaucoup d'entre nous se dissocient à la fois de l'expérience et du soi pour traiter les problèmes.

Dans mon travail, j'ai découvert que le dixième chakra travaille comme un poumon, inspirant les éléments nécessaires au corps physique et émotionnel, ainsi que les systèmes chakrique et aurique. Il libère également tous les déchets de ces systèmes dans le sol afin qu'ils y soient transformés. Lorsque nous ne sommes pas ancrés, c'est que nous nous dissocions probablement d'un traumatisme perçu. Quand nous ne sommes pas ancrés dans notre dixième chakra, il se peut que nous développions une incapacité, de légère à grave, de gérer le stress ou l'inaptitude à faire face aux réalités quotidiennes, établir des frontières et réfléchir avec un esprit clair. Nous avons parfois du mal à distinguer notre réalité et nos sentiments de ceux des autres. Être déconnecté de notre dixième chakra nous rend vulnérable aux agressions physiques ou psychiques de toutes sortes. Il est par ailleurs impossible de remplir notre mission de vie sans l'aide complète de ce chakra, car la création demande le mélange complet de l'énergie spirituelle et de l'énergie matérielle ; c'est à travers ce chakra que nous inspirons l'énergie matérielle.

Lorsque je pense à ce chakra, je me rappelle souvent l'une des premières fois où j'ai été témoin de son pouvoir. Il y a quelques années, un homme est venu me demander de l'aide pour trouver son « vaisseau spatial ». Depuis des années, il avait été incapable de conserver un emploi ou une relation amoureuse à cause de cette quête. J'ai vu psychiquement que son âme n'occupait que la moitié du haut de son corps. Il n'avait pas de soi dans les extrémités inférieures et se plaignait même d'engourdissements fréquents dans les jambes et les pieds. Plutôt que de répondre à sa requête, je lui ai demandé d'accepter que je l'aide à s'ancrer. Il a consenti. Par la respiration et la visualisation, je l'ai amené à trouver et à examiner son dixième chakra.

Son comportement a totalement changé. Son regard s'est centré. Il a cessé d'être agité. Il a commencé à parler de sa souffrance de vivre durant l'enfance et dans la vingtaine. Au bout d'un certain temps, il a admis qu'en cherchant un vaisseau spatial, il évitait de se confronter à sa douleur. Nous avons passé quelques séances à faire face aux problèmes et à apprendre à s'ancrer. Il a ensuite accepté de suivre une thérapie à long terme avec un professionnel de la santé mentale.

Cette histoire nous mène vers une autre fonction intéressante du dixième chakra. Je crois que celui-ci renferme une bonne partie de l'héritage familial et des problèmes des vies antérieures. En fait, je considère qu'il joue un rôle très important à cet égard.

Avant et durant la conception, le dixième chakra, accompagné du neuvième, choisit les chromosomes physiques gouvernant notre fabrication génétique. Tandis que le neuvième chakra base ces décisions sur les exigences de l'âme, le dixième justifie ses réclamations à partir de nos antécédents ancestraux, en choisissant nos gènes de manière que nous puissions répondre aux défis physiques et psychologiques qui se présenteront.

**Emplacement** — De 45 à 120 centimètres sous les pieds (voir figure 2.14).

**Couleur** — Les tons de terre, dont citrine, brun, mauve, roux, jaune calcaire, vert olive, obsidienne.

**Glande endocrine** — Les os.

**Descripteurs** — Renferme les quatre éléments terrestres : feu, terre, eau et air. La fonction yang consiste à éliminer les déchets et à canaliser l'énergie pour les réalisations de la vie réelle ; les composantes yin ont trait à recevoir l'énergie terrestre pour tout le système.

**Source de** — Énergie de la vie quotidienne ; énergie purificatrice quotidienne ; énergie nécessaire pour spiritualiser le corps. Nourrit et soutient ; information sur le passé immédiat, le présent ou les choses de la vie quotidienne. Puise les caractéristiques de notre banque de gènes afin de nous aider à faire face aux défis de la vie ; à travers nos pieds, véhicule l'information de nos vies antérieures, et à travers nos jambes, véhicule l'information depuis notre lignée.

**Siège de** — Énergie et information de la vie quotidienne.

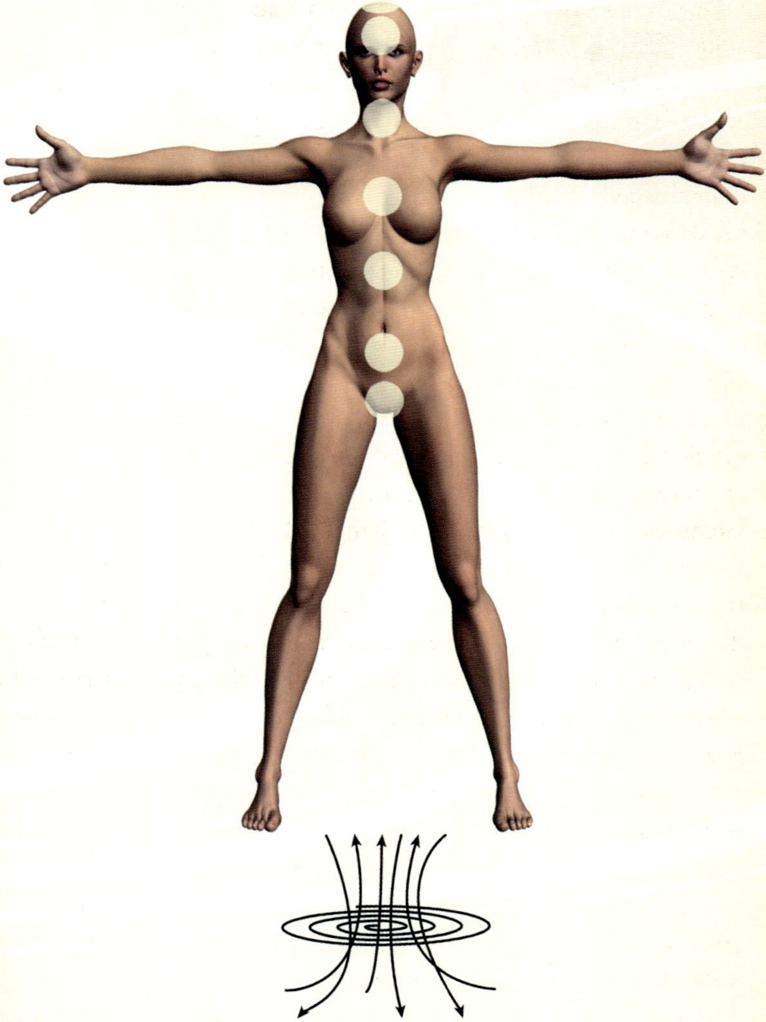

***Figure 2.14 : Dixième chakra***

Un dixième chakra qui fonctionne bien permet de dire : « je ressens, je pense et j'exprime avec amour ma vision de l'objectif divin en temps opportun tout en créant tout ce que je suis, de façon ancrée et pratique ».

**Mot clé** — Ancrage.

**Type énergétique** — Élémental.

**Style de communication physique** — Se débarrasse des déchets provenant des corps physique et émotionnel et de l'aura. Reçoit également l'énergie élémentale du sol et la transmet au système énergétique physique. Chez les femmes, cette énergie est stockée dans le chakra de l'abdomen, chez les hommes, dans le chakra du plexus solaire. Fournit et conserve le flux énergétique nécessaire pour la réaction d'attaque ou de fuite afin de faire face aux événements et aux dangers de la vie quotidienne.

**Style de communication psychique** — Clé de la réceptivité énergétique efficace, ce chakra a une fonction d'ancrage, il conserve tous les autres alignés en bloquant les énergies dans le sol. S'il n'est pas ancré, le corps énergétique est trop effrayé pour recevoir ou envoyer l'information appropriée ou maintenir ses frontières.

**Style de communication intuitive** — Sert de lieu d'ancrage à l'âme, qui doit être entièrement intégrée à tous les niveaux du corps physique et énergétique pour accomplir son but suprême.

**Problèmes** — Pieds, chevilles et jambes. Problèmes avec les surrénales (ne pas être ancré entraîne des réactions d'attaque ou de fuite ; partage cette fonction avec les deuxième et troisième chakras). Problèmes de poids (ne pas être ancré pousse le corps à garder du poids pour se sentir en sécurité). Tendance à éviter les choses ; impression d'être à côté de ses pompes ; paranoïa, schizophrénie et autres névroses ou psychoses associées à toutes les formes de dissociation. Difficulté à rester centré ou à habiter son corps ; vulnérabilité aux influences extérieures, y compris les esprits nuisibles et les personnes dangereuses. Comme ce chakra renferme tous les dénis reliés aux problèmes familiaux, il représente une composante cruciale dans la réhabilitation des traumatismes de l'enfance ou intergénérationnels, ainsi que les abus subis. Les dépendances incluent une envie immodérée pour les aliments racine, comme les noix et les pommes de terre, ou leurs dérivés, comme la vodka fabriquée à partir de pommes de terre. Ceci est là l'origine de sensibilités à la pollution électrique et autres énergies fabriquées par l'homme ou naturellement électromagnétiques ; les rayons cosmiques et planétaires ; les émissions saisonnières, comme les substances allergènes; moisissures et levures; produits chimiques dont ceux contenus dans la peinture et les moquettes.

**Conseils** — Vivez le plus possible dans un environnement biologique, sans produits chimiques; allez dehors tous les jours; suivez l'approche orientale de la santé, qui est basée sur les fluctuations saisonnières en termes de régime alimentaire et d'exercice.

**Renferme** — Les souvenirs de la terre, les besoins et les capacités de transformation.

### *Onzième chakra*

« D'autres chakras dont on parle moins sont ceux situés dans la paume des mains et la plante des pieds », dit Stein[17]. Connaître le onzième chakra peut être très bénéfique sur le plan énergétique. Ressemblant à une fine couche rose autour des mains et des pieds, ce chakra peut transmuer l'énergie externe chargée physiquement ou émotionnellement en énergie brute dont le corps a besoin pour penser, réagir et répondre. Par exemple, en cas de fatigue, il est possible d'absorber l'énergie élémentale par les pieds, de s'imprégner du pouvoir d'un orage par l'entremise de nos mains, ou encore d'absorber l'énergie négative d'une personne en colère afin de la convertir en force pour nous-mêmes. Nous pouvons aussi libérer nos propres énergies à travers ce chakra afin de nous débarrasser des blocages, de la résistance, des souffrances et des problèmes qui ne servent plus notre croissance personnelle ou afin de diriger l'énergie psychique ou physique pour provoquer un changement.

J'ai entendu de nombreux élèves et clients signaler leur réussite en mettant ce chakra au travail. Une femme était constamment dénigrée par son patron. Elle a commencé à visualiser l'énergie qu'il lui envoyait comme étant de couleur noire. Lorsqu'il dirigeait cette énergie contre elle, elle la laissait délibérément entrer dans le chakra rose autour de ses mains. Elle laissait ainsi la noirceur hors de son système, absorbait l'énergie puis la renvoyait à cet homme sous forme de lumière rose. Elle faisait cela sans dire un mot. Elle a signalé : « C'est comme s'il avait avalé sa langue! Presque chaque fois, il rougit, ravale ses paroles, secoue la tête comme s'il avait oublié ce qu'il allait dire et tourne les talons! »

Les thérapeutes de toutes sortes, y compris les professionnels de première ligne, infirmières, médecins ou conseillers psychologiques auraient intérêt à apprendre à se servir des points de sortie des mains et des pieds de

17 Stein. *Women's Psychic Lives*, p. 36.

ce chakra. Ils sont très utiles pour transformer les énergies et perceptions malades ou négatives afin de les renvoyer sous forme positive.

**Emplacement** — Autour des mains et des pieds (voir figure 2.15).

**Couleur** — Rose.

**Glande endocrine** — Le tissu conjonctif qui abrite les méridiens.

**Descripteurs** — Toute image reliée au fait de donner et recevoir, comme une main ouverte ou fermée. Sa fonction yang a trait à l'énergie à dégager dans le monde, aux occasions saisies ou refusées ; sa fonction yin a trait à l'acceptation de l'aide ou à l'aide reçue.

**Source de** — Transfert d'énergie, point d'entrée pour recevoir ou envoyer l'énergie destinée à combler nos besoins ou à gérer des situations.

**Siège de** — Transmutation de l'énergie physique.

**Mot clé** — Transmutation.

**Type énergétique** — Éthérique.

**Style de communication physique** — Absorbe l'énergie élémentale ou émotionnelle disponible dans le monde extérieur pour la transformer en énergie dont le corps physique ou émotionnel a besoin. Par exemple, il est possible d'absorber l'énergie d'un orage ou d'une personne en colère et de s'en servir pour bien réagir à l'urgence d'un moment décisif ou à une personne dangereuse.

**Style de communication psychique** — Réunit les propriétés énergétiques des forces extérieures, absorbe l'énergie réelle derrière la situation et fournit l'énergie brute pour réagir psychiquement. Ce chakra peut également envoyer de l'énergie par les mains et les pieds pour gérer la situation.

**Style de communication intuitive** — Procure à l'âme les mains et les pieds dont elle a besoin pour réaliser ses désirs, se protéger, transformer l'énergie physique en énergie spiritualisée et recevoir de l'aide ou des données.

**Problèmes** — Les mains ou les pieds. Difficultés à obtenir ce que l'on veut, à accepter ou à recevoir de l'aide, des ressources, des idées ; difficulté à gérer les situations délicates ou dangereuses ; incapacité à être efficace en situation de peur. Perte d'énergie en faisant un travail psychique. Parmi les dépendances, on note une pulsion obstinée pour le pouvoir ou, au contraire, un désir d'être impuissant.

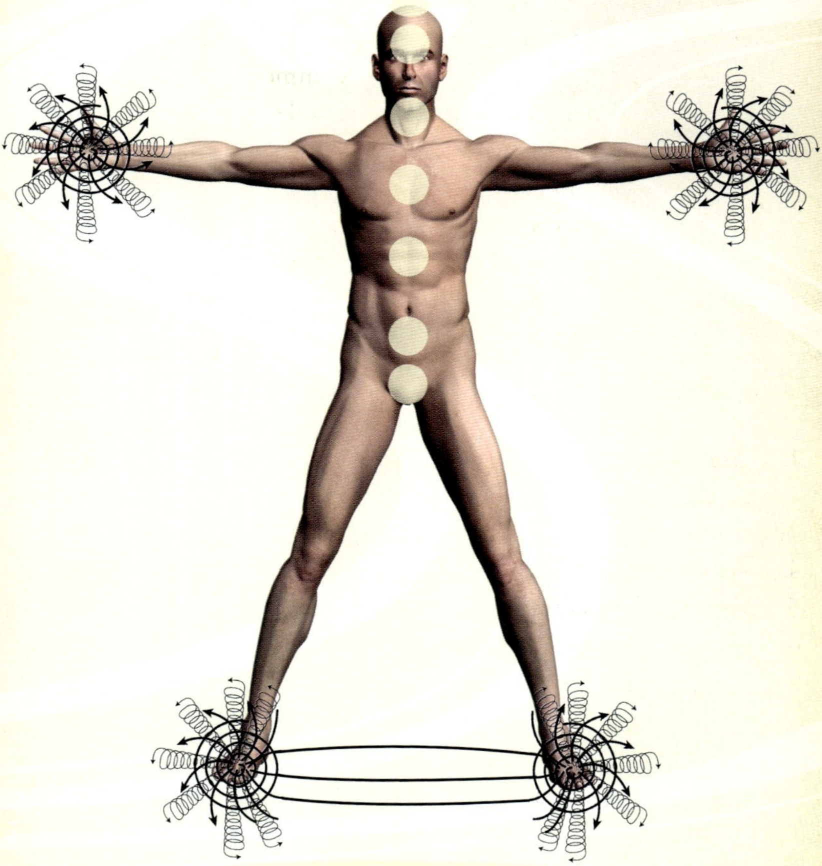

***Figure 2.15 : Onzième chakra***

Un onzième chakra qui fonctionne bien permet de dire : « je ressens, je pense et j'exprime avec amour ma vision de l'objectif divin, en temps opportun tout en créant tout ce que je suis, d'une façon ancrée et pratique qui demande la capacité de faire face à toute situation ».

**Conseils** — Mangez et faites de l'exercice méthodiquement ; la tendance est à l'excès, dans les loisirs comme dans la vie. Créez une structure et suivez-la.

**Renferme** — La capacité de transmuter l'énergie physique en énergie psychique ou spirituelle, et vice-versa.

### *Douzième chakra (le système des chakras secondaires)*

Le douzième chakra est en fait une collection de 32 points sur le corps et dans l'aura. Je vois ces points internes comme le système des chakras secondaires. Ces 32 points secondaires servent de fonction endocrine associée au douzième chakra. Lorsqu'ils sont combinés, ces points devraient monter au cœur, qui donne le ton optimal au corps. Alors que la plupart de ces chakras secondaires sont situés dans le corps physique, certains vont au delà de celui-ci. Le 32e chakra secondaire, par exemple, est au centre de la terre, car notre survie physique dépend de notre capacité à puiser dans certains éléments de la terre.

Les points de chakras internes secondaires sont (voir figure 2.16 et 2.17) :

1. Jambes
2. Fesses
3. Coccyx
4. Vertèbres sacrées
5. Vertèbres lombaires
6. Vertèbres dorsales
7. Vertèbres cervicales
8. Crâne
9. Corde d'argent à l'âme
10. Sources bouillonnantes dans les pieds
11. Chevilles
12. Genoux
13. Cuisses
14. Hanches
15. Nombril et organes sexuels
16. Appendice
17. Reins et surrénales
18. Intestin grêle et gros intestin
19. Pancréas

20. Foie
21. Vésicule biliaire
22. Rate
23. Estomac
24. Diaphragme et poumons
25. Bras
26. Sources bouillonnantes dans les paumes
27. Poignets
28. Coudes
29. Clavicules
30. Gorge (y compris le larynx, la thyroïde et la langue)
31. Cerveau supérieur (fonctions orientées spirituellement comprenant le cerveau, l'hypophyse, l'épiphyse, l'hypothalamus et le thalamus)
32. Centre de la Terre

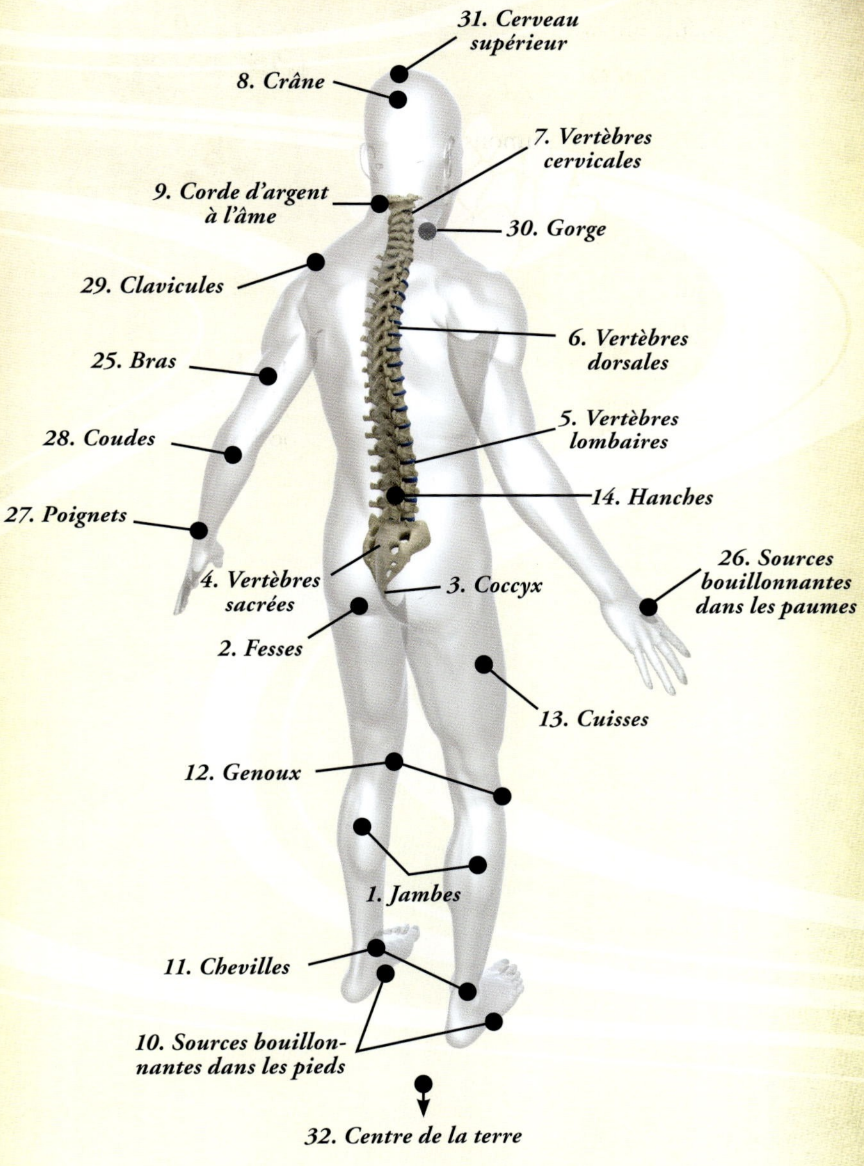


**Figure 2.16 : Douzième chakra, points 1 à 14 et 25 à 32**

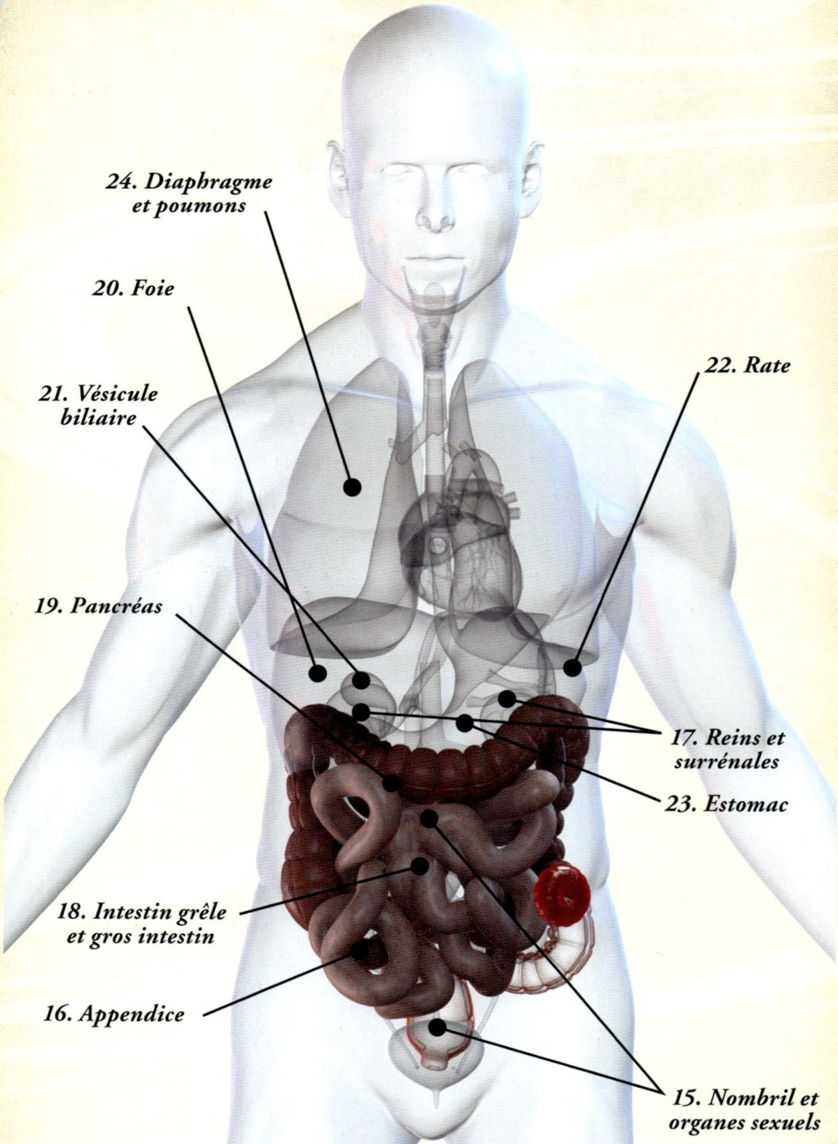


**Figure 2.17 : Douzième chakra, points 15 à 24**

Chacun de ces chakras secondaires est lié au chakra primaire qui lui est numériquement connecté ainsi qu'à une vertèbre en particulier. Le chapitre 12 explorera ces points d'accès plus en détail. Chaque chakra secondaire est par ailleurs connecté à un archétype humain spécifique.

En général, le douzième chakra assure la connexion entre les forces naturelles et notre propre corps. Il nous définit en tant qu'être humain, parce que ses frontières sont le corps énergétique humain visible et invisible. « L'homme est une âme et possède un corps, plusieurs, en fait, car en dehors du véhicule par lequel il transige avec son monde inférieur, il en a d'autres qui ne sont pas visibles à l'œil nu[18]. »

Relié à notre aura, ce chakra nous encapsule, pour ainsi dire, tout en nous ouvrant aux énergies non apparentes. Dans ce sens, il semble similaire au corps en forme d'œuf perçu par l'anthropologue Carlos Castaneda durant sa formation avec don Juan, un sorcier indien Yaqui. Toutefois, le douzième chakra (et le champ aurique) ne sont pas identiques à l'œuf énergétique qui enveloppe le corps et qui est décrit au chapitre 7. La différence entre le portrait de Castaneda et le mien est que je vois des lignes reliant cette coquille extérieure au moi intérieur, ce qui nous permet de fonctionner à la fois comme un système fermé et un système ouvert.

## Corps énergétiques supplémentaires

Des dizaines sinon des centaines d'autres corps et canaux énergétiques composent notre anatomie subtile. En voici une liste partielle, ainsi que leurs fonctions. (Des renseignements plus détaillés figurent dans mon livre *The Subtle Body*.)

- Le corps causal, qui gouverne le corps physique.
- Le corps mental, qui s'occupe des pensées et des sentiments.
- Le corps émotionnel ou corps bleu, qui transmet les sentiments.
- Le corps souffrant, qui renferme l'énergie de la douleur.

18 Leadbeater. *The Chakras*, p. 2.

- Le corps gris, qui vous relie avec des êtres provenant de différentes dimensions.
- Le corps goudronneux, qui renferme les codes de votre mission et destinée spirituelles, de même que la graine d'étoile de la destinée. Il se trouve dans le dixième chakra.
- La graine d'étoile de la destinée, qui naît du corps goudronneux et gravite dans le septième chakra. Lorsqu'elle atteint celui-ci, il s'ouvre brusquement, transforme les capacités intuitives en dons spirituels et modifie positivement l'épiphyse.
- Le corps argenté, qui est attaché aux archives akashiques et autres archives du huitième chakra, y compris les archives de l'ombre et le Livre de Vie, ainsi qu'à la corde d'argent.
- La corde d'argent, qui relie l'âme au corps pendant que vous êtes vivant.

Travailler avec ces autres corps énergétiques augmente la capacité de changement du chakra et, par conséquent, favorise la guérison holistique.

## ACCÉDER À NOS CHAKRAS HUMAINS

Il y a de multiples façons d'expérimenter les chakras humains. Bon nombre d'entre nous s'en remettent à l'intuition pour trouver ces centres. Certains sont en mesure de voir, entendre ou sentir (par les mains ou par intuition) psychiquement ces centres énergétiques. Quelques personnes peuvent même voir les chakras avec leurs yeux physiques. Des études effectuées à l'Université de la Californie ont produit des sons enregistrés sur bande de ces centres énergétiques.

En travaillant avec des élèves, je leur apprends à trouver les chakras au moyen d'un pendule, c'est-à-dire une pierre ou un anneau suspendu au bout d'une chaînette. La personne qui fait l'essai suspend le pendule au-dessus de l'un des chakras du sujet. Ce dernier, qui est consentant à ouvrir son chakra, est habituellement aussi surpris que celui qui tient le pendule de voir ce dernier se mettre à bouger en suivant la fréquence et le flot directionnel du chakra.

Une autre façon de repérer les chakras consiste à procéder par élimination. Par exemple, si vous souffrez d'une cirrhose du foie, vous pouvez en déduire que vous avez des problèmes avec le troisième chakra. Sachant que le plexus solaire renferme le foie, vous pouvez examiner les fonctions du troisième chakra et commencer à réfléchir sur les problèmes non apparents qui se cachent derrière votre maladie. Le troisième chakra est le siège de l'estime de soi et du pouvoir personnel ; vous êtes peut-être en colère d'avoir été jugé quand vous étiez enfant et il vous faut examiner votre estime personnelle par rapport à ces jugements.

### *Combinaisons de chakras*

Les chakras se combinent à d'autres pour créer des relations jumelées solides. Il est facile de se rappeler ces corrélations car les couleurs chakriques sont complémentaires. Par exemple, il existe un lien complémentaire entre les chakras suivants :

- Le premier et le quatrième (rouge et vert).
- Le deuxième et le cinquième (orange et bleu).
- Le troisième et le sixième (jaune et mauve).
- Le septième et le premier par le cœur (blanc et rouge, ce qui donne rose).

Leur relation fonctionnelle est logique également. Par exemple, le premier chakra est le siège de la passion. Lorsque notre énergie vitale vibre en remontant la colonne vertébrale, elle traverse les processus de nos sentiments et de nos pensées. Ces perspectives modifient nos réactions immédiates à la vie et à la mort face à certaines situations, et culminent en une réaction venant du cœur, celle de la compassion plutôt que seulement la passion.

Au sujet du deuxième et du cinquième chakras, nous pourrions examiner le scénario suivant. Disons que vous êtes triste parce que quelqu'un vous a insulté. Cette tristesse provient du deuxième chakra. Le cinquième est celui qui permet d'exprimer cette tristesse. Vous pouvez rétorquer « Ne me parle pas ainsi » ou décider de ravaler votre réponse. De la même façon, les troisième et sixième chakras entrent en jeu. Nous pouvons, par exemple, entreposer un jugement tel que « Je suis laid » dans notre chakra mental, le troisième. Cela affecte notre perception du moi, un concept gouverné par le sixième chakra. La façon de nous percevoir aura un impact direct sur ce que nous croyons mériter ou pas dans l'avenir. C'est ainsi que nos aptitudes de planification stratégique (capacités du troisième œil) sont déterminées par les programmes du troisième chakra.

Il existe un autre schéma dans les interrelations chakriques. Parfois, le chakra qui détient le blocage affecte tellement ceux situés au-dessus et en dessous que ces derniers, contrairement au chakra problématique, sont considérés comme étant la source des ennuis. Par exemple, j'ai travaillé avec un homme qui avait du mal à prendre des décisions au sujet de son travail. Il a concédé que dans sa jeunesse, on lui avait inculqué l'idée qu'il n'était pas bien de prendre une mauvaise décision. J'ai eu l'impression qu'en raison de ses problèmes au travail, la prise de décision et l'estime de soi se sont fixées dans le troisième chakra et qu'il vivait un blocage à ce niveau. Toutefois, il a également signalé des accès fréquents de douleurs abdominales et de flatulences de même qu'un serrement au cœur, qui s'est amplifié lorsque nous avons parlé carrière.

J'ai cru que pour protéger son troisième chakra, ses deuxième et quatrième chakras s'étaient bloqués et créaient cet inconfort physique. Plutôt que de m'occuper de ces soucis secondaires, j'ai pris le risque de lui faire expérimenter les sentiments, les croyances et les images associées à son troisième chakra. Au bout de trois séances, au cours desquelles il s'est permis de se rappeler des expériences de l'enfance susceptibles d'influencer ses attitudes actuelles, les ennuis liés à ses deuxième et quatrième chakras ont disparu. Il a même dit qu'il pouvait maintenant sentir son estomac et respirer comme pour « la première fois ! »

Manifestement, l'influence réciproque entre nos chakras peut être aussi compliquée ou aussi simple que ce que nous en faisons. La méthode la plus fiable est d'écouter notre intuition, cette petite voix intérieure qui sait tout et qui voit tout.

# Chapitre 3

## Vos 20 centres énergétiques spirituels

Bien que le douzième chakra complète notre existence humaine, il n'empêche pas le prolongement de notre être. Il existe 20 centres spirituels supérieurs. En fait, il y en a un supplémentaire que nous pouvons atteindre par la pure grâce de la Source divine, comme nous le verrons. Ces chakras spirituels n'ont pas d'emplacements, de couleurs ni de fonctions régulatrices, car ils existent en dehors de la trame physique que nous appelons la réalité. Néanmoins, ils peuvent canaliser des énergies si puissantes et si intenses que leur impact sur le corps physique ou émotionnel peut être plus fort que celui des chakras internes. Parce que nous pouvons absorber leurs énergies par notre corps physique, il se peut que nous ressentions celles-ci en images, associées à des couleurs ou des formes — physiquement, avoir des sensations prévisibles ; ou mentalement, nous faire réagir suivant une séquence de pensée logique et répétitive.

De plusieurs façons, ces chakras supérieurs appartiennent davantage à notre vrai moi que ne le sont nos chakras basés physiquement. Ils ont existé sous plusieurs formes, de plusieurs manières et plusieurs fois, car ils ne changent pas lorsque nous changeons de corps. Ils sont les parties de nous-mêmes conservées en permanence par la grande Source divine — la Conscience invisible, l'Inconscient de Jung, le Chaos, Dieu, Bouddha, l'Âtman, l'Univers, la Force — quelle que soit la façon dont nous choisissons de qualifier le Tout qui ne change jamais. Quoique l'énergie de la Source divine soit parfaite, nos corps spirituels supérieurs ne sont pas nécessairement sans lacunes. Rappelez-vous que ceux-ci sont intrinsèquement liés à nos corps chakriques inférieurs par l'intermédiaire de l'âme et qu'ils enregistrent, affectent et sont affectés par toutes les expériences de notre corps, de notre esprit ou de notre âme. Alors que le point énergétique de la foi, par exemple, canalise l'énergie d'une foi pure dans tous les aspects de notre être, tous les problèmes, craintes, perceptions erronées, expériences et blocages que nous entretenons au sujet de la foi peuvent déformer nos perceptions de cette énergie. Il se peut que nous ne recevions pas toute l'énergie disponible ou que notre « programmation » influence gravement nos impressions de cette énergie. Ces points énergétiques, ou nos perceptions de ceux-ci, doivent être guéris, tout comme nos chakras humains.

Tout en examinant ces points énergétiques, il sera utile de se rappeler qu'il existe une bonne part d'inconnu à leur sujet. J'ai commencé à élaborer ce système il y a plus de 20 ans et mes connaissances étaient alors très limitées. C'est la grande détresse d'une amie qui m'a amenée à découvrir ces points. Personne ne pouvait l'aider ni en médecine traditionnelle ni alternative et, en désespoir de cause, elle s'est adressée à moi. J'ai demandé un rêve pour m'éclairer sur la situation.

Cette nuit-là, il m'a semblé qu'un être m'est apparu et m'a montré une échelle qui partait de l'intérieur du sol jusque vers les étoiles. Il m'a dit que le système énergétique humain était beaucoup plus vaste qu'on pouvait l'imaginer et que, oui, de nombreux échelons étaient tangibles. Toutefois, les autres forces de guidance étaient à la fois proches et éloignées, aussi visibles et invisibles que les étoiles elles-mêmes. Le lendemain, j'ai commencé à utiliser la cinésiologie appliquée, l'intuition et le tâtonnement pour aider mon amie. Sur moi comme sur elle, j'ai essayé les différentes inspirations et les divers systèmes qui me venaient.

J'ai vraiment commencé à apprécier ce travail quand j'ai constaté la réaction de mes clients. Une amie a été guérie du syndrome du canal carpien en une séance. Une autre a réglé ses problèmes financiers et a commencé à gagner de l'argent le lendemain. Une autre encore a reçu de l'inspiration professionnelle. Un client a senti sa colonne se remettre en place sur la table sans aucune aide physique. Je pense que mon travail avec le trente-deuxième point énergétique, la grâce, m'a en fait sauvé la vie.

Au cours des deux dernières décennies, j'ai continué à travailler avec ce système et à le raffiner, sachant que ni celui-là ni aucun autre n'allait produire la clé de la guérison. La clé est plutôt notre volonté de sauver nos vérités, afin de pouvoir les vivre et les ressentir.

Mon anecdote préférée pour illustrer le pouvoir de travailler avec les points spirituels concerne la guérison d'une petite fille. Abby avait été diagnostiquée autiste. Elle n'avait pour ainsi dire aucune relation avec le monde extérieur, préférant plutôt étreindre sa poupée Raggedy Ann. Si on lui retirait sa poupée, elle se frappait la tête contre un mur jusqu'à ce qu'on la lui redonne. La maman d'Abby et moi-même avons invoqué tous les points spirituels durant deux mois et il y a eu une légère amélioration ; par exemple, sa mère pouvait prendre la poupée pour la laver. Après notre travail, nous avons cessé pendant trois mois afin de voir ce qui allait se passer. Il faut du temps pour que la guérison se produise, car le corps physique doit intégrer le travail énergétique. Un changement trop brutal pourrait causer une grave crise de guérison.

La maman d'Abby m'a appelée trois mois plus tard. Le diagnostic de sa fille était passé de l'autisme complet à une forme mineure, le syndrome d'Asperger. Elle adorait toujours autant sa poupée, mais avait commencé à communiquer avec les gens et ne se frappait plus la tête contre les murs. Or, la seule différence dans la vie d'Abby avait été le travail avec les points spirituels.

Je crois que « plus » de Abby avait été invité dans son corps grâce à ce travail. À mon avis, de nombreux ennuis de santé sont causés par la fragmentation de l'âme dans une vie antérieure, avant la naissance ou au cours de la vie, habituellement en raison d'un traumatisme insurmontable. Parfois, de gros morceaux de l'âme n'entrent jamais dans le corps ou le quittent à cause des difficultés de la vie. Les chakras correspondants sont alors incapables de fonctionner correctement, ce qui crée des problèmes fonctionnels. Les points spirituels confèrent du pouvoir aux aspects extériorisés de l'âme, afin que ceux-ci puissent se sentir suffisamment à l'aise pour revenir dans le corps et ainsi activer les pouvoirs endormis des chakras et laisser place à la guérison, à la manifestation et aux dons spirituels. Quoique nous puissions travailler directement avec l'âme, comme par la régression, accéder aux points spirituels est souvent une approche plus délicate et n'exige pas l'entière participation du client ou du sujet.

Pour explorer ces points énergétiques, nous allons organiser l'information en fonction des catégories suivantes :

- But
- Fonction
- Forme énergétique
- Processus de communication
- Problèmes

- Ce que le point énergétique renferme

| | |
|---|---|
| 13. Énergie yin (féminine) | 23. La part du Bien et du Mal (l'Arbre de Vie) |
| 14. Énergie yang (masculine) | 24. Création |
| 15. Équilibre des polarités | 25. Manifestation |
| 16. Équilibre des similarités | 26. Alignement avec l'objectif ultime |
| 17. Harmonie | 27. Paix |
| 18. Libre arbitre et liberté | 28. Sagesse |
| 19. Kundalini | 29. Plaisir |
| 20. Maîtrise | 30. Pardon |
| 21. Abondance | 31. Foi |
| 22. Clarté | 32. Grâce et conscience de la Source divine |

***Figure 3.1 : Vos 20 points énergétiques spirituels***

### *Point 13 : Énergie yin (féminine)*

**But** — Procurer la perspective féminine universelle et les énergies nécessaires pour recevoir, traiter, protéger et créer.

**Fonction** — Nous garder alignés avec les forces gouvernant l'absorption, la gestation et l'accouchement. Ce point nous aide à comprendre et à soigner les problèmes relatifs à la douleur, la négativité, la souffrance et les traumatismes, et à transmuter ces expériences en sources de pouvoir et de force. Son aspect yin est la réceptivité à la croissance et au changement ; son aspect yang concerne les décisions relatives à ce qu'il faut faire contre la douleur et le chagrin. Lié à ses fonctions, ce point renferme les programmes relatifs à notre nature féminine, à nos croyances concernant notre capacité et notre mérite à recevoir, les effets de nos émotions passées et présentes, notre capacité spirituelle de créer de façon interne et externe, de même que nos aptitudes intuitives supérieures.

**Forme énergétique** — Pouvoir sombre ; des énergies se situant dans la partie inférieure du spectre chromatique. Cette énergie est liée au yin dans le système chinois, incluant le froid, la contraction et le noir. Certaines personnes perçoivent sa couleur principale comme étant magenta.

**Processus de communication** — Lié précisément à la fonction yin de chaque chakra. Chez les femmes, son principal point d'entrée des énergies est le deuxième chakra, et chez les hommes, le premier chakra.

**Problèmes** — Confusion touchant le processus féminin, l'identité féminine ou les besoins et problèmes féminins ; questions relatives aux sentiments, à la créativité et à l'accouchement ou la gestation de bébés, d'idées, de concepts, de projets ou du soi ; préoccupations touchant l'absorption ou la transmutation chimique ou biologique ; émotions de douleur, de chagrin, de peine, de perte ; conceptions erronées touchant la force, le pouvoir, les sentiments, la créativité et le mérite relatif à recevoir. Aussi des problèmes concernant la capacité de réunir et de conserver les énergies nécessaires pour rêver et réaliser, et le besoin primaire de protéger nos êtres chers et soi-même. Je me suis servie de ce point pour aider certaines femmes à concevoir un enfant, alors qu'elles en étaient incapables jusque-là.

**Renferme** — Nos perceptions concernant les énergies féminines universelles.

***Point 14 : Énergie yang (masculine)***

**But** — Procurer la perspective masculine universelle et les énergies nécessaires pour nous exprimer, forcer, construire et défendre.

**Fonction** — Nous garder alignés avec les forces gouvernant l'expression des rêves, forcer le changement, la construction et la fabrication, de même que notre défense face au monde. Ce point nous aide à comprendre et à vivre nos rôles dans le monde. Il est affecté par les jugements et les opinions de soi-même et des autres, ainsi que par les comportements appris. Son aspect yin gouverne les idées et les émotions qui déterminent la réussite ; ses fonctions yang ont trait au courage et à la détermination nécessaires pour réaliser nos rêves. Ce point énergétique canalise l'énergie requise pour matérialiser l'énergie spirituelle nécessaire pour combler nos besoins. À travers ce point, nous nous connectons à nos croyances relatives au pouvoir ; à nos émotions touchant la loyauté, le courage et la façon d'être prêts ; à nos compétences et aptitudes physiques affichées par l'état de guerre ; et à l'appel de l'action directe. L'action peut comprendre la réflexion, la réalisation, l'expression, la construction et la défense.

**Forme énergétique** — Pouvoir clair ; des énergies se situant dans la partie supérieure du spectre chromatique. Cette énergie est liée au yang dans le système chinois : chaleur, expansion et blanc.

**Processus de communication** — Lié précisément à la fonction yang de chaque chakra. Chez les hommes, son principal point d'entrée des énergies est le troisième chakra et chez les femmes, le cinquième.

**Problèmes** — Confusion touchant le processus masculin, l'identité masculine ou les besoins et problèmes masculins ; problèmes entourant la perception de soi, les jugements et les aptitudes requises pour se réaliser dans le monde. Les émotions relatives au manque, aux restrictions, à la violence et à la cruauté. Les croyances touchant le pouvoir personnel et positionnel qui affectent le bien-être physique, y compris la santé, le statut et la carrière. Ce point a trait aux problèmes de forger et de diriger les énergies nécessaires pour réussir et nous défendre nous-mêmes, nos êtres chers et nos idées.

**Renferme** — Nos perceptions concernant les énergies masculines universelles.

### Point 15 : Équilibre des polarités

**But** — Aligner les polarités à l'intérieur et à l'extérieur de nous en liant ces énergies complémentaires et renforçant ainsi chacune.

**Fonction** — Créer un échange positif d'énergies entre des dualités apparentes, dont la vie et la mort ; le féminin et le masculin ; le bien et le mal ; l'absorption et l'élimination ; l'amour et l'indifférence. Ce point gouverne les fonctions yin et yang physiques, mentales, émotionnelles et spirituelles à l'intérieur de chaque centre en insistant sur la nature complémentaire de ces contraires.

**Forme énergétique** — Peut être vue comme un faisceau reliant deux colonnes parallèles ou comme la ligne séparant le yin et le yang dans leur symbole.

**Processus de communication** — Relie les fonctions yang et yin dans chaque chakra ou point énergétique. L'énergie de ce point entre dans tous les chakras humains, surtout par la colonne vertébrale.

**Problèmes** — Problèmes d'équilibre de toutes sortes et inaptitude à faire la paix avec les qualités ou les natures qui s'opposent en nous ou en dehors de nous. Les symptômes varient beaucoup. Physiquement, il peut s'agir d'épilepsie, d'étourdissements et de scoliose. Émotionnellement, les difficultés peuvent se manifester dans des conflits relationnels. Mentalement, on peut rencontrer de l'apathie causée par des croyances contraires touchant nos besoins, notre sécurité et notre perception de nous-mêmes. Spirituellement, ce peut être l'incapacité de réaliser notre raison d'être à cause des luttes entre notre désir d'être par rapport à notre désir de faire.

**Renferme** — Nos perceptions touchant la relation entre des qualités apparemment contraires.

### Point 16 : Équilibre des similarités

**But** — Aligner tout ce qui est similaire à l'intérieur et en dehors de nous.

**Fonction** — Accentuer les similarités et réunir les choses semblables. Ce point énergétique peut connecter tout ce qui est déjà similaire, révéler les similarités dans ce qui paraît différent ou accentuer l'individualité dans ce qui semble pareil. Sa fonction peut être illustrée en visualisant la colonne vertébrale. Remarquez les tissus semblables dans chaque vertèbre, puis faites semblant d'ajuster la colonne en les mettant en rang. Ce centre fonctionne de la même façon. Maintenant, visualisez le tissu qui diffère. Étendez ces différences au point que le tissu devienne le même. Oui, ce centre peut également rendre ces différences innées tellement extrêmes qu'elles se recourbent et retournent au point où elles deviennent pareilles. Cette fonction du point se compare par ailleurs au symbole yin et yang. Ces deux entités distinctes cohabitent parce qu'elles sont différentes et indépendantes (une fonction du point 15), mais également parce que le yin renferme aussi le yang et vice-versa (point 16). Ce point canalise l'énergie nécessaire pour voir ces similarités et les lier, réunissant ainsi les deux formes. Il pousse également le yin et le yang à révéler les similarités cachées par les différences.

**Forme énergétique** — Peut être vue comme le yin du yang et le yang du yin.

**Processus de communication** — Relie les fonctions yang et yin dans chaque chakra ou point énergétique. L'énergie de ce point entre dans tous les chakras humains, surtout par la colonne vertébrale.

**Problèmes** — Problèmes d'équilibre de toutes sortes et inaptitude à faire la paix avec les qualités ou les natures similaires en nous ou en dehors de nous. Être incapable de reconnaître les similarités entre soi-même et quelqu'un d'autre, comme celles des sentiments, des points de vue, des besoins, des expériences et des âmes. Lorsque nous ne parvenons pas à voir ou à exprimer ces similarités, il se peut que nous ressentions du mal-être dans nos systèmes physique, émotionnel, mental ou spirituel, comme le déni, les préjugés, la guerre, le jugement spirituel ou tout symptôme physique résultant de notre rigidité. Cette énergie pourrait contribuer à guérir la planète en effaçant les perceptions des différences.

**Renferme** — Nos perceptions touchant l'interrelation entre des qualités similaires.

### *Point 17 : Harmonie*

**But** — Aligner complètement tout ce qui paraît similaire et différent afin de réaliser l'unité nécessaire à la santé.

**Fonction** — Transformer les différences en similarités et les similarités en différences afin que ces deux forces soient réunies à tous les niveaux. Ce point énergétique peut travailler sur tous les plans. Physiquement, il atténue les ennuis causés par les troubles de l'équilibre, y compris ceux touchant la respiration, les poumons, les oreilles, les maux de tête, les migraines, les problèmes oculaires et crâniens, le haut du torse et les os en général. Émotionnellement, il apaise notre relation interne avec soi-même et nos relations avec les autres en démontrant comment nous sommes tous semblables ; il montre que nous éprouvons tous les mêmes sentiments, quoique pour des raisons différentes. Capable de réaménager la structure de nos pensées, l'énergie canalisée par ce chakra peut unir même des ennemis. Ce que d'autres nous ont fait, nous pouvons leur faire aussi — sachant que ce point est un grand niveleur. Spirituellement, ce centre nous ramène à l'époque où nous savions que nous étions tous la Source divine et pourtant des êtres distincts.

**Forme énergétique** — Opaque, il peut provoquer les énergies nécessaires pour atteindre ses fins.

**Processus de communication** — Entre toutes les fonctions contraires et similaires simultanément pour réaliser son travail. Quoique ce point énergétique s'exprime le plus souvent par la révélation, il peut aussi forger des expériences pour illustrer ses arguments. L'énergie de l'harmonie peut également être canalisée sous sa forme brute, en particulier par le septième chakra, où il entre par l'épiphyse, ce qui produit du mana et une conscience psychique avancée.

**Problèmes** — Tous les problèmes résultant du manque d'harmonie ou d'accord entre l'environnement et soi-même.

**Renferme** — Les perceptions requises pour nous unifier intérieurement et nous exprimer de façon authentique à l'égard de la compréhension des différences et des similarités.

### *Point 18 : Libre arbitre et liberté*

**But** — Nous aligner avec nos aptitudes et notre droit de choisir, ce qui correspond à notre objectif supérieur et à nos besoins essentiels.

**Fonction** — Créer des situations qui nous mettent en contact avec nos besoins les plus profonds afin de nous aider à prendre des décisions qui nous alignent avec le cœur du Divin. Révèle notre droit inné de vivre comme nous le désirons. Définit le libre arbitre comme l'état d'expérience lié à la responsabilité face au soi et à la Source divine. Implique que la liberté de choisir suppose des choix qui conservent le libre arbitre, mais qui sont également authentiques (être vrai face à soi-même et aux autres, simultanément). Lorsque nous nous assumons et avons confiance en nous, nous n'avons pas besoin de liens ; l'énergie du libre arbitre peut par conséquent corriger nos relations avec soi-même, les autres et le monde. Il est utile pour soigner les problèmes émotionnels de toutes sortes, surtout ceux qui concernent le blâme, la haine de soi, le sentiment de persécution et la trahison. Il permet des processus mentaux qui impliquent trop de responsabilités, ou pas assez, et l'abandon. Spirituellement, il nous oblige à comprendre nos besoins et désirs véritables. Physiquement, il est souvent lié aux organes de la « liberté », comme les poumons et le cœur.

**Forme énergétique** — Transparente.

**Processus de communication** — Quoique physique, il aboutit le plus souvent en luttes intellectuelles ou intuitives. Un signe évident signalant que nous travaillons à ce niveau est un inconfort physique dans la région du cœur et des poumons.

**Problèmes** — Affecte typiquement les poumons et la région du cœur. Produit des troubles mentaux, y compris l'indécision ou la remise en cause de la raison d'être, du cheminement et des relations personnelles. Des sentiments problématiques sont souvent associés à la perte ou à l'abandon ; les problèmes spirituels se transforment en conflits entre la responsabilité et nos désirs personnels.

**Renferme** — Les réponses à nos questions les plus brûlantes.

### *Point 19 : Kundalini*

**But** — Nous procurer l'énergie brute nécessaire pour matérialiser le spirituel. (Cet énoncé concerne surtout la kundalini rouge, qui est l'une des trois formes de kundalini présentées dans le présent ouvrage.)

**Fonction** — Canaliser l'énergie biologique dont nous avons besoin pour accomplir n'importe quelle fonction physique, mentale, émotionnelle ou spirituelle. L'énergie kundalini relie le premier chakra au septième, en connectant notre centre matériel avec le spirituel. Ainsi alignés, nous pouvons amener l'énergie matérielle au domaine spirituel, permettant à celui-ci de devenir réel, concret et tangible. La kundalini alimente tout le système physique en circulant du bas vers le haut et autour de la colonne vertébrale. Elle nettoie, ouvre et donne de la vigueur au système chakrique. Elle active par ailleurs nos processus émotionnels et mentaux, veillant au flot continu de l'énergie dans nos systèmes et empêchant les blocages.

**Forme énergétique** — Énergie brute, biologique. Souvent vue comme rouge, elle peut aussi avoir un impact tel le bleu cobalt. Cette forme primaire de kundalini pourrait être appelée rouge ou serpent. Les autres formes de kundalini sont souvent physiquement vues comme dorées et blanches.

**Processus de communication** — Chez les hommes, l'énergie kundalini rouge entre d'abord par le coccyx, puis se dirige vers l'épiphyse. Plusieurs hommes ressentent d'abord un puissant désir sexuel ou des sensations fortes culminant en une « lumière blanche » ou expérience révolutionnaire. Les femmes connaissent parfois la même chose ; toutefois, j'ai découvert qu'il est tout aussi probable que la kundalini des femmes entre par le cœur, pour ensuite retourner vers le bas dans le deuxième ou le dixième chakra, puis remonter vers le septième et le neuvième. Au cours de ce processus, les femmes peuvent ressentir un chagrin intense ou des liens avec leurs ancêtres et, de plus, une conscience de leur raison d'être et un éveil complet de leurs processus intuitifs et psychiques supérieurs. Lorsque la kundalini des femmes atteint le premier chakra au départ, elle gouverne leur vie jusqu'à ce qu'elle soit amenée dans le deuxième, à partir duquel elle peut alors se diriger vers le cœur.

**Problèmes** — Le manque de kundalini rouge affecte tous les aspects de la vie. Le mot important est « énergie ». De mauvaises perceptions peuvent nous amener à canaliser trop ou pas assez d'énergie kundalini. Une lacune dans le premier chakra peut entraîner des inhibitions sexuelles, un sang pauvre en fer ou un manque d'argent. Accentuer le besoin de kundalini du premier chakra au détriment des besoins des autres chakras peut créer de la violence, de la dépendance au travail et des tumeurs. Tous les chakras et les systèmes sont affectés par la kundalini. On pourrait dire que cela ressemble à une famille ; on ne peut pas nourrir le père seulement et s'attendre à ce que tous les autres membres le soient également. Toutefois, priver le père de nourriture, même en nourrissant les autres, peut toucher tout le monde, parce que le père ne sera alors pas capable d'assumer ses responsabilités dans d'autres secteurs.

Si la kundalini dorée n'est pas invoquée, la kundalini rouge risque d'être trop intense. Lorsqu'elle est bloquée, elle stimulera les questions négatives dans le chakra correspondant. La kundalini dorée adoucit la rouge et procure l'équilibre. Paradoxalement, la kundalini rayonnante est toujours présente, car elle s'exprime depuis le centre de chaque chakra, qui renferme nos vérités spirituelles. Nous devons toutefois reconnaître notre unité et l'illumination pour pouvoir accéder pleinement à ses effets.

**Renferme** — L'énergie biologique nécessaire pour créer et entretenir la vie et ses processus.

Les deux autres formes de kundalini sont la dorée et la rayonnante (voir figure 3.2). La kundalini dorée guide l'énergie spirituelle à l'intérieur, à partir des domaines spirituels vers nos chakras supérieurs afin de spiritualiser notre système. Une fois intégrée à la kundalini rouge, qui remonte à partir du premier chakra vers les autres, les deux énergies kundalini s'unissent, tout comme notre capacité à comprendre la Source divine et les idéaux mentaux et nos besoins physiques. La kundalini rayonnante est de l'énergie d'illumination. À condition d'accepter l'amour inconditionnel et la grâce de la Source divine, elle émane du centre de chaque chakra et apparaît comme des rayons de soleil. La kundalini rayonnante s'ouvre habituellement dans le cœur à condition d'accepter complètement l'amour inconditionnel divin. Les trois formes de kundalini sont élaborées plus longuement dans mes livres *Advanced Chakra Healing.*

### *Point 20 : Maîtrise*

**But** — Réaliser l'autorégulation, l'appartenance à soi-même et la capacité de régir son propre destin.

**Fonction** — Nous permettre de nous gouverner nous-mêmes. Comme chacun possède sa propre individualité, il peut choisir de maîtriser différents aspects de sa vie. Quelqu'un peut choisir de maîtriser la réalité physique, un autre de devenir un professionnel des émotions, faire de la magie ou monter des chevaux. Maîtriser à fond une arène représente le terrain de formation pour maîtriser le soi. Être le maître de soi-même, c'est « se connaître soi-même », comme il est inscrit dans l'oracle d'Apollon à Delphes.

**Forme énergétique** — Linéaire et horizontale à la fois. La maîtrise nous enseigne à fonctionner logiquement et à l'intérieur d'une trame plus

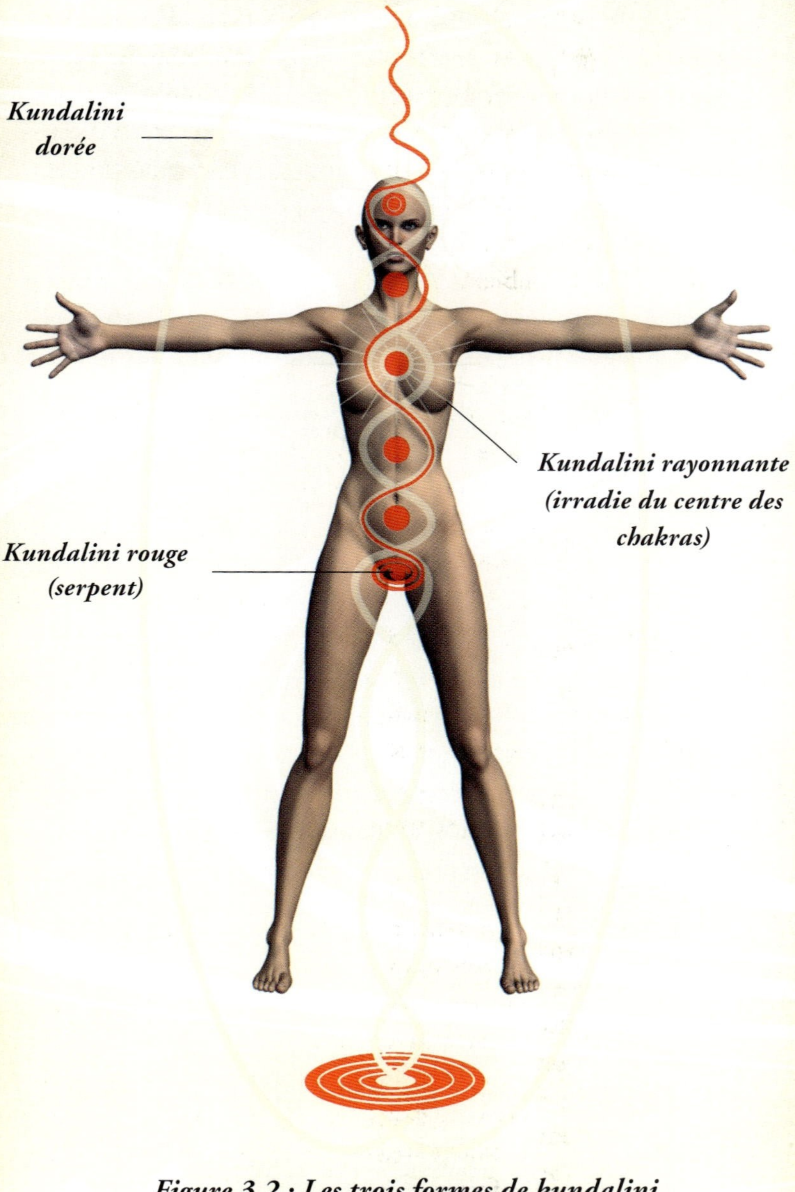


*Figure 3.2 : Les trois formes de kundalini*

vaste. La maîtrise nous aide à spiritualiser le matériel. Au cours du processus afin de devenir maîtres, nous puisons les principes, les compétences et les jugements nécessaires pour comprendre nos capacités et nos droits à partir de nos expériences réelles et notre connaissance du monde réel.

**Processus de communication** — Peut être expérimenté comme une sensation, mais forge d'abord nos processus mentaux. Vous êtes ce que vous croyez être.

**Problèmes** — Un manque de maîtrise se manifeste comme un manque de confiance en soi, ou en sa valeur, et tout ce qui peut en résulter. Mentalement, il peut s'agit d'un manque d'estime personnelle. Émotionnellement, une dépression ou un mal-être général. Spirituellement, le refus de l'âme de prendre un risque ou d'être dans le corps. Physiquement, un manque de maîtrise peut se manifester sous forme de manque de réussite, l'abandon des muscles et davantage.

**Renferme** — La croyance que l'univers détient à notre sujet, accessible pour notre assimilation interne.

### *Point 21 : Abondance*

**But** — Nous aligner sur le flux et le reflux des énergies dont nous avons besoin pour atteindre notre but ultime et répondre à nos besoins essentiels.

**Fonction** — Canaliser les énergies nécessaires pour attirer les situations, les gens et les ressources qui nous aideront à réaliser notre raison d'être. Inversement, ce point nous ouvre aussi aux événements et aux circonstances qui nous aideront à nous libérer de ce dont nous n'avons plus besoin (des ressources qui doivent circuler ailleurs).

**Forme énergétique** — L'abondance est semblable à un cercle entre le matériel et le spirituel. Alors que la kundalini nous aide à matérialiser nos désirs spirituels et que la maîtrise nous aide à puiser nos idéaux spirituels de nos expériences matérielles, l'abondance lie les deux dans le principe de donner et de recevoir. Nous permettons aux ressources matérielles dont nous avons besoin de se présenter, puis nous libérons nos rêves spirituels dans le monde pour attirer leurs contreparties physiques.

**Processus de communication** — Nous attirons le matériel par l'intermédiaire de la conscience de nos besoins supérieurs et nous comblons ces derniers en libérant l'énergie spirituelle dans l'énergie physique. Autrement dit, l'énergie d'abondance nous aide à penser à nos désirs par l'intermédiaire des chakras internes supérieurs ; puis, par le cœur, elle active les capacités des chakras internes inférieurs à manifester leurs désirs. Ce point encourage les chakras inférieurs à nettoyer l'énergie, les biens matériels, les émotions et les formes qui ne sont plus nécessaires. Il remplit ensuite cet espace vide de rêves, afin qu'ils puissent devenir réels.

**Problèmes** — Tous les problèmes de manque ou d'accumulation. Les troubles physiques peuvent comprendre de ne pas avoir assez de quelque chose ou d'en avoir tellement que vous êtes entravé. Les aspects mentaux comportent des croyances qui empêchent la libre expression du soi et de l'énergie, surtout les problèmes liés à « Je ne mérite pas... » Les composantes émotionnelles peuvent prendre la forme de l'envie, la cupidité, la peine, la jalousie et la perte. Les problèmes spirituels résultent habituellement de croyances selon lesquelles nous pensons que nous sommes par nature mauvais ou non aimés par la Source divine. Ce centre est très affecté par les expériences de vies antérieures. Par exemple, si quelqu'un dans une vie antérieure a été pendu pour avoir accompli sa raison d'être, il peut tellement craindre le même traitement dans sa vie actuelle qu'il bloque la conscience de sa raison d'être, refuse d'accepter de l'aide, s'accroche à un emploi qu'il déteste ou vit dans la frayeur du risque.

**Renferme** — La connaissance des cycles nécessaires pour que tous les besoins soient comblés.

### *Point 22 : Clarté*

**But** — Nous permettre de voir les choses telles qu'elles sont et non pas comme nous voudrions qu'elles soient.

**Fonction** — Éclairer nos réalités intérieures et extérieures. Sert de véhicule au discernement, ce qui nous permet de poser les bonnes questions et aussi de distinguer ce qui est impératif de savoir, faire, ressentir ou être de ce qui ne l'est pas. La clarté devient alors la base pour prendre des décisions à tous les niveaux. Physiquement, nous pouvons maintenant décider de consulter tel médecin plutôt que tel autre. Mentalement, nous sommes en mesure de voir si nous sommes d'accord ou pas avec les conclusions de quelqu'un d'autre à notre sujet. Émotionnellement, nous sommes capables d'évaluer la base de nos sentiments et la façon dont nous souhaitons les exprimer. Spirituellement, nous sommes en mesure de choisir des occasions de grandir et de décider de la manière de nous en servir.

**Forme énergétique** — La clarté est typiquement perçue comme une lumière jaune doré parce que ce point circule le plus fréquemment dans le corps en passant par le troisième chakra (jaune), le cœur au plus haut niveau (doré) ou l'épiphyse (blanc).

**Processus de communication** — Vécu le plus souvent comme de la lucidité et de la conscience émotionnelle. Il peut aussi causer des événements pour nous aligner avec la raison d'être de notre âme, nous procurant des signes et des connaissances au sujet des actions à prendre dans la vie quotidienne.

**Problèmes** — Tout aspect confus, insatisfaisant, non résolu, obscur, trouble ou brumeux de la vie. Ces problèmes peuvent aller des questions de relations personnelles et de frontières jusqu'à une affection physique non diagnostiquée.

**Renferme** — L'énergie nécessaire pour apercevoir clairement toutes les composantes d'un problème ou d'une situation.

### *Point 23 : La part du bien et du mal (l'Arbre de Vie)*

**But** — Révéler la dualité inhérente à tous les processus afin de les équilibrer.

**Fonction** — Nous montrer la profondeur des connaissances universelles. Ce point est connecté à notre droit inhérent de choisir (libre arbitre), pour canaliser l'énergie à son gré (kundalini), pour décider quoi en faire (maîtrise), pour s'en servir afin d'obtenir ce que nous voulons et nous débarrasser de ce dont nous ne voulons pas (abondance), pour apercevoir clairement nos choix et leurs conséquences (clarté), et pour utiliser ces choix afin d'en approfondir les raisons (connaissance). Par ce centre, nous découvrons que nos motivations les plus authentiques ne sont peut-être pas aussi pieuses et que celles qui sont les plus basiques, fondées sur la honte, peuvent représenter des élans vers quelque chose qui n'est pas aussi mauvais que nous l'aurions cru.

**Forme énergétique** — Énergies extrêmement claires et sombres. L'énergie de lumière entre dans le moi de l'ombre, plus sombre, là où la honte réside, illuminant l'amour à l'intérieur. L'énergie sombre pénètre dans nos aspects plus lumineux et pieux, nous obligeant à remettre en question les motivations qui se cachent derrière.

**Processus de communication** — La religion a souligné ce point énergétique. Les histoires d'Adam et Ève, l'Arbre de Vie kabbalistique et l'idée d'un Dieu entièrement bon et d'un Satan entièrement mauvais sont nos tentatives culturelles pour réduire des dualités comme le bien et le mal à leurs éléments essentiels.

**Problèmes** — Questions spirituelles, dilemmes moraux, jugements au sujet de notre propre sexe ou de l'autre. Les sentiments comprennent la honte, la culpabilité, la peine et le blâme. Toutes les croyances touchant le bien par rapport au mal. Des problèmes physiques résultent de l'auto flagellation de toutes sortes ou l'exposition aux comportements causés par la honte de quelqu'un d'autre. Ce point énergétique est directement lié aux dépendances, à la violence, au viol et autres situations nuisibles.

**Renferme** — La graine de l'amour cachée derrière nos croyances dans le bien et le mal.

### *Point 24 : Création*

**But** — Nous ouvrir aux énergies nécessaires pour créer ce que nous désirons réellement.

**Fonction** — Nous aider à traiter les désirs ou la connaissance sous-jacente à notre moi du bien et notre moi du mal et autres dualités, ajoutant ainsi à la conscience réalisée dans le point précédent. Créer à partir de rien exige une connexion complète entre le soi et nos rêves ou vie émotionnelle. Cette conscience est notre retour à l'innocence, la régression vers le soi qui ne veut que de l'amour. Spirituellement, ce centre a un rapport au soi tel qu'il a émergé de la Source divine, encore pur et plein d'espoir. Mentalement, il appartient à nos croyances à l'égard de notre droit d'exister et de créer à l'intérieur de l'existence. Émotionnellement, nous refaisons l'expérience de nos peurs et de nos fantaisies et soignons celles-ci par ce point. Physiquement, ce centre est en rapport direct avec le deuxième et le cinquième chakra ainsi qu'à tous les processus qui y sont liés.

**Forme énergétique** — Similaire à l'énergie disponible dans et à travers le deuxième chakra, lequel est émotif et sensuel de nature. L'énergie de ce point pourrait se percevoir visuellement comme de la lumière, ressentie dans le corps physique ou par l'intermédiaire de sentiments.

**Processus de communication** — Nous faisons l'expérience de ce centre énergétique sensuellement ou émotionnellement. Il est lié à la nature de l'enfant inné intérieur, l'enfant de la Source divine, l'enfant que nous sommes tout au fond.

**Problèmes** — Difficultés à comprendre ou à assumer nos rêves, nos désirs, nos fantasmes, nos sentiments ou nos besoins. Les questions relatives à l'acceptation de notre pureté et de notre innocence — impuissance, frigidité, déséquilibres émotionnels et manque d'amour de soi ou dans les relations personnelles — et les processus physiques liés à ces questions sont associés à ce chakra. Ces problèmes peuvent conduire à des ennuis avec le deuxième et le cinquième chakra.

**Renferme** — La pierre précieuse de notre innocence.

### *Point 25 : Réalisation*

**But** — Ajouter les énergies sombres et les considérables nécessaires pour protéger ou créer ce que nous voulons.

**Fonction** — Associer notre innocence à notre pouvoir sombre plus profond. Nous avons besoin de cette énergie plus sombre, plus protectrice pour rester en sécurité tout en exposant nos rêves vulnérables au monde entier. Ce centre canalise l'énergie guerrière — soit la capacité de puiser immédiatement dans le pouvoir nécessaire pour faire face à n'importe quelle situation. Ce pouvoir sombre peut être modelé à notre gré. Nous pouvons nous en servir pour nous protéger — saisir une épée pour stopper l'ennemi, enjoindre quelqu'un de s'arrêter, nous préserver émotionnellement, ou avoir suffisamment d'argent pour engager un garde du corps. C'est aussi l'énergie derrière la matérialisation des ressources et des objets physiques. Nous réalisons nos désirs d'argent, d'une maison, de relations personnelles et autres en canalisant cette énergie de substance.

**Forme énergétique** — Pouvoir sombre, l'énergie profonde nécessaire pour protéger, défendre et actualiser des objets physiques.

**Processus de communication** — Associé surtout aux premier, cinquième, sixième et onzième chakras. Par le premier chakra, nous faisons entrer l'énergie pour préserver notre vie et les biens matériels. Par le cinquième, nous déclarons nos désirs et assignons des responsabilités.

Par le sixième, nous recevons et projetons nos rêves et nos désirs. Par le onzième, nous transmutons des énergies afin d'atteindre des objectifs quotidiens.

**Problèmes** — Toutes les questions relatives à la sécurité et à la protection, ainsi qu'à notre aptitude à combler les désirs. Les symptômes d'un point de manifestation qui fonctionne mal peuvent ressembler à ceux qui touchent l'abondance. Pour déterminer quel chakra ou point énergétique est affecté, nous pouvons isoler l'enfant intérieur accessible par le point de création et poser des questions. S'il y a des problèmes liés à un sentiment d'insécurité, c'est que le point de manifestation est en cause. Si les problèmes concernent le fait de douter qu'on puisse combler ces besoins, alors il faut travailler avec le point de l'abondance.

**Renferme** — La force nécessaire pour défendre notre droit d'actualiser nos désirs.

### *Point 26 : Alignement avec l'objectif ultime*

**But** — Parvenir à aligner parfaitement le soi sombre et le soi clair, l'enfant et l'adulte, le matériel et le spirituel, et ainsi nous permettre d'être un canal ouvert à la réalisation de l'objectif ultime et aux énergies requises pour y arriver.

**Fonction** — Établir le lien entre nos aspects apparemment incompatibles et pourtant hautement interdépendants du soi.

**Forme énergétique** — À la fois claire, sombre et grise. Une image appropriée est la colonne vertébrale. Lorsque tous les processus et tous les chakras sont à leur place, la colonne devient un paratonnerre pour les énergies physiques, mentales, émotionnelles et spirituelles qui nous rendent complet.

**Processus de communication** — Dans le corps physique, l'énergie d'alignement travaille à aligner le chakra de la couronne avec le premier chakra, et le dixième avec le neuvième. Dans notre vie quotidienne, nous savons que nous sommes en alignement lorsque tout se déroule facilement et que, face à des obstacles, nous sommes en mesure de nourrir l'aspect enfant du soi tout en demandant au soi guerrier de nous indiquer comment contourner ou régler le problème.

**Problèmes** — Ultimement, un problème d'alignement comporte de l'insatisfaction ou un manque d'harmonie. L'absence d'harmonie ne doit pas être confondue avec la manifestation des problèmes. Comme les autres disposent du libre arbitre, ils peuvent tenter de nous saboter. Être en alignement ne signifie pas de ne jamais avoir de problèmes ou de crises. Cela veut dire être en mesure de faire appel aux pouvoirs et aux compétences dont nous avons besoin pour les régler.

**Renferme** — Le respect du processus d'alignement et les énergies nécessaires pour suivre le courant.

### *Point 27 : Paix*

**But** — Nous aider à nous accepter — nos passés, le présent et l'avenir souhaité — avec respect et considération.

**Fonction** — Nous permettre de déterrer les aspects moins aimables de notre être et de les respecter. Pour ce faire, le centre canalise l'acceptation de la Source divine à notre égard et envers tout ce que nous avons été ou fait. Pour faire entrer cette énergie, il faut lâcher prise ou accepter sereinement tous les aspects de soi-même et des autres. Lâcher prise implique de renoncer à la croyance que nous avons le contrôle, que nous aurions pu agir différemment ou faire le nécessaire pour que tout roule bien. En luttant contre les sentiments de désespoir et d'impuissance qui en résultent, nous pouvons nous ouvrir à l'enthousiasme et au pouvoir.

**Forme énergétique** — La paix est un sentiment de conscience plutôt qu'une substance physique. L'énergie canalisée par ce point est à la fois statique et dynamique, comparable à l'immobilité de la surface d'un marais, la vie grouillant dessous. La paix est habituellement rose, qui mélange les différentes énergies du blanc et du rouge.

**Processus de communication** — L'énergie derrière ce point peut entrer à n'importe quel niveau et à tout moment, mais elle n'est complètement utilisée que lorsque tous les chakras et les points énergétiques l'intègrent.

**Problèmes** — Tout jugement ou processus de pensée qui nous bloque empêche l'accès à l'énergie de paix. À la base, toutes les maladies physiques sont des symptômes d'un manque de paix ou de sérénité, car elles perturbent le flux de l'énergie subtile et, par conséquent, physique. Nous débarrasser de notre résistance à l'énergie de paix n'élimine pas les sentiments de chagrin, de colère ou de peur. C'est plutôt que nous les acceptons. Ces « sentiments négatifs » ne se transforment pas en blocages si nous n'y résistons pas; ils circulent plutôt librement dans notre corps et se transforment souvent en émotions supérieures. Même en paix, il se peut que nous ressentions le doute de soi ou la critique, sauf que nous sommes alors en mesure de confronter nos systèmes de croyances erronées, en nous servant de la clarté pour faire le tri et créer de nouvelles conclusions. Spirituellement, l'acceptation de l'énergie de paix nous permet de commencer à assumer pleinement notre place dans l'univers.

**Renferme** — L'acceptation de soi, reflétée par celle de la Source divine à notre égard.

### *Point 28 : Sagesse*

**But** — Nous permettre de tirer des leçons de nos expériences, la définition de la sagesse, tout en libérant complètement les traumatismes et les sentiments qui y sont associés.

**Fonction** — Nous permettre de définir la croissance, les forces et les connaissances acquises au cours de notre cheminement, et de pouvoir prendre des décisions à l'égard d'autres façons d'apprendre à l'avenir. Ce point travaille à nous aider à réduire nos expériences relatives aux croyances de base et à briser les modèles qui en ont résulté.

**Forme énergétique** — Semblable à la compréhension, ce point travaille surtout avec les énergies associées à nos processus mentaux. Toutefois, il passe par le cœur, car celui-ci est la véritable porte battante qui relie les soi apparemment contraires.

**Processus de communication** — La sagesse doit être entreposée dans le cerveau; par conséquent, ce point énergétique travaille sur nos fonctions cérébrales supérieures.

**Problèmes** — L'incapacité de tirer leçon du passé et de nos erreurs. Cette inaptitude peut engendrer toutes sortes de troubles, comme les erreurs à répétition et des difficultés dans les relations personnelles, la manifestation du schéma victime/vainqueur, et d'innombrables autres situations.

**Renferme** — Les enseignements acquis de longue date, accessibles pour notre propre croissance.

### *Point 29 : Plaisir*

**But** — Nous apprendre que la plus grande leçon de vie ne concerne pas les leçons, mais plutôt le plaisir. Après avoir lâché prise sur le passé grâce à la paix et tiré des leçons grâce à la sagesse, nous pouvons accueillir des occasions qui nous procureront de l'authentique plaisir. Suivre notre raison d'être équivaut toujours à suivre notre félicité.

**Fonction** — Canaliser l'énergie qui nourrit le plaisir. Ce point est en lien direct avec la Source divine et les vœux qu'elle formule pour nous.

**Forme énergétique** — Basé sur les sentiments, ce point énergétique est extrêmement fort. Des énergies puissantes de réalisation se cachent derrière la face de l'enthousiasme.

**Processus de communication** — Cette énergie pénètre lorsque nous croyons la mériter et elle se manifeste par des sentiments comme l'enthousiasme, les désirs d'amour de l'âme et d'expériences physiques agréables.

**Problèmes** — Quoi que ce soit — une situation, une croyance, une réalité, un sentiment, un emploi ou une tentative quelconque — qui échoue à procurer du plaisir signale un blocage dans ce centre. Ne pas pouvoir s'approprier ce plaisir résulte de ces blocages ; paradoxalement, s'approprier ce plaisir peut les libérer.

**Renferme** — La connaissance que nous méritons la joie.

### *Point 30 : Pardon*

**But** — Pardonner ou renoncer à nous accrocher au processus ou à l'issue. Nous sommes blessés ou nous blessons les autres parce que nous tentons de contrôler les situations. Quand nous renonçons à ce contrôle en faveur de quelque chose de plus grand, nous sommes en mesure de dégager les blocages qui empêchent tous les centres énergétiques situés en dessous de celui-ci d'être pleinement actifs.

**Fonction** — Nous confronter à cette simple question : consentons-nous à nous en remettre entièrement à des énergies spirituelles supérieures ? La plupart des gens pensent que le pardon est un processus. Arriver à pardonner n'est que le processus, mais ce n'est pas le pardon. Le pardon consiste à décider de s'abandonner.

**Forme énergétique** — Curieuse de nature, décisive dans son effet.

**Processus de communication** — La décision à prendre vient de l'intérieur. Ce point énergétique, plus que tout autre avant lui, circule directement dans le moi de la Source divine, notre moi essentiel.

**Problèmes** — Rien de spécifique ; ne pas lâcher prise peut conduire à des difficultés de toutes sortes.

**Renferme** — Le droit de décider de devenir ce que nous voulons être ou pas.

*Point 31 : Foi*

**But** — Nous permettre de vivre complètement dans la foi que tout ce que nous sommes existe déjà. En choisissant de croire que nous sommes quelque chose, nous le devenons vraiment.

**Fonction** — Effacer nos portes battantes après avoir pardonné. Nous éliminons la perception à l'effet qu'il y a des différences et des similarités, qu'il existe une distinction entre le moi matériel et le moi spirituel, et que les énergies matérielles et spirituelles sont différentes. Ce point énergétique représente la clé pour permettre à tout ce que nous voulons dans la Source divine de se produire et de se manifester sans effort.

**Forme énergétique** — Ce point canalise toutes les énergies qui le précèdent. Après les avoir entièrement équilibrées, il les efface. L'énergie de la foi semble invisible, faite de substance, pas plus matérielle que l'air.

**Processus de communication** — Cette énergie doit être incorporée à toutes les cellules, visibles et invisibles. Si nous croyons qu'elle est incorporée à toutes les parties de soi-même, alors elle le sera.

**Problèmes** — Contribue aux problèmes de tous les autres chakras.

**Renferme** — La capacité du soi à être lui-même.

*Point 32 : Grâce et conscience de la Source divine*

**But** — Canaliser l'énergie du miracle. Celle-ci se déverse de la Source divine et les miracles se produisent parce que nous pouvons puiser dans notre capacité divine de nous donner ce dont nous avons besoin sans qu'il soit nécessaire de croire que nous le méritons.

**Fonction** — Faire venir ce que nous désirons dans nos vies, sans efforts ni la connaissance immédiate de le mériter. Bien qu'elle éveille tous nos pouvoirs, l'énergie qui arrive par ce point n'en a pas besoin pour créer notre bien-être.

**Forme énergétique** — Aucune et toutes, à la fois. De l'énergie d'amour pure.

**Processus de communication** — Se reconnaît par les résultats, que ce soit un sentiment, une pensée, un signe physique ou une conscience spirituelle (apparition d'une conscience positive ou disparition d'une conscience non désirée).

**Problèmes** — Tous les problèmes peuvent être résolus grâce à cette énergie.
**Renferme** — Le sens de la vie.

## EXERCICE : À LA RENCONTRE DE VOS CENTRES ÉNERGÉTIQUES SPIRITUELS

Le temps est venu de faire connaissance avec vos points énergétiques spirituels. Il vous faudra 21 feuilles de papier ainsi que des crayons de couleur et autres accessoires de dessin.

**A.** Suivez le processus intuitif présenté au chapitre 1. Arrêtez-vous au point d'accès.

**B.** Maintenant, prenez vos feuilles de papier. Étiquetez chacune avec le titre d'un des 20 points supérieurs. Laissez-vous aller à dessiner tout ce qui vous passe par la tête ou sort spontanément de vos mains. Vous êtes en train de décrire votre relation actuelle avec cette énergie.

**C.** Après avoir terminé cette investigation, prenez la dernière feuille et dessinez spontanément un portrait de ce à quoi vous allez ressembler/ressentir/être lorsque vous aurez entièrement guéri votre connexion à ces 20 points.

**D.** Une fois cet exercice terminé, complétez le processus intuitif jusqu'à la fermeture.

## EXERCICES ALTERNATIFS

Voici des exercices plus concrets pour prendre conscience de l'impact que chacun de ces corps spirituels peut avoir sur vous.

I. Chaque jour, décidez que vous voulez expérimenter la façon dont la connexion avec chaque point spirituel en particulier peut avoir un effet positif sur vous. Concentrez-vous sur un point par jour et consignez vos observations le soir.

Je recommande de commencer par le bas de la liste pour finalement arriver au point 32. Cette approche procure une base, car chaque point s'aligne sur le sommet du suivant.

II. Choisissez quel concept, tel que reflété par ces 20 points énergétiques, serait le plus susceptible de vous aider à résoudre un problème. Écrivez ou dites tout haut la solution qui vous vient à partir de ce point de vue.

Par exemple, si vous avez un problème avec un ami masculin, songez au concept du 14e point énergétique, le yang. Depuis un point de vue yang, ou masculin, en quoi consiste la véritable préoccupation ? Quelles sont les vraies questions à poser ? Quels sont vos choix ?

Puis, abordez le problème depuis une perspective plus élevée. Allez au 15e point énergétique, l'équilibre des polarités. Si vous pouviez représenter à la fois les perceptions féminines et masculines de ce problème, comment feriez-vous ? Quelles seraient les idées opposées ? Qu'est-ce que ces contrastes apparents ont en commun ? Vous pouvez grimper l'échelle des points énergétiques jusqu'à ce que vous puissiez trouver la réponse.

# Chapitre 4

## L'ÉPANOUISSEMENT DU MOI

Les chapitres précédents ont offert un petit aperçu des mécanismes internes de notre système énergétique de base. Chaque unité de base, ou centre énergétique, fonctionne comme une entité unique tout en évoluant à l'intérieur du grand tout. Il manque encore cependant une explication au processus d'évolution de ces centres. Pour pouvoir travailler avec le corps énergétique, soigner le moi humain, il nous faut cette information. Sinon, ce serait comme essayer d'être un thérapeute sans rien connaître de la psychologie.

### DÉVELOPPEMENT DES CHAKRAS

Bien que nous naissions avec tous les chakras internes et externes, ou points énergétiques, intacts, ils ne sont activés ou entièrement éveillés que dans un ordre précis. Cela se révèle plus évident pour les sept chakras internes. Notre premier chakra agit comme centre énergétique primaire à partir du ventre de la mère jusqu'à l'âge de six mois. Le cœur, le quatrième chakra, s'éveille pour la première fois entre quatre et six ans. Le septième chakra se manifeste durant la puberté, et le neuvième chakra vers la fin de la vingtaine. Finalement, les cycles se reproduisent et nous ramènent à notre premier chakra à la fin de la cinquantaine. En résumé, il y a un lien entre les processus de développement de l'enfant et de l'adulte et celui de notre système chakrique.

Ce processus est comparable au développement naturel du corps physique. Un nouveau-né a un corps humain entièrement formé, équipé dès la naissance de tout ce qu'il faut pour avoir une vie active et productive.

Les organes, les membres, les nerfs, les glandes et les muscles nécessaires pour parler, courir, penser, faire l'amour ou travailler sont tous en place. Plusieurs de ces fonctions restent cependant à l'état latent jusqu'au moment approprié (qui correspond habituellement au début d'un stade de développement). Dans les ovaires d'un bébé fille se trouvent déjà tous les ovules qu'elle produira au cours de son existence ; ils commenceront à être libérés à la puberté, puis chaque mois par la suite. L'aptitude glandulaire de produire de la testostérone est déjà activée chez le bébé garçon. Chez un enfant en bonne santé, le taux requis pour faire naître la barbe et une plus forte musculation commencera à augmenter durant l'adolescence.

Je pense que bien que nos centres énergétiques s'activent suivant une séquence logique, nous y sommes liés et pouvons y avoir accès à tout moment. C'est d'ailleurs pour cette raison que certains d'entre nous survivent à des traumatismes de l'enfance. Survivante d'abus dans ma plus tendre enfance, je me rappelle avoir reçu calme, réconfort et une raison de vivre des « anges » que je pouvais voir et à qui je parlais. Le Christ m'a parlé souvent de la foi, la vérité que j'associe maintenant au 31$^{e}$ point énergétique. Le fait même que je pouvais voir ces êtres spirituels signifiait que j'avais éveillé mon sixième chakra (la clairvoyance) plus tôt que prévu. Nos centres énergétiques font tout le nécessaire pour favoriser notre plus grand bien-être.

En général, nos centres sont alignés et actifs juste avant la conception, mais ils s'endorment après celle-ci. Considérez les 20 points spirituels qui, je crois, jouent un rôle actif durant la préconception. Les croyances que ces points supérieurs renferment sont programmées dans le corps en développement et ont même leur mot à dire relativement au choix des chromosomes et des gènes pour la création de cette incarnation. Connectés à notre corps-âme, bon nombre des centres spirituels entrent en dormance durant le processus de conception afin de ne pas déranger le développement du corps physique.

Les chakras 8 à 12, soit les chakras humains supérieurs, peuvent également être neutralisés au cours de nos premières années. Encore une fois, une bonne partie de l'énergie de l'enfance doit servir à la croissance et au développement du corps physique, l'éveil des émotions, la formation des relations humaines et l'adaptation à l'environnement. Ces chakras humains supérieurs sont plutôt actifs durant la préconception, car ils travaillent à choisir les traits physiques, déterminer les interactions personnelles et organiser les événements de la vie. La tradition cherokee compare ce processus à allumer un feu avec une intention[1].

À partir de la conception, nos premiers moments et nos premières années sont surtout consacrés à l'éveil graduel, à la programmation et à l'usage de nos sept chakras internes. En général, ils sont activés graduellement du premier au septième, soit du plus basique, le chakra de la survie, aux plus hauts.

| **Chakra** | **Âge** |
|---|---|
| Premier | Matrice à 6 mois |
| Deuxième | 6 mois à 2½ ans |
| Troisième | 2½ à 4½ ans |
| Quatrième | 4½ à 6½ ans |
| Cinquième | 6½ à 8½ ans |
| Sixième | 8½ à 14 ans |
| Septième | 14 à 21 ans |

Au cours de la période de sept ans du septième chakra, le dernier des chakras internes, nous développons de nouveau nos sept chakras. Voilà pourquoi les années de l'adolescence sont parfois difficiles. Les problèmes de l'enfance resurgissent afin que nous puissions les aborder de nouveau et les guérir. Cette répétition du processus prépare l'adolescent à occuper sa place dans la communauté, car il s'est alors libéré de ses aspects négatifs tout en ayant découvert ses talents. Malheureusement, la société moderne n'est pas outillée pour aider les adolescents à traverser ce processus, ce qui fait que les vicissitudes émotionnelles et mentales que ceux-ci vivent sont habituellement considérées comme mauvaises ou aberrantes. Par conséquent, les adolescents sont confus dans leurs propres sentiments et finissent par penser qu'ils sont mauvais d'une façon ou d'une autre. Ils arrivent à l'âge de 21 ans mal outillés pour la vie et confus face à l'appel spirituel.

Les cultures anciennes accueillent traditionnellement les adolescents dans la communauté par des rites d'initiation. De nombreuses sociétés autochtones le font encore. Par exemple, un grand nombre de tribus amérindiennes du Nord et du Sud organisent des « quêtes de vision » pour les garçons, à la puberté. Les ainés les plus respectés préparent un garçon à devenir un homme grâce à un processus structuré et rigoureux, puis le laissent habituellement trois jours seul, dans la nature. Le garçon attend

1 Ywahoo. *Voices of Our Ancestors*, p. 205.

un contact avec les royaumes spirituels et le reçoit sous forme d'un rêve, d'une vision ou de la visite physique d'un animal ou d'un oiseau. Ce signe de la nature devient alors un totem de pouvoir ou un guide spirituel. Les filles peuvent participer à une cérémonie composée de femmes seulement, au moment de leurs premières règles. Les femmes du village accueillent la fille qui entame sa vie de femme et l'encouragent à assumer un rôle de responsabilité dans le village. Les garçons et les filles sont alors prêts à devenir des apprentis, leur rôle dans la société étant assuré. (J'ai déjà participé à un rite de passage d'une femme, en compagnie d'une Oshun, prêtresse africaine. Je me suis baignée nue dans de l'eau de fleur, me suis rassasiée de pétales et de tiges, tandis que des femmes psalmodiaient pour que mon âme remplisse mon corps. Ces types de rituels purifient et nous préparent à la vie adulte ou à tout changement de vie.)

Voici les chakras que nous développons à l'adolescence, de 14 à 21 ans, tout en développant le septième chakra pour la première fois :

| **Chakra** | **Âge** |
|---|---|
| Premier | 14 à 15 ans |
| Deuxième | 15 à 16 ans |
| Troisième | 16 à 17 ans |
| Quatrième | 17 à 18 ans |
| Cinquième | 18 à 19 ans |
| Sixième | 19 à 20 ans |
| Septième | 20 à 21 ans |

Les chakras continuent à s'éveiller tous les sept ans, comme il est indiqué ci-dessous :

| **Chakra** | **Âge** |
|---|---|
| Huitième | 21 à 28 ans |
| Neuvième | 28 à 35 ans |
| Dixième | 35 à 42 ans |
| Onzième | 42 à 49 ans |
| Douzième | 49 à 56 ans |

À l'intérieur de chaque période de sept ans, les chakras, du premier au septième, continuent également à reprendre le cycle. Après 56 ans, nous revenons aux cycles de sept ans qui recommencent avec le premier chakra.

Nous sommes également plus en mesure d'accueillir pleinement les points spirituels qui nous guident vers l'illumination.

La philosophie contemporaine nous dit que la vingtaine est une période de préparation destinée à jeter les bases de la réussite et du bonheur futurs. C'est également une vérité énergétique. De 21 à 28 ans, nous arrivons au huitième chakra, le gardien du passé et du temps. Ces années pourraient aussi bien s'appeler les « années du karma », car au cours de celles-ci, nous libérons les blocages, changeons les perceptions erronées, modifions nos schémas relationnels et nous nous confrontons aux faussetés spirituelles susceptibles d'empêcher la réussite de l'avenir. Durant ces années, les jeunes gens puisent inconsciemment dans des problèmes du passé, car le huitième chakra entrepose les archives akashiques, l'histoire de tout ce qui s'est passé. Il se peut que nous découvrions des dons, des idées ou des compétences non reconnues jusque-là et qui proviennent peut-être d'une incarnation antérieure. Nous rencontrons quelqu'un et ressentons une attirance ou une répulsion inexplicable ; encore là, ces réactions sont dues à des expériences de vies antérieures. Pour l'équilibre, le huitième chakra renferme également notre *Livre de Vie*, une interprétation positive des archives akashiques ainsi que de nos archives de l'Ombre, qui illuminent tout ce qui n'a jamais été dit, fait ou pensé. Ces trois formes d'archives sont présentées au chapitre 2.

Le huitième chakra active essentiellement les problèmes non résolus — dans les vies passées ou dans la présente — et favorise des choix qui nous obligent à y faire face. Il en résulte que plusieurs jeunes carrières, mariages précoces et choix de style de vie que nous faisons dans la vingtaine ne correspondent plus à ce que nous souhaitons lorsque nous franchissons la trentaine. Ces décisions du huitième chakra ont été prises pour effacer de vieux schémas, mais pas nécessairement pour nous diriger dans la vie.

Parfois, nous finissons par défaire les décisions prises dans la vingtaine. J'ai travaillé avec un homme de 45 ans qui luttait contre la dépression parce qu'il n'aimait plus la femme qu'il avait épousée quand il avait 20 ans. Sa carrière ne le satisfaisait plus, même s'il était un médecin de renom. Et il n'était pas heureux de son mode de vie, même s'il habitait une résidence cossue. Il voulait entrer au séminaire, devenir pasteur et, « si Dieu le voulait », rencontrer un type de femme complètement différent. Le stress de vivre une vie fausse lui avait déjà causé trois infarctus.

Mon travail ne consistait pas à recommander le divorce ou un changement de mode de vie, mais plutôt à aider mon client à décider de ce dont il avait besoin. Avec le temps, il a décidé de se séparer de sa femme et d'entrer au séminaire. Son épouse, après avoir reçu une compensation appréciable, s'est finalement réjouie de ce dénouement, car elle ne voulait pas être mariée à un « simple pasteur ». Elle a épousé un homme riche l'année suivante. Quant à mon client, son problème cardiaque a complètement disparu quand il est entré au séminaire. Quelques années plus tard, il a épousé une étudiante de la même classe et ils ont déménagé en Afrique pour travailler comme missionnaires.

Mon client n'avait pas commis d'erreurs dans sa vingtaine. Sa formation médicale a servi de base à son nouveau travail en Afrique. Lui et sa première femme avaient eu trois charmantes filles qu'il adore. Comme c'est le cas de beaucoup de gens, mon client a vécu une crise d'identité dans la quarantaine ; de nombreuses soi-disant « crises du mitan de la vie » se produisent durant les époques des dixième et onzième chakras, alors que nous nous dirigeons vers la période adulte et la maîtrise entreprise à 56 ans. Ces années d'ancrage et de leadership nous obligent à remettre en question notre alignement avec l'esprit. Je le dis afin de nous rappeler que la vingtaine sert à régler des problèmes non résolus, pas seulement à commettre des erreurs, même si nous revenons sur certaines décisions plus tard.

Le neuvième chakra est omniprésent entre 28 et 35 ans. « Siège de l'âme », ce chakra favorise la conscience de l'âme et de la raison d'être. Très souvent, les gens vivent alors une période de questionnement et de quête. Nous nous posons des questions : « Pourquoi suis-je ici ? » « Ma vie a-t-elle un sens ? » « Y a-t-il quelque chose que je doive expressément accomplir ? » Cette quête de sens peut se révéler troublante et perturbante, et pourtant gratifiante si elle est bien accueillie. Nous voulons sortir de cette période avec un sens de soi et un but.

Vers 35 ans, nous ressentons un désir d'action et le besoin d'enraciner notre but dans la réalité. Nous sommes alors rendus à l'ère du dixième chakra, celui de l'ancrage. Le dixième chakra, qui a également été actif durant la préconception et la conception, enracine notre moi spirituel dans le monde matériel. Au cours de la préconception, notre âme y circule afin de nous aider à choisir les gènes nécessaires pour tirer les leçons de la vie et réaliser notre raison d'être. De 35 à 42 ans, il nous permet d'exprimer nos points de vue, nos valeurs et notre objectif dans la vie réelle. Nous sommes alors en mesure d'obtenir l'emploi convoité, démarrer une entreprise, épouser le bon conjoint, choisir le mode de vie qui nous convient ou changer de ville ou de pays, le tout en alignement avec notre raison d'être.

Il faut s'attendre à ce que cette période soit parfois ardue. La mesure constante du succès doit être intérieure : respectons-nous l'intégrité de notre âme et notre raison d'être ? Comme le dixième chakra renferme également des modèles et des programmes provenant de la famille et de vies antérieures, nous sommes souvent confrontés à de vieilles croyances inculquées qui entravent notre épanouissement. Cette période est souvent le tremplin vers la crise du mitan de la vie.

Le onzième chakra, toujours présent mais plus manifeste de 42 à 49 ans, peut nous aider à transmuter ces vieilles négativités et difficultés. Chakra de la transmutation, son énergie transforme le négatif en positif et les défis en opportunités. Les défauts de caractère, les responsabilités financières et les relations négatives peuvent maintenant être converties en apport positif, en apprentissage, en leçons de vie et en enseignements qui améliorent la vie professionnelle et personnelle. Par exemple, des années de souffrance causée par de l'abus sexuel peuvent maintenant se transformer en un livre à succès décrivant comment la victime a surmonté son traumatisme. La lutte contre la dépression peut constituer la base de la compassion et la raison pour laquelle nos clients travaillent avec nous plutôt qu'avec une autre personne.

Enfin, en termes de chakras humains, nous ouvrons le douzième. Activé entre 49 et 56 ans, ce chakra nous amène dans la maturité. De nombreuses cultures, y compris la cherokee, croient qu'il est impossible de devenir adulte avant cet âge[2]. Malheureusement, un grand nombre d'entre nous sont des enfants déguisés en adultes. Mon fils cadet, Gabriel, a établi une règle : « Aucun enfant déguisé en adulte n'est autorisé à entrer dans ma chambre ». Si seulement les salles des conseils d'administration et les institutions gouvernementales avaient la même règle.

Si nous comprenions mieux le douzième chakra, les défis de la maturité seraient plus profitables. Englobant tout le corps humain et le système énergétique, ce chakra connecte énergétiquement les mondes matériel et spirituel. En réalisant que nous sommes véritablement des portes battantes entre l'esprit et la matière, nous devons nous demander quoi faire de ces connaissances et du pouvoir qui l'accompagne. Allons-nous accéder

2 Ywahoo. *Voices of Our Ancestors*, p. 169.

aux sommets, en direction de la réalisation personnelle, ou suivre la voie suggérée par Bouddha, qui consiste à redonner à l'humanité ? L'espoir est d'avoir réussi à faire face aux défis au cours de nos premiers stades chakriques et d'être suffisamment responsables sur le plan éthique pour utiliser notre pouvoir pour servir.

Après 56 ans, nous sommes invités à réaliser pleinement les centres énergétiques supérieurs. Il se peut que les centres 13 à 32 se soient éveillés à certains moments de notre vie, comme nous verrons plus loin dans ce chapitre.

## LES RAISONS À L'INTÉRIEUR DES RAISONS

Connaître le processus de développement de nos chakras et les points d'éveil des chakras individuels peut aider de plusieurs façons. En travaillant avec ce système, nous pouvons :

1. nous servir des symptômes physiques pour définir les composantes émotionnelles, mentales et spirituelles d'une maladie.
2. retracer nos problèmes émotionnels jusqu'au développement d'une certaine partie du corps ou jusqu'aux origines. Les émotions sont le langage du corps. Si nous parvenons à revivre l'aspect émotionnel et les réactions physiques liés à une situation débilitante, nous pouvons reprogrammer les croyances autodestructrices et créer une toute nouvelle attitude.
3. repérer les croyances mentales ou spirituelles qui nous affectent et ainsi soigner nos problèmes émotionnels ou physiques.
4. éveiller des souvenirs refoulés, y compris ceux de la grossesse et de vies antérieures, dans le but de comprendre, de nous libérer et de guérir.
5. comprendre l'origine d'à peu près tout problème physique, mental, émotionnel ou spirituel. Si vous parvenez jusqu'à la source ou à l'époque de formation, vous pouvez débloquer les circonstances responsables des blocages et vous préparer à les soigner.
6. devenir des parents qui connaissent bien leurs enfants et qui sont capables de leur offrir du soutien à chaque étape de leur développement.

7. être plus en mesure d'éduquer l'enfant intérieur, ce moi naturel en chacun de nous qui attend sa chance de vivre.
8. prendre les décisions appropriées et sages en identifiant l'étape de développement en cours.
9. mieux comprendre où, comment et pourquoi d'autres personnes sont bloquées.

Nous recherchons deux points de conscience lorsque nous travaillons avec ce processus de développement. D'abord, nous voulons découvrir les merveilleux aspects de notre être, dont certains se sont déjà éveillés et d'autres pas. Même en sachant que nous avons des traits positifs, ceux-ci nécessitent peut-être d'être reconnus et revitalisés. Souvent, nous avons enterré nos meilleures qualités sous une chape de conflits et de fausses perceptions. Cela nous amène au second objectif qui consiste à mettre à jour, comprendre et changer des croyances, schémas et programmes autodestructeurs. Après tout, les trésors qui se trouvent en nous-mêmes méritent d'être dépoussiérés et polis.

## METTRE AU JOUR LES TRÉSORS

La guérison — un processus de mise à jour ou de récupération — est souvent inconsciente, mais ce processus inconscient peut déclencher la guérison consciente. Celle-ci se produit lorsque découvrons soudainement un secret au sujet de notre « moi » et nous ouvrons aux dons qu'il procure.

Supposons que vous soyez un nouveau parent qui doute de ses capacités de s'occuper d'un nourrisson en pleurs. Plutôt que de laisser le bébé pleurer jusqu'à ce qu'il s'endorme, vous avez la sagesse et le courage de lui offrir du réconfort. L'enfant cesse de pleurer et est content ou — manifestation suprême de confiance — s'endort dans vos bras. Vous n'en revenez pas !

Maintenant que vous avez fait l'expérience de ces valeurs spirituelles, vous pouvez vraiment grandir. Après cette découverte étonnante, vous vous permettez d'explorer plus loin. Vous réfléchissez peut-être à vos propres besoins de base, qu'ils soient comblés ou non présentement, ou qu'ils l'aient été quand vous étiez bébé. Au cours de cette réflexion, il se peut que vous mettiez à jour des problèmes à résoudre et des forces inconnues jusque-là. Le fait de vous occuper de votre bébé de trois mois a éveillé votre propre première connexion du premier chakra à votre passé ainsi qu'à votre moi primal actuel.

Lorsque nous avons de la chance, la vie se déroule sans soucis, permettant aux capacités et aux besoins de guérison de nos chakras et de nos centres de se manifester en douceur et inconsciemment. Toutefois, la vie n'est pas toujours aussi clémente. Nous devons adopter une approche plus directe lorsque les difficultés sont rudes. Plus nos expériences de vie sont difficiles, surtout celles de la première enfance, plus nous sommes aptes à cacher nos aptitudes et nos traits derrière une façade de protection.

Deux de mes clients illustrent ce point. Tous les deux portaient en eux l'impact d'événements qui s'étaient produits entre 3 et 4 ans ; mais l'un, qui était plus gravement blessé que l'autre, devait s'occuper de ses problèmes à un niveau beaucoup plus conscient. En lisant ces histoires, rappelez-vous que l'âge de 3 ans correspond au troisième chakra et à l'exploration de notre entourage. Durant cette période, les messages et les réactions des autres alimentent nos propres croyances à l'égard de nous-mêmes, des autres et du monde en général. Les messages positifs nourrissent notre croyance que le monde est un lieu sûr et aimant, ce qui favorisera une bonne estime de soi. Les messages négatifs auront un effet néfaste sur le soi et dans les jugements des autres, ce qui nuira à notre pouvoir personnel.

## TRAVAILLER AVEC LE SYSTÈME DE DÉVELOPPEMENT CHAKRIQUE

Nous pouvons faire une bonne partie de ce travail de réparation nous-mêmes en travaillant avec le système des chakras. J'adopte habituellement l'une des approches suivantes ou les deux :

1. Chercher les blocages.
2. Chercher les vérités.

### *Chercher les blocages*

Les blocages sont les points de résistance à notre propre bien-être. Un blocage consiste en une condition physique, une croyance, un sentiment ou un malentendu spirituel qui nous empêche de vivre notre raison d'être. Un blocage peut être causé par un ennui physique, une croyance mentale erronée, un sentiment non résolu ou une fausse perception spirituelle, et représente un problème parce qu'il inhibe la liberté du flot de notre énergie naturelle et du moi spirituel.

Il existe de nombreux types de blocages, dont la majorité se manifeste sous forme de forteresses, c'est-à-dire des croyances ou des sentiments coincés. Elles sont explorées à la page suivante. Nous allons jeter un coup d'œil aux blocages typiques, physiques, mentaux, émotionnels et spirituels de nature, depuis le point de vue des problèmes qu'ils engendrent.

## *Anatomie d'un blocage*

### LA FORTERESSE

Essentiellement, un blocage nous empêche de vivre suivant notre moi authentique. Habituellement, les blocages prennent la forme de forteresses, de programmes mentaux ou émotionnels qui nous gardent coincés dans un schéma qui n'est pas bon pour nous (voir figure 4.1). Il existe deux types de base. Une forteresse mentale est composée d'au moins deux croyances qui s'additionnent mais ne se séparent jamais. Par exemple, vous vous êtes brûlé en touchant un four chaud et vous en déduisez que : « Un four peut causer une brûlure » et « Se brûler fait mal ». Ce ne sont pas des pensées néfastes, mais utiles en fait, puisque vous serez plus prudent la prochaine fois. Le problème surgit lorsque nous conservons ces deux pensées réunies pour créer une forteresse, c'est-à-dire une croyance qui diminue notre qualité de vie et qui fait même du tort. Dans notre exemple, une forteresse négative pourrait nous amener à conclure que parce qu'un four peut causer une brûlure et qu'une brûlure fait mal, alors c'est qu'un four est mauvais. Ce n'est pas si grave quand on songe que cela nous évitera de cuisiner, mais que dire d'une forteresse mentale qui nous porterait à croire que tout ce qui peut causer une brûlure est mauvais ? Cela pourrait conduire à une véritable paranoïa et nous amener à éviter un tas de choses, depuis les rayons du soleil jusqu'à l'amour, lequel peut aussi causer ses propres brûlures.

Une forteresse émotionnelle est composée d'au moins une pensée et un sentiment. Cela sous-tend bon nombre des plus grandes difficultés de la vie. Par exemple, imaginez un adolescent de 16 ans qui vient de connaître sa première rupture. Il se sent triste. Il se dit : « Rompre est douloureux ». Le sentiment de tristesse s'unit à la croyance que rompre est douloureux. Il n'y a rien de mal à l'union temporaire d'un sentiment et d'une pensée. Nous essayons constamment différentes croyances et différents sentiments et ceux-ci nous enseignent comment réagir à une situation donnée. Mais que se passera-t-il si notre ado de 16 ans décide qu'une relation amoureuse — le pré requis à une éventuelle rupture — est dangereuse en soi ? Pour ne plus connaître la souffrance d'une rupture, il évitera peut-être toute relation amoureuse. Des forteresses de ce genre sont souvent à la base des problèmes de mode de vie et de relations personnelles.

Il y a aussi les forteresses spirituelles, similaires aux mentales et émotionnelles. Elles sont composées de croyances ou de sentiments qui se lient et ont un rapport spécifique à des questions spirituelles. Par exemple, des idées ayant trait à ne pas mériter l'amour divin ou à ne pas accepter l'abondance universelle.

Une forteresse devient un blocage lorsqu'elle ne se défait pas une fois qu'on en a fait le tour. Les forteresses sont finalement programmées dans notre système énergétique, surtout dans la roue extérieure du chakra correspondant. Les programmes du premier chakra, par exemple, s'installent durant la grossesse jusqu'à l'âge de six mois, qui est la période d'activation de ce chakra. Le premier chakra acceptera aussi de nouveaux programmes au fil du temps, sous la contrainte de ce « premier chakra », comme en réaction à un viol, un désastre financier ou une maladie susceptible d'être fatale. Ces circonstances ont lieu à la même fréquence que le premier chakra et nos conclusions à leur égard seront par conséquent enregistrées dans le premier chakra. Les événements correspondant aux autres chakras, de même que nos conclusions à leur sujet, créeront des forteresses dans les chakras respectifs.

Un programme ou un ensemble de directives (ou groupe de programmes) constitue un schéma, ou une façon rituelle de réagir à la stimulation. Les programmes et les schémas ne sont pas toujours mauvais, car ils permettent parfois d'épargner du temps et de l'énergie. Nous réglons notre réveil parce que nous savons qu'il nous réveillera ; c'est là un exemple de réaction à un schéma de comportement sain et utile. En revanche, les programmes qui se retrouvent bloqués dans des forteresses et qui freinent notre liberté d'expression établissent des schémas qui peuvent nous blesser. Si nous tournons les talons chaque fois que nous rencontrons quelqu'un

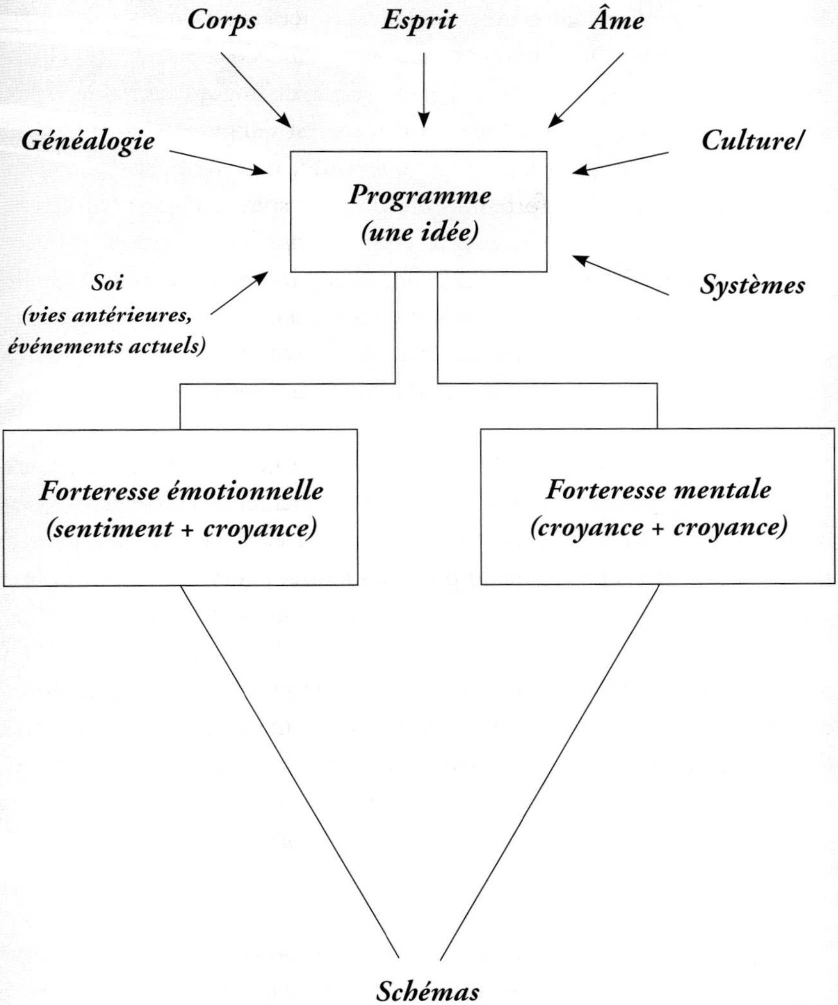


*Figure 4.1 : Programmation d'une forteresse*

qui nous attire ou que nous évitons l'aide médicale parce qu'elle nous effraie, ou encore que nous pensons être mauvais pour la simple raison que nous sommes tristes, nous sommes bloqués dans des schémas susceptibles de limiter gravement la joie et l'abondance.

Les programmes ne proviennent pas toujours de la vie présente. Notre âme les transporte d'une vie à l'autre et les télécharge dans notre esprit qui, à son tour, les enregistre dans notre corps, tout comme un logiciel dans un ordinateur. En général, les programmes de notre âme encodent notre subconscient, l'aspect le plus profond et le plus puissant de l'esprit. Le subconscient gouverne le cerveau reptilien, la partie cérébrale qui gère nos réactions d'attaque ou de fuite. Les idées d'amélioration de la vie de notre âme se mêlent au centre des chakras et sont dharmiques de nature ; ses programmes fondés sur la peur sont déposés dans les roues extérieures des chakras qui sont karmiques de nature. Les forteresses mentales des vies antérieures et de notre vie présente sont le plus souvent programmées dans notre inconscient, qui informe le cerveau mammalien ou l'aspect émotionnel et mental du moi ainsi que notre pensée. Les forteresses émotionnelles des vies antérieures et de notre vie présente sont habituellement associées à notre moi conscient ou centres d'apprentissage supérieurs, puis sont intégrés dans notre corps par le système nerveux central.

❀

**Blocages physiques** — Nous savons tous ce que sont les blocages physiques. Ils se présentent sous forme de problèmes de santé, maux divers, maladies ou douleurs. Manifestement, les blocages physiques peuvent nous empêcher de fonctionner pleinement. Une jambe cassée peut bloquer un athlète ; jusqu'à ce que le plâtre soit retiré, l'athlète ne peut plus performer. Un chanteur peut être bloqué par un rhume. Si le problème empire, une tournée sera peut-être annulée. La fatigue peut bloquer nos capacités mentales, déformer notre perspective et freiner notre efficacité.

Les blocages physiques peuvent également affecter notre état d'esprit et causer de l'irritabilité et de l'impatience. Sans compter que ces états peuvent avoir une grande incidence sur la santé et la nature de nos relations personnelles et de notre vie professionnelle. Les blocages physiques peuvent par ailleurs influencer notre vie spirituelle, si nous consacrons soudainement plus de temps et d'attention aux préoccupations matérielles plutôt que conceptuelles.

Il faut parfois trouver une solution physique aux blocages physiques, comme se reposer si on est malade ou prendre de l'aspirine en cas de maux de tête. Toutefois, il pourrait suffire de changer un système de croyances, libérer un sentiment bloqué ou parler avec notre guidance supérieure. En règle générale, si une condition physique affaiblie ne réagit pas à des soins physiques, il faut alors chercher des solutions ailleurs. Il faut consentir à regarder sous les apparences, à fouiller derrière les symptômes.

J'ai vécu une expérience plutôt intéressante au sujet de la nature holistique des ennuis physiques avec une de mes clientes, une femme de 50 ans. Elle se plaignait que depuis deux ans, elle avait toutes sortes d'ennuis de santé : grippe, douleurs, contractions cardiaques et engourdissements dans les jambes. Les médecins ont finalement conclu qu'elle était hypocondriaque, car ils ne parvenaient pas à identifier de cause organique.

Elle a fini par me dire qu'elle faisait un lien entre ces problèmes et le début de son mariage, deux ans auparavant. Avec réticence, elle a reconnu qu'avant son mariage, son mari n'était pas en très bonne santé, alors qu'elle était en grande forme. Physiquement, j'ai perçu de gros liens énergétiques entre chacun de ses chakras et ceux de son mari. J'ai également vu quelque chose de plus grave, la séparation incomplète entre le deuxième chakra de sa mère et le sien.

Cette cliente a travaillé avec moi pendant trois séances. Lorsque nous avons réussi à la dissocier de son mari, elle a affirmé se sentir mieux, alors que l'état de son mari avait empiré.

**Blocages mentaux** — Les blocages mentaux sont des croyances qui nous empêchent d'actualiser notre moi intérieur. Une fois qu'ils ont formé des forteresses, ils peuvent aller jusqu'à nous handicaper gravement. Ces forteresses peuvent être mentales de nature, impliquant le lien contraire d'au moins deux croyances, ou émotionnelles, lesquelles se caractérisent par le lien destructeur d'au moins une croyance et un sentiment.

Une croyance mentale influence habituellement nos processus de pensée par l'intermédiaire de notre âme, laquelle informe le subconscient ; ou de notre esprit, lequel gère le subconscient. Les guérisseurs kahunas d'Hawaï définissent la croyance comme étant toute idée que vous acceptez comme vraie[3]. Croire que vous êtes une mauvaise personne peut avoir comme effet

3 King. *Kahuna Healing*, p. 97.

de vous sentir non aimable, puis malheureux, et finalement vous faire craindre de profiter des occasions qui se présentent.

Ted Andrews, dans son livre *Imagick*, parle du pouvoir de nos pensées. « Le mental possède l'un des effets les plus subtils et puissants sur le corps physique... C'est le mental et son action sous la forme de nos pensées et de nos paroles sur le plan cérébral qui établit le plus fortement le schéma de nos expériences sur le plan physique. Il forme la matrice de ce qui se passera dans nos vies[4]. » Des croyances négatives ou erronées de longue date produisent des dégâts à long terme sur notre psychisme et, extérieurement, sur notre vie physique.

Nous avons tous entendu parler de l'effet placebo, un résultat positif créé par une croyance positive. Les croyances négatives sont tout aussi puissantes ; on parle de l'effet *nocebo*. Une étude a démontré que des femmes qui se croyaient à risque d'une maladie cardiaque étaient quatre fois plus susceptibles d'en développer une que les femmes ayant les mêmes facteurs de risque mais avec une attitude positive[5].

Par exemple, il se peut, comme bon nombre de mes clients, que nous croyions être du mauvais sexe, ce qui se produit lorsque nos parents ont souhaité un enfant du sexe opposé. Cette croyance peut inhiber notre expression sexuelle et notre plaisir quotidien sur le plan physique. Une croyance selon laquelle nous ne méritons pas d'avoir de l'argent peut nous empêcher d'être prospère. Une croyance selon laquelle nous ne méritons pas d'être en vie peut nous rendre malade en anéantissant notre système immunitaire ou en nous empêchant d'aller chercher les soins nécessaires. La liste pourrait s'allonger. Pour guérir, nous devons consentir à suivre la voie du guérisseur kahuna qui consiste à « aider les gens à changer leurs croyances malsaines en croyances saines[6]. »

Même si nous avons des croyances mentales bloquées et que nous reproduisons les schémas qui en résultent, comme des pensées obsessives, des problèmes de comportement ou une pensée problématique, ils peuvent aussi se présenter comme une dissociation chronique ou physique, voire même des symptômes comme un estomac irritable ou de la tachycardie. Nous pourrions tout aussi bien trouver nos croyances mentales codées dans des sentiments, réactions ou comportements récurrents. Qu'il s'agisse de

---

4 Andrews. *Imagik*, p. 77.
5 www.washingtonpost.com/ac2/wp-dyn/A2709-2002Apr29.
6 King. *Kahuna Healing*, p. 47.

forteresses mentales ou émotionnelles, chaque aspect de la santé s'améliore lorsque nous libérons nos pensées.

## Les six croyances négatives

### LES ÉDIFICES DES BLOCAGES MENTAUX

Je découvre habituellement que toutes les croyances négatives se réduisent aux six suivantes :

- Je suis quelqu'un de mauvais (ou de méchant).
- Je n'ai aucun pouvoir.
- Je n'ai aucune valeur.
- Je ne mérite pas des bonnes choses.
- Je suis un bon à rien.
- Je ne mérite pas l'amour.

Ces croyances proviennent toutes d'une seule : « Je suis distinct ». Quand nous pensons être séparés de la Source divine, nous sommes enclins à ces six croyances négatives secondaires et un grand nombre d'autres en surgissent. Nous prenons alors des décisions qui renforcent le scénario d'origine ou les expériences qui nous ont poussés à croire que nous sommes distincts ou séparés de la Source. Nous pouvons également inverser les effets des troubles subséquents en retraçant l'histoire négative sous-jacente.

J'ai travaillé avec une cliente, Bertha, handicapée par de l'arthrite aigüe. Au cours d'une régression, Bertha est retournée psychiquement à sa première expérience comme âme séparée de la Source divine. À l'époque, elle a décidé que la Source l'avait chassée du paradis parce qu'elle était mauvaise. Se considérant comme mauvaise, Bertha a commencé à placer les problèmes et les souffrances des autres dans son propre corps-âme, une façon de « gagner » de l'amour. L'énergie absorbée a été transférée dans son premier chakra, créant de l'inflammation dans son organisme et jetant les bases de l'arthrite. Au cours de la guérison, Bertha a reçu l'assurance du Divin. Elle était et avait toujours été aimée. Le Divin l'avait toujours perçue comme quelqu'un de bien. C'est ainsi que Bertha s'est libérée de la croyance qu'elle était mauvaise et, en cinq minutes, elle s'est mise à trembler. Les ondes des énergies des autres sont sorties d'elle pendant qu'elle s'en débarrassait. Elle a téléphoné le lendemain : son arthrite avait disparu.

❁

**Blocages affectifs** — La guérison comporte souvent de chercher les façons dont nous avons été émotionnellement blessés dans le passé. En eux-mêmes, les sentiments sont bons. Ils sont les messagers du corps : ils nous renseignent sur nos réactions aux pensées intérieures et à l'environnement extérieur. Comme nous l'explorerons au chapitre 14, les sentiments peuvent aussi communiquer à la place de notre esprit. Lorsque nous les respectons, les acceptons, les interprétons et les exprimons avec aisance et attention, en tenant compte de soi et des autres, les sentiments relient l'esprit à l'univers physique. Ils deviennent un problème si l'une des deux situations suivantes survient :

- Nous ne réussissons pas à reconnaître ou à exprimer entièrement un sentiment.
- Nous identifions mal le problème, inhibons le sentiment approprié à la situation, puis n'exprimons pas le bon.

De nombreuses études prouvent que les émotions refoulées mènent à toutes sortes d'ennuis de santé, dont la fatigue, les problèmes de poids, la constipation, les migraines, les maux de dos, les rhumes et autres. Qualifiées de psychogéniques ou causées par l'émotion, les maladies qui proviennent de perturbations émotionnelles non résolues conduisent aujourd'hui un fort pourcentage de gens chez le médecin. Par exemple, la Dre Mona Lisa Schulz, auteure et experte en intuition, signale des études démontrant que les maux de dos sont liés aux conflits émotionnels au travail. Des états émotionnels spécifiques sont aussi liés à des problèmes de santé, dont la maladie de Basedow, la sclérose en plaques, la maladie de Parkinson et les troubles intestinaux. Un autre professionnel de la santé, le Dr John Sarno, a découvert que le mal de dos est souvent lié à de la rage non détectée. La santé des patients de ce médecin s'est grandement améliorée après qu'ils aient réussi à libérer leur colère refoulée[7].

Pourquoi refoulons-nous nos sentiments au point de nous rendre malades ? Certaines familles n'expriment que certains sentiments. La mienne n'aimait pas la colère, et pourtant mes parents se disputaient

7 Voir en ligne *The Complete Book of Chakra Healing.*

constamment. Mes sœurs et moi les écoutions se quereller tous les vendredis soirs depuis ma chambre, tout en faisant semblant que tout allait bien. Nous n'avions pas le droit de parler de leurs querelles ni de nous mettre en colère nous-mêmes. Par conséquent, nous avons grandi avec l'idée que la colère était un mauvais sentiment. Plus tard, j'ai développé de l'arythmie que j'ai guérie lorsque j'ai découvert comment assumer et exprimer ma colère.

Mon problème cardiaque s'est développé à partir d'une forteresse émotionnelle, un sentiment (la colère) s'étant associé à une croyance (la colère est mauvaise). Parfois, il n'est pas bon de se mettre en colère ; s'énerver contre le professeur ou contre son enfant, par exemple. La colère a également le potentiel de nous donner du pouvoir. Nous n'avons des ennuis que si nous associons en permanence un sentiment et une croyance et continuons de vivre comme si le passé se répétait.

Un autre cas courant consiste à mal identifier une situation ou un sentiment au point d'essayer de résoudre un problème en exprimant un sentiment qui n'y correspond pas. Bon nombre d'entre nous ont grandi auprès de parents ou d'institutions qui ne nous ont pas aidés à reconnaître et à bien identifier nos sentiments. Par exemple, j'ai travaillé avec un client nommé Abdul qui avait grandi au Maroc. Sa famille croyait que les garçons ne devaient jamais être tristes. Chaque fois qu'Abdul était triste, ses parents l'encourageaient à se ressaisir et à attaquer le problème. Lorsqu'il a appris que son meilleur ami avait été tué au cours d'une embuscade terroriste, il s'est mis à pleurer. Son père lui a dit que ses larmes étaient inutiles et qu'en fait, il était en colère. Encouragé à « faire justice », Abdul a adhéré à un groupe terroriste religieux et a contre-attaqué celui qui avait tué son ami. Quand il est venu me consulter, il vivait en Amérique depuis 20 ans, était devenu un homme d'affaires prospère et avait laissé derrière lui cet épisode violent. Il souffrait cependant de graves migraines, d'indigestion chronique et de cauchemars récurrents. Après avoir libéré et identifié correctement le chagrin et le deuil refoulés durant toutes ces années, ses symptômes physiques ont disparu et il a enfin pu partager ses sentiments profonds avec ses proches.

La façon la plus facile de travailler avec des sentiments consiste à les ramener à une constellation, c'est-à-dire la bonne famille de sentiments. Ce processus est expliqué au chapitre 14, « Comprendre les émotions ».

**Blocages spirituels** — Les blocages spirituels sont de fausses conceptions de l'univers et de la place que nous y tenons. À mes yeux, ce sont peut-être les plus puissants et les plus importants car ils sous-tendent tous les autres problèmes. Ils peuvent être causés par tout ce qui nous arrive ou ce qui se passe autour de nous.

Je crois que le mot « spirituel » signifie précisément le rapport avec l'esprit. Le désir le plus courageux et le plus valable que nous puissions avoir en tant qu'être humain consiste à être rempli de l'esprit, la véritable essence de nous-mêmes. Comme ce moi est en fait un aspect de la Source divine, je crois que la vie consiste à apprendre comment accepter que nous venons de cette Source (le Tout, le grand Esprit), et que nous méritons d'exprimer pleinement cette vérité. Vivre suivant notre raison d'être consiste à exprimer ce moi spirituel.

Le moi spirituel, ou l'essence, tente constamment d'amener le corps, l'esprit et l'âme à cette connaissance. Certaines personnes, comme Fools Crow, un sorcier lakota maintenant décédé, ont compris cette quête. Connu pour être en mesure de guérir n'importe qui et n'importe quoi, Crow affirmait que cette aptitude lui venait de sa capacité à se transformer en os creux ou en récipient vide dans lequel Wakan-Tanka, le Grand Esprit, pouvait se déverser. L'un de mes professeurs thérapeutiques, Echo Bodine, qui a écrit de nombreux livres sur la guérison, insistait toujours pour dire qu'elle ne guérissait pas quelqu'un, mais qu'elle se retirait simplement du chemin. Ces personnes illustrent le pouvoir de l'esprit — le nôtre et celui d'une force supérieure — et suggèrent que tous les problèmes physiques, mentaux ou émotionnels peuvent être causés par quelque chose qui empêche notre esprit ou celui d'une puissance supérieure d'entrer ou d'être entièrement dans le présent.

Souvent, ces blocages spirituels ou confusions au sujet de notre propre bonté se situent dans notre âme. Rappelez-vous que celle-ci renferme toutes nos expériences d'une vie à l'autre, d'un chakra à l'autre, d'une cellule à l'autre. L'âme enregistre des expériences telles qu'avoir honte ou être gratifié, jugé ou soutenu, rejeté ou apprécié, aimé, haï, ou tué. Elle enregistre ce que nous avons appris de nos religions et est touchée par les croyances, fausses et vraies, relatives à nos points énergétiques spirituels supérieurs. L'âme elle-même imprime ces croyances au sujet de la vie, de la mort, des autres, de nous-mêmes, bref tout ce qui se trouve dans notre être temporel. L'inconvénient de cette réalité est que même si nous avons commencé cette vie exempte des nombreux problèmes spirituels, une fois arrivé à l'âge adulte, nous en aurons probablement acquis un bon nombre de toute façon. Le bon côté est que tout ce que nous parvenons à soigner sur le plan de l'âme se répercute sur tous les autres plans.

Il est possible de régler nos problèmes spirituels par l'intermédiaire de n'importe quel chakra ou point énergétique. L'holisme, dans ce qui est le plus conséquent, est évident ici. De nouveau, une façon de trouver efficacement le problème spirituel qui se cache derrière un autre ennui consiste à mettre en œuvre le système de développement chakrique en commençant par isoler le chakra touché par une expérience négative ou traumatique. Avec mes clients, je commence généralement par les aider à découvrir et à comprendre les effets physiques, mentaux et émotionnels d'une expérience avant de les orienter vers la réflexion spirituelle. Je les dirige toujours vers la recherche du problème plus profond et plus spirituel. Si nous ne réglons pas le problème de l'âme, celle-ci risque de transporter cette perception négative à un autre niveau et peut-être affecter ainsi une relation amoureuse, une carrière ou un mode de vie, ou en encore, bien sûr, une partie du corps.

Chercher à découvrir le problème spirituel effraie souvent les gens, car cela comporte habituellement de se confronter à des questions touchant le bien et le mal, la vie et la mort. Bon nombre de gens pensent que ce travail relève du domaine des institutions religieuses. Toutefois, je crois que de travailler avec les questions spirituelles ne nécessite pas un engagement de nature strictement religieuse, bien que la tâche puisse être affectée, positivement ou non, par nos croyances religieuses.

La spiritualité diffère de la religion en ce sens que la première se réfère à notre essence — notre moi essentiel et nos besoins essentiels. La religion fournit une approche structurelle à notre mode vie, laquelle devrait idéalement être en accord avec nos besoins fondamentaux. Il se peut que nous ayons grandi dans un environnement religieux qui a nourri notre essence et son expression, ou bien que nous ayons été exposés à une structure dogmatique ayant démoli, modelé ou réprimé notre essence. Tout ce qui empêche notre âme de vivre en nous et à travers nous représente un problème spirituel. Au bout du compte, il nous faut reconnaître notre âme, notre moi invisible et l'univers, afin que ce moi soit heureux et satisfait. Les blocages spirituels sont des points de résistance à l'acceptation de cette grâce.

J'ai appris à être plutôt audacieuse lorsque je travaille avec des clients sur des problèmes spirituels. J'utilise souvent des outils et des techniques chamaniques que j'ai appris au Pérou, au Japon, au Costa Rica, au Pays de

Galles, au Maroc et de différentes cultures qui tiennent compte de la présence de l'âme. La technique peut comporter d'aider un client à voyager dans son subconscient, parler à un guide spirituel ou à un ange, ou encore visualiser son âme et s'adresser à celle-ci ; et je n'ai pas encore rencontré un client qui ne croyait pas à ce qu'il voyait, entendait ou ressentait. Je pense que les gens croient en la partie invisible, spirituelle de leur être.

Travailler à un problème spirituel comporte habituellement de mettre à jour une perception erronée importante de l'âme et de comprendre les conséquences qui en résultent. Par exemple, un de mes clients s'était engagé dans une série d'aventures extra conjugales ainsi que dans la consommation de crack et de cocaïne. En dépit de sa grande intelligence, il n'avait pas non plus réalisé son potentiel financier. Nous avons découvert que son âme s'était en fait fragmentée ou divisée en deux à la naissance. Il craignait ses parents ; sa mère était nymphomane et son père, un gros bras de la mafia. La partie de son âme à l'aise avec cette constellation familiale s'était incarnée, mais son côté plus spirituel était resté dans le néant. Grâce à notre travail, mon client s'est reconnecté à son âme et l'a ramenée pleinement dans son corps. Il a ensuite eu le courage et la force de s'inscrire à un programme de désintoxication. Il a également cessé ses aventures, a entrepris une maîtrise universitaire et a commencé à jouir de la vie et à prendre ses responsabilités. Il a franchi les étapes nécessaires pour vivre en tant qu'être spirituel dans la vraie vie.

Les blocages spirituels sont généralement causés par des croyances ou des forteresses mentales ou émotionnelles. Dans tous les cas, après avoir découvert la vérité que nous sommes unis au Divin, nous guérissons. Même si les symptômes physiques demeurent, nous nous reconnaîtrons comme des êtres entiers.

## *Les forteresses spirituelles*

### LA FORME DE LIEN LA PLUS PROFONDE

Les blocages spirituels sont parfois déguisés en forteresses spirituelles. Celles-ci sont constituées de deux croyances ou plus, ou d'au moins un sentiment et une croyance ayant trait à notre nature divine ou, plutôt, à un faux jugement au sujet de notre pureté innée. Les forteresses les plus courantes sont celles qui nous donnent l'impression d'être déconnectés du Divin ou de notre esprit intérieur.

Les croyances spirituelles sont mentales de nature, mais elles affectent chaque partie de notre être. Les sentiments liés aux mauvaises perceptions spirituelles peuvent sembler normaux, mais ils nous touchent beaucoup plus sévèrement lorsqu'ils sont liés à une mauvaise perception spirituelle qu'à n'importe quoi d'autre. Comme dans le cas de toutes les croyances erronées, les inexactitudes spirituelles se résument à la présomption d'être séparés : séparés du Divin, de notre essence, des autres gens ou du reste du monde. Nous croyons ne pas avoir de valeur, ne pas mériter les bonnes choses, être impuissants, dévalués, mauvais ou peu aimables. Plus encore, ces mauvaises perceptions spirituelles touchent le cœur même du moi en nous amenant à croire que non seulement nous *agissons* mal ou nous nous *sentons* mal (ou sans valeur ou non méritants), mais également que nous *sommes* en fait le prototype de ces croyances négatives. Essentiellement, les forteresses spirituelles entraînent un sentiment de honte, l'impression d'être dans l'erreur.

La plupart d'entre nous pensons que la honte est un sentiment, mais c'est faux. Dans le monde énergétique, c'est une énergie qui apparaît comme une grosse tache grise. Elle remplit nos cellules, nos organes, nos systèmes, nos chakras et toutes les autres structures énergétiques d'un liquide épais et visqueux qui stoppe le flot de mana, l'énergie de vie. Elle nous enveloppe d'une substance visqueuse impénétrable qui nous enferme dans la solitude. Plus il y a de honte en nous et autour de nous, plus nous nous sentons seuls. Plus nous nous sentons isolés, plus nous sommes mal dans notre peau.

Les survivants d'abus rituel illustrent l'esclavage qui résulte des forteresses spirituelles et de la honte. L'abus rituel implique un traitement qui détruit notre sens de divinité ou la croyance que nous sommes connectés au Divin. J'ai travaillé avec plusieurs personnes qui avaient connu — et avaient presque été détruites par — l'abus rituel. Bon nombre avaient été exposées à des rites sataniques. Certaines ont assisté au sacrifice d'animaux, de bébés et d'êtres chers sur l'autel des ténèbres. D'autres ont subi des blessures ou ont été castrés afin que leur sang procure du pouvoir aux abuseurs. Ces expériences traumatisantes étaient inévitablement accompagnées de messages qui donnaient l'impression aux abusés qu'ils étaient diaboliques plutôt que les victimes du diable.

L'abus cérémonial n'est toutefois qu'une forme d'abus spirituel. Tout ensemble de croyances fanatiques peut être utilisé pour blesser notre sens inné de valoir quelque chose. J'ai travaillé avec de nombreux clients qui avaient fait l'expérience du protestantisme « born again » — le genre qui insiste sur le fait que quiconque ne se comporte pas d'une certaine façon est mauvais, un produit du diable et ira en enfer. Ce type de pression spirituelle est une forme de honte et laisse la victime incapable d'accéder à son essence spirituelle unique ou à ses dons. De la même façon, toute religion, institution ou école qui prétend être la « seule voie » peut entraîner un esclavage et des forteresses qui font que la victime finit par se détester et en vouloir même au Divin.

Une forteresse spirituelle peut être extrêmement difficile à guérir, car au moment où la plupart des gens réalisent qu'ils en souffrent, ils sont déjà convaincus que s'il existe un Dieu, un Créateur, une Puissance — un Allah, un Christ, un Kwan Yin — cet être ne peut pas les aimer. J'ai découvert que la seule façon de vraiment se sortir d'une forteresse spirituelle consiste à libérer la honte, perçue comme une énergie réelle, à la Source divine, puis d'éprouver les sentiments sous-jacents aux événements liés à l'abus. Éprouver nos sentiments nous libère et permet de réexaminer nos idées et ainsi corriger celles qui ne sont pas exactes.

❀

### ***Rechercher les vérités***

En plus de l'approche des blocages pour diagnostiquer les problèmes au moyen du système de développement chakrique, nous pouvons aussi guérir en mettant à jour les vérités cachées derrière. Les vérités sont soit le contraire ou le reflet des perceptions erronées qui nous causent des difficultés. « Qu'on en soit conscient ou non, dit Ywahoo dans *Voices of Our Ancestors*, ce que nous pensons et disons de soi-même attire des résultats et se réalise par le fait même[8]. »

Voici une situation qui illustre une vérité par opposition. Sandy était une cliente qui allait d'une mauvaise relation amoureuse à l'autre. Notre travail ensemble a révélé toute une gamme de blocages. Dans son deuxième chakra se trouvait la croyance de ne pas mériter l'amour d'un homme. Dans son sixième chakra, elle se croyait laide. Plutôt que de se fixer sur ces

---

8 Ywahoo. *Voices of Our Ancestors*, p. 85.

blocages, Sandy a choisi de les court-circuiter en adoptant les croyances contraires. Plutôt que d'approfondir la croyance négative « Je suis laide », elle a commencé à se dire qu'elle était belle.

Travailler avec un reflet de la vérité demande de s'occuper des effets secondaires du problème d'origine. Plutôt que de faire des affirmations positives, Sandy aurait pu prendre conscience des façons dont elle reflétait la croyance d'être laide. J'ai tout de suite remarqué qu'elle portait des vêtements peu seyants et courbait les épaules. J'aurais pu lui demander de mieux s'habiller et de se tenir droite. De cette façon, elle aurait pu essayer une nouvelle vérité jusqu'à ce qu'elle soit prête à la porter.

Plus souvent qu'autrement, les approches des blocages et des vérités travaillent main dans la main. Pour pouvoir atteindre la vérité, il nous faut parfois éprouver les sentiments qui n'ont pas été exprimés à l'origine, revendiquer les fausses croyances, se rappeler les souvenirs du corps et déterrer les problèmes spirituels. Comprendre toutes les facettes d'un problème permet souvent de mieux faire face à la vérité qui, bien que toujours positive, nous met habituellement au défi d'apporter d'autres changements dans notre vie. Une femme ayant des problèmes de relations amoureuses peut, par exemple, devoir entièrement changer son approche quand elle rencontre des gens. Elle devra peut-être modifier sa façon de s'habiller ou s'abstenir de toute relation amoureuse pendant quelque temps. Elle devra peut-être se donner de nouveaux messages et travailler également sur les problèmes de son âme et ceux de son enfance. Il faudra peut-être qu'elle travaille sur tous ces changements en même temps. Lorsque nous faisons ce qu'il faut et avons confiance en nous-mêmes, la guérison peut avoir lieu.

## LE SYSTÈME COMPLET DE DÉVELOPPEMENT CHAKRIQUE

L'utilisation du système de développement des chakras pendant l'enfance aide à clarifier les aspects holistiques de nos problèmes. Voici un aperçu plus complet des chakras internes et de ce qu'ils affectent.

## CYCLE UN

### *Premier chakra*

**Âge** — Matrice à 6 mois.

**Croyances mentales** — Touche les croyances ayant trait aux comportements hérités, aux legs dus au sexe, à la sécurité et à la survie.

**Composante affective** — L'origine des sentiments au sujet de soi et du monde, le droit d'exister et des sentiments primaires tels la culpabilité, la frayeur, la rage, la joie et la honte.

**Processus physiques** — Développement du corps et de sa structure ; affecte tous les processus qui gouvernent la survie.

**Perceptions spirituelles** — A trait à l'engagement envers la vie, à l'acceptation de l'aide spirituelle et à nos aptitudes intuitives de base. Concerne la confiance aux autres et la conscience des besoins de base. Le centre des problèmes de confiance en soi.

Notre premier chakra renferme tout ce qui est arrivé à nos parents ou à soi-même pendant la grossesse ou à la naissance. Durant cette période, nous expérimentons le monde à travers les perceptions de nos parents et notre corps physique. Si nous percevons une menace pour soi-même ou nos parents, il se peut que nous remettions en question notre droit ou notre capacité de survivre. Les menaces peuvent prendre toutes sortes de forme, à partir du fait de ne pas avoir été nourris quand nous avions faim jusqu'à la faillite personnelle de nos parents. Se sentir en danger peut activer la rage, la souffrance, le chagrin, la frayeur et autres sentiments primaires. À moins qu'ils ne soient reconnus, acceptés et exprimés d'une façon ou d'une autre, ces sentiments nous hanteront le reste de notre vie. Les croyances susceptibles d'en résulter comprennent : « Le monde est dangereux » ou « Je ne mérite pas de vivre ». En revanche, si ces sentiments et la conscience de ceux-ci sont réglés par nos parents ou par nous-mêmes, nous créerons d'autres croyances qui soutiendront notre existence et le droit de voir nos besoins comblés. Nous en ressortirons renforcés et capables de puiser dans nos sentiments primaires.

Le premier chakra sert également de point fondamental pour s'ouvrir à la guidance spirituelle. Si, pour une raison quelconque, nous nous fermons à la guidance spirituelle dans notre jeune âge, nous devenons plus vulnérables aux expériences de traumatisme et d'abus.

Ce chakra renferme les problèmes de base relatifs à l'insécurité émotionnelle et à la sécurité physique ainsi qu'aux perceptions spirituelles ayant trait à notre droit d'exister et à notre droit que nos besoins soient comblés. Ces questions fondamentales se transforment en problèmes touchant la carrière, l'argent, les sentiments primaires, les dépendances, la famille d'origine et, plus tard, la sexualité.

### *Deuxième chakra*

**Âge** — 6 mois à 2½ ans.

**Croyances mentales** — Conscience des sentiments et du droit de les exprimer ; points de vue du monde/de la famille au sujet des rôles des deux sexes et des questions de sensualité. Croyances relatives à l'expression et à la créativité.

**Composante affective** — Développement des sentiments subtils, choix à faire concernant lesquels éprouver et lesquels refouler.

**Processus physiques** — Croissance, aptitudes motrices, possession de son propre corps et de ses besoins subtils ; aptitude à motiver son propre corps ; développement de la sensualité.

**Perceptions spirituelles** — Développement de la confiance en soi et en nos sentiments personnels, plus l'empathie et les croyances au sujet du droit de s'exprimer et de ressentir. Racine du droit d'être créatif et expressif.

De l'âge de six mois à deux ans et demi, nous nous détachons de notre mère. La santé émotionnelle et l'expression créatrice dépendent de la capacité de celle-ci de se séparer avec amour et de l'aptitude du père à soutenir la capacité de réaction de la mère. Cette séparation ajoutée à l'émergence de la confiance en soi et des relations avec l'autre peuvent susciter des sentiments comme la tristesse, le calme, la peur, l'espoir ou l'enthousiasme. Le corps sera affecté par les messages que nous recevons au sujet du droit d'éprouver et d'exprimer ces sentiments.

Les corps émotionnels sont des constructions énergétiques situées dans le deuxième chakra. Chaque sentiment fonctionne comme une entité individuelle. La tristesse, la peur, la colère, la joie ou le dégoût — chacun étant une identité individuelle, aménagés les uns à côté des autres comme les couleurs de l'arc-en-ciel. Comme celles-ci, les corps émotionnels se fondent les uns dans les autres. La tristesse, par exemple, peut se transformer en chagrin et la satisfaction, en bonheur. Tout comme les couleurs, les sentiments individuels sont gradués. La sensation physique de colère peut s'intensifier en rage ou se dissiper en frustration.

Lorsqu'il est sain, chaque corps émotionnel semble plein et prêt à être activé et à s'exprimer. Si un être cher meurt, notre corps émotionnel de la tristesse vibrera. Nous serons tristes jusqu'à ce que ce sentiment se dissipe. Le corps émotionnel reviendra alors à un état plus calme.

Ce système fonctionne si nous avons été élevés dans un environnement émotionnel sain. Quelque chose d'interne ou d'externe stimule une réaction basée sur le sentiment. Si au moins un corps émotionnel vibre, alors nous réagirons et notre environnement interne ou externe se modifiera. Rapidement ou graduellement, le corps émotionnel se désactivera et nous reviendrons à l'équilibre.

Le mot clé est « si » — *si* nous avions grandi dans un environnement émotionnel sain. Combien de familles sont réellement fonctionnelles ? Les spécialistes signalent qu'entre 70 et 95 % des familles sont dysfonctionnelles. La plupart d'entre nous avons reçu des messages inexacts au sujet des sentiments ou émotions, ce qui a entraîné le refoulement, la surstimulation ou la blessure d'un corps émotionnel ou de plusieurs.

Il est plus facile de réparer des blessures récentes ou à court terme. Peut-être que l'un de vos professeurs vous a couvert de honte parce que vous avez échoué un examen. Embarrassé, vous avez refoulé votre réaction instinctive qui était la déception de vous-même. Une conversation avec un parent aimant aurait pu atténuer la honte et vous aider à exprimer votre déception, ce qui aurait ainsi permis de vous en libérer, même un peu tard. Votre corps émotionnel de déception ne souffrirait probablement pas une blessure à long terme.

Toutefois, des dommages chroniques ou sévères entraînent souvent une maladie plus permanente. Un abus sexuel, physique, émotionnel ou verbal peut handicaper un ou plusieurs de nos corps émotionnels. En voici une illustration.

On pourrait décrire un corps émotionnel de tristesse sain par un cercle parfait. Disons que votre père ne croit pas qu'il soit convenable de ressentir de la tristesse ; plutôt que d'être triste, il se met en colère. Rappelez-vous que la tristesse est une énergie réelle, une fréquence en mouvement. En désespoir de cause, pour ne pas être triste, votre père coupe une partie de son corps émotionnel de tristesse. Où celui-ci va-t-il? Vous l'absorbez; il y a déplacement. Votre corps émotionnel de tristesse circulaire a alors perdu sa forme. Vous avez passé la plus grande partie de votre vie à essayer d'éliminer un état extrême de tristesse ou de dépression, mais en vain. Déprimé, vous tentez la thérapie, le Prozac, les vitamines. Vous attirez des relations amoureuses qui vous blessent en tentant de chasser la tristesse. Rien n'y fait et vous vous sentez encore plus triste et impuissant.

### *Troisième chakra*

**Âge** — 2½ à 4½ ans.

**Croyances mentales** — Touche les croyances relatives au développement cognitif, au soi et au monde, et les croyances formatrices au sujet du monde et de la place que nous y occupons. Renferme les croyances relatives au pouvoir, aux aptitudes et la façon dont nous affectons notre environnement.

**Composante affective** — Origine des peurs et de l'estime de soi.

**Processus physiques** — Maîtriser les fonctions physiques et développer la connexion corps-esprit.

**Perceptions spirituelles** — A trait à la capacité de l'âme d'avoir un impact sur le monde et de réussir. L'origine des questions touchant l'influence réciproque entre l'énergie de la vie et le monde.

À deux ans et demi, nous commençons à explorer activement le monde autour de nous. Nous sommes naturellement curieux et désirons comprendre la façon dont les choses fonctionnent, les réactions des gens à notre égard et jusqu'à quel point nous avons du pouvoir. Suivant les réponses que nous obtenons de notre entourage immédiat et du monde en général, nous nous formons des opinions sur nous-mêmes et les autres, surtout en ce qui concerne le pouvoir personnel. Si ces réponses nous sont données avec de l'encouragement, nous adopterons des croyances comme « Je suis efficace » ou « J'ai une bonne personnalité ». Si les réponses nous jugent ou nous rabaissent, nous en conclurons peut-être « J'ai tort » ou « Je ne connais rien ». Le troisième chakra entrepose et enracine des partis pris, des jugements et des préjugés au sujet des autres et de soi-même.

À titre de « cerveau du corps », le troisième chakra affecte les processus de pensée, les comportements et le processus intuitif de l'empathie mentale. Également lié au corps physique, le troisième chakra complète la formation de notre lien corps-esprit. Ce chakra peut alors transférer les jugements vers le deuxième, ce qui résulte en une émotion (la combinaison d'un sentiment et d'une pensée). Vu que le troisième chakra gouverne nos fonctions digestives et régulatrices, l'estime de soi continuera d'affecter non seulement ces processus physiques mais également notre capacité d'utiliser l'énergie vitale pour réaliser nos désirs.

Sur le plan spirituel, nous établissons la question du mérite à cet âge. Si nous pensons avoir une influence sur le monde et croyons mériter de le faire, nous serons prêts à affronter tous les défis. Si nous manquons de confiance — surtout parce que les personnes importantes de notre vie n'ont pas confiance en nous — notre vie se déroulera sans doute différemment.

### *Quatrième chakra*

**Âge** — 4½ à 6½ ans.

**Croyances mentales** — Renferme les croyances au sujet des relations personnelles, l'amour, les désirs du cœur et les principes universels comme donner et recevoir.

**Composante affective** — Origine de sentiments comme la compassion et l'amour.

**Processus physiques** — Le temps de raffiner toutes les fonctions physiques et tous les systèmes. Le temps initial pour prendre conscience des différences entre garçons et filles.

**Perceptions spirituelles** — Les questions touchant l'amour de soi, l'amour des autres et le rôle global de l'amour dans la vie. Ici, l'âme traite « avec cœur » les questions touchant le fait d'avoir un corps et de s'en servir pour réaliser des désirs.

Le chakra du cœur est le point d'intégration des sept chakras internes. Pendant que nous étions occupés à grimper l'échelle chakrique, notre centre spirituel, le septième chakra, envoyait de l'énergie vers le bas, à partir de la fontanelle, au départ. Si l'énergie spirituelle a joué un rôle important et sain dans notre vie, nous comprendrons naturellement les relations personnelles et arriverons à nous aimer. Nous saurons quand donner, recevoir, avoir de la compassion, être ferme et/ou veiller à notre protection. Dans le cas contraire, nos relations personnelles seront inhibées par des expériences et des croyances qui perturberont ce cycle naturel de donner et recevoir. Nos désirs, nos rêves et nos besoins peuvent alors être retardés, tout autant que notre capacité d'accepter l'amour. L'un des aspects d'être aimé comporte d'apprendre comment accepter notre raison d'être et nos besoins spirituels. Si nous permettons aux désirs du cœur d'être comblés, nous découvrons souvent que les rêves du corps, de l'esprit, de l'âme, de l'essence et de la Source divine sont tous les mêmes. Cela invite le cœur à tolérer nos fantasmes.

### *Cinquième chakra*

**Âge** — 6½ à 8½ ans.

**Croyances mentales** — Renferme les questions de confiance en soi, de responsabilité, l'expression des désirs et notre droit de manifester et de communiquer nos besoins et nos croyances. C'est le point d'entrée de la guidance positive et négative.

**Composante affective** — Entrepose les frustrations, l'orgueil, la désillusion, la noblesse et l'expression mature des besoins et des sentiments.

**Processus physiques** — Développement du contrôle de soi, l'achèvement du corps de l'enfant et la préparation à la période adulte.

**Perceptions spirituelles** — Point de contact de la communication entre l'âme, l'esprit et le corps. L'endroit où l'âme articule ses désirs.

Le cinquième chakra s'éveille au milieu de l'enfance. À cette époque, les croyances, les expériences et la formation de nos premières années de développement — les plus cruciales — arrivent à maturité. Nous commençons à articuler clairement ce que nous voulons ou ne voulons pas. Si nous sommes conscients de nos besoins, savons que nous méritons qu'ils soient comblés et avons le désir d'interagir avec le monde, nos paroles deviennent des véhicules pour l'expression et la création à partir de notre être intérieur. Les problèmes ou les troubles de communication surgiront d'anciens blocages ou inhibitions, ainsi que les forces qui refoulent actuellement l'expression de soi. Se faire dire, par exemple, que « les bonnes filles/les bons garçons doivent se taire » peut créer un grave blocage dans ce chakra. Si notre culture modèle un comportement qui perpétue la codépendance ou le perfectionnisme, ou qui soutient un manque de responsabilité ou trop de celle-ci, la capacité du cinquième chakra de déclarer qui nous sommes et ce que nous voulons et de défendre ces positions sera affectée.

Sur le plan spirituel, ce chakra est le centre de la manifestation de ce que nous voulons dans la vie. Toute perception fausse au sujet de nos droits ou aptitudes concernant cette manifestation, surtout celles qui proviennent de notre corps-âme, nous empêchera d'être suffisamment forts pour créer la vie que nous désirons.

***Sixième chakra***

**Âge** — 8½ à 14 ans.

**Croyances mentales** — Développement des croyances qui forgent l'image corporelle, l'image de soi, le potentiel sexuel et les projets d'avenir.

**Composante affective** — Renferme les sentiments au sujet du soi et de l'image de soi, ainsi que les sentiments à l'égard de notre sexe et ses aptitudes.

**Processus physiques** — Région du développement sexuel et de notre nature masculine ou féminine.

**Perceptions spirituelles** — Origine des aptitudes à enregistrer et à établir la vision de l'âme à l'égard de notre vie.

Le sixième chakra supervise le développement de l'image de soi, car il s'ouvre à la puberté. Tandis que le corps commence à mûrir sexuellement, ce chakra veille à enregistrer les normes familiales et sociétales établies pour les hommes et les femmes. Nous sommes émotionnellement vulnérables durant cette période et avons tendance à personnaliser ces messages. Si nous sommes bien dans notre peau, surtout par rapport à notre sexe, nous serons en mesure, plus tard dans la vie, de choisir les visions et les objectifs favorisant notre plus haut potentiel. Si les points de vue dans notre entourage sont biaisés sur le plan sexuel et hostiles à notre moi essentiel, nos normes seront médiocres concernant nos relations personnelles, notre travail scolaire et nos objectifs.

Au cours de cette période, nous développons la clairvoyance, la capacité de voir clairement. Si nous arrivons à bien nous percevoir, à voir à quel point nous sommes aimables et merveilleux, nous serons en mesure d'établir des objectifs et de résoudre les problèmes à partir de notre vérité plutôt que depuis nos blocages. Si le contraire se produit, nous aurons des problèmes le reste de notre vie à nous imaginer comme des êtres qui méritent les bonnes choses de la vie.

***Septième chakra***

**Âge** — 14 à 21 ans.

**Croyances mentales** — Croyances au sujet du positionnement de notre place dans le monde et dans les systèmes qui nous entourent; nos rôles, nos capacités et nos attentes professionnelles.

**Composante affective** — Peut être l'origine de confusion entre le soi et les parties des objectifs que nous avons établis. Lié à tous les sentiments ayant trait au sentiment d'appartenance et aux choix à l'égard des groupes ou des systèmes auxquels adhérer.

**Processus physiques** — Mûrissement du corps adulte et l'achèvement extérieur des traits intérieurs.

**Perceptions spirituelles** — Conscience de la raison d'être et de nos propres principes de guidage.

Le septième chakra est en fait l'un des rares qui soient pleinement activés à la naissance. L'énergie spirituelle qui émane de nos chakras supérieurs et externes entre dans le corps et le système chakrique par la fontanelle, le point d'entrée initial de la couronne. Là se situe notre capacité de revendiquer notre divinité dès le départ. La fermeture physique de ce centre symbolise notre besoin de nous développer comme prévu et de vivre le destin établi par notre moi humain et nos parents.

Le corps termine son développement vers le milieu de la puberté. C'est le moment de faire la paix avec le passé, de nous ouvrir aux autres et de définir et d'accepter notre plan spirituel. Ces années se révèlent toutefois difficiles en raison des blocages qui se sont installés. La famille contemporaine et les croyances sociétales ne soutiennent pas toujours notre raison d'être, ce qui crée des circonstances perturbantes et douloureuses plutôt qu'enthousiasmantes et utiles. Bon nombre des décisions que les jeunes gens prennent durant cette période sont malheureusement basées sur des croyances programmées au sujet de la façon de s'ajuster à son milieu plutôt que sur un sens de l'individualité.

Au cours des sept ans durant lesquels le septième chakra se développe, nous traitons de nouveau les chakras, du premier au septième.

| Chakra | Âge | Concept clé |
|---|---|---|
| Premier | 14 à 15 ans | Sécurité |
| Deuxième | 15 à 16 ans | Créativité |
| Troisième | 16 à 17 ans | Pouvoir personnel |
| Quatrième | 17 à 18 ans | Relations amoureuses |
| Cinquième | 18 à 19 ans | Expression de soi |
| Sixième | 19 à 20 ans | Image de soi |
| Septième | 20 à 21 ans | Objectif spirituel |

Ensuite, nous commençons le développement des cinq autres chakras par cycles de sept ans.

| Chakra | Âge | Concept clé |
|---|---|---|
| Huitième | 21 à 28 ans | Karma |
| Neuvième | 28 à 35 ans | Mission de l'âme |
| Dixième | 35 à 42 ans | Survie déterminée |
| Onzième | 42 à 49 ans | Succès créatif |
| Douzième | 49 à 56 ans | Maîtrise puissante |

### *Huitième chakra*

**Âge** — 21 à 28 ans.

**Croyances mentales** — Toutes les croyances karmiques sont maintenant activées, de même que les questions relatives au temps et à notre vie antérieure.

**Composante affective** — Les sentiments de la vie antérieure surgissent, surtout au sujet des relations personnelles et des événements karmiques qu'il faut régler.

**Processus physiques** — Le corps qui a atteint sa pleine maturité peut assumer des caractéristiques de la vie antérieure.

**Perceptions spirituelles** — Luttes karmiques. Évolution de l'âme vers un plus grand éveil.

Presque tous les choix que nous faisons entre 21 et 28 ans sont karmiques. Affirmation audacieuse mais souvent vraie. À cet âge, les individus, croyant agir de façon indépendante, attirent un deuxième niveau de relations karmiques (le premier ayant été choisi par le dixième chakra durant la préconception). Les choix touchant les conjoints, la carrière, le mode de vie, les études et autres qui sont faits durant cette période ont souvent trait à des modèles karmiques non diagnostiqués et incomplets. Le défi de notre âme consiste à aller au-delà des niveaux atteints dans des vies antérieures et de prendre de nouvelles décisions plus efficaces.

### *Neuvième chakra*

**Âge** — 28 à 35 ans.

**Croyances mentales** — Importantes croyances de l'âme au sujet de la raison de vivre et des tâches de la vie. Les programmes de la famille peuvent être réexaminés.

**Composante affective** — Des sentiments surgissent de nos désirs, besoins et buts intérieurs, tout comme les conflits entre les sentiments qui appuient et ceux qui n'appuient pas notre raison d'être.

**Processus physiques** — Le corps spirituel peut maintenant entrer complètement sous une forme physique.

**Perceptions spirituelles** — L'achèvement de l'esprit ayant pris forme et l'acceptation de la raison d'être sur ce plan.

Au cours de cette période, nous sommes confrontés à nous ouvrir à notre but spirituel. L'âme peut être appelée complètement dans le corps et nous pouvons commencer notre travail de vie. Ce stade s'accompagne souvent, ou commence souvent par de gros changements, comme un divorce, une nouvelle carrière et la naissance d'enfants. Ces événements se produisent parce que l'ouverture du chakra apporte avec elle la connaissance potentielle de notre moi véritable. Ces connaissances sont accessibles à tous ceux qui consentent à faire l'expérience des sentiments qui inhibent la véritable expression de la raison d'être; elles concernent les croyances qui n'appuient pas le moi véritable et font les changements nécessaires pour avancer dans la vie.

### *Dixième chakra*

**Âge** — Préconception et conception; 35 à 42 ans.

**Croyances mentales** — Renferme et entrepose les croyances générationnelles et celles des vies antérieures.

**Composante affective** — Renferme les sentiments non exprimés au sujet du soi, des parents, des ancêtres et des vies antérieures.

**Processus physiques** — Durant les années de préconception, change le moi spirituel en une forme matérielle. Plus tard, cela nous permet d'ancrer pleinement notre moi spirituel dans un mode de vie ayant plus de sens.

**Perceptions spirituelles** — Contribue à transformer l'esprit en forme (nous ne sommes qu'un esprit matérialisé). A trait à l'ancrage de l'âme et à la capacité de fournir l'énergie élémentale nécessaire pour que notre corps se manifeste, ainsi que nos rêves et nos désirs.

L'âme active le dixième chakra avant la conception. Même quand nos parents envisagent d'avoir un enfant, le dixième chakra s'ancre dans la terre et canalise l'énergie en vue de notre existence physique. Durant cette étape de la préconception, le dixième chakra réunit les énergies de nos vies antérieures, de l'existence de nos parents et de notre héritage pour façonner la nature de notre corps physique. Ces énergies lui permettent de choisir les chromosomes qui nous aideront à réaliser nos objectifs de vie. Aurons-nous besoin d'être forts? Devrons-nous être studieux, beaux ou laids? Imaginez que nous devions apprendre à cesser d'être une victime. Le dixième chakra réunira les souvenirs de l'âme ayant été victimisée dans des vies antérieures et les mêlera avec des situations d'abus subis par nos ancêtres afin de choisir le bon corps et les bons événements pour régler nos problèmes de victime. Dans une coquille, le dixième chakra fournit à l'âme naissante un cordon ombilical relié au plan physique.

L'une de mes élèves était confrontée au problème du « je ne mérite pas », qu'avaient soulevé les négociations de son récent divorce. Elle avait éprouvé des sentiments prépondérants de perte et de vide tout au long de sa vie, même quand elle vivait en couple. Elle avait aussi lutté pour découvrir le sens de sa vie et ressenti qu'elle ne « méritait pas » d'en avoir un. Sans compter que depuis l'enfance, elle avait vécu des problèmes refoulés du fait de ne pas avoir été un garçon. Sachant que ces problèmes étaient sans doute interreliés, elle a fait un exercice méditatif qu'elle avait appris dans mon cours afin de régresser jusqu'à l'état fœtal. Même lorsqu'elle était un être en formation, elle avait éprouvé un immense sentiment de perte. En fouillant un peu plus, elle a eu une autre sensation : il y avait une présence dans l'utérus, celle d'un jumeau. Incapable d'aller plus loin, elle a consulté un thérapeute qui a pu l'aider à régresser davantage dans le ventre de sa mère et dans une période précédente.

Les réponses qu'elle a reçues ont validé ma croyance suivant laquelle le dixième chakra choisit les gènes et même le sexe nécessaires pour réaliser la raison d'être d'un individu. En travaillant avec le thérapeute, mon élève a pris conscience qu'elle avait été conçue avec un jumeau. Certains jumeaux renferment deux âmes différentes. D'autres, habituellement identiques, ont une âme unique qui choisit d'expérimenter la vie dans deux corps distincts. À l'origine, mon élève avait planifié de s'incarner avec une autre âme, mais avait d'abord désiré être un garçon. Pour des raisons spirituelles, l'âme a changé d'idée et décidé d'occuper un corps de fille. L'autre âme est partie. Même si l'autre âme n'était pas en colère, mon étudiante se sentait coupable — et avait également un sentiment de perte, parce qu'elle croyait ne pas avoir été incarnée dans le bon sexe. Elle pensait donc ne pas mériter le bien pour avoir « tué » l'autre corps. Après avoir accepté ces choix, elle s'est connectée avec l'âme de son jumeau qui s'est engagé à servir de guide. Mon élève s'est ensuite orientée vers sa mission de vie avec dévouement et enthousiasme, plus à même d'assumer son énergie féminine. Dans le mois suivant sa découverte, elle a commencé à réaliser son rêve de devenir écrivaine et a entrepris d'être éditeure.

Parfois, les événements, les sentiments et les énergies auxquels nous sommes connectés par le dixième chakra sont tellement douloureux que nous coupons cette ligne de vie durant la réincarnation. Nous n'expérimentons la vie que depuis le niveau des genoux. Comme nous n'avons pas de racines dans le dixième chakra, nous ne sommes pas ancrés et devenons vulnérables au sentiment de victime. Nous n'avons pas la force physique et émotionnelle nécessaire pour faire face aux situations qui font peur et à la vie en général. Plutôt que de faire appel au pouvoir caché et à la sagesse de notre dixième chakra, nous le nourrissons d'expériences et de sentiments négatifs, ce qui ferme encore plus les canaux. Résultat : souvenirs refoulés, dissociation, manque de pouvoir personnel, baisse d'énergie ou relations abusives. Nous ne pouvons être véritablement nous-mêmes que si nous ouvrons de nouveau ce canal.

On appelle parfois ce processus le dévoilement du soi de l'ombre, la partie de notre être que nous avons jugée et refoulée. Le soi de l'ombre n'est pas mauvais ; il est au contraire rempli de pouvoirs, de dons et de sagesse.

Le dixième chakra se réactive au milieu de la vie adulte, entre 35 et 42 ans. Le défi consiste à bien ancrer ou à réaliser notre véritable identité par le biais de notre vie professionnelle, nos relations personnelles et notre mode de vie. L'intégrité est le concept opérationnel — l'intégration éthique de toutes les véritables composantes de notre moi. Je crois que la raison pour laquelle tant de gens subissent une crise du mitan de la vie durant cette période ou peu après est ce désir de vérité dans notre vie.

### *Onzième et douzième chakras*

Je n'ai pas défini les onzième et douzième chakras, mais je vais parler maintenant de leurs activités. La fonction du onzième chakra est simple. C'est une énergie rose qui enveloppe les pieds et les mains et qui transmute l'énergie externe à notre corps en une énergie utilisable et libère dans l'atmosphère celle dont le corps n'a plus besoin. Lorsqu'on l'utilise avec une intention déterminée, le onzième chakra permet également de commander des forces naturelles et surnaturelles. Voici des exemples.

Il y a quelques années, je faisais de la recherche sur le chamanisme au Mexique. Un chaman m'a dirigée vers une petite ville dans le nord-ouest du Yucatan où une professeure britannique avait interviewé des chamans locaux. Je me suis rendue au village et j'ai trouvé facilement cette personne. Elle était sur la place publique et avait la joue profondément entaillée. Consternée, je lui ai demandé ce qui s'était passé et elle m'a dit que la foudre l'avait frappée la veille. Apparemment, elle avait décidé de ne mentionner qu'un seul des deux chamans météorologues locaux — des guérisseurs capables de commander la pluie, le tonnerre et les éclairs — dans son livre. L'autre lui a jeté un sort en lui disant que la foudre la punirait. Le lendemain de cette terrible prédiction, elle a été frappée par la foudre alors qu'il faisait beau.

Le onzième chakra nous permet d'appeler et de diriger les forces surnaturelles aussi bien que les forces naturelles dont la foudre, l'air, le feu, la terre et l'eau. J'ai déjà étudié auprès d'un chaman sibérien en mesure de produire des pièces de monnaie et autres petits objets, comme des curedents, à partir de l'air. Il a expliqué qu'il pouvait commander aux forces paranormales. (Je pense qu'il était capable de voyager sur l'une des quatre voies de la réalité, la voie du pouvoir, qui est le sujet de ma série *Advanced Chakra Healing*).

De graves dysfonctionnements peuvent se produire si le onzième chakra est inactif ou blessé. S'il ne peut pas filtrer la négativité des autres, notre propre corps peut devenir le site de déchets toxiques. L'incapacité de nous débarrasser des déchets énergétiques inutiles par les pieds peut remplir de toxines la partie inférieure du corps et causer la dissociation de nos chakras supérieurs. Le vide qui en résulte — ne pas voir les signaux de sécurité comme les feux rouges — peut être plus qu'ennuyeux : ce peut être dangereux.

Le douzième chakra est trop complexe pour le définir. En tant que centre énergétique enveloppant le corps, il se connecte à chacun des 32 autres points secondaires. Par conséquent, le douzième chakra affecte et est affecté par presque tout dans notre moi spirituel et notre moi matériel. Après son activation, le douzième chakra nous propulse dans la maîtrise, qui est notre capacité de susciter notre nature spirituelle et notre vérité dans tout ce que nous faisons. De nombreux clients signalent qu'il est la clé pour inviter les miracles. J'ai donné un cours dans lequel nous animions le douzième chakra de chacun. Le mois suivant, l'un des participants a négocié un contrat de 20 millions de dollars. Une autre a fermé sa compagnie et en a ouvert une nouvelle, ce qui l'a rendue plus heureuse, devrais-je ajouter. Chaque personne a vécu un changement important dans sa vie et pour le meilleur.

### *Le développement des points supérieurs*

Nos chakras continuent de s'ouvrir sur des périodes de sept ans pour le reste du cycle un. Au cours de ces périodes de sept ans, chaque chakra inférieur se renouvelle. La beauté de ce traitement qui recommence éternellement est que durant ces sept ans, nous pouvons accéder plus efficacement à nos points énergétiques supérieurs. Nous pouvons appliquer ces vérités supérieures pour effectuer immédiatement des changements éthiques et nous libérer de vieux problèmes en vertu de principes spirituels.

Imaginez une crise typique du mitan de la vie associée au dixième chakra. Le défi de vivre en fonction de nos véritables besoins pourrait devenir une excuse pour remettre en question des décisions déjà prises et échapper à nos responsabilités. Nous pourrions par exemple nous dire : « Je déteste mon travail, je ne veux plus de ce mari/de cette épouse, je n'ai plus envie de prendre soin de ces enfants. J'avais pris ces décisions à partir de programmes familiaux et non pas en tenant compte de mon essence et je vais donc me sortir de là. »

Si à la place nous abordons ces réalisations depuis une perspective spirituelle, nous pouvons quand même faire des changements, mais de façon plus responsable. Plutôt que d'essayer de fuir nos responsabilités, nous pourrions puiser dans le point de l'abondance lorsque nous nous sentons étouffer. Il se peut alors que nous puissions attirer de nouveaux amis ou apprendre de nouvelles façons de vivre. Ces expériences positives peuvent nous éviter de laisser subitement tomber notre travail, notre mariage ou des objectifs de vie. Nous pourrions aussi travailler avec nos points yin et yang afin de mieux connaître notre moi féminin et notre moi masculin.

Il est possible d'acquérir la véritable sagesse en cherchant à intégrer ces vérités supérieures plutôt que de vivre en aveugle. Les réflexions que ces points supérieurs suscitent nous amènent non seulement à réagir à notre réalité actuelle, mais également à en être responsable.

### *Suivre le cycle*

Avec le temps, j'ai découvert que le processus de développement chakrique a aidé mes clients à identifier des problèmes et l'origine de ces derniers et, par conséquent, à se concentrer pour trouver des solutions. Le processus a du sens. Les thérapeutes ont commencé à intégrer ces idées dans leur pratique ; des guérisseurs naturels ont entrepris d'appliquer ces concepts afin de localiser les origines des schémas de maladie. Il semble que ce soit un système qu'on ne peut falsifier, du moins si je me fie à mon expérience d'avoir aidé des gens avec ce système au lieu de les conformer à ce dernier.

À ce stade, un nouveau schéma a émergé. J'ai remarqué que chez les individus de plus de 20 ans, il y avait des problèmes d'ombre — à savoir des problèmes qui semblaient localisés dans des chakras d'origine, mais également liés à un autre chakra. Au début, j'ai pensé que c'était un autre exemple d'holographie, la présomption théorique que le tout se reflète dans ses parties et vice-versa. Ces problèmes d'ombre correspondent à un modèle. Chaque étape des chakras primaires semble liée à un chakra secondaire. Ces derniers évoluent suivant la même séquence de sept ans, tout comme les chakras primaires.

Par exemple, presque tous ceux qui avaient pris des décisions durant le développement du huitième chakra ou qui revoyaient des décisions prises au cours de cette période étaient également aux prises avec ce qu'on pourrait appeler des problèmes liés au premier chakra. Le huitième chakra est celui du karma et, au cours de cette étape, les individus règlent les schémas séculaires ayant pour but de clarifier la raison d'être de leur âme. Le premier chakra a trait aux besoins essentiels et de survie, soit la carrière, l'argent, les relations de base et le mode de vie. Durant l'étape du huitième chakra, les individus accomplissent (voire même règlent) de vieux schémas, en se servant des problèmes du premier chakra comme base.

J'ai observé le même schéma chez des clients au début de la trentaine. Bien que presque tous remettaient en question leur raison d'être et la valeur de leur vie et de leurs talents, ils vivaient cela émotionnellement surtout. La quête de sens indique clairement le neuvième chakra, le niveau d'âge associé au cycle un. Toutefois, les sentiments exacerbés au cours de cette période se reflètent dans le deuxième chakra, celui des sentiments et de la créativité.

J'ai découvert que la meilleure façon d'aider les clients à traverser le cycle un consistait à communiquer par le langage de l'un des chakras internes. Voilà pourquoi j'insistais sur les besoins du premier chakra lorsque j'aidais des clients à l'étape du huitième. Pour le neuvième, je m'adressais à leurs sentiments (deuxième chakra). Les clients basés dans le dixième chakra avaient besoin du soutien du troisième, c'est-à-dire d'aide ayant trait au pouvoir personnel et aux questions de réussite. Les clients associés au onzième chakra étaient souvent fortement impliqués dans des problèmes de relations personnelles, provenant souvent du quatrième chakra.

À titre d'exemple, j'ai travaillé avec un homme de 40 ans qui démarrait sa propre entreprise. Comptable de renom, il a pensé que ses talents serviraient davantage auprès de propriétaires de petites entreprises que de grandes corporations. Il désirait de l'aide pour savoir comment communiquer son désir de changement à ses proches et à ses clients éventuels.

À partir d'un point de vue de développement chakrique, il était facile de savoir où en était le comptable. Son cycle de sept ans était au dixième chakra, la période d'ancrage. Ses besoins correspondaient aux préoccupations de ce chakra. Il souhaitait que ses aptitudes et ses talents aient davantage de sens pour lui et pour les autres. Au cours de ce cycle de sept ans, mon client refaisait aussi le cycle des cinquième et sixième chakras. (Rappelez-vous que chaque année, nous reproduisons les sept chakras internes dans la trame plus large de l'ensemble.) Son désir de communiquer son image de lui-même indiquait les préoccupations que ces deux chakras manifestaient. Toutefois, il se tracassait surtout au sujet de sa réussite et de son travail, des problèmes liés au troisième chakra.

Après avoir détecté le schéma que je viens d'illustrer, j'ai effectué quelques recherches. La plupart des spécialistes en intuition et en guérison auxquels j'ai parlé m'ont dit qu'on leur avait toujours enseigné que les chakras se répétaient de un à sept tout au long de la vie. Le cycle un semblait exister, mais il en va de même de ce que j'appelle le cycle deux, la succession des sept chakras tous les sept ans.

Ayant travaillé avec les deux cycles, j'ai découvert que mon travail ainsi que la réussite de mon client à traiter les problèmes s'étaient améliorés. Même si cela a été complexe, travailler avec ce plan supplémentaire a élargi notre compréhension des problèmes et des préoccupations. Ces données additionnelles ont provoqué une plus grande réflexion et par conséquent ont ouvert d'autres horizons.

## CYCLE DEUX

Comme je l'ai expliqué, le cycle un comporte une progression par l'intermédiaire des 12 chakras humains. Essentiellement, nous passons du premier au douzième chakra de façon linéaire. À partir du septième chakra, qui s'éveille à 14 ans, nous sautons d'un chakra à l'autre tous les sept ans. A l'intérieur de chaque période de sept ans, nous réactivons chaque année nos sept chakras internes.

| **Âge** | **Cycle un** | **Cycle deux** |
|---|---|---|
| 14 à 21 | Septième chakra | Septième chakra |
| 21 à 28 | Huitième chakra | Premier chakra |
| 28 à 35 | Neuvième chakra | Deuxième chakra |
| 35 à 42 | Dixième chakra | Troisième chakra |
| 42 à 49 | Onzième chakra | Quatrième chakra |
| 49 à 56 | Douzième chakra | Cinquième chakra |

À 56 ans, le cycle un revient. Le cycle deux poursuit son ascension.

| **Âge** | **Cycle un** | **Cycle deux** |
|---|---|---|
| 56 à 63 | Premier chakra | Sixième chakra |
| 63 à 70 | Deuxième chakra | Septième chakra |
| 70 à 77 | Troisième chakra | Premier chakra |
| 77 à 84 | Quatrième chakra | Deuxième chakra |

En avançant en âge, nous avons manifestement plus de problèmes à régler et plus de chakras par lesquels les traiter. Je crois toutefois que la complexité ne vise pas à causer de la confusion mais plutôt à lier davantage le moi matériel au moi spirituel. Le bon côté du système, c'est que nous avons constamment l'occasion de guérir les blessures du passé et de les transmuter en dons pour l'avenir.

Nous pouvons l'illustrer si nous examinons comment les deux cycles pourraient s'emboîter, si nous montrons comment les deux chakras, lorsqu'ils sont réunis, peuvent rehausser notre conscience. Par exemple :

| **Âge** | **Cycle un chakra/concept** | **Cycle deux chakra/concept** | **Concept combiné** |
|---|---|---|---|
| 21 à 28 | Huitième/Karma | Premier/ Conscience | Conscience karmique |
| 28 à 35 | Neuvième/But | Deuxième/ Créativité | But créatif |
| 35 à 42 | Dixième/Ancrage | Troisième/ Réussite | Réussite bien ancrée |
| 42 à 49 | Onzième/ Transmutation | Quatrième/ Relations (amour) | Transmutation vers l'amour |
| 49 à 56 | Douzième/ Humanité | Cinquième/ Communication et unité | Communiquer l'unité de l'humanité |
| 56 à 63 | Premier/ Conscience | Sixième/Image, vision | Vision consciente |
| 63 à 70 | Deuxième/ Créativité | Septième/But, Esprit | Définition de la vie |
| 70 à 77 | Troisième/ Réussite | Premier/ Conscience | Bilan de la vie |
| 77 à 84 | Quatrième/ Relations (amour) | Deuxième/ Créativité | Connexion spirituelle |

Notre aptitude et notre besoin de nous connecter aux chakras supérieurs augmentent au cours de notre second cycle de développement chakrique. Idéalement, l'ouverture des chakras s'élargira au fur et à mesure que nous approcherons les 100 ans. Au cours du cycle un, nous rouvrirons le cinquième chakra entre 84 et 91 ans, le sixième, entre 91 et 98 ans, et le septième, entre 98 et 105 ans. Comme la plupart d'entre nous ne vivront pas aussi longtemps, nous regroupons nos chakras pour les insérer dans notre vie chaque fois que c'est possible.

## EXERCICE : EXPLORER VOTRE DÉVELOPPEMENT CHAKRIQUE

**I.** Entrez en état méditatif. En vous concentrant sur l'un de vos chakras, permettez-vous de compléter les énoncés suivants :

A. L'expérience qui m'a le plus affecté à cet âge était…
B. La croyance la plus importante enfermée dans ce chakra et qui m'empêche d'être pleinement moi-même est…
C. Les sentiments que j'ai refoulés et que je dois maintenant revendiquer sont…
D. La partie de mon corps connectée à ce chakra cherche à me dire que…
E. La croyance de mon âme à ce niveau qui doit être changée est…
F. La meilleure croyance de mon âme serait…
G. Lorsqu'il sera pleinement guéri, ce chakra me permettra de…

**Diagramme pour l'exercice d'exploration du développement chakrique**

**II.** Quelle est la région de votre corps qui vous cause le plus de souffrance ou de difficulté ? Essayez de voir si vous pouvez appliquer le système de développement chakrique pour découvrir les raisons de cet inconfort.

A. D'abord, examinez quel âge pourrait être relié à cette partie de votre corps. Ensuite, essayez de vous rappeler des événements, sentiments ou expériences survenus au cours de cette période. Que se passait-il ? De quelle façon étiez-vous affecté ? Si vous n'arrivez pas à vous souvenir, posez des questions à vos parents, vos frères et sœurs ou à des proches pour vous aider.

B. Réunissez toutes les pièces en faisant la liste des décisions physiques, mentales, émotionnelles et spirituelles que vous avez prises au cours de cette période. Qu'en ressort-il ?

**III.** Au moyen du dessin à la page précédente, dans chaque cercle de gauche, inscrivez quels blocages sont liés au chakra correspondant. Les blocages peuvent être physiques (une maladie), mentaux (une croyance ou une attitude), émotionnels (un sentiment à l'égard de quelque chose qui s'est produit à cet âge) ou spirituels (l'idée que vous vous faites par rapport à la Source divine). Dans le cercle de droite, écrivez les vérités opposées.

Réécrivez ces vérités sur des fiches. Obligez-vous à les relire deux fois par jour.

# Chapitre 5

## De l'endroit à l'envers : travailler avec vos centres internes

La plupart des références au système énergétique humain se concentrent sur l'endroit des chakras, ce qui suffirait si nous n'étions que des êtres en deux dimensions. Il se trouve toutefois que tout comme le corps a un endroit et un envers, il en va de même du système chakrique.

### LES CORPS SITUÉS À L'ARRIÈRE DE NOTRE CORPS

La plupart de nos chakras internes sont des entonnoirs d'énergie en spirale. Chacun a un endroit et un envers. Les deux sont reliés à la colonne vertébrale ou le point du corps d'où le chakra émane. À l'avant, le chakra tourne dans le sens des aiguilles d'une montre, tandis qu'à l'arrière, il tourne dans le sens contraire. En général, l'endroit du système chakrique est lié au moi conscient, à la réalité quotidienne. Il renferme l'information et les expériences de la vie présente. L'envers du système a trait au moi inconscient, à une réalité plus large. Il renferme l'information et les expériences de vies antérieures, de dimensions alternatives et d'autres mondes.

En travaillant avec les chakras de l'endroit, nous accédons aux expériences de notre vie actuelle. Chaque centre énergétique de l'endroit contient les souvenirs, les croyances, les sentiments, la conscience et les besoins qui nous touchent en ce moment même. Le but de la guérison consiste à identifier les expériences, les relations personnelles et les croyances qui nous font du mal. Après en avoir découvert les causes, il s'agit ensuite de traiter et de régler le problème. Pour soigner une difficulté liée à un chakra de l'endroit, il faut habituellement prendre des mesures, comme changer sa façon de penser, adopter de nouvelles attitudes ou se comporter différemment.

En travaillant avec les centres énergétiques de l'envers, nous devons nous ouvrir à un ensemble d'énergies complètement différent. Il se peut que nous mettions au jour des expériences vécues dans une autre vie. Il se peut que nous prenions conscience d'un moi connecté à une dimension différente. Il se peut aussi que nous entrions en contact avec des êtres d'autres planètes, dimensions ou réalités. Alors que nous expérimentons les chakras de l'endroit par l'intermédiaire de souvenirs, de sentiments, d'actions ou d'expériences basés sur la réalité, nous expérimentons habituellement les chakras de l'envers par des rêves, des expériences mystiques, des prises de conscience ou des sensations physiques inexplicables. Ces chakras de l'envers renferment des données entreposées dans l'inconscient ou le moi de l'ombre. Bien que ces données puissent provenir d'expériences de la vie présente, elles n'y sont pas limitées. Il existe tout un monde accessible par le système énergétique de l'envers. Par conséquent, guérir ou se réaliser par les centres de l'envers peut changer la réalité sans que ce changement soit basé sur le principe action/réaction ou cause à effet. Notre monde, nos croyances, nos sentiments, nos processus et nos objectifs peuvent littéralement se réorganiser tout seuls. C'est le pouvoir de l'inconscient.

| | **Endroit** | **Envers** |
|---|---|---|
| **A trait au :** | Moi conscient. | Moi inconscient. |
| **Régi par :** | Les lois de l'univers physique. | Des réalités alternatives sans limites. |
| **Gouverne :** | Nos réalités quotidiennes. | Les réalités qui dépassent le quotidien. |
| **Se manifeste par :** | Suivre les conventions. | Se connecter aux énergies et aux êtres spirituels interdimensionnels. |

| | Endroit | Envers |
|---|---|---|
| **Renferme :** | L'information relative à notre vie actuelle ; les empreintes de nos décisions, besoins et expériences de notre vie actuelle. | L'information relative à nos vies antérieures ; les empreintes de décisions alternatives ou prises dans le passé ; besoins et expériences de vie. |
| **Guérit en :** | Nous permettant d'interagir avec le monde tangible ; en nous aidant à faire les choses différemment. | Permettant au monde intangible de changer la réalité pour nous. |

## LES AVANTAGES DE L'ENVERS

Travailler avec l'envers du système chakrique peut se révéler extrêmement bénéfique pour plusieurs raisons. D'abord, tandis que l'endroit est lié au conscient, l'envers concerne les questions de l'inconscient. On peut travailler à l'infini sur les problèmes conscients, mais sans jamais découvrir les racines de nos préoccupations, car celles-ci se trouvent souvent dans l'inconscient. Si nous parvenons à soigner les problèmes physiques, mentaux, émotionnels ou spirituels cachés dans l'inconscient ou causés par lui, notre réalité consciente réagira en conséquence.

Une deuxième raison de travailler avec l'envers des chakras est que cela nous ouvre à des réalités autres que juste celles seules apparentes. L'endroit de chaque chakra est connecté à la réalité concrète, qui est régie par le monde quotidien, tandis que l'envers nous relie à des dimensions et à des énergies qui vont bien au-delà du monde que nous connaissons. L'énergie qui se déverse dans les chakras de l'endroit doit obéir aux lois de l'univers physique. Si vous voulez soulever un carton, vous devrez le saisir par les mains. L'énergie appliquée aux chakras de l'envers ne suit pas de règles. Les chakras de l'envers, chacun à sa façon, peuvent littéralement plier ou modeler la réalité en fonction de principes non physiques. Si vous voulez soulever un carton en appliquant les principes de l'envers, tout peut arriver. Quelqu'un d'autre peut se présenter et prendre la boîte. Un tremblement de terre peut la soulever. Le carton peut aussi se soulever tout seul. Vous ne pouvez pas prévoir.

La troisième raison pour laquelle il est important de travailler avec l'envers du système chakrique, c'est que très peu de gens le font. Globalement, la plupart des communautés de guérison métaphysique oublient un aspect significatif de la nature humaine en ignorant la moitié du système énergétique humain, c'est-à-dire son envers, le côté caché, occulte, l'ombre. Ce côté renferme les sentiments niés, les prises de conscience, les pouvoirs, les rêves, les prémonitions et les croyances. C'est le côté qui cache nos souvenirs refoulés, des connaissances non reconnues, des secrets enfouis et des désirs non comblés. Parce que nous avons longtemps gardé dans l'ombre ces aspects de notre nature, ils nous font peur. Tout ce qui est inconnu nous hante et nous fournit encore plus de raisons de nier notre côté sombre.

Le problème, c'est que plus nous ignorons les vérités inconscientes qui s'alignent avec nos centres énergétiques de l'envers, plus ces aspects refoulés de nous-mêmes se manifestent bruyamment. Ne serait-il pas plus sage de confronter directement ces démons ? C'est possible, si nous travaillons avec l'envers du système chakrique.

### *Le pouvoir des chakras de l'envers*

J'ai été souvent impressionnée par le pouvoir des chakras de l'envers. J'ai vu des clients se libérer de graves problèmes émotionnels, soigner des ennuis physiques de longue date et prendre conscience de vieux souvenirs enfouis, grâce au travail sur leurs centres énergétiques de l'envers plutôt que ceux de l'endroit.

Je me rappelle notamment Jamie qui luttait contre des maux de dos chroniques et un manque de productivité. Malgré ses efforts, elle n'arrivait pas à faire avancer sa carrière. Elle hésitait à recourir à la chirurgie pour corriger ses problèmes de dos. Nous avons donc utilisé la visualisation, la psychologie transpersonnelle et la régression pour accéder à chacun de ses chakras de l'envers. À l'intérieur de chacun, elle a découvert un aspect d'elle-même qu'elle avait refoulé depuis l'enfance, et s'est adressée à ce dernier. En ramenant à la surface ces aspects de sa personnalité, elle leur a demandé s'ils pouvaient lui suggérer une façon de combler leurs besoins et qui ne se manifeste pas en maux de dos ou en pauvreté. Ils l'ont fait et la douleur de Jamie a disparu au cours de la séance. Je l'ai encouragée à rentrer chez elle et à continuer de faire de la méditation guidée et des affirmations avec ses chakras de l'envers. Je n'ai plus eu de ses nouvelles pendant six mois, puis elle m'a appelée : « Mes maux de dos ne sont jamais revenus ! J'ai poursuivi le travail avec les chakras de l'envers, comme vous me l'aviez recommandé, et toutes sortes de bonnes choses sont arrivées ! » Elle avait eu une promotion inespérée, la possibilité de participer à un séminaire important, rencontré un nouvel amoureux et obtenu un beau contrat d'une compagnie d'assurance. Elle avait expérimenté le pouvoir de l'inconscient ; bien qu'il puisse causer toutes sortes de problèmes, il peut aussi procurer de nombreuses solutions inattendues et miraculeuses.

Un autre client, Ramon, est venu me consulter pour un cancer du poumon contre lequel il recevait également de la chimiothérapie. Nous avons finalement travaillé sur sa colonne vertébrale, car il avait refoulé son sentiment de pouvoir et son but depuis l'enfance. En manque du flot d'énergie rouge du premier chakra, Ramon n'avait pas suffisamment de force pour lutter contre le cancer ou affirmer ses besoins dans les situations quotidiennes, encore moins à ses médecins. La semaine suivante, Ramon est revenu. Son dos avait été si douloureux la nuit suivant notre séance qu'il n'avait pas pu dormir. Quand il a voulu s'habiller, ses vêtements ne lui allaient plus. Il avait grandi de trois centimètres ! Il m'a dit aussi qu'il avait vécu des « moments inexplicables de bonheur » depuis notre séance. En travaillant avec l'ensemble des chakras de l'envers, Ramon avait retrouvé un dos droit et son sentiment de bien-être. Il était maintenant en rémission, ce qui pouvait également être dû à la chimiothérapie. J'ai découvert toutefois que de travailler les énergies augmentait l'efficacité des traitements médicaux.

Ce ne sont pas toutes les expériences avec les chakras de l'envers qui donnent des résultats aussi spectaculaires. Toutefois, le pouvoir inhérent à ces chakras est mis en évidence pour moi chaque fois que je les présente à mes élèves. Après avoir fourni l'information concernant les fonctions individuelles et conjointes des chakras de l'envers, je demande à mes étudiants de se mettre par deux pour échanger des guérisons. Ils s'aident alors les uns les autres pour explorer les sentiments, les prises de conscience, les besoins et problèmes dans les systèmes énergétiques et la vie de chacun. Sans exception, ces derniers m'informent que les énergies ressenties, les guérisons reçues et les renseignements obtenus sont beaucoup plus puissants en provenance de l'envers que de l'endroit.

Je crois personnellement que les deux côtés sont aussi importants et puissants l'un que l'autre. La différence est que les chakras de l'envers sont restés trop longtemps immobiles, non reconnus et intacts. La première fois que quelqu'un travaille avec eux, cela se compare à ouvrir la cage à un tigre enfermé depuis longtemps. L'animal va bondir violemment et férocement.

Jusqu'ici, j'ai expliqué la nature des 7 chakras internes et des 5 externes de l'endroit, en plus des 20 points énergétiques supérieurs. En vous présentant les sept chakras internes de l'envers, je désire noter qu'il existe également un envers aux autres centres. Toutefois, comme les connaissances sont très limitées au sujet de ces 25 autres centres énergétiques, le fait d'essayer d'aborder les côtés parallèles mais opposés de ceux-ci ne ferait que semer la confusion.

## LES FONCTIONS DES CHAKRAS DE L'ENVERS

Tout comme les chakras de l'endroit, ceux de l'envers ont tous une fonction spécifique. Chacun a une raison d'être sur les plans physique, mental, émotionnel et spirituel. Il est par ailleurs interconnecté aux autres. Pour être en bonne santé, il faut que chaque chakra de l'envers (aussi bien que chaque chakra de l'endroit) fonctionne comme une entité individuelle saine et se comporte de façon cohérente avec les autres centres énergétiques. Bien que les recherches soient loin d'être terminées au sujet des chakras de l'envers, les comprendre et travailler avec eux est crucial pour vivre une vie saine, équilibrée et heureuse.

### *Premier chakra*

L'envers du premier chakra est situé dans une dimension de basse fréquence. Il renferme toutes les croyances et expériences relatives à notre droit de manifester, créer et nous épanouir sur le plan physique. Par l'intermédiaire de ce point, nous pouvons puiser dans les systèmes de croyances de base qui affectent la nature de notre être. L'énergie que nous voulons idéalement canaliser est celle de la kundalini rouge (ou serpent). Nous allumons cette «flamme de vie» par l'intermédiaire du premier chakra de l'envers, ainsi nous nous ouvrons à nos passions, nos élans et nos désirs. Lorsque ce chakra est guéri, nous pouvons recevoir toutes les énergies nécessaires pour actualiser nos rêves et besoins physiques, parce que nous prenons conscience d'être des modèles physiques de l'expression de la Source divine. Nous pouvons soigner nos problèmes physiques, y compris les dépendances, les maladies du sang et celles héritées des antécédents familiaux. Plus important encore, ce centre nous permet de nous ouvrir à l'abondance, l'estime de soi, la santé complète et la croyance en notre caractère sacré.

**Emplacement** — Dimension de plus basse fréquence. Basé dans le réservoir universel de la matière physique, source de toute forme de vie.

**Attributs physiques** — Programme l'ADN. Régule l'équilibre chimique de l'organisme en réaction aux croyances relatives au concept de mériter et d'avoir de la valeur. Coordonne le passage génétique du passé collectif (qui provient techniquement du dixième chakra). Fonctionne comme point d'accès à l'humanité et à l'élan humain de procréer.

**Attributs mentaux** — Renferme la clé de nos croyances au sujet de mériter la vie et le bien-être. Idéalement, il nous conduira vers la prise de conscience nécessaire suivant laquelle nous sommes une manifestation de l'énergie de la Source divine et que nous méritons tout ce dont le moi essentiel a besoin pour sa pleine expression.

**Attributs affectifs** — Permet à l'énergie universelle d'amour d'entrer par l'envers de ce chakra, qui est la base des sentiments primaires que montre l'endroit du premier chakra. Si nous ne croyons pas en notre propre bonté, nous stopperons le flot et vivrons la rage, la souffrance, la peur, etc.

**Attributs spirituels** — Sert de lieu de réunion physique du sacré. Toute forme de vie est sacrée, depuis le plan cellulaire jusqu'au nébuleux. Notre véritable essence se déverse dans ce chakra, où elle est forgée pour les expériences physiques.

**Applications thérapeutiques** — L'envers du premier chakra se compose de toutes nos expériences et croyances antérieures et de celles des autres êtres humains. Il faut essentiellement éliminer les blocages dans ce chakra et effacer ou transformer les croyances qui nous mènent à penser «Je ne mérite pas une vie pleinement heureuse». Lorsque nous consentons à nous ouvrir au système de croyances de la Source divine plutôt qu'au nôtre, nous découvrons un modèle qui permet de faire entrer des quantités illimitées d'énergie de manifestation dans le premier chakra et le système vertébral. Nous pouvons nous servir de cette énergie brute pour soigner des problèmes physiques, mentaux, émotionnels ou spirituels.

**Symboles** — Le noir, le rouge et le blanc. Les symboles culturels de mort et de vie, y compris la faux, le sang, la croix ansée, la croix, les signes de fécondité et les produits agricoles naturels comme le maïs et les céréales.

***Le premier chakra sert de base à notre expérience de vie.***

## *Deuxième chakra*

L'envers du deuxième chakra renferme les sentiments au sujet de soi-même en relation avec l'univers holistique. L'endroit contient nos corps de sensibilité qui fonctionnent à part entière. Le modèle de ces corps de sensibilité se trouve dans le chakra de l'envers. Celui-ci véhicule des fréquences provenant de l'extérieur de nous qui nourrissent un sentiment complet ou en guérit des incomplets. Il est possible de voir psychiquement et de connaître chaque sentiment dans sa totalité complète ou, inversement, en pièces fragmentées et dissociées. Notre but consiste à tisser ces fréquences dans nos corps de sensibilité, soit pour compléter des sentiments incomplets, soit pour nous libérer de sentiments qui ne nous appartiennent pas. En nous ouvrant aux vibrations dont nous avons besoin, nous nous permettons d'analyser des situations à la lumière de leurs complexités émotionnelles. Cela nous permet alors de travailler à l'intérieur des dualités de l'univers physique, de déceler le bon dans le mal, le sens lorsqu'il n'y en a pas et la vérité au sein du faux.

**Emplacement** — Tient son origine dans la région lombaire inférieure.

**Attributs physiques** — Renferme les modèles des corps de sensibilité. Ces corps sont des corps matériels. Tous les problèmes physiques sont liés, au moins sur un certain plan, à nos corps de sensibilité. Les ennuis comme l'émotivité, le stress, les compulsions, les difficultés relationnelles, les blocages créatifs, de même que les légers maux de dos peuvent être des symptômes d'un manque d'ouverture ou d'une protection insuffisante de l'envers du deuxième chakra. Ce centre peut également transformer des sentiments en énergie, pouvoirs, croyances, couleurs et nuances. Il est possible de soigner nos sentiments en travaillant avec les croyances, les couleurs, les nuances et autres.

**Attributs mentaux** — Reçoit l'énergie de guérison et d'adaptation nécessaire pour faire face aux changements de la vie. Des blocages dans l'envers nous empêchent de recevoir cette énergie. Juger l'acceptabilité ou nier l'expression de certains sentiments cause des blocages dans l'envers du chakra ou à la jonction entre l'endroit et l'envers.

**Attributs affectifs** — Sert de modèle à nos sentiments. Si nous considérons tous les sentiments comme étant égaux et bons, nos corps de sensibilité seront entiers et complets. Ces sentiments peuvent alors encourager ou décourager, construire ou détruire, solidifier ou modifier nos comportements afin que nous puissions nous adapter aux rythmes naturels et aux crises de la vie. L'envers de ce centre énergétique sera alors ouvert aux vibrations et aux énergies nécessaires à la créativité et à l'expérience. De plus, il nous permettra d'obtenir et de reconnaître l'aide surnaturelle nécessaire pour suivre le courant des hauts et des bas de la vie.

**Attributs spirituels** — Donne à l'âme l'appui et l'aisance nécessaires pour s'adapter et réussir dans la vie. L'envers du deuxième chakra est à son tour influencé par les croyances de notre âme au sujet du sens et du non sens de la vie, l'espoir et le désespoir, le bien et le mal, le vide et l'existence, le soi et le Tout, et toutes les autres dualités de l'existence telles que nous les vivons sur le plan physique.

**Applications thérapeutiques** — L'envers du deuxième chakra est essentiel pour guérir la détresse émotionnelle ; la naissance, la renaissance et les préoccupations de reproduction ; les tendances à la codépendance ; les compulsions générales ; les maux de dos légers ainsi que nos réactions aux événements justes et injustes de la vie. Nous pouvons nous ouvrir aux énergies nécessaires pour apaiser et soigner les sentiments comme le rejet, le désenchantement, l'apathie, le ressentiment et les sentiments dus à la mort et à la perte, le chagrin et la souffrance. Lorsque nous rééquilibrons nos sentiments, nous nous libérons de ceux des autres et acceptons les nôtres, nous nous ouvrons au pouvoir de la création elle-même. Nous nous permettons de réaliser le mana qui nous appuie à travers les hauts et les bas de la vie.

**Symboles** — Formes interculturelles exprimant les sentiments, les émotions, le lâcher-prise et la renaissance, dont la lune, l'eau, le bain rituel de purification, les cycles naturels et les saisons, et une femme nue sur un croissant de lune, la main posée sur son abdomen.

***Le deuxième chakra sert de modèle à nos sentiments.***

## *Troisième chakra*

L'envers du troisième chakra est vraiment un modèle intellectuel. Par l'intermédiaire de ce côté du chakra, nous acquérons la connaissance des choses vues et non vues, en fonction de nos systèmes de croyances, et nous puisons dans les énergies dont nous avons besoin pour prendre des décisions efficaces. L'endroit exprime notre volonté dans le monde tandis que l'envers accède à l'énergie de manifestation. Nous pouvons y soigner les jugements, les mensonges et les présomptions inexactes et permettre à notre élan de réussite (quelque soit notre définition de celle-ci) de travailler pour nous plutôt que contre.

**Emplacement** — Milieu du dos.

**Attributs physiques** — Se connecte au centre métabolique du corps ; influence notre niveau d'énergie globale et notre élan. Les symptômes des problèmes comprennent une baisse d'énergie, de la confusion, des ennuis digestifs et l'incapacité de se concentrer. Nous devons nous rappeler que la prise de décisions, l'établissement des objectifs et leur réalisation demandent de l'énergie intellectuelle, laquelle est matérielle.

**Attributs mentaux** — Sert de modèle intellectuel par l'intermédiaire duquel tous les jugements sont traités, acceptés, modifiés ou rejetés. L'espace où nous organisons des formes de pensée (collections de croyances qui forment des idéaux), ainsi que des croyances relatives au succès, à la revendication de la volonté et de l'élan et à notre relation avec le monde extérieur.

**Attributs affectifs** — Nous conduit à nous accepter totalement ainsi que notre raison d'être et nos élans. Lorsque nous sommes en santé dans l'envers de ce chakra, nous pouvons réaliser des sentiments supérieurs, y compris l'acceptation de soi, la paix et la foi. Lorsqu'il est complètement ouvert et sain, nous ne participons pas à la violence ni à la guerre, car la base de la guerre est le préjugé et la peur. Lorsque nous agissons avec confiance en soi et authenticité, il n'y a pas de place pour la violence.

**Attributs spirituels** — Fournit la connaissance du vu et du non vu et, si nous avons foi en nos aptitudes, invite les idées nécessaires pour établir nos objectifs. Efface le doute spirituel. Permet à notre âme de servir de guide spirituel en nous fournissant des concepts et l'impulsion pour l'expression de soi.

**Applications thérapeutiques** — Le travail sur ce centre peut soigner des problèmes énergétiques, qu'ils soient physiques, mentaux ou émotionnels. Des blocages dans ce centre proviennent du doute, un manque de confiance en notre propre bien supérieur et nos objectifs. Nous pouvons y soigner les jugements, les préjugés, les précomptions fausses, les comportements douloureux et les questions de réussite. Une façon d'aborder ce processus de guérison consiste à se rappeler comment les trois premiers chakras travaillent ensemble. Nous ajoutons les émotions brutes du premier chakra aux prises de conscience du troisième pour créer des émotions situées dans le deuxième. En changeant les directives qui entrent par l'envers du troisième chakra, nous pouvons changer nos sentiments et nos perceptions à l'égard du monde lui-même.

**Symboles** — Les symboles typiques sont liés à l'intellect et aux efforts d'apprendre, incluant le soleil, un livre et des mots.

***Le troisième chakra nous sert de modèle intellectuel.***

## *Quatrième chakra*

L'envers du quatrième chakra sert de portail au merveilleux terrain de jeu de notre âme. Nous avons tous, même les gens qui se considèrent comme de « vieilles âmes », une âme d'enfant. Quel que soit notre âge, notre âme est jeune, puisque nous sommes tous des enfants de la Source divine. Le travail de notre âme consiste donc à explorer, apprendre, développer, tester, essayer et s'amuser. L'envers du cœur, lorsqu'il est libre, nous ouvre aux véritables désirs de l'esprit. La plupart de ces désirs sont enfantins de nature et comprennent des fantasmes comme se baigner tout nu, s'étendre au soleil, manger de la crème glacée ou flâner au bord d'une piscine.

Par l'intermédiaire du chakra du cœur, nous pouvons réunir entièrement notre personnalité et la lumière divine de l'univers. C'est le grand espace que la Source divine, le Maître planificateur, a créé pour les plaisirs simples. Dans ce lieu, l'amour est conditionnel. Cette condition est la libre expression de notre être dans son entièreté. Lorsque nous sommes ouverts à la Source divine, nous pouvons connaître la kundalini rayonnante. Présentée au chapitre 3, la kundalini rayonnante signifie le début de la véritable illumination et l'acceptation de l'amour inconditionnel. Après avoir reçu cet amour du Divin, nous sommes en mesure de le partager avec les autres.

**Emplacement** — Haut du dos.

**Attributs physiques** — Sert de point d'entrée à toutes les actions physiques que nous sentons devoir poser. Le centre physique de ces désirs se synchronise avec nos battements cardiaques. Battement, repos, battement, repos ; faire, être, faire, être. Manifestement, tous les troubles cardiaques signaleraient un déséquilibre de l'envers du chakra du cœur, tout comme le serait la résistance à suivre notre véritable mission ou nos désirs.

**Attributs mentaux** — Reçoit l'amour sans jugement, et fonctionne comme point d'accès aux énergies mentales pures et simples. Par l'intermédiaire de l'envers du chakra du cœur, nous pouvons recevoir le genre d'appui que nous souhaitions tant lorsque nous étions enfant. Le système de croyances conditionnelles des chakras inférieurs rencontre le système de croyances inconditionnelles des chakras supérieurs. Nos besoins conditionnels, réduits à la simple exigence d'être et d'exprimer notre moi véritable, s'unissent à l'amour et l'appui inconditionnels de l'univers.

**Attributs affectifs** — Connecte notre essence basée physiquement et se lie à notre essence basée sur la Source divine. L'envers de ce chakra doit être pleinement connecté à la Source divine. Les sentiments vécus par l'envers d'un chakra du cœur entièrement ouvert et guéri seront liés à l'amour absolu et à l'encouragement d'être.

**Attributs spirituels** — Nous garde en permanence ouvert aux besoins de l'âme tandis qu'elle poursuit sa croissance et son épanouissement. L'envers de ce chakra se connecte à la Source divine et au moi de la Source divine. Nous y faisons l'expérience de l'appel de l'enfant que nous sommes. En vivant le pouvoir de l'envers du chakra du cœur, l'un de mes élèves a dit : « Une âme prend une pause ici et naît, en attendant de naître de nouveau ».

**Applications thérapeutiques** — Tous les problèmes cardiaques, circulatoires et sanguins sont liés à ce centre, du côté endroit. Nous pourrions également examiner l'envers de ce chakra si nous vivons des constrictions sous une forme ou une autre ; devoir se confronter à des problèmes d'abus dans l'enfance ; ou ne pas croire en notre pureté ou notre innocence. Souvent, ce centre nous parle par l'intermédiaire des rêves, d'expériences extracorporelles ou de guides, comme les anges, qui cherchent à nous orienter vers notre moi véritable et notre vraie raison d'être.

**Symboles** — Les signes ayant trait à l'envers de ce chakra peuvent être très personnels et donc représenter des images qui nous sont chères et importantes. Les symboles généraux comprennent toutes les images de cœur, de papillons, de colibris, ou quoi que ce soit d'innocent comme l'enfant.

***Le quatrième chakra est le siège des désirs du cœur.***

### *Cinquième chakra*

Personne ne saurait que vous existez sans l'envers du cinquième chakra. Les vérités y transitent par l'intermédiaire de la Source divine, notre propre esprit et les guides supérieurs. Lorsque nous exprimons ces vérités, les autres en prennent connaissance également. L'envers du cinquième chakra est le centre par lequel nous canalisons les pensées, les idées et les concepts provenant d'autres êtres, d'autres dimensions et d'autres aspects de nous-mêmes. Nous recevons l'information par l'arrière du cou avant de la transmettre par la voix consciente du chakra de l'endroit. Nous y prenons la guidance que nous voulons et rejetons celle qui ne nous correspond pas. D'une certaine façon, ce chakra est le centre du destin. Nous y choisissons et exprimons verbalement ce que nous voulons créer par opposition à ce que nous ne voulons pas.

**Emplacement** — Arrière du cou.

**Attributs physiques** — Sert de point d'accès ou de porte. Si nous laissons les portes ouvertes, tout peut y entrer et c'est probablement ce qui se produira. Toutes sortes de gens et d'êtres peuvent s'installer et éventuellement causer divers problèmes. Sans filtres, nous recevrons peut-être de la guidance de gens ou d'êtres qui ne nous veulent pas du bien. Nous ouvrir à une guidance de sources malveillantes peut nous rendre vulnérable et nous amener à prendre des décisions entraînant de la détresse financière, relationnelle et physique. En revanche, être ouvert mais sage à l'égard de l'information et de la guidance peut nous aider à nous créer la vie que nous souhaitons.

**Attributs mentaux** — Véhicule les pensées, les idées et les concepts provenant d'autres êtres et de diverses parties du soi. Influencé par les croyances des autres à notre sujet, ainsi que par nos croyances dans des vies antérieures. L'un des problèmes les plus courants dans ce chakra est la présence de liens ou cordes, des contrats énergétiques entre le moi et d'autres êtres. Comme ils sont très fréquents, je vérifie toujours s'il y en a à l'arrière du cou. Habituellement, je trouve les croyances de la mère qui entrent par le côté gauche du cou du client, et celles du père par le côté droit. Il est important de faire un bon ménage parmi ces vieilles croyances afin de reprendre la maîtrise de ce centre.

**Attributs affectifs** — Sert de point d'entrée de tous les sentiments que nous voulons exprimer. Grâce à des techniques comme la visualisation guidée, nous pouvons sortir ce chakra et chercher de la guidance par rapport à nos sentiments. Souvent, nous devons nous fier à notre réaction émotionnelle quant à la guidance reçue par l'envers de ce chakra afin d'accéder à la motivation et à l'exactitude de la source.

**Attributs spirituels** — Fonctionne comme point d'accès pour les esprits et les messages de l'extérieur, depuis notre moi spirituel. Les grands médiums se servent de ce point comme portail pour quitter leur corps et permettre à d'autres êtres d'entrer. Nous pouvons obtenir la même clarté en restant dans notre corps et en écoutant la guidance qui entre par l'envers de ce chakra. Après tout, c'est notre propre esprit ou âme que nous voulons intégrer complètement, pas celle d'un autre. En règle générale, lorsqu'on soigne ou qu'on applique ce chakra, il faut dire ce que nous savons et cesser de résister à apprendre ce que nous devons connaître. Finalement, nous voulons véhiculer des mots (tons ou musique) à partir du moi de notre Source divine.

**Applications thérapeutiques** — À titre de principal point d'entrée des vieilles croyances, l'envers de ce chakra procure l'accès à des idées pour guérir presque tout. Nous y expérimentons les similarités entre la guérison et la réalisation. Pour soigner un problème, il faut habituellement nous ouvrir à une idée nouvelle puis dire ce que nous consentons à faire différemment. Après avoir énoncé notre intention, nous nous ouvrons à la manifestation de quelque chose de nouveau. L'envers de ce chakra est également le centre par où surveiller des problèmes inhabituels comme la possession de l'esprit ou une influence démoniaque.

**Symboles** — Tous ceux représentant ce qui tisse, comme un métier à tisser, un rouet ou une araignée. Par l'envers de ce chakra, nous recueillons les matériaux bruts nécessaires pour tisser nos propres vérités et, par conséquent, nos propres réalités.

***Le cinquième chakra sert de centre au destin autonome.***

## *Sixième chakra*

Considéré comme le chakra de la vision, l'envers du sixième chakra reflète tout notre potentiel, tandis que son endroit visualise notre unique et vrai cheminement. Le point de rencontre entre l'endroit et l'envers du sixième chakra — l'hypophyse — agit comme un prisme qui reçoit toutes nos visions potentielles et les évalue en fonction de notre objectif ultime. Notre stratégie de vie peut être en marche ou éteinte. Si les systèmes de croyances de notre sixième chakra sont positifs, nos visions de nous-mêmes seront constructives. Mais si le système central de croyances du sixième chakra est autodestructeur, l'image de nous-mêmes sera négative et nos objectifs iront dans le même sens.

Ce chakra est celui du cheminement. L'envers du sixième chakra, s'il est totalement guéri, nous aide à visualiser non seulement ce qui pourrait arriver, mais également ce qui se produira si nous restons fidèles à la forme. Au cours de mes séances d'enseignement, j'explique l'envers de ce chakra de façon poétique :

*personne ne sait,*
*sauf vous et moi,*
*où mon chemin me conduira.*
*prends ma main*
*la lumière m'appartient*
*ta lumière divine*
*c'est moi.*
*vers le temple*
*du moi parfait*
*nous créons la vision*
*et le chemin se déploie ;*
*ce que je suis,*
*l'enfant de Dieu*
*se réjouira*
*en ne suivant que*
*les visions de lumière.*

**Emplacement** — Arrière de la tête.

**Attributs physiques** — Influence à la fois notre vision intérieure et extérieure. En tant que centre pour la visualisation créatrice, ce que nous voyons se matérialise en réalité physique dans ce chakra. Les gens font souvent l'expérience de guérison ou d'ouverture de ce chakra d'abord par une lumière blanche. Après avoir vu l'intense lumière blanche, leur vie n'est plus jamais la même. C'est parce qu'ils s'ouvrent au chemin que la Source divine et leur propre moi de la Source divine visualise pour eux. S'ils s'engagent à la suivre, la vie change à tout jamais.

**Attributs mentaux** — Nous indique nos croyances à l'égard de notre véritable potentiel. Comme le décrit le chapitre 2, le concept du soi se situe au centre de l'hypophyse. Si nous sommes aveugles à notre nature divine, nos visions seront susceptibles d'être immatures, incomplètes ou inaccessibles. La négativité extrême envers soi-même nous maintient dans le noir où nous pouvons subir des influences néfastes. Lorsque nous n'avons pas une image claire de nous-mêmes, nous adoptons parfois les visions des autres à l'égard de notre vie. L'inverse est vrai également. En assumant le moi de notre Source divine, nous recevons et choisissons automatiquement les visions qui nous permettront d'atteindre notre plein potentiel.

**Attributs affectifs** — Influence et reflète ce que nous ressentons à l'égard de nous-mêmes. Plus l'envers de ce chakra est ouvert, mieux nous nous sentons avec nous-mêmes. Le manque d'acceptation de soi, une piètre image de soi et autres sont souvent directement attribuables à la fermeture partielle de l'envers du sixième chakra. Le manque d'estime de soi peut éteindre ce chakra ; s'il est inhibé, il peut s'ensuivre de la dépression. Inversement, mieux nous nous sentons dans notre peau, plus ce chakra réagit en produisant des sentiments positifs.

**Attributs spirituels** — Montre à notre âme ce qu'elle a créé et ce qu'elle veut créer. Un envers pur s'ouvre à une lumière supérieure afin que nous puissions identifier nos véritables désirs et attirer les occasions de les voir se manifester.

**Applications thérapeutiques** — Problèmes d'une piètre estime de soi ou d'image corporelle; confusion au sujet de la voie à suivre, de nos choix et des avenirs potentiels, et incrédulité générale face à l'avenir. Au cours d'un décès ou d'une agonie, y compris la mort sous forme de transformation ou de perte, il se produit typiquement une fermeture nécessaire et prévisible dans ce chakra. Nous perdons le sens de la clarté à l'égard des perceptions de nous-mêmes et les choix se réorganisent.

**Symboles** — Toutes les images visuelles ; un fleuve, un sentier ou un voyage ; des représentations de la lumière, y compris le soleil, les arcs-en-ciel et les prismes.

***Le sixième chakra est le siège de la création de soi.***

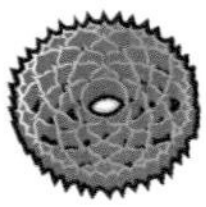

## *Septième chakra*

L'envers du septième chakra est situé à la fois nulle part et partout. C'est là que nous nous ouvrons à l'étincelle divine de la conscience et que nous en comprenons le sens. L'envers est le point d'accès grâce auquel nous pouvons nous connecter à tous les êtres de la Source divine, qu'ils soient physiquement vivants ou non. Il s'agit de l'artère qui nous lie à toute existence et à la vérité de notre propre existence. Par l'envers de ce chakra, nous véhiculons la kundalini dorée, l'élément vital de notre existence spirituelle. L'une de mes clientes m'a fait part du poème suivant après avoir découvert l'envers de son septième chakra :

*Ô chant de mon âme*
*chante-moi doucement,*
*élève ma voix en harmonie*
*pour qu'elle joigne le chœur des âmes*
*qui chantent autour de moi.*

**Emplacement** — Les plans supérieurs, là où toutes les dimensions et les zones de temps ne deviennent qu'une.

**Attributs physiques** — Il n'existe pas de caractères physiques à ce chakra, car il ne fait l'objet d'aucun jugement. Alors que les problèmes de l'endroit peuvent se manifester sous forme de préoccupations physiques, l'envers ne peut pas nous affecter physiquement. Toutefois, il demeure que nous ouvrir à ses énergies disponibles peut conduire à la guérison physique. Toute forme de manque d'harmonie ou de plénitude dans notre vie pourrait signaler une blessure de l'envers du septième chakra.

**Attributs mentaux** — Nous ouvre à l'étincelle divine de la conscience et aux croyances positives de l'univers au sujet de nous-mêmes. Quand nous croyons ne rien valoir ou lorsque nous craignons de perdre notre individualité au profit du grand Tout, il se peut que nous fermions l'envers du septième chakra. Pour garder ce portail ouvert, nous devons consentir à changer ces croyances ou à les laisser se transformer.

**Attributs affectifs** — Nous apporte un sentiment d'immobilité parfaite, comparable à celui que nous éprouvons dans la prière, la méditation ou le recueillement dans notre lieu personnel de prière.

**Attributs spirituels** — Nous aide à prendre conscience que tous les esprits sont égaux. Notre individualité demeure intacte, mais nous réalisons que l'unité est d'importance primordiale. La plupart des gens décrivent l'état de conscience à ce niveau comme une impression de « chez-soi ».

**Applications thérapeutiques** — Tout le monde peut bénéficier de la paix et de la tranquillité que ce niveau procure. Au plan le plus basique, travailler avec l'envers de ce chakra nous ouvre à un virage fondamental vers la conscience. Comme son point d'accès est situé dans le cerveau supérieur, travailler avec les énergies disponibles dans ce chakra peut changer radicalement nos perceptions et notre pensée.

**Symboles** — Tous les symboles de plénitude et d'unité, la lumière blanche, le cercle, la spirale, le halo.

***Le septième chakra est le siège de notre unité.***

### *Sommaire des fonctions de l'envers des chakras*

| Chakra | Croyance mentale | Composante affective | Processus physique | Perceptions spirituelles |
|---|---|---|---|---|
| **Premier** | Croyances de base au sujet du sens de la vie et de tout ce qu'elle a à offrir. | Point d'accès aux énergies qui déterminent nos sentiments ou réactions primaires aux sentiments des autres. | Siège de notre génétique et des réservoirs humains collectifs. | Le lieu où prendre conscience que nous sommes un modèle de l'expression de Dieu dans le monde physique. |
| **Deuxième** | Croyances à l'égard des sentiments. Sont-ils bons ou non ? Dois-je m'occuper de ceux des autres ou non ? | Renferme les modèles de nos corps de sensibilité et sert de point d'accès aux énergies qui nourrissent, appuient et guérissent nos sentiments. | Source de fluidité nécessaire pour garder le système ouvert et adaptable. | Point de reconnaissance des dualités de la vie. Renferme l'assistance dont l'âme a besoin pour vivre l'unité à travers la dualité. |
| **Troisième** | Croyances relatives à la réussite et aux possibilités ; centre des jugements au sens global ; lieu des prises de décision ; modèle intellectuel pour établir des objectifs et pour la réussite. | A trait aux sentiments relatifs au succès et à l'acceptation de soi. | Véhicule l'énergie universelle nécessaire pour réaliser nos objectifs. | Lieu clé ayant trait à la foi et à la confiance par opposition au doute et à la peur. |
| **Quatrième** | Croyances relatives à l'innocence et à la pureté ; le sentiment de mériter les désirs et besoins simples. | Nous ouvre aux activités et aux besoins qui créeront des sentiments d'amour et de bonne volonté. | Nous ouvre aux relations et aux rêves qui nous permettent de réaliser ce que nous voulons vraiment. | Lieu où l'amour inconditionnel réalise l'équilibre avec les lois conditionnelles basées sur la réalité. |

| Chakra | Croyance mentale | Composante affective | Processus physique | Perceptions spirituelles |
|---|---|---|---|---|
| **Cinquième** | Renferme des vérités inspirées, guidées ou conçues par soi-même. | Gouverné par les sentiments ; nous devons nous ouvrir à ce qui nous paraît bien et rejeter ce qui ne le semble pas. | Peut renfermer le germe de nombreuses maladies physiques ; point d'accès pour acquérir la guidance en vue de traiter les problèmes et préoccupations physiques. | Souvent perçu comme le « siège de l'âme » parce qu'il nous procure la guidance de notre âme et pour celle-ci (idéalement guidé par la Source divine). |
| **Sixième** | Visions et voies accessibles relatives à la collecte des croyances au sujet de l'image de soi. | Suivre notre vision juste assure des sentiments de haute estime de soi. | Nos visions et nos choix créent ultimement la réalité physique que nous manifestons. | En étant nous-mêmes à travers les yeux de la Source divine, nous nous ouvrons aux visions les plus vraies pour le soi. |
| **Septième** | Les croyances n'existent qu'au point d'accès physique réel ; celles-ci ont trait à la relation entre connaître le soi comme individu par rapport au soi comme membre d'un tout ; il n'y a pas de croyances à ce niveau, seulement l'état d'acceptation. | Nous y faisons l'expérience de ressentir la plénitude et l'harmonie, le point à partir duquel nous devons faire toutes nos évaluations ; le sentiment ultime à réaliser à ce niveau est la gratitude. | En devenant plus ouverts à faire partie du Tout, nos schémas de pensée et par conséquent notre bien-être physique peuvent s'orienter vers la santé parfaite. | Le lieu où toutes les âmes se réunissent et appuient l'objectif de l'individu dans la grande trame des choses. |

## L'ENVERS DES CHAKRAS EN ACTION

Comme nous sommes des humains, la plupart d'entre nous ne vivront pas assez longtemps pour voir le jour où tous nos chakras, surtout ceux de l'envers, fonctionneront pleinement.

La bonne nouvelle est qu'il n'est pas nécessaire d'attendre. Chaque fois que nous ouvrons ou guérissons l'envers d'un des chakras, même partiellement, nous créons du changement chez les autres, ceux de l'envers comme de l'endroit.

Chaque chakra est relié à tous les autres. Par exemple, le premier chakra canalise l'énergie qui nous garde en vie et en sécurité. Son envers accueille le matériel depuis l'ensemble de la matière. La connexion à mi-chemin transmet cette énergie par l'endroit, qui détermine notre action. La quantité d'énergie disponible et son orientation sont gouvernées par nos systèmes de croyances. Croyons-nous mériter l'abondance et l'amour ou sommes-nous coincés dans des croyances datant de notre existence in utero ? Ces croyances nous indiquent-elles avec insistance que nous ne sommes pas désirés et que nous ne méritons pas que nos besoins soient comblés ? Le degré d'ouverture ou de constriction dans l'ensemble de ce chakra se transmettra dans le deuxième. Si nous masquons les énergies qui sont entrées par l'envers du premier chakra, nous inhibons les énergies internes accessibles aux corps de sensibilité du deuxième chakra. Par conséquent, il nous sera alors difficile de traiter les énergies entrées par l'envers du deuxième chakra, ce qui affectera encore davantage nos corps de sensibilité.

Voyons l'évolution d'un problème à travers le système chakrique de l'endroit et de l'envers. Supposons que vous rencontrez quelqu'un avec qui vous aimeriez développer une relation. Un homme ou une femme qui vous plaît. Par l'envers du premier chakra, vous recevez l'énergie nécessaire pour nourrir votre attirance et votre désir. Si vous êtes complètement ouvert à ces sentiments, cette énergie de l'envers nourrit le comportement de l'endroit. Vous agissez et abordez cette personne.

L'action pousse l'énergie vers le deuxième chakra et stimule certains corps de sensibilité. D'abord, vous êtes enthousiaste, une version du bonheur. L'envers de ce chakra pousse l'énergie pour à la fois nourrir et tempérer cette excitation. Il peut, par exemple, utiliser l'excitation pour guérir votre manque de confiance en vous. Vous ressentirez peut-être de la confiance en vous, une autre forme de bonheur. Comme l'endroit du deuxième chakra est personnel et réceptif (plutôt que dans un mouvement extérieur), la réaction de l'endroit est l'ouverture à cette personne.

Cette énergie d'ouverture se propage au troisième chakra. L'envers fournit des idées sur la façon d'interagir avec l'objet de votre désir. Vous évaluez ces idées en les filtrant par les systèmes de croyances acquises et innées qui séparent l'endroit de l'envers des chakras. Éventuellement, vous décidez qu'il est possible d'aller de l'avant ; vous avez confiance de bien vous présenter.

Une fois la décision prise, votre énergie se déplace vers le cœur. Les fantasmes de l'envers de l'âme et du cœur entrent par l'envers du quatrième chakra. Comment vous sentez-vous face à cette personne ? Vous êtes de nouveau en train de travailler dans un chakra personnel, réceptif. Vous sentez la réaction de la personne à votre égard. Votre énergie s'ajuste alors au potentiel émotionnel de votre cœur et ce dernier envoie l'énergie vers le cinquième chakra.

Vous vous trouvez maintenant en face de la personne. Il est temps de dire quelque chose. Par l'envers de ce chakra, vous recueillez de la guidance de votre esprit et peut-être d'autres guides. Si ce chakra est clair, la guidance sera appropriée. Si vous vous accrochez à de vieux schémas, vous pourriez rater le contact. Si vous êtes relativement guéri et réceptif, vous exprimez alors en mots tous les sens, les sentiments et la guidance et vous parlez à la personne. L'un des désirs de votre cœur est d'aller skier et vous demandez donc à cette personne si elle aime le ski.

Cette personne dit oui ! Votre énergie passe dans le sixième chakra. Par l'envers de celui-ci, nous apercevons toutes les visions possibles de ce qui peut arriver. Songez-vous au ski alpin ou au ski de fond ? Une cabine rustique dans les Rocheuses ou un chalet dans les Alpes suisses ? Ces visions filtrent à travers les images de vous-même déjà programmées, nourries largement par l'énergie de votre deuxième chakra, qui est de l'excitation provenant de l'envers du sixième chakra. Vous choisissez finalement une issue désirée, laquelle est ensuite projetée vers l'extérieur par l'endroit du sixième chakra. Tous les chakras sous celui-ci sont maintenant activés et vous pouvez donc procéder. Allez-vous vous concentrer sur votre cœur et offrir un baisé du fond du cœur ? Allez-vous poursuivre la conversation ? Irez-vous plus loin en vous servant davantage de votre premier chakra ?

Ce que vous ferez sera idéalement choisi et gouverné par votre dernier chakra interne, le septième, qui cherche la raison d'être et l'unité. L'envers de ce chakra se lie non seulement aux esprits qui vous entourent en permanence, mais également à l'esprit supérieur de la personne en face de vous. Vous savez que si vous permettez la pleine expression basée sur votre estime personnelle supérieure, qu'importe ce que vous choisirez de faire ou de dire, cela vous servira personnellement de même que la relation amoureuse potentielle.

Bien entendu, ce scénario est une forme très simplifiée de la façon dont l'envers et l'endroit des chakras interagissent. Les perceptions erronées, les jugements, les désirs refoulés, les sentiments niés, les problèmes et les énergies des autres ne sont pas seulement entreposés dans le point de jonction entre l'endroit et l'envers. On peut aussi les trouver dans le corps aurique, à l'intérieur de l'âme, et presque n'importe où ailleurs. Si nous gardons à l'esprit que l'envers fonctionne suivant notre programmation inconsciente et l'endroit, selon notre programmation consciente, nous obtenons un assez bon portrait de la façon dont nous traitons l'énergie et prenons des décisions.

Le plus important consiste à nous en tenir au fait qu'on nous a tous donné la possibilité de vivre notre vie et non pas de l'éviter. Nous avons sans cesse le choix, la chance et les moyens dont nous avons besoin pour nous éclairer, guérir et nous transformer.

## DÉTECTER LES CHAKRAS

L'endroit et l'envers des chakras se rejoignent dans la colonne vertébrale, à l'exception du septième, lié au crâne. Des outils physiques peuvent mesurer la présence de ces chakras. Des communautés scientifiques et médicales en testent la présence au moyen des sons, des couleurs et des effets.

Vous pouvez trouver vos propres chakras au moyen d'un pendule. Celui-ci est composé d'un poids, comme une pierre ou un anneau, suspendu au bout d'une chaîne. Le pendule placé au-dessus d'un chakra se mettra à tourner à la manière du chakra lui-même, que ce soit sur son endroit ou son envers (voir figure 5.1).

Grâce à cette méthode, vous pouvez voir le flot de tous vos chakras internes, sauf l'envers du premier et du septième. L'envers du premier est situé dans une dimension inférieure. Vous ne pouvez pas le repérer avec un pendule ; la plupart des gens ne peuvent même pas le voir psychiquement.

L'envers du septième chakra s'ouvre sur une dimension supérieure, qui vibre trop vite pour qu'on puisse le repérer avec des outils techniques. En fait, ce chakra n'est même pas situé dans un lieu physique. Comme il nous connecte au moi supérieur et à celui des autres, il est hors du continuum espace-temps. La seule façon de connaître ou de comprendre l'envers du premier ou du septième chakra consiste à en faire l'expérience.

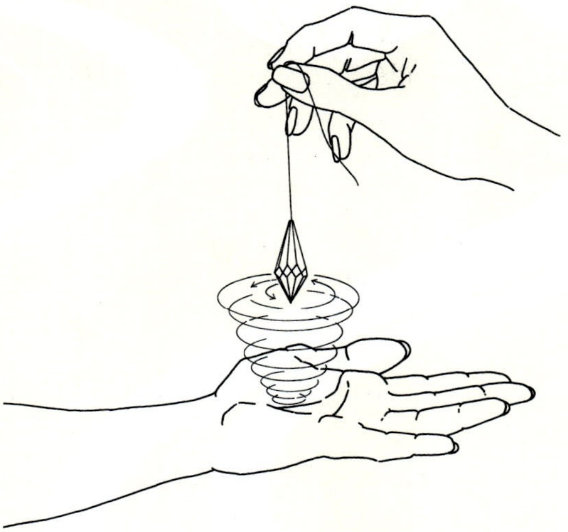

***Figure 5.1 : Détecter les chakras au moyen d'un pendule***

## EXERCICE :
## TRAVAILLER AVEC VOS CHAKRAS INTERNES

Demandez à quelqu'un de vous aider pour cet exercice.

**A.** Après vous être allongé sur le ventre, demandez à la personne de vous guider dans un état méditatif. Permettez-lui de placer une main sur l'envers de chaque chakra. Concentrez-vous sur une zone à la fois. Pour chaque point que vous ressentez, répondez aux deux questions suivantes :

- Que puis-je recevoir en ouvrant ou en guérissant ce chakra ?
- Qu'est-ce qui empêche ce chakra de fonctionner pleinement ?

**B.** Puis, demandez au chakra d'agir comme s'il était guéri. Voyez comment vous vous sentiriez s'il était véritablement guéri. Exprimez votre expérience à la personne présente.

# Chapitre 6

## Le champ énergétique autour de vous

Vos vêtements vibrent constamment. Les particules d'énergie dans l'air que l'on respire et dans l'eau que l'on boit circulent sans cesse. Les cellules de la peau, des glandes, du cerveau et des yeux — ainsi que nous-mêmes par rapport à notre emploi, nos relations personnelles et autres — sont toujours en train de danser avec la mort, comme Kurt Vonnegut aime définir la vie.

La vie est mouvement. La vie est une danse. Ce dynamisme constant engendre sans cesse du changement. Même si nous pouvions crier «arrêtez» et convaincre la matière de stopper sa valse sans fin, nous ne parviendrions pas à créer l'immobilité. Longtemps après qu'un objet a cessé de bouger, il continue de vibrer et de s'adapter au changement qu'il vient de créer. Je me rappelle une observation faite par mon très jeune fils à l'occasion d'une visite dans un parc naturel. Lui et ses camarades s'étaient extasiés durant des jours au sujet d'une salamandre morte. «Maman, elle bougeait encore! Même si ses tripes avaient été arrachées!»

Chaque composante de notre champ énergétique circule constamment. Le premier chakra pulse à son propre rythme tandis que le deuxième évolue avec le sien. Des particules de matière physique et psychique vont et viennent. Nos sentiments reflètent nos pensées qui à leur tour réagissent à nos besoins. Compte tenu de toutes ces fluctuations et de tous ces rythmes, il est étonnant que nous puissions interagir comme une entité intacte, mais c'est pourtant le cas.

Dans le présent chapitre, nous nous concentrerons sur le champ aurique, le champ énergétique humain qui interpénètre et enveloppe le corps. Dans le chapitre suivant, nous parlerons de quelques autres champs énergétiques, ou corps énergétiques reliés, afin de vous offrir un portrait complet de tout ce qui vous entoure.

## L'AURA

L'une des raisons pour lesquelles nous sommes intacts est qu'un champ énergétique émane de nous et nous enveloppe. Souvent appelé champ énergétique humain ou aura, il s'agit du principal champ d'énergie qui nous sépare de l'environnement et nous y lie en même temps.

Tous les objets animés ont une aura; certains croient que les objets inanimés en ont une également. L'aura est décrite de toutes sortes de façons : on parle d'une lumière émanant du corps aussi bien que d'un champ de force ou d'un champ énergétique universel. Quoi qu'il en soit, l'aura est un corps ésotérique composé d'énergie matérielle et joue le même rôle de porte battante que nos chakras.

Le corps aurique lui-même comprend plusieurs plans. Certains vibrent à haute fréquence et par conséquent réagissent à nos besoins spirituels. D'autres vibrent à basse fréquence et sont ainsi responsables de nos besoins matériels. Ces derniers sont les plus faciles à voir ou à sentir à l'extérieur de notre corps physique. En se référant à la théorie de la relativité d'Einstein, Barbara Ann Brennan pense que la matière et l'énergie sont interchangeables et que « la matière est simplement de l'énergie ralentie ou cristallisée[1]. »

Les plans auriques inférieurs et supérieurs interagissent avec leurs contraires. De plusieurs façons, le véritable rôle des couches de basse fréquence consiste à convertir le mana spirituel en matière physique, tandis que la fonction des couches de plus haute fréquence est de transmuter la matière physique en énergie spirituelle.

De nombreux médiums différencient les corps ésotériques de la manière suivante : l'aura se trouve à l'extérieur du corps tandis que les chakras sont à l'intérieur. Bien que cette théorie puisse nous aider sur le plan conceptuel, elle ne nous dit pas tout. La nature ne distingue pas vraiment l'intérieur de l'extérieur des choses. Les chakras sont des unités holistiques qui se lient aux couches de l'aura, interagissent avec celles-ci et contribuent à les former. Ces couches auriques sont également des unités holistiques. L'aura dans son ensemble comprend les chakras et tous les autres aspects

1 Brennan. *Hands of Light*, p. 24.

de notre être. C'est également une sous-unité du moi énergétique parce que ses principales fonctions nous permettent d'interagir avec notre environnement ainsi qu'avec les dimensions physique, mentale, émotionnelle et spirituelle qui entrent constamment en jeu avec notre être (voir figure 6.1).

### *Une matrice*

Plutôt que de considérer l'aura comme des bandes ou couches d'énergie, il est plus approprié de la percevoir comme une matrice. Les lignes de celle-ci se croisent pour former une grille. Cette grille pourrait être perçue comme un corps énergétique entièrement différent qui incorpore le corps physique tout en se fixant sur des points à l'intérieur de celui-ci. Elle pourrait également être perçue comme un prolongement ou une sous-unité d'une grille beaucoup plus vaste, celle qui relie tous les êtres entre eux, à la nature et à l'univers.

Lorsque nous nous rappelons que nous fluctuons constamment, tout comme chaque aspect de notre être et les aspects de chacun et de chaque chose, nous pourrions nous demander pourquoi nous ne nous désintégrons pas de tout ce changement.

« Tout ce changement » est précisément la raison pour laquelle nous avons une aura. Ce champ énergétique établit notre entité individuelle qui nous lie à des forces plus grandes. Elle procure la forme et la substance tout en nous aidant à rester souples. Les lignes de la matrice qui composent le corps aurique fonctionnent comme un casse-tête point-à-point, reliant telle particule subatomique à tel organe, cet organe au cerveau, notre cerveau à la peau, la peau aux conditions climatiques, l'environnement immédiat au soleil et le soleil à ses semblables planétaires. L'aura fonctionne à la manière d'une peau pour nous protéger d'être trop influencés par le changement extérieur. Elle travaille aussi comme un ordinateur pour réguler notre système énergétique, afin que nous puissions réagir au changement autour de nous. L'aura détecte ce qui se passe à des millions de kilomètres autant que ce qui se produit au cœur des plus infimes particules de nos cellules.

### *Les quatre rôles de l'aura*

Habituellement, notre matrice, ou champ énergétique aurique, remplit ses rôles automatiquement. Toutefois, nous aurions intérêt à comprendre consciemment notre aura et ses quatre principaux rôles :

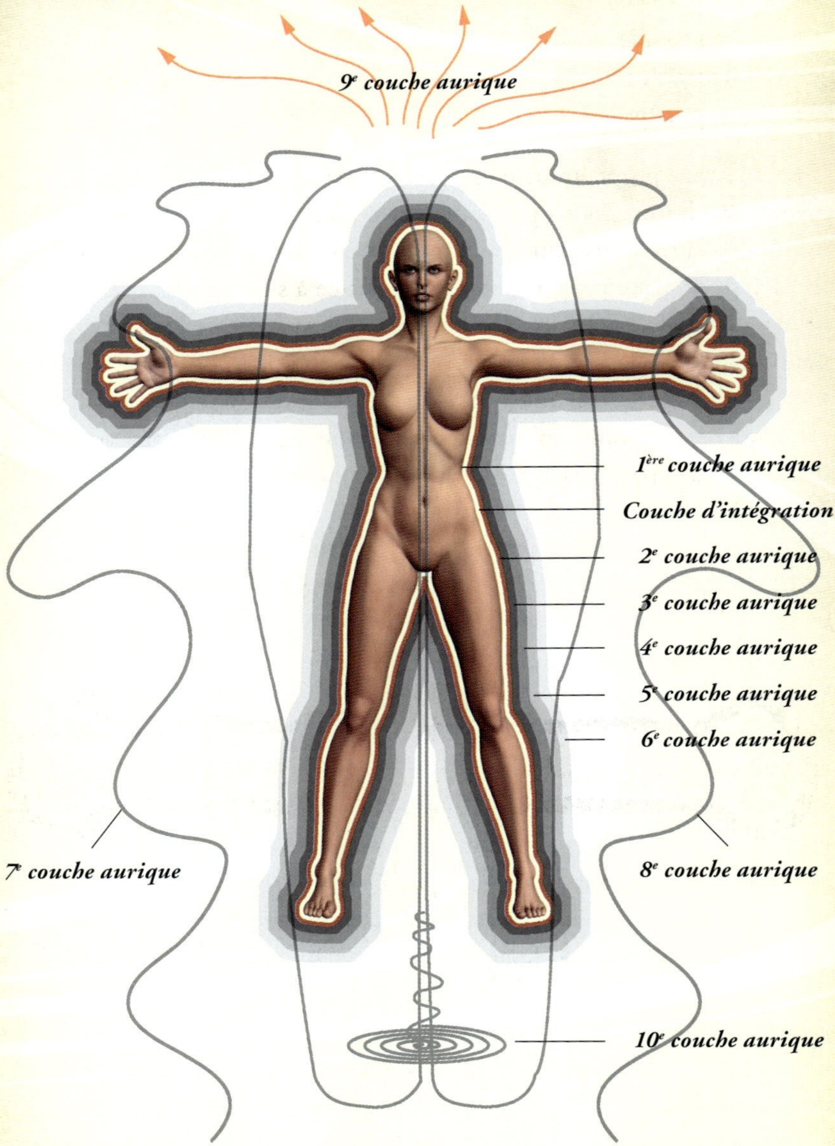


**Figure 6.1 : Les couches de l'aura**

- Elle prévoit
- Elle s'adapte
- Elle réagit
- Elle protège

Le caractère prophétique de l'aura a trait à sa capacité de saisir des problèmes ou des occasions possibles. En remarquant les fonctions d'adaptation de l'aura, nous pouvons déceler ce qui nous affecte et prendre des décisions sur la façon de nous adapter. Grâce à sa nature qui réagit, nous repérons la maladie, les troubles mentaux, les systèmes de croyances inappropriées, des sentiments trop actifs ou niés, les problèmes d'origine familiale, les difficultés relationnelles, les préoccupations professionnelles et les fausses perceptions spirituelles. En travaillant avec le rôle protecteur de l'aura, nous pouvons apprendre à mieux prendre soin de nous-mêmes.

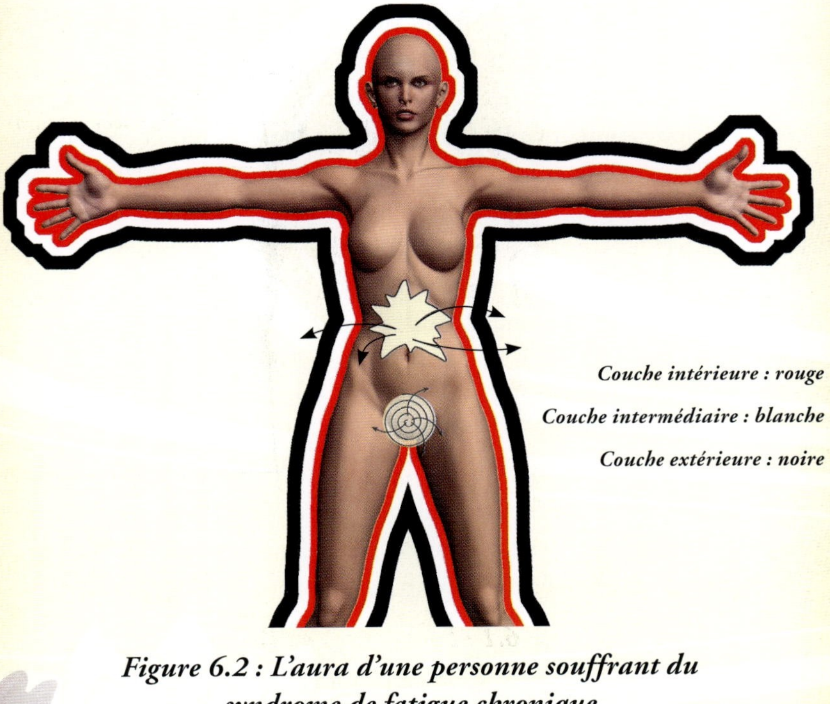


***Figure 6.2 : L'aura d'une personne souffrant du syndrome de fatigue chronique***

Le travail que j'ai réalisé avec les personnes atteinte du syndrome de fatigue chronique illustre vraiment bien les quatre rôles de l'aura. Au moyen de ma vision intuitive, je peux repérer les personnes atteintes en observant leur aura, parce qu'elles n'en ont presque pas. En moyenne, l'aura des individus en bonne santé peut s'étendre jusqu'à deux mètres autour de leur corps. L'aura d'une personne souffrant de fatigue chronique est collée à sa peau. Chez ces individus, j'aperçois typiquement une fine couche rouge sur la peau, à l'intérieur ou juste au-dessus, puis une fine bande blanche, et enfin une bande noire plus épaisse par-dessus (voir figure 6.2). Cette bande noire semble fonctionner à la manière d'un trou noir. Elle absorbe l'énergie extérieure, mais la retient, ce qui ne procure ni stimulation ni soutien au moi physique. La bande blanche représente selon moi un grave malentendu au sujet de la spiritualité. J'ai découvert que ce malentendu vient presque toujours d'une vie antérieure ou d'un ancêtre de la vie actuelle, et qu'il a été revécu dans l'enfance. La bande rouge est l'énergie de la force vitale de la victime. Pour une raison quelconque, la vie a été perçue comme trop douloureuse pour permettre à cette énergie de circuler dans le corps.

Ceux qui souffrent de fatigue chronique n'ont pas la protection aurique nécessaire pour combattre le stress, car tout leur champ énergétique est comprimé dans ces trois bandes d'énergie. Alors que les personnes dont l'aura est saine rejetteront la négativité et permettront aux toxines de s'échapper par les diverses couches auriques. Chez une victime de fatigue chronique, la bande noire absorbera toute la négativité et la retiendra comme le ferait un trou noir. Dans un système sain, l'énergie rouge est d'abord retenue à l'intérieur du corps, ce qui stimule la résistance physique et la capacité de réaction. La personne qui souffre de fatigue chronique, dans une tentative de se protéger, met cette énergie rouge à l'extérieur d'elle-même et ne peut donc faire appel à sa force intérieure au besoin.

Une aura normale s'occupe de l'adaptabilité et de la souplesse. En cas de fatigue chronique, les couches sont rigides, ce qui fait que les facteurs de stress externes ou internes ne peuvent pas circuler. La victime est en lutte énergétique perpétuelle et par conséquent constamment épuisée. Enfin, la personne qui souffre de ce syndrome ne bénéficie pas du cadeau aurique qui consiste à pouvoir prévoir. Une aura saine dépasse le moi et peut entrevoir les possibilités futures parce que certaines de ses couches s'étendent jusqu'à d'autres dimensions. Les autres couches puisent dans les chakras, nos réservoirs d'expériences, afin d'en tirer la sagesse nécessaire pour faire les ajustements en vue d'événements éventuels. Les personnes souffrant de fatigue chronique, étant confinées dans une enveloppe trop étroite, ne peuvent tout simplement pas ressentir ces possibilités. C'est ainsi qu'elles deviennent épuisées par les séries d'imprévus de la vie. (Voir le chapitre 17 pour savoir comment les corps énergétiques apparaissent en présence de diverses maladies.)

Manifestement, il est important d'avoir une aura saine, et lui permettre de remplir ses quatre rôles est vital. Alors, qu'est-ce que l'aura, exactement, et comment est-elle construite ?

## LES COUCHES DE L'AURA

L'aura est une matrice qui nous emboîte dans les matrices plus vastes de nos environnements intérieur et extérieur. Dans un champ énergétique, l'aura comprend diverses unités habituellement appelées couches auriques qui s'entrelacent avec les chakras, les points énergétiques et le corps lui-même. Chacune de ces couches ou unités de la matrice possède une dimension physique, mentale, émotionnelle et spirituelle de même qu'une raison d'être. Comprendre chacune de ces couches peut nous aider à vivre la vie que nous souhaitons.

De nombreux noms ésotériques sont associés aux couches auriques. Il y a également de nombreux spécialistes et systèmes auriques, ce qui cause des désaccords sur la quantité de couches. Les idées perpétuées par ce système seront conformes aux autres, mais différentes, car je présenterai chaque couche de façon simplifiée en insistant sur le lien entre celle-ci et le chakra qui y est le plus souvent associé.

Je crois qu'il y a neuf couches de base ou modèles de matrice dans le système aurique, deux autres plus ou moins tangibles au-dessus de celles-ci, et une douzième couche équivalant au douzième chakra. Avec mes clients, je travaille avec les neuf couches de base. Pour décrire ces neuf premières couches, je me sers simplement de chiffres puis j'offre une étiquette cohérente avec les autres systèmes métaphysiques.

***Première couche aurique***

J'associe la première couche aurique au premier chakra ; par conséquent, ses fonctions sont similaires. Elle protège, identifie et consolide notre conscience physique.

La plupart des métaphysiciens associent la première couche aurique au corps éthérique, qu'ils perçoivent comme se situant près de la peau. Je crois pour ma part que la première couche aurique *est* la peau. Chaque fois qu'un client est aux prises avec des problèmes de sécurité de base, de protection et de frontières, de vie et de mort ou de peau ou d'apparence, je travaille avec la première couche aurique ou j'encourage cette personne à travailler avec quelqu'un qui, directement ou indirectement, fait la même chose. Il peut s'agir de chiropraticiens, de médecins, d'acupuncteurs, de guérisseurs, de massothérapeutes, d'entraîneurs personnels ou autres spécialistes de l'exercice, ou encore quiconque interagissant avec le corps.

La peau garde à la fois notre intérieur à l'intérieur et notre extérieur à l'extérieur. Elle régit également l'interaction entre les deux. La matrice énergétique associée à cette couche aurique assure la même fonction. Elle crée une forme dans laquelle abriter notre esprit pendant que nous sommes sur ce plan et nous aide à refléter la vérité de notre esprit au reste du monde. Pour réaliser cette dernière fonction, elle aide notre peau à enregistrer nos expériences de vie, refléter nos sentiments et conserver un espace physique.

Rappelez-vous que l'aura n'est pas séparée du corps. Cette association est le plus clairement illustrée par les fonctionnements de la première couche aurique. Celle-ci est la peau et les aspects du corps physique. Je considère le schéma de la matrice, associé à l'endroit du chakra, comme étant le même que celui de la peau. Celui qui est associé à l'envers du chakra est lié ou fait une boucle à une fréquence inférieure de la matière, de laquelle il tire de l'énergie matérielle pour préserver les frontières nécessaires à la vie quotidienne et à la vie tout court.

Le fait de considérer la peau comme une couche aurique s'est révélé pertinent pour travailler avec un patient atteint de psoriasis. Il en avait sur tout le corps et avait essayé toutes les méthodes thérapeutiques cliniques et médicales disponibles. En voulant lui offrir un aperçu, la seule image que j'ai pu obtenir était celle d'un nourrisson qui attendait désespérément que sa mère le prenne dans ses bras. Il a confirmé, qu'à sa connaissance, sa mère l'avait rarement pris dans ses bras et que même maintenant, elle ne le serrait jamais contre elle. Je crois que l'absence de tendresse maternelle avait empêché la première couche aurique de mon client de recevoir un modèle approprié.

D'humeur changeante et souvent émotif, il correspondait au profil réactif d'une peau mince. Sa peau s'est améliorée chaque fois qu'il commençait à orienter ses problèmes et ses sentiments sur son enfance. Malheureusement, juste au moment où son psoriasis avait presque complètement disparu, il a décidé qu'il n'avait plus besoin de faire face à ces problèmes et a choisi de se concentrer sur d'anciennes relations amoureuses. Son problème de peau a aussitôt refait surface.

**Emplacement** — La peau (voir figure 6.3).

**Attributs physiques** — Régule tous les besoins physiques de la peau, le plus grand organe du corps.

**Attributs mentaux** — Peut refléter des croyances au sujet du mérite, de la sécurité, de l'identité, de la sexualité et autres.

**Attributs affectifs** — Enregistre les sentiments primaires sur la peau et par l'intermédiaire des réalités concrètes liées au premier chakra, comme le besoin de se loger, d'être aimé et soutenu. Ces sentiments comprennent la colère, la peine, la rage, la frayeur, la joie, la douleur, la culpabilité et la honte. Les anomalies physiques comme l'acné, le psoriasis et le zona peuvent signaler un problème dans le premier chakra (souvent émotionnel) et qui se reflète sur cette première couche aurique.

**Attributs spirituels** — Nous lie à la réalité concrète par l'endroit du premier chakra. L'envers se lie dans la première matrice aurique et ramène nos croyances cachées ou apprises au sujet de la Source divine et de notre relation avec celle-ci. Si nous lions notre première matrice aurique à un modèle spirituel, comme le modèle éthérique décrit au chapitre suivant, nos préoccupations immédiates en seront grandement améliorées.

**Applications thérapeutiques** — Il est sage de se rappeler que le premier chakra renferme notre programmation de base, y compris celle de notre système de croyances provenant de la famille. Les maladies ou problèmes de peau peuvent avoir leurs racines dans notre système familial. Des ennuis matériels, des questions impératives de vie ou de mort, des préoccupations relatives à la sécurité ou à la sexualité peuvent suggérer les mêmes causes. Ces événements peuvent aussi indiquer que la matrice aurique connectée à l'envers du premier chakra est

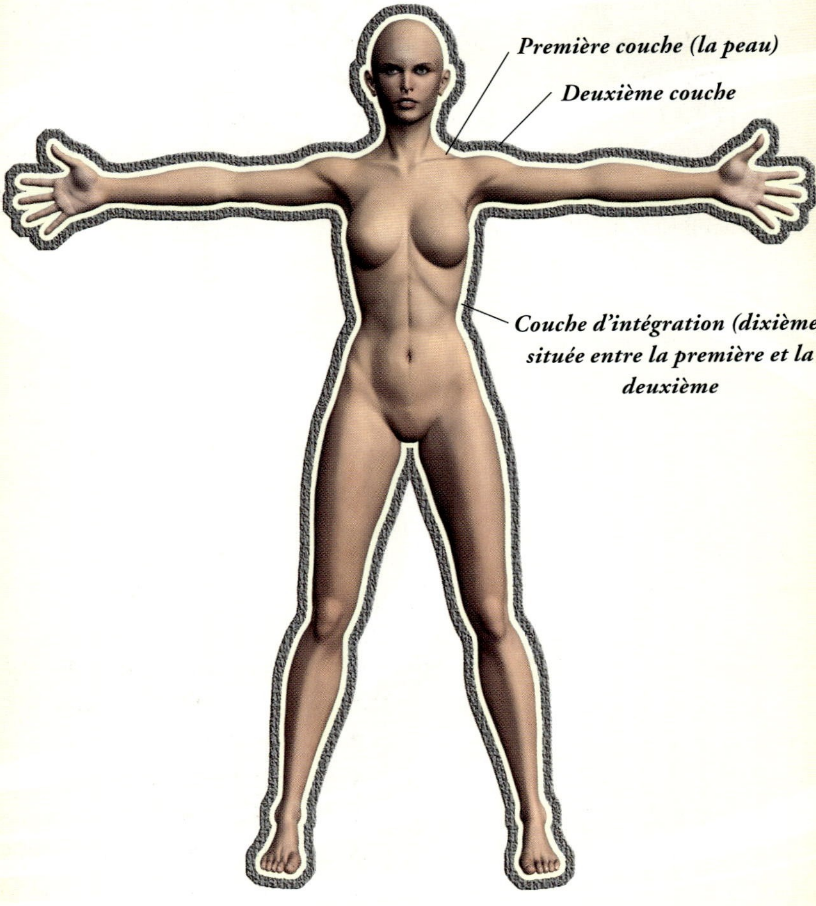


*Figure 6.3 : La première couche, la deuxième et la couche aurique d'intégration*

influencée par des croyances spirituelles fondamentales. Même s'il est possible de se servir de symptômes négatifs pour nous aider à repérer les causes et à les éliminer, on peut aussi choisir une approche préventive. Si nous consentons à chercher franchement, à assumer et à transformer notre identité et nos croyances essentielles, le champ aurique peut favoriser la réussite, la santé et le bonheur, car il se connecte aux univers physique et matériel.

Une autre situation clé susceptible d'influencer la première couche aurique ou d'en être guérie touche les problèmes d'abus dans l'enfance. Ceux-ci, qu'ils soient de nature émotionnelle, physique, spirituelle ou mentale pour la victime peuvent se refléter sur la peau ou dans l'apparence d'une personne (problèmes de poids ou d'hygiène). Rappelez-vous cependant que cette couche aurique possède un schéma de matrice non matériel aussi bien que matériel. Les schémas de mauvais traitements dans l'enfance peuvent aussi se refléter dans des aspects extérieurs, comme le mode de vie, le choix des vêtements, la carrière, l'argent et d'autres manifestations de survie.

### *Deuxième couche aurique*

La deuxième matrice aurique relie notre réalité affective interne aux événements, expériences ou personnes extérieurs qui favorisent ou provoquent nos états d'âme.

La plupart des spécialistes ésotériques nomment cette deuxième couche le corps émotionnel. Tant pis pour la sémantique, mais je pense qu'il est crucial de définir l'émotion. Les émotions se forment lorsqu'une forme de pensée rejoint un corps de sensibilité ou une partie de celui-ci. D'autres cultures cultivent cette croyance, comme les Kahunas hawaïens décrits par Serge King. « Pour les Kahunas, l'émotion est plus qu'un sentiment ; c'est le mouvement du mana (l'énergie) dans le corps, accompagné d'une pensée spécifique[2]. » Une forme de pensée, c'est précisément cela, une idée, un concept ou une pensée originale. Habituellement, les pensées sont composées d'un assemblage de croyances qui se réunissent pour créer un idéal. En elles-mêmes, les formes de pensée sont des énergies pures qui quittent notre psychisme une fois qu'elles y sont enregistrées. Un corps de sensibilité, en revanche, ressemble à une amibe. Chaque forme renferme un sentiment. Nous devrions naître avec des corps de sensibilité intacts.

---

2 King. *Kahuna Healing*, p. 63.

J'ai commencé à travailler avec les corps de sensibilité lors d'un séjour au Japon auprès d'un guérisseur. Il m'avait abordée dans la rue et avait tapoté mon abdomen. Mon mari et notre guide n'étaient pas là ; j'étais enceinte et je me sentais plutôt effrayée et vulnérable. L'homme a formé un petit cercle à l'aide du pouce et de l'index tout en tapotant mon ventre. Un cercle a suscité un sourire, mais un autre, un froncement des sourcils, et encore un autre, des yeux grand ouverts de frayeur. Au bout d'un moment, j'ai commencé à comprendre qu'il parlait des sentiments de mon bébé. Graduellement, j'ai pu voir ou imaginer ces corps de sensibilité. Depuis, j'ai vu bon nombre de mes élèves et clients travailler avec cette idée à leur grand avantage.

Dans sa forme la plus pure, la deuxième couche aurique ne comporte pas de formes de pensée, lesquelles sont souvent liées aux jugements, croyances et préjugés. Les couleurs ou reflets de nos sentiments peuvent et devraient être exprimés par cette bande aurique. Je connais de nombreux guérisseurs et médiums qui examinent cette couche pour évaluer l'état émotionnel d'un client. Carol Dryer, une médium établie à Los Angeles, dit qu'elle peut deviner la réaction d'un client par la façon dont les couleurs changent dans le champ aurique. « Par exemple, si le champ devient brumeux, je sais qu'il ne comprend pas ce que je lui dis[3]. »

En général, le rôle de cette couche consiste à la fois à nous protéger contre les énergies extérieures susceptibles de blesser nos sentiments et à enregistrer les réalités extérieures en éveillant ou neutralisant certains sentiments.

Je compare souvent la deuxième matrice aurique à une composition musicale. Nos corps de sensibilité sont latents en nous, chacun semblable à une note colorée. Lorsque nous percevons une menace, la couche qui croise l'endroit du chakra touche le sentiment de peur. La deuxième couche peut alors frapper une note différente dans l'envers du deuxième chakra, nous donnant les énergies pour rétablir l'équilibre du système. Cette couche aurique joue les notes nécessaires, à l'intérieur et à l'extérieur de nous, afin de nous exprimer sur le plan créatif et émotionnel de façons qui correspondent à notre nature de base.

Cette couche est souvent dysfonctionnelle à cause des nombreux trous, sentiments niés ou refoulés et autres anomalies dans notre système.

---

3 Talbot. *L'univers est un hologramme.*

**Emplacement** — Suit à peu près le contour du corps au-dessus du dixième champ aurique, croisant l'endroit et l'envers de chaque chakra et faisant saillie autour du deuxième. La couleur de cette couche varie d'une personne à l'autre et dépend de la composition de sa nature de base et de sa programmation. Lorsqu'il est guéri, ce champ aurique tend à être fluide et pâle, et il brille quand nous sommes heureux et contents (voir figure 6.3). Il étincelle chez une femme qui commence une grossesse ou qui est très féconde.

**Attributs physiques** — Nous lie à des énergies qui alimentent nos sentiments et nous débarrasse des déchets. Les sentiments nous nourrissent. Ils fournissent l'énergie pour réagir et agir de façon appropriée. Les sentiments nous disent aussi ce qui se passe dans notre vie. Si les chakras, notre comportement et le champ aurique font bien leur travail, nous sentirons la fluidité et l'énergie nous parcourir. Dans le cas contraire, toutes sortes de problèmes surgiront, surtout ceux associés au deuxième chakra. J'examine ma propre couche du deuxième chakra ou celle d'un client éprouvant des difficultés reliées à la codépendance, des maladies dues au stress, de mauvaises relations personnelles et des problèmes de créativité, comme le blocage de l'écrivain devant une page blanche.

**Attributs mentaux** — Presque tout le monde a des perceptions erronées concernant la valeur de certains sentiments. Ces préjugés peuvent fausser le champ aurique et nous rendre vulnérables à des déséquilibres et à des situations négatives, ou simplement désorientés et à court d'énergie. Affirmer ses sentiments face aux autres contribue à conserver le deuxième champ aurique en bon état et fonctionnel.

**Attributs affectifs** — Nous connecte à tous les sentiments déjà éprouvés ou qui dorment en nous. Le deuxième champ aurique nourrit et soigne nos corps de sensibilité et nous protège des sentiments qui ne nous appartiennent pas. Des trous dans cette couche peuvent nous rendre vulnérables aux dommages des sentiments des autres, ou nous inciter à retenir les sentiments qui entrent en nous. Juger des sentiments peut nous amener à refouler nos sentiments. Des sentiments accumulés forment des murs dans le deuxième champ aurique. Nous croyons que ces murs nous protègent, alors qu'en fait, ils nous empêchent de permettre à nos sentiments de nous protéger.

**Attributs spirituels** — Nous garde vivants et connectés à nos réactions franches, parce que les sentiments expriment nos vérités et nettoient notre champ aurique.

**Applications thérapeutiques** — Bon nombre de gens sont conscients du lien entre les sentiments et la maladie. Des sentiments entreposés, niés ou refoulés s'accumulent dans le corps physique. Des décolorations, des saillies anormales ou une apparence difforme dans le deuxième champ peuvent indiquer soit une surabondance de certains sentiments, soit le contraire. Ces problèmes peuvent aider à diagnostiquer une anomalie physique présente ou en prédire une éventuelle. Les situations abusives peuvent également affecter grandement ce champ aurique. L'abus sexuel, verbal, physique ou émotionnel ou la négligence blesse souvent ou même déchire le deuxième champ aurique.

Parfois, une personne sensible sur le plan intuitif peut repérer des problèmes d'abus en déchiffrant le deuxième champ aurique. Une approche plus sûre consiste à travailler les problèmes apparents dans ce champ au moyen de techniques comme la guérison par les mains, afin de permettre au client de se souvenir ou de diagnostiquer lui-même ses problèmes. Les thérapeutes et autres professionnels de la santé mentale aident souvent leurs clients à identifier et à comprendre leurs sentiments, à libérer ceux qui sont bloqués, de même que ceux qui ne leur appartiennent pas, permettant ainsi de renouveler et d'illuminer la deuxième couche aurique. L'efficacité de leur travail dépend habituellement de l'ampleur de leur implication relativement à leurs propres sentiments.

### *Troisième couche aurique*

Plus communément appelée le corps mental, la troisième couche aurique est reliée au troisième chakra. Sa forme est beaucoup plus définie que la couche des sentiments. Psychiquement, les lignes de cette matrice sont généralement très apparentes.

Les schémas de notre troisième matrice sont déterminés par nos aptitudes et nos dons intellectuels uniques reçus à la naissance ou acquis par la suite; notre éducation et nos jugements, de même que nos préjugés innés et forgés. Le corps aurique mental s'étend vers l'extérieur à partir du troisième chakra. Il culmine comme un mur ou champ mental autour de nous. Ce champ mental personnel se lie à celui des autres, créant un réseau holistique de données qui s'étend au-delà de notre continuum espace-temps actuel. Cela peut expliquer l'effet de propagation ou le « syndrome du centième singe ». Il semble que les comportements ou connaissances deviendront soudainement choses courantes lorsque suffisamment d'animaux ou de gens commenceront à accomplir les mêmes actes ou à avoir les mêmes pensées. Peut-être que ce syndrome se produit lorsqu'un nombre suffisant d'individus se connectent par l'intermédiaire de la troisième couche aurique. Grâce à elle, nous pouvons puiser dans un corps interdimensionnel de connaissances qui peuvent nourrir le corps, l'esprit et l'âme des idées nécessaires pour générer le bien-être et la réussite.

Il est important de comprendre que nous avons un esprit et pas seulement un cerveau. Par le troisième chakra et la couche aurique qui y est associée, nous pouvons puiser dans des constructions et des données qui nous sont nécessaires. Nous sommes beaucoup plus que nous semblons être en surface. Deepak Chopra, un médecin holistique renommé, décrit le soi comme « notre intelligence consciente » et explique que « l'intelligence n'est pas seulement dans la tête ». Il dit que l'expression de l'intelligence se produit au niveau des cellules, avec les systèmes hormonaux et les anticorps qui régissent les fonctions essentielles de l'organisme. « Quoique ces expressions de l'intelligence puissent être localisées, l'intelligence, elle, ne l'est pas. Elle imprègne chaque niveau de son expression ; elle est omniprésente en nous et universelle par nature. L'intelligence, c'est l'esprit... et sa portée embrasse le cosmos[4]. » Typiquement, la couche aurique mentale est jaunâtre, même si ses colorations, sa luminosité et ses modèles changent suivant les circonstances. Par exemple, certaines bandes de la troisième matrice brillent davantage quand quelqu'un réfléchit profondément. De même, cette couche aura tendance à se renforcer avec l'usage.

Au cours de mes voyages, j'ai remarqué des différences marquées dans la couleur générale de cette couche aurique, d'une culture à l'autre. De nombreux Américains caucasiens, Européens du Nord et Juifs semblent avoir une troisième couche aurique à prédominance jaune. Le jaune est la couleur de la rationalité, de la pensée et de la clarté, des attributs valorisés par ces nationalités. Le champ mental chez certaines nations indiennes et pakistanaises a une nuance bleutée ou mauve. Au Pérou, les chamans que j'ai rencontrés avaient une aura constellée de rouge et de vert vifs. En observant des cérémonies nord-amérindiennes, j'ai détecté du turquoise,

4 Chopra, *Vivre la santé.*

du doré, du blanc ou du rouge foncé, suivant les tribus. Dans tous les cas, les nuances de ces couleurs restaient longtemps après. Au Japon, j'ai décelé des particules d'argent. Différents groupes ethniques, différentes cultures puisent probablement dans différents points de conscience de l'esprit du groupe. Apprendre à communiquer avec les points de conscience, par l'intermédiaire de lectures, d'apprentissage et de voyages, ne peut qu'augmenter vos propres prises de conscience.

Lorsque nous dormons, l'aspect du devant de la matrice semble s'éteindre alors que l'arrière commence à luire. Au cours du sommeil, notre esprit commence à rejoindre les leçons de notre inconscient. Nous puisons dans ce corps universel de connaissances et d'apprentissage. Le champ aurique qui se connecte à l'envers du troisième chakra nourrit l'envers de tous les autres, pour contribuer à en retirer les perceptions erronées et à révéler l'information nécessaire. Certaines des idées que nous avons durant le sommeil viennent de l'ouverture que nous expérimentons alors que notre réalité consciente est en suspens.

**Emplacement** — Émane surtout depuis l'endroit et l'envers du troisième chakra. La troisième couche ressemble à une matrice ou à un réseau qui circule au-dessus et à travers la deuxième couche aurique, se connectant au champ mental interdimensionnel qui nous enveloppe (voir figure 6.4).

**Attributs physiques** — Aide à nous ouvrir à l'énergie, aux idées, aux concepts et aux notions qui influencent notre vie physique, en particulier les systèmes digestif et métabolique. Cette couche peut nous fournir les idées et la clarté nécessaires pour réussir.

**Attributs mentaux** — Nous lie éventuellement au stockage infini et au traitement des données, de l'information et des concepts. Cette couche aurique est le premier point d'opération. En observant psychiquement ce champ, nous pouvons voir l'ampleur des connaissances de base du sujet et déterminer son niveau de confort à l'égard de sa capacité d'apprendre et de recevoir de l'information. Les préjugés, les partis pris et les fausses perceptions apparaîtront comme des points tordus, des décolorations ou des lignes de matrice intermédiaires, un schéma incomplet et autres anomalies du genre.

**Attributs affectifs** — S'interconnecte avec la première couche par l'intermédiaire de la deuxième. Ce croisement avec la couche aurique des

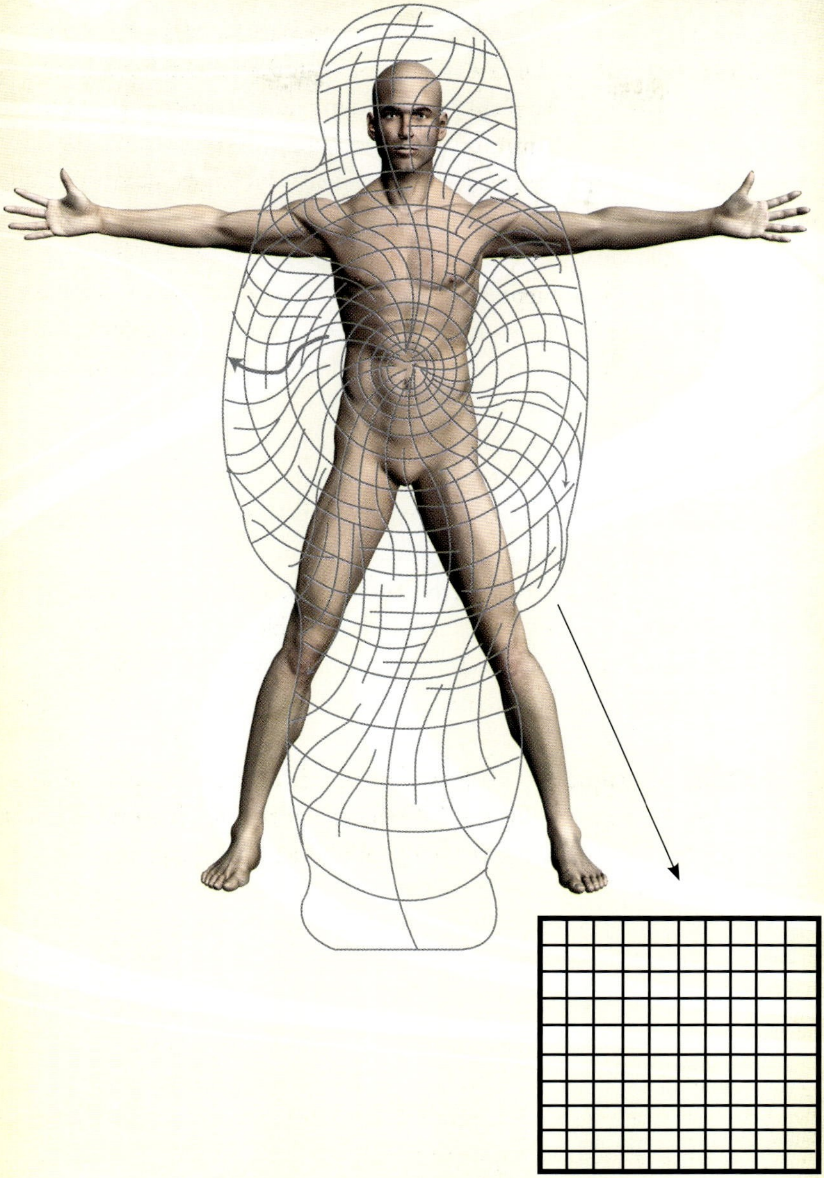

**Figure 6.4 : La troisième couche aurique**

sentiments contribue à la création d'une émotion, qui est une pensée combinée à un sentiment. Lorsqu'une pensée et un sentiment sont réunis, nous sommes propulsés dans le mouvement.

**Attributs spirituels** — Aide à nous ouvrir aux structures, idées, explications et à l'assistance pour réaliser notre raison d'être. L'expression « Vous êtes ce que vous pensez » n'est peut-être pas entièrement vraie, mais nos pensées définissent néanmoins nos concepts et nos représentations de la vie.

**Applications thérapeutiques** — En travaillant avec la troisième couche aurique, nous pouvons isoler les processus de pensée et les croyances qui nous font du mal. Après les avoir décelées, il est possible de les changer. De même, nous pouvons travailler avec la première, la deuxième et la troisième couche simultanément, afin de décomposer les émotions en sous-composantes et ainsi nous aider à changer des comportements autodestructeurs, des schémas mentaux et des sentiments envahissants. Cette couche aurique peut également servir à diagnostiquer et à travailler des problèmes intellectuels ou des difficultés d'apprentissage. Nous pouvons par ailleurs délibérément puiser dans la couche aurique de l'envers afin de trouver des réponses à nos questions.

### *Quatrième couche aurique*

Je suis d'accord avec la plupart des autres métaphysiciens sur le fait que cette couche aurique, associée au cœur, est le corps astral. Celui-ci nous lie au plan astral, qui est une dimension où résident plusieurs esprits-guides ou esprits en apprentissage sur terre. Dans *Women's Psychic Lives*, Diane Stein affirme que le corps physique et le corps éthérique (l'aura) sont liés par une « corde d'argent ». Durant la projection astrale, elle dit que « les corps physique et psychique denses se séparent, le corps éthérique s'envole tandis que le physique reste en place. La corde d'argent s'étire alors sur des distances infinies, reliant le corps physique au corps psychique[5]. »

Techniquement, la corde d'argent est reliée au cinquième chakra ou, chez certains, au huitième, qui communique avec le corps par le thymus. Par l'intermédiaire de la corde d'argent, ce plan est le plus fréquemment visité par notre âme lorsque nous sommes enfants, en période de transition ou durant le sommeil. Ces expériences extracorporelles augmentent souvent en périodes de grand besoin, lorsqu'il nous faut de l'aide au-delà

5 Stein. *Women's Psychic Lives*, p. 28.

du plan physique. Par ce champ aurique, nous retournons au bercail pour obtenir des conseils, de l'aide et du réconfort. Par notre corps astral, nous pouvons aussi rendre visite à des gens vivants. La distance physique n'a rien à voir dans ce plan ; seul le temps compte. Nous pouvons y rencontrer un parent décédé depuis longtemps ou un prochain compagnon de vie, régler certains problèmes ou recevoir les leçons dont nous avons besoin.

Dans ma jeunesse, je me suis activement engagée dans des relations avec des êtres positifs grâce à ce plan astral. Des gardiens, des anges et des enseignants étaient très réels à mes yeux. Je me rappelle encore l'une de ces expériences les plus cruciales, qui s'est produite quand j'avais 21 ans. Dans un rêve/vision, un jury me faisait passer un examen sur mes capacités à matérialiser les objets. On m'a enfermée dans une pièce vide et on m'a dit de la remplir d'objets. J'ai essayé, puis j'ai fondu en larmes.

Lorsque les « examinateurs » sont entrés, je me suis mise en colère en leur demandant comment ils pouvaient me demander de passer cet examen sans m'avoir donné de directives. Ils ont répondu qu'ils allaient réfléchir à la question. Je me suis ensuite réveillée. Quelques jours plus tard, j'ai reçu un livre par la poste qui venait de nulle part. Il traitait de la manifestation. J'ai soudain été submergée de circulaires sur des sujets comme « créer votre propre bonheur ».

Typiquement, ce champ enveloppe tout le corps physique. Par l'envers, il nous connecte à la Source divine. Par l'endroit, il nous relie aux gens avec qui nous sommes en relation. La nature malléable de cette couche énergétique est l'une des raisons pour lesquelles elle renferme, conserve ou forme souvent des liens ou accords contractuels entre les gens.

Une quatrième couche aurique saine revêt plusieurs couleurs, épaisseurs et formes différentes. Je la vois très souvent de couleur rose, quoiqu'elle reflète fréquemment l'argent, le bleu ou le vert. Nous avons tendance à la voir rose lorsque nous nous sentons aimants, bleue quand nous sommes dans un milieu compréhensif, et argent lorsque nous communiquons avec des guides. Cette couche a environ 30 cm d'épaisseur, bien que la présence ou l'absence d'êtres chers, de l'amour lui-même, ou des liens influenceront grandement ses dimensions. Bien entendu, notre disposition naturelle façonnera cette couche pour convenir à notre personnalité et à nos besoins.

Durant le sommeil ou une méditation profonde, cette couche peut s'ouvrir et nous inviter à faire l'expérience du plan astral. Lorsque nous quittons notre corps la nuit ou par projection astrale, nous suivons simplement les lignes de la matrice qui nous relient au moi astral, que la corde d'argent conserve. Au cours de ces visites, nous pouvons apprendre et soigner beaucoup de choses. Je me rappelle très nettement un rêve dans lequel je rencontrais un chaman indien dans le Sud-Ouest américain. Pendant quelques soirées, nous avons eu des conversations autour du feu. Il semblait vraiment réel et je sentais très bien sa présence. Finalement, je lui ai demandé pourquoi il fallait que nous soyons connectés, et il a répondu qu'il m'avait connue auparavant et possédait un morceau de mon âme qu'il devait me rendre. J'ai accepté et les visites ont cessé.

Il est possible de se projeter sur le plan astral pour d'autres raisons. Deux ou trois fois, j'ai été projetée hors de mon corps. Une fois, on m'a mise dans celui d'une souris et j'ai physiquement ressenti ce que c'était. J'ai vécu quelque chose de similaire dans la peau d'un aigle. Une autre fois, j'ai véritablement ressenti mon moi éthérique se transformer en jaguar blanc.

Plusieurs de mes clients — des gens gentils, normaux, conventionnels — m'ont raconté des expériences similaires. Une dame m'a appelée à 4 heures du matin, terrifiée parce que durant trois heures, elle avait été transportée d'un animal à l'autre. Une autre dame m'a téléphoné parce que son père récemment décédé lui avait rendu visite. Un homme m'a appelée après s'être soudainement projeté dans la chambre d'une amie pour la saluer. Celle-ci lui avait ensuite téléphoné pour lui demander ce qu'il était venu faire chez elle. Ces expériences déterminantes peuvent nous apprendre des choses et nous éclairer, mais il faut rester prudents. Le plan astral peut aussi nous donner accès à des énergies et à des êtres malicieux et malfaisants. Voilà pourquoi j'insiste pour que mes clients apprennent d'abord à se protéger, puis à se connecter à la Source divine, avant d'explorer davantage ce royaume.

Toutes ces expériences n'indiquent qu'une chose : nous sommes des portes battantes. Nous sommes davantage que ce que nous avons l'habitude de percevoir ou de croire.

**Emplacement** — Recouvre la couche aurique mentale, entoure le corps physique d'une lueur d'environ 30 cm d'épaisseur. Par l'envers du chakra du cœur, nous relie à la Source divine dans un flot d'énergie; par l'endroit, interagit avec notre environnement et les gens que nous connaissons (voir figure 6.5).

**Attributs physiques** — Peut nous aider à identifier les problèmes cardiovasculaires passés, actuels ou futurs; peut également fournir plus

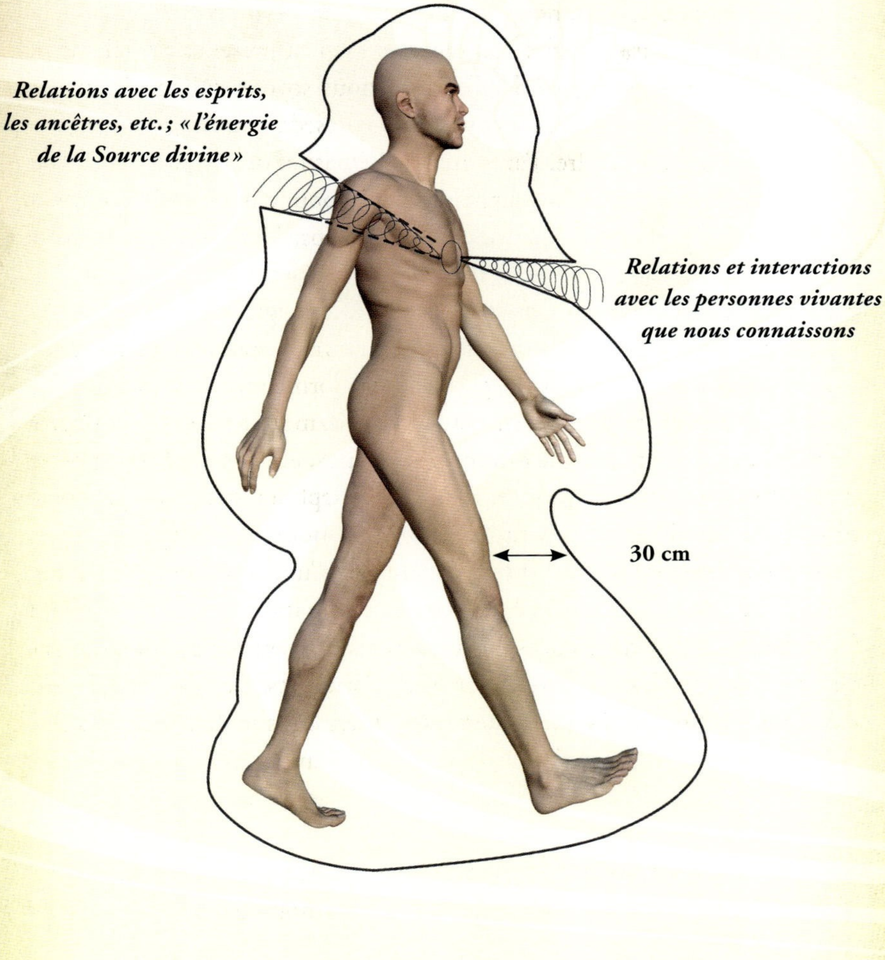


*Figure 6.5 : La quatrième couche aurique*

de renseignements au sujet de problèmes physiques d'ordre général ou les guérir.

**Attributs mentaux** — Régit les idées ayant trait aux relations humaines et à nos croyances au sujet du droit de mériter de bonnes choses. Nous aurons des relations positives si nous nous connectons pleinement à la Source divine par les plans de l'envers.

**Attributs affectifs** — Relie les corps astraux inférieurs aux supérieurs en fusionnant les prises de conscience et les sentiments orientés physiquement avec ceux orientés spirituellement. Par l'intermédiaire de nos sentiments, qui indiquent nos plus grands besoins et désirs, la quatrième couche aurique nous fournit l'occasion d'expérimenter et de réaliser tout ce dont nous rêvons.

**Attributs spirituels** — Convie notre âme à en rencontrer d'autres sur le plan astral. Là, nous apprenons les uns des autres, échangeons des données et de l'information, et travaillons à travers nos plans de leçons de vie. Ultimement, nous permettons à l'énergie de la Source divine de nous appuyer.

**Applications thérapeutiques** — Par cette couche aurique, nous pouvons diagnostiquer des problèmes cardiaques existants ou potentiels, de même que des difficultés relationnelles (passées, présentes ou futures). Nous pouvons également « lire » les désirs de notre cœur dans ce champ.

Il s'agit de la couche où il est le plus facile de percevoir les cordes. Tous les liens (ou cordes) ont un effet négatif, car ils limitent les relations existantes ou recréent des schémas relationnels. Ils réduisent la prise de conscience relativement à la façon de réaliser les désirs du cœur.

### *Cinquième couche aurique*

Aussi appelé champ parallèle, le cinquième champ nous ouvre à tous les plans et à toutes les dimensions, mais d'une façon plutôt intéressante. Il renverse la forme d'une dimension parallèle, la projetant vers nous via un miroir plutôt que sous forme d'image directe. Le cinquième chakra, qui travaille en tandem avec les autres, doit renverser cette image afin que nous puissions la comprendre.

L'endroit, l'aspect plus physiquement apparent du cinquième champ aurique, possède une surface dure et lisse et se situe plus ou moins par-dessus la quatrième couche aurique. Il agit un peu à la manière de lentilles convexes. Les images, formes, idées et messages des autres plans, transférés par l'aspect envers de la cinquième couche aurique, sont renversés lorsqu'ils entrent dans la troisième dimension. Ils se projettent ensuite sur les lentilles ou l'écran endroit de la couche et sont intégrés dans notre système. Grâce à cette méthode, nous pouvons recevoir à la fois de l'information et de l'énergie de guérison.

Bien que la cinquième couche aurique nous ouvre sur d'autres dimensions, sachez qu'à un certain niveau, nous résidons déjà à l'intérieur de ces autres plans. La guidance transposée par cette couche peut provenir d'autres êtres et d'autres plans, mais aussi d'un autre aspect de nous-mêmes. Ces autres moi coexistent dans des réalités parallèles et peuvent refléter des choix non faits, des générations non nées, des planètes non conçues dans notre réalité.

**Emplacement** — Commence à environ 60 à 90 cm de l'enveloppe corporelle. Se raccorde aux univers parallèles, effleurant les points de réseau de toutes les autres dimensions (voir figure 6.6).

**Attributs physiques** — Peut éventuellement recréer ce qui avait été établi dans un autre plan ou une autre dimension. Ce champ aurique se relie à ces possibilités et à des êtres remplis de sagesse qui les représentent. Comme le chakra de base correspondant est le cinquième, on pense communément que celui-ci est le chakra de la manifestation ou, parfois, le lieu où l'âme se connecte au corps. En travaillant avec la couche aurique parallèle, nous obtenons l'accès aux données et aux énergies disponibles pour reconnaître ou énoncer les vérités de notre être et nos vœux : un pas très important pour la manifestation sur le plan physique. Comme il se peut que nous puisions également dans des esprits négatifs, nous devons donc nous constituer des protections spirituelles.

**Attributs mentaux** — Nous connecte au domaine des possibilités afin que nous puissions choisir les croyances, les vérités et les réalités qui nous reflètent avec le plus d'authenticité. Comme il existe un millier de façons d'affirmer une vérité : « Laquelle est la bonne pour moi ? » est une question importante et cette couche nous aide à trouver la réponse. Autrement, il se peut que nous vivions les conséquences du jugement de soi ou des autres, des messages critiques ou des manipulations démoniaques et négatives.

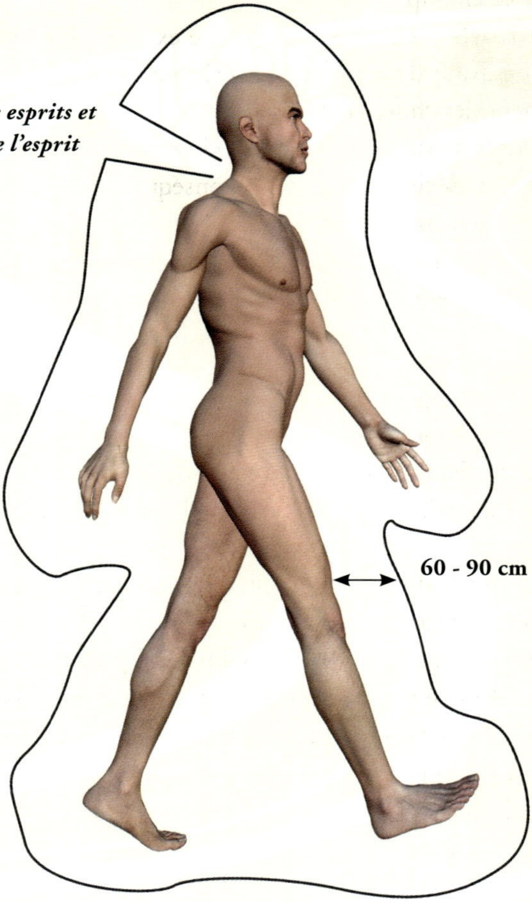


*Figure 6.6 : La cinquième couche aurique*

**Attributs affectifs** — Peut nous ouvrir à des occasions et à des réalités parallèles ou à des façons différentes de ressentir ou de nous exprimer. Nous pouvons souvent dissoudre les blocages et les problèmes en travaillant avec ce champ aurique.

**Attributs spirituels** — Permet à l'âme d'explorer ses options. Peut tâter le terrain avant de prendre des décisions ou faire l'expérience de l'aboutissement des choix faits.

**Applications thérapeutiques** — Par ce champ, nous pouvons devenir conscients de nos décisions et de leurs conséquences éventuelles. Nous pouvons également accéder aux mondes ou aux actions qui ont créé les situations courantes. Les possibilités de changement et de transformation sont illimitées.

### *Sixième couche aurique*

Cette couche est composée presque exclusivement de lumière, ce qui lui mérite l'étiquette de « corps céleste » attribuée par les autres métaphysiciens. Je l'appelle le champ aurique du corps de lumière, car les modèles de sa matrice sont constitués de réelles fibres lumineuses. Dans *L'univers est un hologramme*, Michael Talbot écrit que de nombreuses traditions religieuses croient qu'un individu spirituellement avancé est souvent enveloppé d'une aura tellement brillante qu'elle est visible à l'œil nu. Il suggère que cette croyance explique pourquoi les saints sont présentés avec un halo autour de la tête. Il parle par ailleurs d'un mystique soufi, Hazrat Inayat Khan, mort en 1927, dont on dit qu'il « dégageait tellement de lumière que les gens pouvaient lire auprès de lui[6]. »

Cette couche aurique relie le cinquième champ plus structuré au septième qui l'est moins. Il combine les nécessités du choix et des conséquences avec la vérité de l'amour universel et du soutien. En travaillant avec cette couche énergétique, nous puisons dans des vérités supérieures pour créer des images qui peuvent être actualisées dans la réalité physique.

Je suis devenue très sensible à cette couche aurique en travaillant avec des chamans et des guérisseurs au Pérou, au Yucatan et au Costa Rica. À certains moments, je pouvais clairement voir de mes yeux les bandes de cette couche. Tandis que celles-ci reliaient manifestement ces guérisseurs aux participants à une cérémonie ou à leurs patients, je pouvais également les voir s'étirer très loin — jusque dans d'autres pays — vers des sujets ayant demandé de la guérison. J'avais ensuite transmis des images

6 Talbot. *L'univers est un hologramme.*

des gens ayant été guéris à une telle distance, pour me rendre compte, via une photo ou une description, que mes visions étaient exactes.

Plusieurs autres cultures tribales que j'ai étudiées, y compris la culture amérindienne et celles du Brésil, de la Bolivie, de la Sibérie et d'Hawaï, insistent sur l'importance de la vision, l'importance de voir ce qui est vrai comparativement à ce qui ne l'est pas. Nous pouvons chercher la vérité de la réalité en examinant la sixième couche aurique.

**Emplacement** — Apparaît comme une lumière étincelante d'environ un mètre autour du corps, car le schéma de la matrice est très fin et entrelacé. Chez plusieurs personnes, cette énergie est concentrée autour de la tête ; idéalement, elle devrait envelopper tout le corps et avoir une apparence hérissée, avec des bandes de lumière la reliant aux réalités visibles et invisibles (voir figure 6.7).

**Attributs physiques** — Permet la manifestation et la guérison physiques lorsque nous réalisons un lien entre la couche aurique du corps lumineux et la lumière blanche de la Source divine.

**Attributs mentaux** — Reflète les pensées et les modèles de pensée que nous avons au sujet de nous-mêmes. Ces pensées ressemblent davantage à des attitudes qu'à des pensées distinctes et elles reflètent le niveau d'acceptation de soi atteint. En déchiffrant le sens des diverses décolorations, taches, trous ou images ternes, il est utile de demander une image psychique pour plus de clarté.

**Attributs affectifs** — Nous relie à un niveau supérieur de sentiments que ceux enfermés dans le corps physique, qui fonctionnent presque comme des identités dominantes distinctes. Lorsque nous sommes en quête de ce niveau de connexion aux corps de sensibilité supérieurs, nous suivons les bandes de lumière au-delà du corps physique. En présence de connexions saines, je visualise les sentiments supérieurs tels des êtres fluides semblables à des œufs, et la sixième couche aurique se replie en eux comme les plis d'un tissu.

**Attributs spirituels** — Nous donne accès aux qualités supérieures des sentiments, des pensées et des possibilités de la manifestation. Les énergies reçues par l'intermédiaire de cette matrice aurique nourrissent tous les aspects de soi-même, y compris l'âme.

**Applications thérapeutiques** — Il est intéressant de travailler avec le champ aurique du corps lumineux. L'une des merveilleuses applications thérapeutiques consiste d'abord à effectuer un travail de

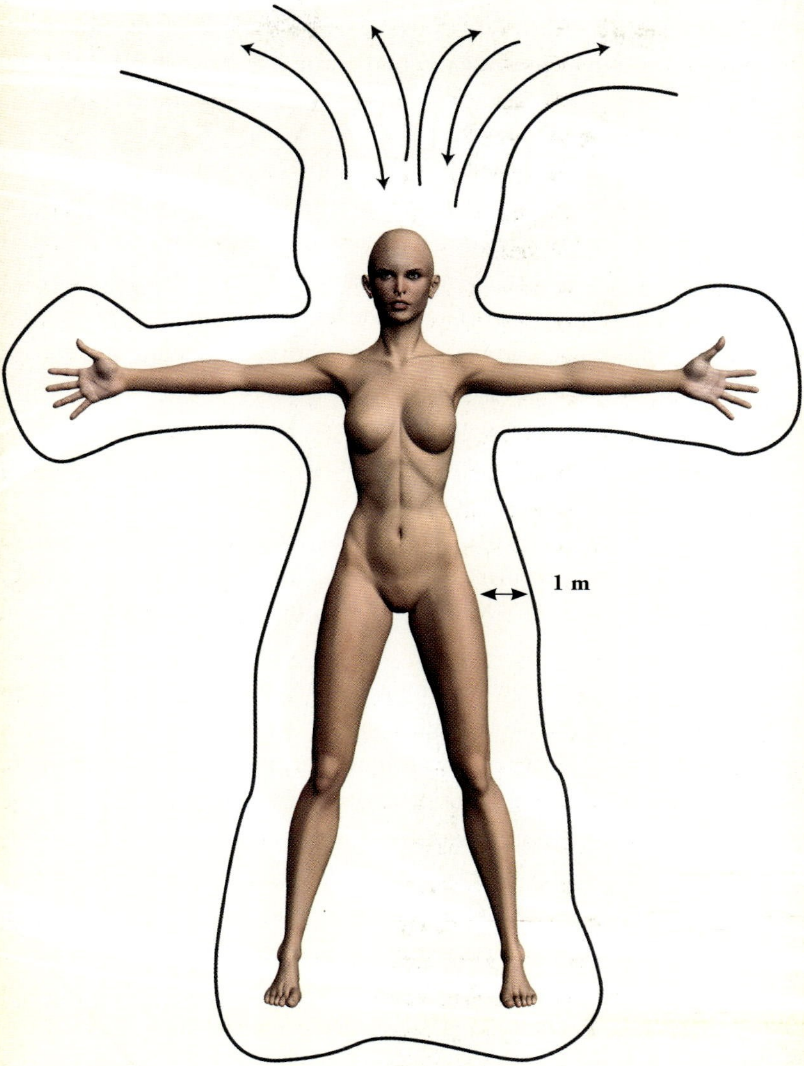


*Figure 6.7 : La sixième couche aurique*

guérison sur cette aura, comme pour préparer un modèle du changement désiré, puis d'insérer ce modèle dans le corps physique. Ce champ peut également être examiné en cas de problèmes laissant suggérer une perturbation de l'acceptation de soi.

### *Septième couche aurique*

Ce champ aurique est habituellement considéré comme la dernière structure du corps physique. Aussi appelée couche kéthérique ou corps causal, elle apparaît chez la plupart des gens sous la forme d'un œuf, s'étirant à environ un mètre autour du moi physique. Elle est distincte de l'œuf énergétique décrit au chapitre 7, bien que les deux soient interreliés. Dans *L'univers est un hologramme,* Talbot mentionne quelques traditions anciennes qui ont fait l'expérience de ce champ, dont la kabbale, une philosophie mystique juive, qui a appelé cette émanation *nephesh.* La kabbale « enseigne qu'une bulle iridescente en forme d'œuf enveloppe chaque corps humain[7]. »

Cette couche aurique pénètre également dans le dixième chakra, ou chakra d'ancrage, pour veiller à ce que nos connexions spirituelles avec le monde extérieur soient ancrées dans la manifestation matérielle de notre existence.

Je travaille avec cette couche aurique de deux façons principales. La première est davantage psychologique, pour ne pas dire mystique. Liée au royaume kéthérique, cette couche aurique nous permet de profiter du moi réel ou symbolique associé à notre raison d'être spirituelle. La meilleure façon d'expliquer cette notion consiste à parler de *Kachina*, un demi-dieu amérindien. Chacun des centaines de dieux kachinas est associé à une cause ou une vérité en particulier ; ce sont littéralement des « agents des dieux », des dieux aux traits humains. Par exemple, l'un d'eux apportera la pluie. Un autre représente la vérité de l'amour et de l'harmonie. Souvent, j'explique qu'en travaillant avec la septième couche aurique, j'aide les clients à voir leur moi kachina — le moi qui a quitté la Source divine avec un but ou une vérité à accomplir.

Une autre application est la guérison. Je scrute parfois la septième couche aurique pour apercevoir à l'avance un cancer potentiel ou d'autres maladies graves, et pour vérifier l'état de la progression des principales maladies actuelles. Bien entendu, ces examens psychiques sont discutables, dans le meilleur des cas ; mais je crois néanmoins que plus nous perdrons nos

7 Talbot. *L'univers est un hologramme.*

illusions sur ce que la technologie peut offrir, plus nous serons forcés de faire confiance à notre intuition et à notre instinct en ce qui concerne la santé personnelle. Nous augmenterons du même coup notre confiance à nous entraider les uns les autres au moyen de nos différents dons intuitifs.

Cela étant, je crois que de nombreux cancers entrent dans le champ aurique avant d'apparaître dans le corps. Dans notre société, la septième couche aurique est la plus facile à lire parmi les couches extérieures. C'est aussi l'une des plus vulnérables, du fait que la spiritualité est si peu respectée. Cette couche énergétique est ultimement liée à la spiritualité. Souvent, elle est percée ou endommagée par les facteurs latents qui causent le cancer, longtemps avant sa manifestation physique.

En général, j'ai découvert, comme de nombreux collègues, que le cancer est souvent lié au refoulement du pouvoir. Cette peur du pouvoir cause ou est habituellement causée par des blocages de sentiments et des problèmes spirituels. Par exemple, si nous avons été maltraités ou avons été témoins de l'usage violent de la colère, nous en avons peut-être conclu que l'usage du pouvoir est mauvais et blesse les gens (comme il nous blesse nous-mêmes). Si nous avons reçu une éducation religieuse intégriste, légaliste ou fanatique, nous pensons que nous devrions être excessivement dociles ou porter des jugements catégoriques.

Le pouvoir n'est que de l'énergie dirigée. Notre système immunitaire, l'instinct de sécurité, de même que le bien-être dans le monde reposent sur notre capacité à réaliser et à orienter l'énergie dans un but de protection et de réalisation. Si nous ne savons pas comment combattre ou éviter la maladie, les gens abusifs ou mal intentionnés, la critique et le reste, nous ne pourrons certainement pas nous défendre contre les milliers de virus et les circonstances qui causent le cancer et d'autres maladies graves.

Un jugement contre le pouvoir neutralise à la fois la performance de la couche aurique émotionnelle et de la septième couche aurique. Je vois fréquemment un trou dans cette septième couche chez les gens atteints du cancer. Habituellement, ce trou ou point marbré longe la tumeur cancéreuse. À mes yeux, le cancer actualisé apparaît dans le corps comme une tache sombre parsemée de points rouges et blancs ou entourée de formes embrouillées ou encore d'une curieuse couleur bleutée. Toutefois, un cancer éventuel commence souvent sous forme d'un trou dans la septième couche aurique avant de se répandre dans les couches inférieures. Plus les dégâts sont proches du corps physique, plus la manifestation de la maladie sera complète. Parfois, la couche aurique d'intégration conservera une importante maladie pendant plusieurs années avant de la déverser dans le corps physique.

Je me rappelle une cliente avec des antécédents de cancer du sein dans sa famille. Elle ressentait une vive douleur dans un sein ainsi que dans les tissus fibreux. Nous avons vu un trou dans son septième chakra, mais la ligne sombre n'avait pas pénétré le sein. Je n'ai pas pensé qu'elle avait le cancer, mais qu'elle était susceptible de le développer. Après examen, des professionnels médicaux ont déclaré qu'elle n'était pas atteinte. Elle a cru bon néanmoins de prendre des précautions, comme changer son régime alimentaire, régler ses problèmes émotionnels, renforcer ses systèmes immunitaire et endocrinien, et s'occuper de ses insatisfactions spirituelles. Son problème fibreux ainsi que la douleur ont disparu. (Voir au chapitre 17 une illustration de l'aura d'une personne atteinte d'un cancer du sein.)

Le septième champ aurique se prolonge à la fois sur les plans conscient et inconscient, comme le premier champ aurique. Il influence l'épiphyse et le cortex cérébral, ce qui élargit l'éventail et les capacités de nos processus de pensée. Il se raccorde ensuite à toutes les principales entités et figures incarnées (maîtres ascensionnés), puis se lie au royaume de Shambhala : paradis mystique à haute fréquence situé sur terre. Il s'agit d'un lieu que j'ai parfois vu lors de visions très puissantes, mais que je n'ai pas encore totalement actualisé. Par l'envers, cette couche nous connecte à l'aspect spirituel d'absolument tout, les personnes comme les choses, et elle est gouvernée par un principe unique : *nous ne formons qu'un.*

Cette aura s'imbrique à toutes les autres en se collant à la colonne vertébrale. De cette façon, elle fournit constamment du mana spirituel à notre moi physique.

**Emplacement** — Sous la forme d'un œuf autour du corps physique. Elle se prolonge vers les entités incarnées et « Shambhala », une cité mystique symbolisant le paradis sur terre, et nous lie à tous les autres êtres humains ayant réalisé un amour complet et humble pour la Source divine (voir figure 6.8).

**Attributs physiques** — Influence toute notre existence, car elle est intimement liée à la fois au cerveau et à la colonne vertébrale qui régissent toutes les fonctions vitales. Le fait de nous exercer à ressentir, voir ou entendre cette couche aurique peut accélérer grandement à la fois un diagnostic et la cueillette d'information.

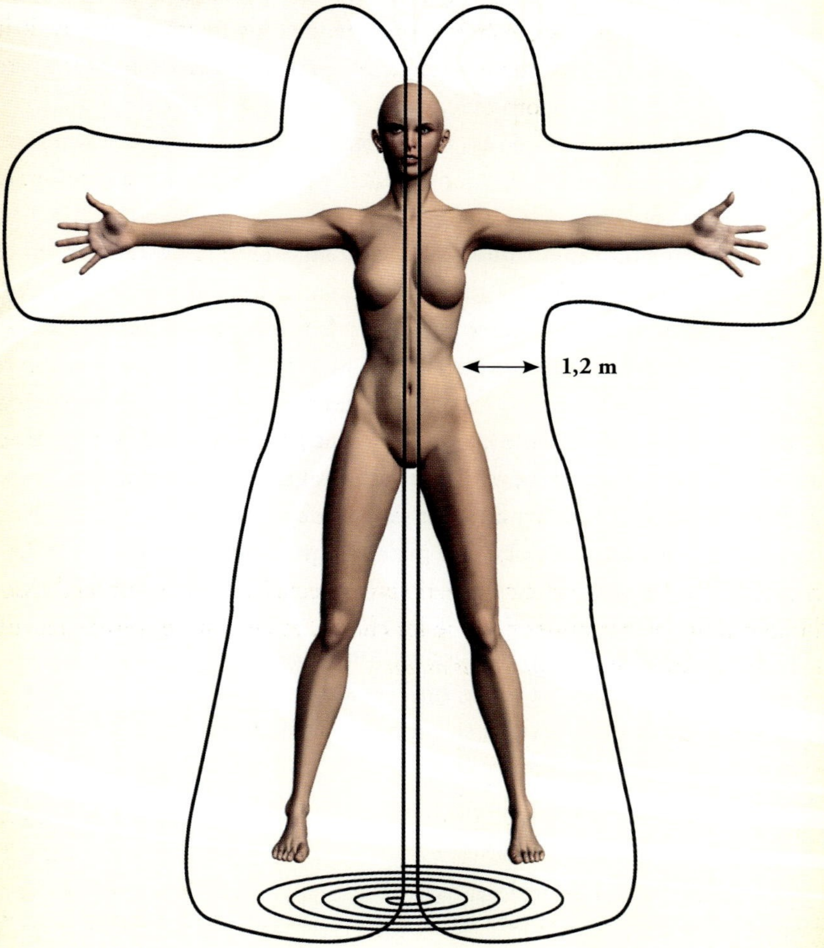


*Figure 6.8 : La septième couche aurique*

**Attributs mentaux** — Nous permet de nous raccorder à des processus de pensée appropriés et de chercher conseil auprès des anciens et des êtres incarnés relativement aux préoccupations terrestres, et auprès des saints pour les questions spirituelles : toutes des interactions positives si elles nous guident vers la Source divine.

**Attributs affectifs** — C'est là où les sentiments fusionnent comme un arc-en-ciel qui se transforme en une grande lumière blanche. Le sentiment qui s'en dégage est davantage une prise de conscience de la grâce qu'une seule émotion notable.

**Attributs spirituels** — C'est là où tout ce qui est esprit se connecte, qu'il s'agisse de préoccupations d'ordre physique, mental, émotionnel ou autre.

**Applications thérapeutiques** — Il serait sage d'étudier comment puiser personnellement dans ce champ aurique. Comme il relie le moi physique à tout de la vie et à tout ce qui est bon, son potentiel de guérison et d'abondance est incommensurable.

Étant donné que les deux couches auriques suivantes, ainsi que le champ d'intégration, affectent le physique, le mental, l'émotionnel et le spirituel de façon si complète, je ne présente que les grandes lignes de ces corps énergétiques. Une bonne partie de cette information provient de mon propre travail et ne peut donc être justifiée que par l'expérience.

### *Huitième couche aurique*

La huitième couche aurique est liée au huitième chakra, lequel correspond au passé, au présent et au futur ainsi qu'à toutes nos expériences dans le temps. Ce champ énergétique se connecte par le sommet de la tête, puis enveloppe tout le corps en se liant aux chakras primaires et secondaires de l'endroit et de l'envers. Il nous garde ancrés dans le moment présent et procure un contexte à celui-ci.

Cette couche est un treillis de fils blancs sur fond de vide ou d'énergie noire. Nous pourrions appuyer sur n'importe quel point de cette matrice et revivre une expérience que nous, ou des proches, ont déjà vécue ou pourraient traverser. Cela signifie que nous pourrions nous servir de cette couche aurique pour prédire l'avenir, nous rappeler des souvenirs et nous transformer. En travaillant avec ce champ aurique, il est important de ne pas trop aller dans le détail en essayant de se souvenir du passé ou de prédire l'avenir. Ce champ énergétique, plus que tous les autres, est un système complet en lui-même. Il raconte l'histoire de qui nous sommes en ce moment. Trop falsifier les preuves modifiera le présent, peut-être d'une façon que nous ne pouvons pas prévoir et que nous ne souhaitons pas.

Pour travailler dans ce champ aurique, il est bon d'accéder aux archives akashiques ou à celles de l'ombre, par le huitième chakra, ainsi qu'au Livre de Vie, que l'on trouve également dans ce chakra. Décrites au chapitre 2, ces archives nous permettent d'identifier des problèmes et de trouver des solutions, lesquelles peuvent être transférées dans le corps par l'intermédiaire du huitième champ aurique. Ma façon préférée d'accomplir cette activité consiste à méditer et à entrer au centre du huitième chakra, puis à accéder intuitivement aux archives appropriées. J'entre dans les archives akashiques si je désire obtenir une information précise, et dans les archives de l'ombre si je travaille le regret ou une autre question relative au « chemin non emprunté », et au Livre de Vie pour réaliser l'espoir et me connecter au Divin. Lorsque j'ai obtenu l'information pour moi-même ou une autre personne, je demande à voir, ressentir, entendre ou connaître la solution. Après quoi, je retourne dans mon corps par le huitième champ aurique, qui s'insère dans le corps par le thymus, tout comme le huitième chakra. Afin d'accomplir ce voyage, je perçois souvent le huitième champ aurique comme une toile d'araignée qui traverse le temps et l'espace, entourée par le corps mais interpénétrant également le thymus.

Une autre façon de réaliser la guérison en passant par le huitième champ aurique consiste à s'en servir — ainsi que ses filaments semblables aux fils d'araignée — pour voyager intuitivement vers les zones de l'existence. Ces plans, auxquels on accède par l'âme à différentes époques, avant, pendant et après l'incarnation, sont des lieux étonnants pour permettre la transformation.

## Les zones de l'existence

## SITES DE L'ÂME POUR LA GUÉRISON

Il existe quatre zones, ou plans, de l'existence que l'âme visite avant la naissance, durant la vie et après la mort. Nous nous rendons dans ces lieux pour diverses raisons valables, mais chacun comporte également un mauvais côté. Nous allons maintenant explorer les deux côtés de chaque zone.

J'examine souvent ces zones pour voir si elles sont la source de maladies graves, terminales ou chroniques, en y accédant par le huitième chakra. Depuis le centre de celui-ci, j'imagine les filaments du huitième champ aurique qui en émanent et qui l'enveloppent. Je demande ensuite au Divin de m'indiquer quel fil me conduira à la zone qui renferme l'origine du problème énoncé. En cheminant le long du filament, j'entre dans la zone et je demande à voir ou à revivre l'événement ayant causé une forteresse ou tout autre problème qui a continué de m'influencer négativement.

Voici les descriptions de ces zones, comment elles aident l'âme et le genre de problèmes que l'on peut y trouver.

### *La zone blanche*

L'âme entre dans cette dimension avant la naissance afin d'établir un contrat. Ce contrat de l'âme souligne nos points de destinée, les « choses à faire » qui se produiront au cours de notre vie. Ce contrat se fait habituellement avec l'aide du Divin, un guide et les âmes des gens que nous serons appelés à rencontrer.

Nous pouvons choisir nos parents, des écoles, certaines relations amoureuses et nos changements de carrière. Nous pouvons aussi choisir des événements difficiles ou même extrêmement graves, si nous les croyons nécessaires à l'apprentissage de notre âme. Il existe des preuves de l'existence de cette zone. Le Dr Joel Whitton, professeur de psychiatrie à la Faculté de médecine de l'Université de Toronto, a été mentionné au chapitre 1. Il a mené des recherches qui ont révélé que plus de 90 % de tous les individus hypnotisables pouvaient se rappeler des souvenirs de vies antérieures[8]. Qui plus est, un bon nombre se souvenaient d'un espace entre ces vies, qui était rempli de lumière. C'est là qu'ils planifiaient les vies à venir, faisant appel à un sens plus élevé de la moralité et de l'éthique[9].

---

8 Whitton. *Life Between Life*, p. 35.
9 Talbot. *L'univers est un hologramme.*

Après avoir régressé dans le temps, les individus avaient alors le choix de garder leur vie telle quelle ou de la modifier. Presque toutes les personnes qui comprenaient désormais les raisons de leur situation ont décidé de s'en tenir au statu quo. Celles qui désiraient un changement ont vécu presque immédiatement des modifications dans leur vie dès qu'elles sont sorties de transe[10]. Les problèmes de la vie surgissent souvent à cause du contrat de l'âme.

Il y a trois circonstances qui peuvent causer des ennuis. Pendant l'incarnation, de nombreuses âmes changent d'avis après avoir découvert que des parties du contrat établi sont trop restrictives, ne conviennent pas ou ne sont pas nécessaires. Cela mène à la frustration, à l'inhibition, à la colère et à la rébellion, et donc aux difficultés qui en découlent.

Il arrive aussi qu'un problème résulte des modifications faites par d'autres à leur contrat. Je le vois souvent dans le cadre de mon travail. Les plus courants sont liés aux relations personnelles du fait que le conjoint ou l'enfant à venir change d'avis et ne se présente jamais. Parfois, les parents que nous étions censés avoir ne se rencontrent même pas et leurs âmes s'orientent dans des voies différentes. J'ai lutté pendant des années avec cette situation, car je me rappelais que j'étais censée avoir une mère différente de celle que j'ai eue. Je n'ai jamais pu établir un lien avec celle qui m'a donné naissance. Un jour, mon père m'a dit qu'il avait été fiancé à une autre femme avant de rencontrer ma mère. J'ai aussitôt su que cette femme aurait dû être ma mère et qu'en fait, elle était probablement enceinte lorsqu'ils ont rompu. Cela m'a aidée à me libérer des jugements posés sur ma mère réelle et nous avons réussi à faire la paix.

Le troisième problème susceptible de survenir dans la zone blanche est le dépassement du contrat de l'âme. Nous avons appris ce que nous voulions et le choix se présente : devons-nous rester ou partir ? Dans le premier cas, que devrions-nous faire à présent ? Ce stade est souvent rongé par une maladie grave, des accidents ou des changements de vie, dont le divorce, la perte d'un emploi ou un important déménagement. Un ami est passé par un stade similaire il y a quelques années et je savais qu'il pouvait survivre à un accident de voiture. J'ai vu l'auto arriver et, en un éclair, il a pris la décision de rester. Il a fait des virages radicaux au cours des deux années suivantes, mais a été également malade une bonne partie du temps, tout en mettant au point consciemment un nouveau plan pour son âme. Il est bon

10 Talbot. *L'univers est un hologramme.*

de se rendre dans la zone blanche pour toutes sortes de problèmes chroniques qui ne semblent pas pouvoir être résolus par des moyens pratiques.

### *La zone grise*

Notre âme part de la zone blanche et traverse la zone grise, laquelle est constituée d'une énergie quasi nulle. Les souvenirs de vies antérieures ainsi que la connaissance des détails du contrat de l'âme sont effacés, tandis que l'âme se précipite dans l'espace vers son corps embryonnaire. De nombreux problèmes qui surgissent durant la vie sont dus à notre expérience dans cette zone.

Parfois, l'âme oublie trop. Le Divin nous permet de conserver les données et les capacités nécessaires en vue de l'incarnation à venir, mais une âme peut traverser un espace engourdi dans la zone grise et laisser trop derrière elle. À l'échelle la plus grave, cette situation peut se manifester sous forme d'autisme, d'une faible conscience et de sous performance.

Certaines âmes n'oublient pas suffisamment et sont marquées par des idées et des expériences connues inconsciemment ou même consciemment qui influencent la nouvelle vie. Cette situation est souvent à la source des cauchemars de l'enfance, de la paranoïa, des hallucinations, de la schizophrénie, du trouble de la personnalité multiple, des troubles bipolaires ainsi que des peurs et de l'anxiété persistantes. J'emmène souvent des clients traverser la zone grise vers une incarnation précédente pour voir s'ils en ont rapporté un traumatisme avec lequel ils doivent faire la paix.

Il y a par ailleurs d'autres âmes qui restent « accrochées » à une entité ou une conscience située dans la zone grise. Il y existe des habitants utiles, mais également d'autres qui sont nuisibles dans la zone grise. Des entités négatives flottent souvent dans cette zone en cherchant une façon de revenir à la vie. Réticentes à s'incarner vraiment, elles se lient parfois à une âme en transit et essaient de vivre à travers elle après sa réincarnation. Certaines vont jusqu'à inciter les trompes de Fallope de la mère à libérer plusieurs ovules afin qu'elles puissent habiter un embryon. Sans contrat d'âme, ces entités n'ont pas assez d'énergie vitale pour rester. C'est parfois la cause inconnue du « jumeau disparu ». Bon nombre de mes clients croient qu'ils avaient un jumeau à la conception, mais que leur mère l'a perdu. Certains rapportent que cette autre âme les importune et les terrifie, ce qui les conduit à l'insomnie, la paranoïa, la culpabilité et des perturbations psychiques.

### *La zone rouge*

La zone rouge ressemble à un corps énergétique qui fonctionne parallèlement au corps physique. C'est en fait une dimension éthérique qui renferme les émotions auxquelles nous n'avons pas fait face au cours d'une vie antérieure. Notre lien avec la zone rouge, qui se forme par l'intermédiaire de l'âme et du premier chakra, une fois que nous prenons vie, se transfère d'une vie à l'autre. Je guide des clients dans la zone rouge lorsqu'ils sont trop émotifs ou coincés dans des armures émotionnelles dont ils ne semblent incapables de se défaire, quoiqu'ils fassent. Je travaille aussi dans la zone rouge pour le contrôle et la gestion de la douleur, car libérer les émotions accumulées atténue souvent celle-ci.

### *La zone noire*

La plupart des âmes traversent la zone noire au moment de la mort. Fonctionnant comme sa propre émotion, c'est l'expérience qui se rapproche le plus d'un « Jugement dernier ». Là, notre âme rencontre toutes celles de ceux que nous avons connus au cours de notre vie. Bon nombre d'entre elles étaient là avant nous et sont restées afin de faire la paix ou pour terminer une partie incomplète d'un contrat. Les âmes des vivants, toutefois, voyagent souvent dans la zone noire afin de réaliser les mêmes objectifs.

Nous pouvons voir l'avantage manifeste de régler des problèmes relationnels par l'intermédiaire de la zone noire, mais malheureusement, ce ne sont pas toutes les âmes qui veulent créer des traités de paix. Un grand nombre demeurent en permanence dans la zone noire en vue de se venger ou de garder prisonnières des âmes ennemies. Certaines s'interposent dans la vie quotidienne des vivants, encourageant la violence et la cruauté ou même le suicide. J'incorpore souvent la zone noire dans des guérisons associées à un désir de blesser ou de punir les autres, ou dans le cas où mes clients ont le sentiment d'être indûment persécutés par des vivants ou des morts.

❀

### *Neuvième couche aurique*

Cette couche est liée au neuvième chakra, qui n'occupe en fait qu'un très petit espace, presque non existant sur le plan physique. Je le vois comme un petit rai de lumière au-dessus de la tête. Il n'a pas besoin d'occuper beaucoup d'espace car il fonctionne suivant les lois de l'illimité et de l'abondance et peut, je crois, motiver l'énergie à se déplacer plus vite que la lumière.

Travailler avec cette couche aurique implique se guider soi-même ou être guidé dans ce petit portail. Il est très utile de le faire avec quelqu'un, faute de quoi, vous pouvez travailler avec des guides et visualiser que vous êtes rattaché à une sorte de ligne de sauvetage par laquelle vous pouvez vous ramener dans la réalité actuelle. Vous n'êtes pas vraiment en danger parce que vous descendez dans une partie de vous-même. Il se peut toutefois que vous y appreniez des choses surprenantes à votre sujet.

La plupart des gens découvrent un monde de merveilles de l'autre côté de ce portail. Le neuvième champ aurique réel est une frontière pour le monde de notre âme et son contenu en même temps, le paradis que nous cherchons sur cette planète ou sur une autre, d'ailleurs. Il peut être bénéfique de s'y rendre pour méditer, réfléchir, résoudre des problèmes ou guérir. Cet aspect de nous-mêmes est si paisible qu'il est étonnant que nous n'y allions pas plus souvent.

Mes séjours là-bas me connectent souvent à un sentiment plutôt qu'à un lieu. Certains l'appellent le paradis, le nirvana ou Shambhala. Il m'ouvre sur l'état de béatitude et d'illumination que nous recherchons si souvent.

Je crois que ce champ est celui auquel Barbara Ann Brennan fait référence dans *Guérir par la lumière*, lorsqu'elle décrit les champs cosmiques qui « correspondent à qui nous sommes au-delà de cette vie ». Elle décrit également des guérisons miraculeuses par l'intermédiaire de cette couche aurique. « En observant les guides travailler à ce niveau, j'ai eu l'impression qu'ils retiraient simplement tout un côté des corps énergétiques d'une personne (et tous les champs en même temps) pour le remplacer par un nouveau, dit-elle. Cela… entraîne la guérison très rapide du patient[11]. » Manifestement, cette couche aurique est très puissante.

## *La couche aurique d'intégration*

La couche aurique d'intégration est un champ très important car elle se rapporte au dixième chakra. Beaucoup de gens l'appellent le corps éthérique et la voient comme la couche par-dessus la peau (voir figure 6.3). À mes yeux, cette couche aurique qui superpose la peau est branchée à la fois dans le dixième chakra et dans le sol. C'est la couche aurique de la forme et pourrait donc porter aussi le nom de dixième couche aurique. Lorsque

11 Brennan. *Guérir par la lumière.*

nous nous sentons en sécurité, cette aura peut s'étirer jusqu'à un mètre de la peau. Alors que si nous nous sentons menacés, elle est collée à la peau.

Je pense parfois que cette couche d'intégration est le chemin qu'emprunte le double dont tant de sorciers et de chamans parlent, ce second moi capable de se séparer du corps physique. Carlos Castaneda, formé par l'Indien yaqui don Juan, a fait l'expérience de ce dédoublement. Ces expériences extracorporelles ne sont pas inconnues des Occidentaux. Bon nombre d'entre nous peuvent rapporter la sensation de sortir du corps, de s'en éloigner durant la nuit et d'avoir soudain l'impression d'être ailleurs. Selon le chercheur Charles Tate, il y a cinq caractéristiques à ces expériences :

1. La sensation de flotter.
2. Apercevoir son propre corps.
3. Se trouver soudainement dans un endroit auquel vous veniez de penser.
4. La croyance d'avoir un corps non physique.
5. La certitude absolue que l'expérience n'était pas un rêve[12].

La couche d'intégration peut servir de voie entre le monde physique et le monde spirituel. Parfois, cette couche elle-même peut former le double qui voyage.

J'ai également découvert que cette couche aurique, programmée par notre génétique et l'héritage de notre âme, peut être lue ou examinée en vue d'y trouver de l'information primale basée sur l'âme. Cette couche renferme toutes les expériences vécues physiquement, dans la vie actuelle ou dans une autre. Ces données pratiques sont enregistrées dans la matière physique qui compose la moitié de notre système énergétique. On y trouve également les empreintes énergétiques relatives à la raison d'être et au cheminement de notre âme. Cette couche aurique intègre en fait notre matière physique (prâna) et notre matière spirituelle (mana). Elle relie nos centres énergétiques chakriques à nos points énergétiques spirituels. De plus, ce corps énergétique fournit à nos aspects physique, émotionnel et mental un projet de croissance, de développement et de changement. De nombreux guérisseurs travaillent avec le corps éthérique, car le modifier peut entraîner des changements à la fois physiques et spirituels.

---

12 Kalweit. *Dreamtime and Inner Space*, p. 53.

### *Autres couches auriques*

Il existe de nombreuses recherches qui justifient l'existence de ces dix couches auriques, y compris des études de l'Université de Californie et de l'Université de Duke, des recherches des gouvernements allemand et russe, et probablement beaucoup d'autres faites par le gouvernement américain, mais qui n'ont jamais été publiées. Il y a aussi des phénomènes comme la photographie Kirlian, qui consiste à prendre des photos des couches auriques. Comme chacune se connecte ultimement à une dimension différente, la physique moderne pourrait même être étendue pour démontrer l'existence de ces couches. La théorie moderne et scientifiquement basée sur les cordes ou liens peut « prouver » qu'il existe dix dimensions. Bien entendu, il y a par ailleurs des milliers d'années d'expériences mystiques et pratiques qui appuient l'idée que les auras existent. Toutefois, il y a peu de données pour appuyer ma théorie suivant laquelle il se trouve deux autres couches auriques par-dessus les dix principales.

Je crois vraiment que la onzième et la douzième couche existent. Dans mon travail, la onzième est simplement le prolongement du onzième chakra. Elle en diffère par le fait qu'elle ne se limite pas à l'espace autour des mains et des pieds. Elle s'étend plutôt au-delà, rejoignant parmi d'autres espaces les 20 points énergétiques spirituels supérieurs.

J'ai élaboré cette théorie alors que je travaillais avec le onzième chakra en guérison. Une cliente souffrait du syndrome du canal carpien. Nous avons essayé plusieurs fois de le soigner au moyen de méthodes « régulières » de guérison intuitive ou spirituelle, mais en vain. Puis, je l'ai amenée dans son onzième chakra. Elle a visualisé des ondes d'énergie qui s'extrayaient de ce plan et se connectaient à d'autres sentiments. À ma grande surprise, ceux-ci étaient des états conceptuels, les mêmes qui sont représentés dans les 20 chakras spirituels supérieurs. Elle pouvait ressentir concrètement à travers ses mains et ses pieds l'énergie ondulatoire provenant de ces chakras. Son canal carpien s'est nettement amélioré lorsqu'elle a travaillé avec le point de création (point 24). Je crois, cependant, que le lien entre ce chakra et son syndrome lui était unique ainsi que les raisons qui l'avaient causé.

Avec le temps, j'ai aidé des clients à devenir plus directifs à l'égard de l'énergie qu'ils font entrer ou sortir de leurs mains et de leurs pieds. Pendant l'ancrage, je les fais souvent travailler avec cette onzième couche aurique, afin de tirer l'énergie depuis les profondeurs de la terre ou des confins des cieux. Parfois, le choc est si puissant que certains clients ont du mal à bouger ensuite! Rappelez-vous que le onzième chakra, et par conséquent la onzième couche aurique, a trait à la transmutation ; le corps vit physiquement l'expérience de ce que nous y faisons entrer.

Je crois également qu'il existe une douzième couche aurique ; en fait, je la vois comme le lien avec le douzième chakra. En effet, celui-ci recueille les points énergétiques secondaires. Bien que ceux-ci se raccordent en dehors du corps à une série de fibres apparentes psychiquement, je perçois un autre corps autour de ces fibres. Cette énergie éclatante ressemble à un tissu vibrant d'atomes qui forment un filet loin, très loin de notre sphère humaine. J'ai parfois travaillé avec ce filet, que je nomme la douzième couche aurique, afin d'appeler l'énergie spirituelle vers des gens souffrant de graves problèmes traumatiques, comme les victimes d'accident. Je vois leur corps se détendre presque instantanément, car par l'intermédiaire de cette couche aurique, il est possible de travailler sur tous les chakras secondaires en même temps.

Par exemple, j'ai connu une participante à un séminaire qui avait déjà subi des blessures presque fatales, s'était heurté la tête et avait failli mourir. Entourée par le groupe, elle avait reçu une grande attention spirituelle. De mon côté, je pouvais voir son âme partir. Celle-ci s'était déjà détachée de sa poitrine et essayait de se dégager de la corde d'argent, l'un des points secondaires. Elle coupait par ailleurs le filet de mailles que je considère être la douzième couche aurique. J'ai su tout de suite que si son âme parvenait à en finir avec cette aura, cette dame allait mourir.

J'ai dit à son âme que le moment n'était pas venu de partir (il est rare que j'intervienne ainsi, mais dans ce cas, j'ai pensé que c'était approprié), et j'ai forcé la douzième couche aurique à se refermer et j'ai replacé l'âme dans le corps de la dame par l'intermédiaire de la corde d'argent. Contre toutes attentes, la dame a rapidement été guérie.

## La magie des couches auriques

### ONZIÈME ET DOUZIÈME CHAKRAS

Que s'est-il réellement passé quand Jésus a marché sur les eaux ou a apaisé une tempête sur commande, comme le décrit le Nouveau

Testament? Que se cache-t-il derrière les histoires chinoises des Hsien, des entités incarnées qui sont montées au Ciel sans vraiment mourir? Il se pourrait qu'il s'agisse simplement de l'œuvre des onzième et douzième chakras et couches auriques.

Le onzième champ aurique est une enveloppe autour du corps, mais si nous le tranchions, nous percevrions un champ de lumières scintillantes. Les bandes énergétiques provenant de ces lumières sont reliées au cerveau, aux chakras inférieurs et supérieurs, de même qu'aux mains et aux pieds. Les initiés peuvent utiliser ce champ pour commander et diriger les énergies d'une façon si puissante que nous pourrions, nous aussi, marcher sur les eaux, faire disparaître une tumeur ou faire apparaître une pièce de monnaie à partir de rien.

Le onzième chakra est notre lien avec un niveau d'existence ayant trait aux pouvoirs et aux forces. (Il est décrit dans ma série *Advanced Chakra Healing* comme la voie du pouvoir.) Grâce à un ordre mental, nous pouvons appeler et diriger les énergies naturelles et surnaturelles pour qu'elles répondent à notre volonté. Les énergies naturelles comprennent les forces élémentales, comme celles de l'air, de l'eau, du feu et plus encore. Les énergies surnaturelles comprennent les rayons et les forces cosmiques, stellaires, interdimensionnelles et spirituelles.

Le douzième chakra est utilisé différemment par chacun d'entre nous. Il représente notre moi individuel et notre potentiel d'excellence. Grâce à lui, nous pouvons demander de l'aide spirituelle, humaine et physique pour appuyer notre mission spirituelle. Lorsque nous devenons vraiment compétents dans quelque chose, nous mettons le douzième chakra à contribution dans tout ce que nous faisons. Nous sommes tous programmés pour réussir.

## TRAVAILLER AVEC L'AURA

Il y a tant de façons de travailler avec l'aura qu'il faudrait y consacrer un livre. Je ne parlerai donc que de quelques approches.

En travaillant avec les champs auriques, je choisis d'abord une technique intuitive. Est-ce que je veux visualiser l'aura et les chakras correspondants? Est-ce que je veux utiliser mes aptitudes auditives intuitives et écouter l'information qu'on me transmet? Est-ce que je veux appliquer mes capacités kinesthésiques pour interagir avec eux ? Est-ce que je veux réunir les trois approches ?

Après avoir choisi une approche, je décide ensuite si je veux un aperçu du corps aurique global ou si je me concentre sur les couches individuelles. En général, j'observe le champ global tout en examinant les chakras, puis j'en isole quelques-uns. Parfois, j'examine le champ global en observant les couches une par une. Je commence habituellement par la couche d'intégration avant de me diriger vers le haut et l'extérieur, en direction de la neuvième. Par exemple, j'ai utilisé cette méthode avec une femme qui s'inquiétait de savoir si elle avait ou non un cancer du sein. J'ai d'abord clarifié trois points avec elle :

1. Pour pouvoir travailler avec moi, elle devait continuer de consulter son médecin.
2. Je n'allais en aucun cas poser de diagnostic, mais seulement partager mes sensations et les images que je percevrais, et l'aider à en prendre connaissance.
3. Je n'allais pas juger le cours des événements ni l'issue de sa maladie, bonne ou mauvaise, mais j'allais l'encourager à s'ouvrir pleinement à la Source divine pendant nos échanges.

Je lui ai fait part des images que je percevais après avoir effectué un examen complet de son aura et de ses chakras, puis je me suis concentrée sur deux d'entre eux et sur deux champs auriques. Les décolorations dans le champ aurique entourant ses seins et son abdomen apparaissaient dans le deuxième et le septième. En discutant de ces décolorations, les causes émotionnelles et spirituelles de ses problèmes sont apparues évidentes. Entre autres choses, son père la tenait responsable de la mort de sa mère, moment où ses problèmes aux seins ont commencé. Nous avons quand même exploré d'autres avenues, mais finalement la douleur a disparu et ses résultats médicaux se sont révélés normaux. Bien entendu, nous ne pouvons pas prouver que notre travail l'avait guérie, mais je tends à être d'accord avec les sentiments exprimés par Ywahoo dans *Voices of Our Ancestors*, que je résume ici. Nous devons nous reconnaître comme les vibrations de la vie. Si nous parvenons à retirer les formes de pensée qui font obstruction, nous pouvons influencer le cours de la vie, positivement plutôt que négativement[13].

13 Ywahoo. *Voices of Our Ancestors*, p. 75.

Lorsque j'utilise des techniques visuelles, comme je l'ai fait avec la cliente que je viens de mentionner, je recherche normalement des décolorations, des formes anormales, des bosses ou des endroits faibles, ou encore des couleurs bizarres. La présence de l'un de ces détails indique un problème présent ou potentiel. Je me sers de mon cerveau autant que de mon intuition lorsque je travaille à un diagnostic relié à l'aura. Je me rappelle de quoi traite cette aura et je commence à évaluer les problèmes possibles. Si je travaille avec quelqu'un, je lui pose quelques questions pertinentes. Je peux même lui demander d'imaginer son aura et de me dire ce qu'il voit.

Lorsque j'utilise mon intuition auditive, je pose des questions aux guides ou à ma propre intuition au sujet de la santé ou des besoins d'une bande aurique en particulier. Par exemple :

1. Quel est l'état général de cette couche aurique ?
2. Y a-t-il des problèmes dont il faudrait être informé ?
3. De quoi s'agit-il ?
4. Quelles sont les conséquences de la guérison de ce problème ?
5. Quelles sont les conséquences de ne rien faire ?
6. Quelle est la meilleure façon de régler ces difficultés ?

Au moyen de mes sens kinesthésiques, je peux travailler de différentes façons. Grâce à des techniques pratiques de guérison ou de toucher thérapeutique, je peux repérer des endroits chauds ou froids ou encore des irrégularités dans le champ énergétique ou sur la peau. Habituellement, la chaleur indique un trop plein d'énergie dans un endroit, ce qui pourrait refléter la présence de sentiments refoulés, une question ou une croyance non résolue. Ce pourrait être également un point de rencontre ou de raccordement des problèmes ou sentiments de quelqu'un d'autre. La chaleur que je perçois durant un examen signifie autre chose que celle ressentie pendant un échange énergétique. Au cours d'une guérison, mes mains deviennent souvent chaudes, ce qui indique que j'envoie de l'énergie au client.

Un point froid signale habituellement une absence de sentiments, de conscience. Cela peut également indiquer un trou dans le champ aurique. Les trous peuvent causer la dispersion ou la perte d'énergie et laisser la personne vulnérable aux énergies des autres. Lorsque mes mains sont froides pendant une guérison, l'énergie est toutefois libérée ou retirée. Souvent, les clients qui lâchent prise sur des sentiments, des croyances, de fausses perceptions ou des souvenirs très puissants ont ensuite très froid. Ils peuvent ressentir des frissons durant presque une heure ou des bouffées de chaleur alternées de sensations de froid durant des jours. L'une de mes clientes souffrait depuis longtemps d'une blessure au genou que les chirurgies n'arrivaient pas à guérir. Son genou s'est en fait déplacé de façon permanente, de sept centimètres, immédiatement après une séance et elle a connu des bouffées de chaleur et des frissons durant deux ou trois jours. La guérison physique de son genou a également libéré des énergies et des émotions retenues depuis longtemps.

Une autre technique kinesthésique consiste à utiliser la simple capacité intuitive de se brancher sur le champ aurique. Nous avons tous la capacité de percevoir les problèmes, les sentiments, les anomalies ou les sensibilités en nous-mêmes et chez les autres. Pour y arriver, il faut faire confiance à nos perceptions et encourager les autres à en faire autant. Parfois, me brancher exige que je me permette de ressentir les problèmes ou symptômes du client comme s'ils m'appartenaient. Comme j'ai été formée au chamanisme dans différents pays, je suis plutôt à l'aise avec cette méthode, mais je mets en garde la plupart des gens. Ce n'est pas votre travail d'absorber les problèmes de vos clients, amis ou parents. Si vous réalisez que vous allez naturellement dans cette voie, je vous encourage à apprendre sans tarder les frontières et la protection nécessaires et à recevoir la formation de quelqu'un qui comprend les difficultés et l'éthique que ce style de guérison comporte.

Pendant que je visualise les couches auriques, je peux aussi me poser des questions à moi-même, à mon client, à nos guides ou à la Source divine. Si je perçois une anomalie sous mes mains, je peux guider le client vers la partie affectée et lui demander de visualiser le problème ou la représentation de ce dernier. Il existe d'innombrables façons d'amalgamer l'intuition kinesthésique, visuelle et auditive ; je réunis habituellement les trois approches. Cependant, j'ai découvert qu'il était extrêmement utile d'exercer en utilisant les trois séparément et individuellement, de la sorte je me sens confiante et en mesure de faire appel à toutes mes aptitudes afin de gérer le processus d'investigation.

En bout de ligne, l'efficacité d'un examen ou d'une guérison est en rapport direct avec mon degré de consentement à m'ouvrir à la Source divine (et à me retirer du chemin). Je me vois simplement comme un véhicule ou un canal pour faire entrer la guérison divine. En tant qu'être humain, je travaille toujours comme si j'étais un tube imparfait qu'il faut dégager pour servir de canal d'amour. En tant que guérisseuse devant rester objective face aux croyances et processus de pensée de mes clients, je demande qu'ils reçoivent la guidance la plus inspirante possible durant une séance. Finalement, toutes les techniques, connaissances et enseignements du monde comptent moins que l'attitude.

### *Guérir les problèmes de l'aura*

Nous pouvons aussi utiliser ces techniques pour modifier le champ aurique. La visualisation est un outil puissant. Par exemple, s'il y a un lien (ou une corde) nous pouvons d'abord le visualiser puis utiliser l'imagerie guidée pour comprendre la nature de la connexion relationnelle. (Voir le chapitre 11 pour plus de renseignements au sujet du travail avec les cordes et liens.) Finalement, nous pouvons utiliser des techniques visuelles pour retirer le lien et guérir le trou qu'il laisse. La visualisation, sous forme de méditation guidée, de transe, de régression et d'hypnose, est extrêmement utile. Elle permet de se guider soi-même ou une autre personne vers le cœur du problème.

Les aptitudes auditives nous aident à faire appel aux sources internes et externes de la sagesse. J'encourage souvent une discussion entre mon client et une partie de lui-même. Je peux l'amener à s'adresser au trou dans l'aura ou à parler à la personne qui est impliquée dans le problème. Je parle également à mes propres guides et à ceux du client au cours de la plupart des processus de guérison et j'encourage mes clients à en faire autant. Fréquemment, je demande à ces guides invisibles de faire la guérison à ma place ; pour moi-même, je fais appel aux anges ou au Christ. D'autres peuvent faire appel à leurs propres traditions.

Il existe d'innombrables techniques de guérison kinesthésiques. Il s'agit de faire circuler de l'énergie chez une personne ou d'en retirer de son champ. Ces techniques peuvent comporter d'apaiser le champ énergétique ou de le supprimer au moyen d'un courant d'énergie. Habituellement, j'intègre ces trois approches. Pour ce faire, je cherche des réponses aux questions suivantes :

1. Existe-t-il des inquiétudes physiques immédiates ou potentielles ?
2. Y a-t-il des systèmes ou des modèles de croyances influençant négativement cette couche aurique ?

3. Y a-t-il des sentiments qui doivent être libérés, exprimés ou revendiqués ?
4. L'âme cherche-t-elle à me dire quelque chose par l'intermédiaire de cette couche aurique ?
5. Y a-t-il des guides attachés à cette couche aurique qui ont un message à me transmettre ?
6. Y a-t-il des expériences de vie positives, actuelles ou potentielles que cette couche aurique bloque ou tente de diriger vers moi ?
7. Existe-t-il des problèmes inhérents à la famille d'origine qui influencent négativement ce champ aurique ?
8. Y a-t-il des relations personnelles qui influencent négativement ou positivement cette couche aurique ? Que dois-je faire à cet égard ?
9. Y a-t-il quoi que ce soit que je puisse faire pour aider cette couche aurique dès maintenant ?

Les réponses à ces questions m'indiquent habituellement ce que je dois faire.

En général, j'ai découvert que la technique que j'utilise est la partie la moins importante de tout processus de guérison, que je travaille avec l'aura ou n'importe quelle autre partie du système énergétique. Garder à l'esprit notre intérêt et celui du client représente la part la plus importante de toute guérison. Avoir de bonnes intentions protège à la fois le guérisseur et le client.

## L'AUTRE DIMENSION : LA COUCHE ÉNERGÉTIQUE MÉDIANE

Il existe une autre couche qui se situe entre le système chakrique et le système aurique. Je m'en sers pour fournir aux clients la description de l'empreinte de leur âme et des caractéristiques de leur personnalité. Apprendre à percevoir cette couche peut vous aider ainsi que les autres à avoir un bon jugement concernant les décisions touchant les relations personnelles ou la carrière. Somme toute, nous sommes plus heureux lorsqu'une relation ou un emploi implique tout notre être et non pas seulement une partie. Cette couche peut vous indiquer les traits nécessaires pour vous engager pleinement au niveau personnel ou professionnel.

Je lis cette couche médiane comme je le fais pour un examen. Je regarde d'abord les auras du client, puis j'examine les chakras. Ensuite, je déplace mon œil interne entre les deux autres et je fais abstraction de l'aura et des chakras. Je me trouve alors dans la couche énergétique médiane.

Typiquement, je vois cette couche avec ma vision intérieure et en couleurs. Comme je n'ai rien lu au sujet de cette couche dans d'autres sources, tout ce que je peux dire c'est que, pour moi et mes élèves, cette approche visuelle semble la meilleure pour l'atteindre. J'enseigne et je me sers souvent des moyens kinesthésiques et auditifs pour interpréter les données, mais je ne parlerai ici que du visuel.

Essentiellement, je lis la couche énergétique médiane en examinant les couches énergétiques situées au-dessus des chakras. Il s'agit en fait d'une série de couches, chacune d'une couleur différente. Les couleurs elles-mêmes et la largeur des bandes sont habituellement différentes de celles des chakras.

À titre d'exemple : en examinant (scannant) une cliente, j'ai vu un tourbillon violet autour de ses pieds, un amas de bleu sur ses cuisses et son abdomen, une bande rose devant son cœur et une bande orange circulant autour de sa tête.

À partir de ce portrait, j'ai identifié des facteurs de sa personnalité de base. J'ai informé cette personne que, selon mon système, je pouvais deviner qu'elle était plus à l'aise lors d'une période de changement ou de transformation, ou associée à des gens qui vivaient la même chose. Peut-être souhaitait-elle travailler dans un domaine où elle serait en mesure d'aider les gens à traverser un processus de transformation. J'ai effectivement reçu des images de ces possibilités, mais je les ai vues seulement après avoir remarqué l'information générale. J'en suis arrivée à ces conclusions à cause du violet autour de ses pieds. Je sais que cette couleur, comme l'indique ma description du sixième chakra, est liée à la transformation et à la vision intuitive. Les pieds sont liés au dixième chakra, celui de l'ancrage. Tout ce qui a trait aux pieds ou dessous a un rapport avec l'endroit où la personne se positionne dans la réalité quotidienne. En poursuivant la séance, j'ai laissé entendre à cette cliente qu'elle était empathique et compréhensive et que son état émotionnel était probablement très influencé par celui des autres. Je lui ai également suggéré d'envisager de mettre en application sa compassion sur le plan professionnel, puis j'ai développé l'information.

J'ai fait ces dernières remarques parce que je savais que le bleu est lié au cinquième chakra et a trait à la compréhension et à l'apprentissage. Les cuisses sont liées à des fonctions héritées; ma cliente avait sûrement hérité d'une bonne dose de compassion de sa famille. Le bleu sur le premier chakra m'a indiqué qu'elle serait compétente dans des professions comportant une forme de clarification émotionnelle et de compassion et que, dans ses relations personnelles importantes, la communication serait un besoin essentiel. Le bleu sur son deuxième chakra m'indiquait qu'elle avait besoin qu'on comprenne ses sentiments.

J'ai poursuivi mon évaluation en m'assurant de sa validité auprès de ma cliente et je lui ai donné des applications pratiques à cet égard. Tout en lui suggérant un certain nombre de carrières, j'ai fait attention à ne pas lui dire quoi faire. À l'époque, elle occupait un poste d'agent de prêt dans une banque. Compte tenu de l'évaluation, cette profession ne lui convenait pas, mais elle devait en prendre conscience par elle-même.

Un an plus tard, elle est revenue, presque en extase! Elle venait de terminer sa demande de maîtrise en théologie, avec une concentration en consultation spirituelle. Elle avait lié sa nature empathique et son association à la transformation à un travail spirituel. J'avais rarement vu un tel éclat sur le visage de quelqu'un. Tous les clients qui ont fait l'expérience de cette technique ont été étonnés de ses applications et de son utilité.

## LES COULEURS, LES PARTIES CORPORELLES ET LEUR SENS

Voici un bref résumé des couleurs et des parties du corps telles qu'elles s'appliquent à la couche magnétique. Je vous encourage à essayer de les lire et de voir à quel point vous pouvez être précis.

### *Les couleurs et leur signification*

**Rouge :** Vie, passion, énergie, motivation de répondre aux besoins essentiels pour soi-même et les autres.

**Orange :** Créativité, sentiments, attirance pour ce qui est en émergence.

**Jaune :** Intellectuel, mental, indique des aptitudes organisationnelles, formels et du domaine de la gestion.

**Vert :** Aptitudes de guérison ; aime voir les gens ou les projets avancer du point A au point B.

**Bleu :** Compassion, compréhension, communication ; aime apprendre et comprendre.

**Violet :** Profondément intuitif, humainement spirituel, la couleur de la transformation.

**Blanc :** A trait aux principes, aux concepts et à la raison d'être.

**Argent :** Transmission ; peut transmettre des données d'un point à un autre.

**Doré :** La couleur de l'amour universel.

**Rose :** La couleur de l'amour humain. Combine le blanc de l'esprit et la raison d'être avec le rouge qui protège et fournit la vie.

**Brun :** Terre à terre et ancré ; indique le lien avec la nature et les processus naturels.

**Noir :** Peut indiquer un grand talent, un pouvoir caché ou le besoin ou l'aptitude de se protéger ou de protéger les autres ; peut aussi signaler un talent caché ou compris qui viendra plus tard.

### *Les parties du corps et leur signification*

**Pieds :** Ont trait à l'ancrage ; là où quelqu'un va prospérer par rapport à son environnement ; genre d'atmosphère de travail dont il a besoin.

**Genoux :** Concernent le style de mobilité ; la façon dont une personne change et s'oriente en tenant compte des hauts et des bas de la vie.

**Cuisses :** Ont rapport aux traits et tendances héritées ; programmation masculine et féminine ; émotions refoulées et non réglées au sujet de la nature masculine et féminine.

**Hanches :** Ont rapport aux problèmes du premier chakra ; à vérifier pour comprendre les besoins fondamentaux, les aptitudes professionnelles.

**Abdomen :** A trait aux problèmes du deuxième chakra ; cette partie peut fournir des indications concernant la nature fondamentale des sentiments de la personne et de ses dons créatifs.

**Estomac :** Est lié au troisième chakra ; signale les dons de l'esprit et les élans de réussite.

**Cœur :** A trait aux besoins de relations personnelles, aux comportements et à la personnalité.

**Thymus** : Est lié à la connexion entre la personne et son identité spirituelle, ainsi qu'à ses croyances au sujet du droit d'être fort et en sécurité.

**Gorge** : A trait au mode et aux capacités de communication d'une personne.

**Visage** : Indique comment quelqu'un voit le monde; ce qu'il a besoin de voir quand il s'éveille le matin.

**Front** : Est lié à l'image de soi ; aux objectifs et aux prévisions pour l'avenir.

**Sommet de la tête** : Est lié aux principes importants et innés; ce qui est important aux yeux de la personne.

Rappelez-vous que les problèmes dans le côté droit du corps sont d'ordre masculin, c'est-à-dire liés à l'action, au comportement, aux relations avec le monde. Les difficultés dans le côté gauche ont trait aux stéréotypes féminins, c'est-à-dire la réceptivité, les émotions, la guidance et les relations avec le moi intérieur.

## EXERCICES : LIRE LES AURAS

**I.** Lire votre propre aura

A. Prenez une feuille de papier et quelques feutres ou crayons de couleur. Dessinez la forme d'un corps. C'est vous. Après être entré dans un état méditatif, identifiez un problème dans votre corps. Avez-vous mal quelque part? Avez-vous la peur au ventre? Y a-t-il un endroit que vous avez l'impression de devoir éteindre? Faites une croix dans le chakra correspondant.

B. Maintenant, décidez à quelle couche aurique ce chakra, et par conséquent le problème, est lié. Dessinez cette aura sur la feuille. À présent, faites semblant d'être un thérapeute intuitif. Quelle couleur ou décoloration se trouve dans cette couche? Que devez-vous changer? Soyez créatif en dessinant.

C. Après avoir fini de dessiner, essayez de voir cette aura dans votre tête. Retournez-la dans tous les sens. Voyez si vous pouvez faire des changements. Ressentez-vous des changements en vous ou autour de vous?

D. Qu'avez-vous appris à votre sujet?

**II.** Lire l'aura de quelqu'un d'autre

Il y a trois moyens de lire l'aura de quelqu'un : visuel, verbal ou kinesthésique.

A. **Visuel** — Demandez à votre partenaire de se tenir contre un mur nu. Éteignez toutes les lumières sauf une ; si possible, éclairez le dos de votre partenaire. Concentrez votre regard sur la forme extérieure du partenaire, puis brouillez votre focus. Essayez de repérer des formes, des bandes énergétiques ou toute représentation visuelle. Consignez vos observations et interprétez-les pour votre partenaire en lui demandant ce qui correspond ou non.

B. **Verbal** — Demandez à votre partenaire de vous parler d'un problème, d'une préoccupation ou de poser une question. Prenez un moment de réflexion et demandez à votre intuition de vous dire quelle couche aurique est la plus affectée par le problème et laquelle détient la solution. Écrivez ou dites tout haut ce qui vous vient à l'esprit. Continuez à poser des questions à votre intuition pour en savoir davantage.

C. **Kinesthésique** — Demandez à votre partenaire de s'allonger. Frottez-vous les mains jusqu'à ce que vous ressentiez l'énergie circuler entre elles. Passez vos mains le long du corps du partenaire, en recherchant les points chauds ou froids, des sensations bizarres, des réactions émotionnelles, des bosses ou des creux dans le corps énergétique. Voyez si vous arrivez à distinguer les couches auriques les unes des autres, en les différenciant en fonction de leur fréquence et des réactions de votre partenaire.

**III.** Lire l'empreinte de la personnalité d'un partenaire.

Au moyen de l'une des méthodes ci-dessus, examinez la couche de personnalité, au lieu du chakra ou de la couche aurique. Partagez vos réactions et conclusions avec votre partenaire.

# Chapitre 7

## DANS VOTRE CHAMP : PLUS ENCORE

Le champ aurique n'est qu'un des nombreux autres champs qui nous composent et nous influencent. Des centaines de champs et de corps énergétiques interagissent avec nous et appuient le « moi autour du moi ». Certains de ces champs, toutefois, peuvent créer des difficultés physiques et des défis de vie, ce qui est probablement le cas au moment même où vous lisez ce chapitre. Si nous, les humains, désirons apporter la paix et la bonté dans le monde, il nous faut absolument examiner la façon dont nous interagissons dans le monde naturel. L'usage que nous faisons des champs énergétiques crée présentement un stress géopathique et humain qui menace la performance et l'existence même de la vie.

Les champs sont l'une des principales structures énergétiques qui créent le corps humain ainsi que le corps terrestre. Le présent chapitre examine quelques-uns des champs énergétiques naturels et de ceux créés par l'homme qui nous influencent, ainsi que les champs subtils qui nous entourent et certains des corps énergétiques qui entrent en contact avec nos champs. L'objectif consiste à vraiment comprendre à quel point nous sommes expansifs en tant qu'êtres humains. Plus nous pouvons nous étirer, plus notre efficacité sera vaste.

### CHAMPS NATURELS

Deux principaux champs soutiennent et influencent la vie : les champs électromagnétiques et les ondes sonores. Les champs électromagnétiques font partie du spectre électromagnétique. Le moi physique a besoin des parties de ce spectre pour sa santé physique, émotionnelle, mentale et même spirituelle.

Nos chakras internes occupent la portion de lumière visible de l'ensemble du spectre électromagnétique (voir figure 7.1). Une partie du septième chakra, ainsi que tous les autres sauf le huitième, sont situés dans l'ultraviolet et dans des fréquences supérieures. Une partie du premier chakra et le dixième sont infrarouges et mènent aux fréquences inférieures. Pour que les chakras fonctionnent au maximum, la bonne quantité de stimulation basée sur la lumière doit nourrir chacun d'eux.

L'autre champ fondamental est le son, composé d'ondes sonores ou solaires. Le son est considéré comme une onde mécanique ou plus faible en vibrations que la plupart des ondes lumineuses. Les ondes sonores sont présentes dans tous les aspects de la création et pénètrent notre corps et le monde en général. Les sons nous soutiennent ou nous guérissent lorsqu'ils fonctionnent à la même vibration que celle qu'ils atteignent. Les sons peuvent blesser ou même tuer lorsque leurs fréquences sont trop fortes.

Des dizaines, voire des centaines d'autres champs naturels auxquels nous pouvons être sensibles existent positivement ou négativement. Certains d'entre nous réagissent lorsqu'une planète entre dans la constellation à un angle spécifique. D'autres tombent malades lorsque la pression barométrique grimpe ou descend. J'ai suivi les sensibilités d'un client aux champs naturels pour voir si ses symptômes comportaient des changements périodiques ou saisonniers dans son énergie, des réactions subites sur le plan organique ou émotionnel qui se manifestaient sans cause apparente puis disparaissaient aussi rapidement, ou si elles paraissaient liées à l'environnement d'une façon ou d'une autre.

## CHAMPS CRÉÉS PAR L'HOMME

Quelques nouveaux termes s'appliquent aux répercussions dues à l'empoisonnement électromagnétique et autres champs toxiques. L'un est le stress géopathique et l'autre, la pollution par le spectre électromagnétique.

Le **stress géopathique** a trait aux effets parfois mortels des champs humains et naturels. Les chercheurs découvrent que l'exposition à certains niveaux de facteurs stressants énergétiques peut entraîner des ennuis de toutes sortes, depuis des douleurs corporelles et l'insomnie jusqu'au cancer

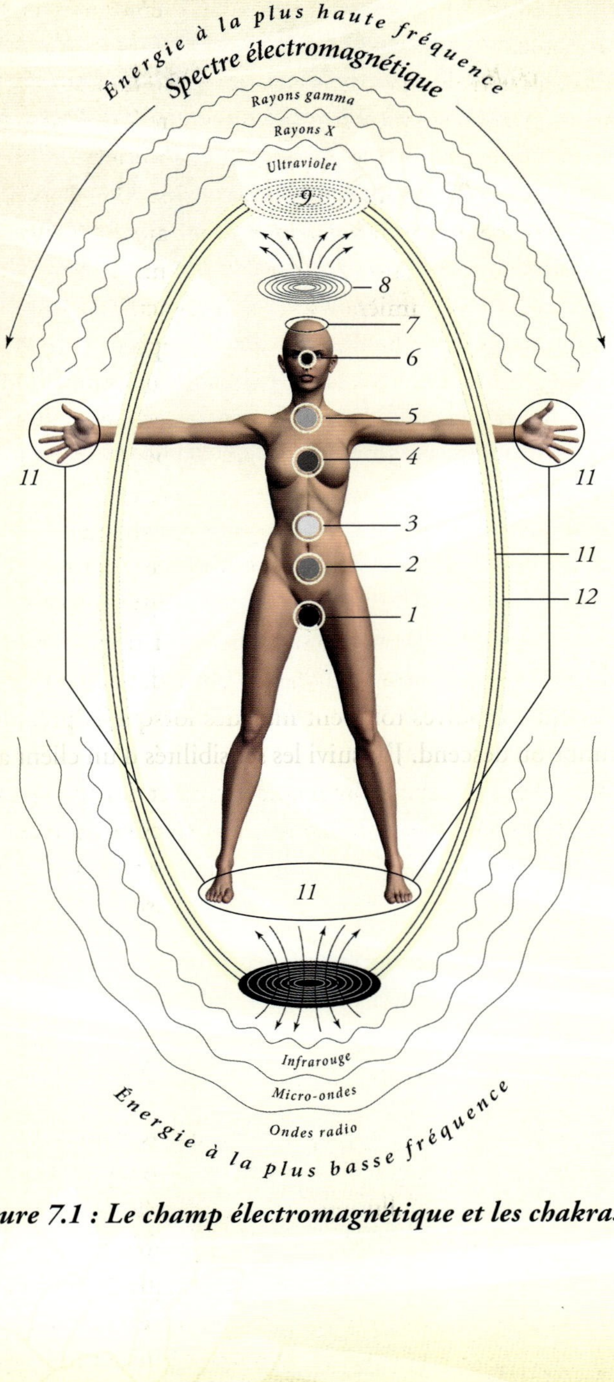


**Figure 7.1 : Le champ électromagnétique et les chakras**

et aux cardiopathies. Un chercheur, le docteur Hans Nieper, a identifié que 92 % de ses patients cancéreux étaient stressés sur le plan géopathique[1].

**La pollution par le spectre électromagnétique** est en dangereuse augmentation. Cela comprend l'empoisonnement radioactif, l'électropollution, la pollution par champ magnétique et d'autres formes d'expositions toxiques. Les champs magnétiques de haute fréquence, par exemple, perturbent le magnétisme naturel du corps et nous rendent vulnérables à certaines maladies. Les lignes électriques et les appareils électriques, qui émettent des radiations à fréquence extrêmement basse, peuvent causer de l'électropollution et de véritables maladies. Par exemple, des études indiquent que les gens qui habitent près des lignes électriques enregistrent des taux supérieurs de leucémie durant l'enfance et à l'âge adulte. Les ondes radio ou micro-ondes, comme celles des téléphones cellulaires, peuvent causer le cancer[2].

Je pense qu'il est important de reconnaître que la pollution générée par l'homme crée des troubles énergétiques et pas seulement physiques. Les chakras sont électromagnétiques de nature. L'aura est fondamentalement magnétique. Lorsque nous dérangeons l'équilibre naturel de ces structures énergétiques de basse fréquence, nous perturbons les fonctions physiques, mentales, émotionnelles et spirituelles de chacune. Comment nous protéger ? Voici quelques suggestions :

- Renforcer les chakras et les couches auriques grâce aux techniques figurant dans le présent ouvrage ainsi que d'autres consacrés à ce sujet.
- Gérer les appareils électriques dans l'environnement personnel. Les débrancher lorsqu'ils ne servent pas. Jusqu'à 70 % de l'énergie qu'ils émettent l'est alors qu'ils sont branchés mais non utilisés.
- Aller dehors, loin des lignes électriques. La nature nourrit et nettoie nos structures subtiles.
- Utiliser des appareils ou des substances de protection au travail, autour de l'équipement de bureau ou à la maison quand vous vous servez de l'ordinateur, du cellulaire ou autre. J'ai découvert que la flanelle rose, lorsqu'on la pose sur le troisième chakra ou un appareil technologique, dévie la pollution électromagnétique. Des pierres roses,

1 www.mercola.com/2000/aug/13/geopathic_stress.htm.

2 Albohm. « Review of the Epidemiologic Literature on EMF and Health », p. 9 ; Tynes, « Residential and Occupational Exposure to 50 Hz Magnetic Fields and Malignant Melanoma », p. 343-7. N.d.T. : Voir aussi pollution électromagnétique : http ://fr.wikipedia.org/wiki/Pollution_%C3 %A9lectromagn %C3 %A9tique.

comme le quartz rose, absorbent également les champs négatifs. On peut les placer dans des endroits stratégiques ou même les garder dans sa poche ; on les nettoiera ensuite par la prière ou en les baignant dans une solution saline pendant quelques heures. Je recommande par ailleurs au moins une fontaine dans votre maison, afin d'aider à l'équilibre des ions dans l'air. De nombreux produits sur le marché détournent ou neutralisent la pollution électromagnétique. Vous pouvez les trouver sur Internet en tapant électropollution.

- Utiliser des techniques énergétiques pour nettoyer et équilibrer, comme visualiser des chutes d'eau énergétiques qui se déversent dans votre champ, de haut en bas.
- Envisager des techniques comme le feng shui ou celles disponibles par baubiologie pour installer un environnement sécuritaire. Ces techniques indiquent comment disposer les objets et les meubles, comme le lit, afin de réduire les effets négatifs de la pollution électromagnétique.

## LES CHAMPS SUBTILS

Au-delà de l'aura, de nombreux champs subtils, habituellement non mesurables, influencent tout ce que nous faisons. Ils comprennent les champs morphologiques, miasmatiques, géo-subtils et de lumière universelle. (Tous ces champs sont décrits plus en détail dans mon livre *The Subtle Body*.)

Les champs morphologiques entourent une personne, un groupe de gens et même d'autres formes de vie animée individuelles et groupées, les gardant liées ensemble en vue d'échanger de l'information. Ils transfèrent efficacement des connaissances et des idées d'une génération à l'autre, mais aussi d'un membre de la famille à un autre. Je travaille souvent avec le champ morphologique d'un client pour connaître la source d'une dépendance de longue date, des maladies chroniques ou des problèmes génétiques, comme le cancer ou les maladies cardiaques dans la famille. En modifiant l'information destructrice dans un champ morphologique, il est possible de se libérer des maladies, des idées et des difficultés qui nous font du mal.

Le terme *miasme* vient du docteur Samuel Hahnemann, le fondateur de la médecine homéopathique. L'homéopathie consiste à traiter les maladies au moyen de substances diluées puis préparées pour correspondre aux fréquences d'une maladie. À partir de ses idées, de nombreux praticiens énergétiques considèrent les miasmes comme des modèles vibrationnels qui transmettent une maladie de génération en génération, d'un membre de la famille à un autre ou de l'âme au corps.

La terre et le cosmos génèrent des géochamps énergétiques subtils qui influencent les fréquences électromagnétiques du corps. Parmi eux, le réseau Hartmann, le système cubique de Benker et les lignes Ley. Le réseau Hartmann est un ensemble de lignes plus puissantes en radiation que le terrain entre les lignes. Le système cubique de Benker est un ensemble différent de lignes orientées vers les pôles de la terre. Les lignes Ley sont des énergies émanant de la terre qui influencent les énergies électriques et magnétiques naturelles[3]. Habituellement, une surexposition à l'une ou l'autre de ces lignes cause un déséquilibre dans notre champ électromagnétique, et certains chercheurs croient que cela peut entraîner des maladies chroniques et même terminales.

Le champ de lumière universelle, aussi appelé le « champ point zéro », est composé de photons ou d'ondes-particules de lumière qui interpénètrent toute la réalité. Comme notre ADN est composé de lumière, notre santé est gouvernée par notre association avec ce champ[4].

## CHAMPS ET CORPS HUMAINS SUPPLÉMENTAIRES

Si nous devions basculer dans le miroir, comme Alice aux Pays des merveilles, nous pourrions apercevoir des corps énergétiques qui semblent s'interrelier magiquement avec notre champ aurique, ainsi qu'avec d'autres parties de nous-mêmes. J'adore travailler avec ces diverses structures, car elles procurent la guérison au-delà des capacités du champ aurique.

Certains champs et corps humains accessibles au guérisseur par les chakras sont le corps éthérique physique, le corps éthérique de l'âme, la vivaxis, le miroir éthérique, le corps de lumière et l'œuf énergétique.

3 Devereux. *Places of Power*, Carlson, « Lodestone Compass Chinese or Olmec primacy?" p. 753-760 ; Jacka, The Vivaxis, p. 197.
4 McTaggart. *The Field*, p. 44-51 ; Puthoff, « Zero-Point Energy ».

### *Le corps éthérique physique*

Regardez dans un microscope énergétique et là — superposé à votre peau — se trouve un film éthérique qui renferme les programmes énergétiques liés à votre santé et à votre bien-être. Le corps éthérique physique est identique à votre dixième couche aurique ou couche d'intégration. Lorsqu'on y accède intentionnellement en vue d'une guérison, elle ouvre sur d'autres dimensions, plans d'existence, antimondes et mondes parallèles. Nous pouvons les visiter intuitivement pour y tirer des énergies servant à la guérison physique.

Chaque aspect de notre corps physique est également incorporé dans un corps éthérique physique, y compris les cellules, les organes et les systèmes organiques. À ces niveaux, la couche éthérique physique renferme non seulement nos souvenirs de vies antérieures mais également des souvenirs générationnels. Depuis une perspective scientifique, cette affirmation est soutenue par une observation appelée l'épigénétique.

L'épigénétique est basée sur la pensée qu'il existe une énergie qui allume et éteint nos gènes. Les scientifiques ont observé que certains produits chimiques, comme les protéines et les molécules de méthyle, agissent comme des commutateurs pour dire aux gènes comment fonctionner et quand. *Mais* — il existe des énergies derrière les énergies physiques qui leur donnent des directives. Comme le démontre la recherche, bon nombre des forces de commandement sont en fait émotionnelles et intergénérationnelles de nature. Une modification de notre environnement, mais aussi des situations ayant influencé nos aïeux, stimuleront ces produits chimiques qui, à leur tour, feront basculer nos gènes[5]. Je lie la performance et les atteintes de l'ADN et de la couche éthérique physique cellulaire aux atteintes épigénétiques.

### *Le corps éthérique de l'âme*

Le corps éthérique de l'âme enveloppe celle-ci et conserve nos souvenirs, nos expériences, nos désirs et les conclusions. Il voyage avec nous d'une vie à l'autre afin que nous puissions accéder à nos connaissances antérieures. Nous pouvons également nous en servir pour voyager intuitivement, comme le font les chamans lorsqu'ils méditent ou entrent en transe.

5 Watters. « DNA Is Not Your Destiny », p. 32-37, 75.

### *La vivaxis*

La vivaxis est un terme inventé par Judy Jacka (et son professeur, Frances Nixon) dans le livre de Jacka, *The Vivaxis Connection*. Il s'agit d'une sphère énergétique qui se développe en nous comme un fœtus et nous lie à jamais à notre lieu de naissance. Par ce cordon ombilical, l'énergie continue de circuler entre notre lieu d'origine et nous, tout au long de la vie. Lorsque des changements importants se produisent, à cause de modifications naturelles ou humaines, il se peut que nous ressentions des effets similaires dans notre propre corps[6]. La vivaxis est par conséquent un corps énergétique idéal pour repérer des symptômes dont la fatigue, l'inflammation chronique, des troubles auto-immunes soudains ou de graves allergies liées à l'environnement.

### *Le miroir éthérique*

Le miroir éthérique est un champ énergétique très raffiné et éclatant qui enveloppe le corps humain et qui est situé juste au-dessus de la couche aurique d'intégration. Il renferme les modèles et les indices destinés à une santé physique optimale. En observant une maladie ou un état dans ce miroir, nous pouvons voir s'il est possible de la soigner ou non. Certains problèmes sont « destinés » à survenir et renferment une importante leçon pour l'âme. S'il y a une différence significative entre notre état physique actuel et celui que le miroir révèle, nous pouvons utiliser l'intention pour transférer l'état désiré dans notre corps et, par conséquent, soutenir notre structure physique en alignement avec cette norme supérieure.

### *Le corps de lumière*

Le corps de lumière est en fait une série de bandes énergétiques vibrantes qui émanent des roues intérieures des chakras (voir figure 7.2). Elles doivent être activées consciemment, quoique des expériences invoquant une conscience supérieure peuvent également les ouvrir.

Une fois activé, un corps de lumière rayonne depuis le centre d'un chakra à la manière d'une bulle d'arc-en-ciel. Chaque corps de lumière peut être intuitivement perçu comme étant unique en termes de couleur, de forme et de fonction, mais tous ont une fonction protectrice. Par conséquent, ils filtrent vers l'extérieur les énergies, les situations, les personnes et les entités indésirables et ne laissent entrer que les positives, en collaborant avec les couches auriques pour réaliser ces tâches.

---

6 Jacka. *The Vivaxis.*

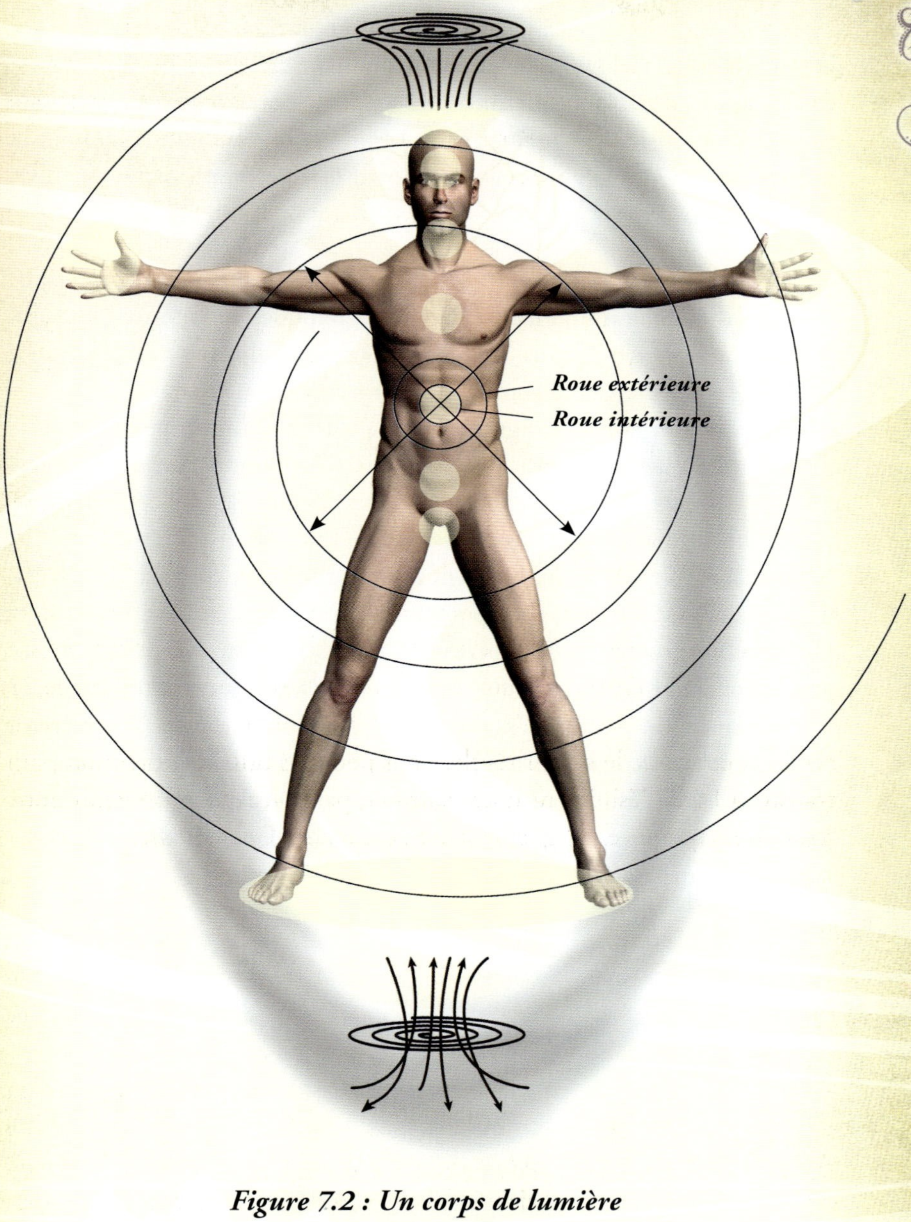


*Figure 7.2 : Un corps de lumière*

Chaque corps de lumière occupe son propre espace autour du moi physique. Si chacun d'eux devait se déployer, nous aurions l'impression d'être entourés de cercles de lumière en expansion constante.

J'aide souvent des femmes enceintes à ouvrir ces corps lumineux pour leur enfant à naître, leur procurant de la protection tout en maintenant le lien avec le Divin à la naissance. Cela peut être accompli par la prière et la méditation.

### *L'œuf énergétique*

L'œuf énergétique est un champ électromagnétique qui entoure toutes les couches de l'aura (voir figure 7.3). Je le vois comme une bande énergétique oscillante et luminescente composée de trois couches.

La troisième et la plus éloignée s'ouvre sur les royaumes spirituels, ainsi que sur les points spirituels. Par elle, nous pouvons demander de l'assistance et des énergies spirituelles pas encore disponibles sur cette planète. La couche médiane ouvre aux possibilités. Elle est en fait composée du même matériau que le « champ point zéro » figurant au chapitre 1. Par l'intention et la grâce divine, nous pouvons accéder à de l'énergie de guérison depuis les antimondes et les univers parallèles. La première couche juxtapose le douzième champ aurique. Elle interagit avec un certain nombre de couches auriques, y compris la douzième et la septième, pour transmettre de l'information entre le corps physique et l'environnement. Lorsque les trois couches de l'œuf sont en fonction et oscillent ensemble, elles nous aident à attirer les énergies provenant des confins des cieux dans nos corps physiques pour la manifestation et la guérison.

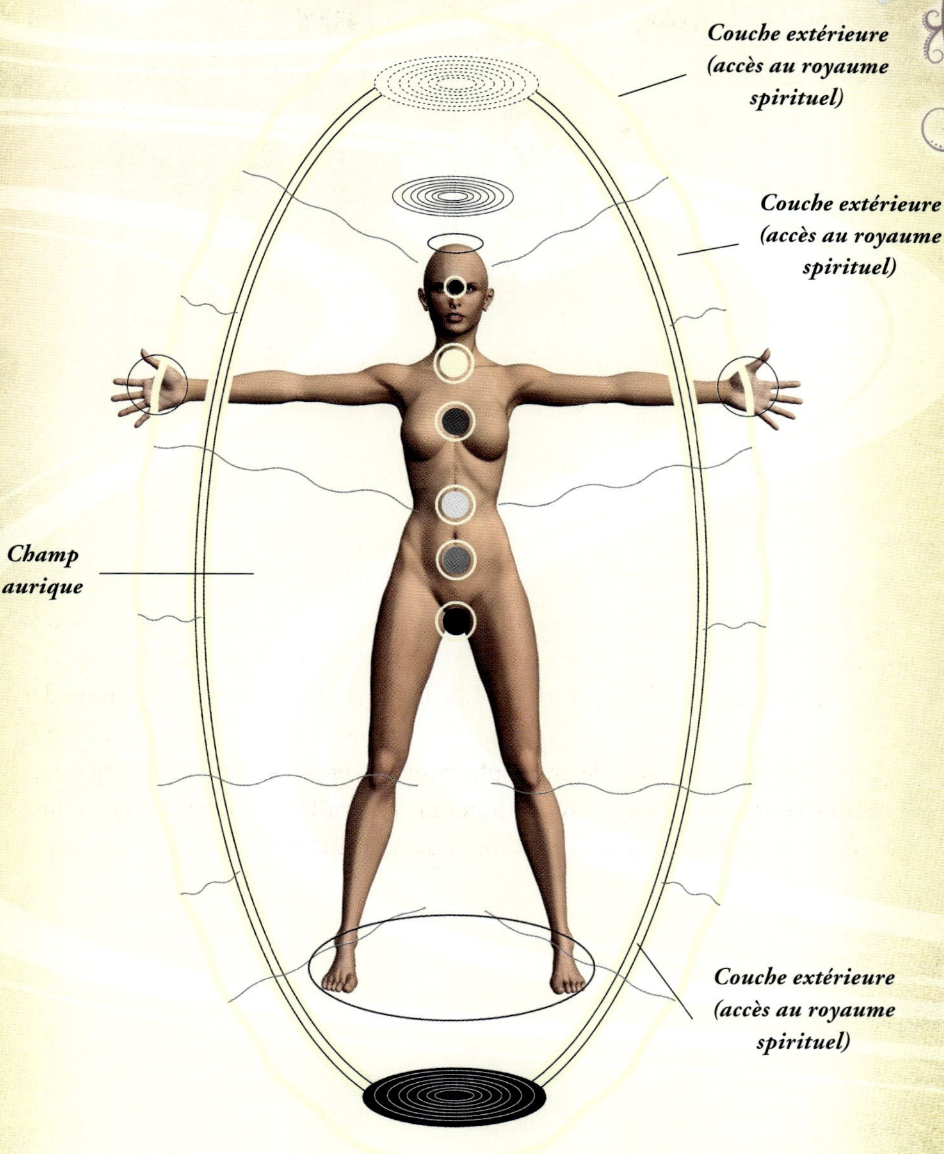


Figure 7.3 : L'œuf énergétique

# *Chapitre 8*

## Entrer dans le mouvement : les rayons d'énergie

Les rayons sont des énergies universelles accessibles à tous. Y puiser est un avantage pour l'être humain, car ils peuvent nous aider dans tout ce que nous recevons ou ce qui peut nous infliger une leçon au cours de notre cheminement de vie.

Certains métaphysiciens ont pour théorie que chaque rayon est relié à un personnage ou un être en particulier. Les métaphysiciens qui adhèrent au groupe appelé la « Grande Fraternité Blanche » croient à ce type de lien. Selon eux, il existe sept rayons et sept êtres évolués qui agissent comme gardiens et administrateurs de chacun d'eux.

Je crois que l'humanité bénéficie d'une guidance avancée et que les humains sont supportés par l'énergie des rayons. Je pense que nous avons tous accès à tous les rayons. Nous pouvons choisir de passer par un intermédiaire ou pas. Dans ma pratique, toutefois, je n'ai pas trouvé de raisons utiles d'associer un rayon universel à un seul être.

L'autre application des rayons ayant reçu un appui consiste à leur assigner un rôle dans la découverte de notre personnalité de base. Jack Schwartz, qui a proposé cette théorie récemment, croit que nous pouvons définir notre personnalité de base ou raison d'être en déterminant quels rayons entrent dans notre corps. Alice Bailey, théosophe et contemporaine de C. W. Leadbeater, a également travaillé avec les rayons de cette façon.

Il existe une croyance métaphysique populaire suivant laquelle chaque âme correspond à un certain rayon et utilise ses énergies pour accomplir sa raison d'être. J'ajoute un rectificatif à cette croyance. Il se peut bien que nous utilisions certains rayons plus que d'autres, soit parce que nous sommes plus à l'aise avec une énergie particulière ou que nous avons besoin d'un certain rayon pour notre équilibre. Toutefois, je ne crois pas qu'une âme fonctionne à partir d'un seul rayon ou de deux. Chaque personne possède une personnalité unique. Notre âme, qui cherche l'équilibre et l'achèvement, aura besoin de certaines énergies à un moment et de d'autres à d'autres moments. La tradition cherokee semble soutenir le point de vue, comme le souligne Ywahoo dans *Voices of Our Ancestors*, selon lequel au cours de notre vie, nous refléterons chacun de ces rayons[1]. Même si nous faisons plus fréquemment appel à une source d'énergie ou rayon qu'à d'autres, ce n'est que parce que cela convient à notre raison d'être. Nous ne revoyons toutefois pas la raison d'être de notre âme en fonction d'un rayon qui nous parvient. Je pense que nous utilisons le pouvoir qui en émane, comme nous le faisons des autres sources.

Mon affirmation a plus de sens si j'explique ma façon de voir les rayons. Un rayon est un mouvement de conscience et les rayons énergétiques complets sont émis par la Source divine. Ils vibrent à des fréquences sécuritaires, puissantes et inspirantes. Ce sont plus que de simples bandes de lumière semblables aux rayons du soleil. À mes yeux, ils se déplacent en boucle, depuis la Source divine vers nous, puis de retour vers la Source.

L'un des plus importants paradoxes à comprendre relativement aux rayons est qu'un rayon ou courant de conscience divine, ne quitte jamais vraiment la Source divine. Les rayons nourrissent le moi de la Source divine, l'aspect de soi-même qui sait qu'il ne forme qu'un avec celle-ci et ne l'a jamais quittée. Le moi humain est intimement lié à ce moi de la Source divine. En fait, il s'agit d'un reflet de celui-ci, ou de sa projection, comme certains diraient.

C'est comme si une partie de nous avait créé un monde de rêves appelé la Vie, dans lequel explorer, s'amuser et apprendre. Cette partie s'est ensuite projetée dans ce terrain de jeu et a commencé à expérimenter certaines croyances, différents sentiments et modalités. Le moi interne n'a jamais été vraiment différent du moi provenant de la Source divine ; il n'en est que le prolongement. Le moi de la Source divine ancre toujours le moi humain. Toutefois, pour diverses raisons, la plupart des « moi » ont commencé à croire qu'il y a eu séparation. Je pense que cette croyance vient d'un sentiment de culpabilité pour avoir voulu expérimenter au départ. Ce gouffre de culpabilité et de honte est ce que nous devons enjamber pour faire évoluer le moi humain, non pas vers un point inconnu d'achèvement,

1 Ywahoo. *Voices of our Ancestors*, p. 108.

mais de retour vers la réalisation qui est et a toujours été à l'intérieur de la Source divine.

Je pense que les rayons nourrissent le moi de la Source divine. Ils procurent à la partie de nous relative aux connaissances les riches nutriments nécessaires pour conserver et renforcer notre essence. À titre d'être incarné, nous devons prendre conscience que le moi de la Source divine est notre moi humain. Le travail des rayons consiste à nous ramener dans la boucle, afin de nous rappeler le moi de la Source divine.

Je perçois six principaux rayons et un septième courant d'énergie qui interagissent avec le moi intérieur de la Source divine. Je vois chacun des six principaux rayons entrer par un point en particulier et sortir par un autre. Lorsqu'ils entrent et qu'ils sortent, ils le font par les deux côtés du corps. Bien entendu, cette affirmation est un paradoxe en soi, car chacun des rayons se déplace en fait de l'intérieur du corps vers l'extérieur. Il est plus facile d'établir une relation consciente avec chacune de ces énergies si nous nous concentrons d'abord sur les points d'entrée et de sortie.

Beaucoup d'entre vous comprennent probablement que j'ai réduit le nombre typique de sept à six. Je perçois le septième comme étant le moi de la Source divine. Après nous être ouverts aux six premiers rayons, nous devons nous voir et nous reconnaître comme les enfants de la Source divine. À l'inverse, si nous devions nous réaliser dès maintenant comme partie de la Source divine, nous n'aurions pas besoin de comprendre les autres rayons.

## LES SIX PRINCIPAUX RAYONS

| **Rayon** | **Point d'entrée** | **Point de sortie** |
|---|---|---|
| Premier | Coccyx | Épiphyse |
| Deuxième | Troisième œil/front | Abdomen |
| Troisième | Estomac | Gorge |
| Quatrième | Recto du cœur | Verso du cœur |
| Cinquième | Huitième chakra | Dixième chakra |
| Sixième | Moi de la Source divine | Neuvième chakra |

Les qualités des rayons eux-mêmes sont semblables à ceux mentionnés dans d'autres textes. En voici un résumé.

### *Premier rayon*

**Aspect clé** — Le pouvoir de la volonté.

**Signification du point d'entrée** — Établir l'existence du moi de la Source divine sur un plan physique.

**Signification du point de sortie** — Reconnecter l'existence du moi humain à la Source divine.

### *Deuxième rayon*

**Aspect clé** — L'amour et la gentillesse.

**Signification du point d'entrée** — Permettre au moi humain de voir ce moi à travers les yeux de la Source divine, pleine de gentillesse et d'amour infini.

**Signification du point de sortie** — Renvoyer nos sentiments, les positifs comme les difficiles, à la Source divine dans un but de guérison et d'achèvement.

### *Troisième rayon*

**Aspect clé** — L'intelligence.

**Signification du point d'entrée** — Apporter des idées de la Source divine au moi humain pour qu'il les examine. Permettre au moi humain d'envisager ce qu'il faut mettre en œuvre.

**Signification du point de sortie** — Renvoyer les décisions, les conséquences ou les connaissances à la Source divine.

### *Quatrième rayon*

**Aspect clé** — L'unité.

**Signification du point d'entrée** — Renforcer le fait que la Source divine comblera les désirs du cœur du moi humain par l'intermédiaire de la réalité concrète.

**Signification du point de sortie** — Refléter les harmonies et les désaccords vers la Source divine en vue de réflexion et de guérison.

### *Cinquième rayon*

**Aspect clé** — Les connaissances.

**Signification du point d'entrée** — Réveiller toutes les connaissances passées et potentielles du moi humain et des autres moi humains, afin de les rendre accessibles quotidiennement.
**Signification du point de sortie** — Ancrer ces connaissances dans la réalité matérielle courante du moi humain.

### *Sixième rayon*

**Aspect clé** — L'idéalisme.
**Signification du point d'entrée** — Accorder au moi humain l'acceptation inconditionnelle pure, l'amour et le soutien fondé sur des principes, que seule la Source divine peut procurer.
**Signification du point de sortie** — Après avoir éveillé la nature essentielle de l'âme, retourner vers le moi de la Source divine, en refermant le cercle entre les deux.

### *Septième (dernier) rayon*

Je ne considère pas cette énergie comme un rayon. Il s'agit plutôt d'une prise de conscience qui survient quand nous réalisons que nous sommes dans la Source divine, nourri par la lumière blanche qui est, renferme et comprend tout.

## TRAVAILLER AVEC LES RAYONS

Nous pouvons choisir de travailler délibérément ou inconsciemment avec les rayons. Dans l'approche délibérée, nous évaluons ce qui manque dans notre vie ou quel type d'énergie serait utile. Par exemple, un de mes clients, James, éprouvait des difficultés financières. Comme il était déjà très intéressé par le concept des rayons, je lui ai demandé de commencer à travailler avec l'énergie du premier. Alors que les ennuis d'argent peuvent refléter n'importe quel rayon, je savais que les soucis liés à la sécurité tiennent leur origine dans le premier chakra et que le premier rayon entre par celui-ci. Je sais également que l'argent est lié à la raison d'être et à la question du bon choix de carrière. Ma décision a été justifiée par le fait que le premier rayon sort par l'épiphyse ou septième chakra, lequel a trait à la raison d'être. Enfin, le premier rayon est lié au pouvoir de la volonté. La « volonté » et le « pouvoir » — c'est-à-dire ce que nous voulons, ajouté au pouvoir de le réaliser. J'ai donc amalgamé ma rationalité à mon intuition pour faire une suggestion à James.

De son côté, James a médité sur le premier rayon et sur son lien avec la Source divine, trois fois par jour, en imaginant le rayon entrer par le coccyx et sortir par l'épiphyse. Il s'est concentré sur chaque rotation du rayon. Durant deux mois, il a assumé certains problèmes relatifs à l'argent, y compris des croyances qui lui laissaient penser qu'il n'en méritait pas, de la confusion sur la façon d'en gagner et de la colère contre son père pour qui c'était l'unique préoccupation dans la vie.

Avec James, j'ai fait quelque chose de légèrement différent. Environ un mois après avoir entrepris le travail, je lui ai suggéré de commencer à se servir en même temps du point énergétique de l'abondance, ce qui a accéléré ses progrès. En deux mois, il avait trouvé un nouvel emploi plus rémunérateur. Au bout de six mois, il était en bonne voie d'économiser suffisamment d'argent en vue d'un acompte pour l'achat d'une maison.

Pour certains problèmes, il faut parfois mêler les rayons. Il est utile de consacrer un peu de temps à identifier tous les aspects d'une question avant de l'aborder. Disons que vous avez repéré le premier rayon pour vos difficultés financières, mais sentez avoir besoin de quelque chose de plus. La méditation peut vous aider à vous rappeler que vous n'aviez pas ce genre d'ennuis avant votre divorce. Sachant que le chakra du cœur (quatrième) a trait aux relations amoureuses, vous pourriez envisager que le quatrième rayon soit susceptible de détenir la clé de la guérison.

J'ai vécu une expérience inusitée avec les rayons, peu de temps après m'être séparée de mon mari. Comme c'était moi qui devais quitter les lieux, je me suis retrouvée avec 500 $, deux futons et un jeune enfant. Un soir, je me suis mise au lit en demandant à la Source divine de m'envoyer le rayon d'énergie dont j'avais besoin pour m'aider à me remettre en route. Je n'oublierai jamais cette nuit-là.

Au départ, j'avais conscience d'une énergie rouge, celle du premier rayon. Une voix dans ma tête me disait : « Cela risque de faire mal ». C'était peu dire. L'acuité de la douleur, le craquement des os qui bougeaient, j'étais terrifiée et incertaine de ce que j'avais déclenché. À ce moment, je croyais fermement au vieil adage qui dit que le remède est pire que le mal. Tandis que chaque couleur illuminait différents aspects de ma personnalité et me modifiait de diverses façons, j'ai ressenti la présence d'êtres, mais plus qu'un par rayon. Je les ai trouvés réconfortants et rassurants.

En moins d'un an et demi, j'habitais dans un quartier confortable, j'avais acheté un terrain en dehors de la ville, payé toutes mes dettes et j'avais 700 clients. Je crois qu'une bonne partie de tout cela était due à cette nuit-là ; et aussi au dégagement du rayon ainsi qu'au travail que j'avais effectué avant et par la suite avec les centres énergétiques supérieurs, plus mon éthique du travail à l'ancienne.

Même récemment, j'ai puisé dans le cinquième rayon pour rédiger 400 pages (à simple interligne) en trois mois. J'ai une vague idée de cette période, mais j'étais capable de puiser dans une source de connaissances plus profonde que la mienne. Je me suis aussi liée à trois spécialistes du domaine, dont l'assistance a réduit mon temps de recherche de centaines d'heures. Les rayons sont toujours accessibles pour que nous puissions les utiliser à toutes sortes de fins.

## MÉTHODES POUR TRAVAILLER AVEC LES RAYONS

Il existe différentes méthodes pour travailler avec les rayons. Une personne en mesure de voir sur le plan psychique peut se brancher sur son intuition ou celle de quelqu'un d'autre pour repérer la présence ou l'absence des rayons au moyen des couleurs. Les médiums interprètent souvent les couleurs des rayons de la façon suivante :

| **Rayon** | **Couleur** |
|---|---|
| Premier | Rouge ou rose |
| Deuxième | Orange ou lavande (différent de mauve ou de violet foncé) |
| Troisième | Jaune ou vert lime |
| Quatrième | Vert ou rose |
| Cinquième | Argent ou noir et blanc |
| Sixième | Doré ou violet |
| Intégration | Blanc |

Outre chercher des connexions de rayons manquantes ou incomplètes, il peut être utile de déterminer vers lesquels nous (ou quelqu'un d'autre) sommes le plus attirés. Cette information peut nous renseigner sur nos besoins de base actuels ou sur ceux d'une autre personne. Si nous puisons dans une grande quantité d'énergie du deuxième rayon, les chances sont que nous sommes, du moins à ce moment-là, concentrés sur les sentiments et leur expression dans notre vie. Si nous faisons appel à l'énergie du troisième et du quatrième rayons, nous utilisons l'énergie intellectuelle et celle des relations personnelles. Nous examinons peut-être comment nos idées au sujet d'une relation se mesurent à la réalité d'une relation en particulier.

Comme la liste des possibilités et de leur interprétation est infinie, il est important de faire confiance à notre intuition en ce qui concerne l'utilisation des rayons. Si quelqu'un nous dit que nous sommes une personne du troisième rayon et que nous ne pensons pas que ce soit le cas, nous ne sommes pas obligés de considérer cette information comme valide. Toutefois, si nous percevons beaucoup d'énergie du troisième rayon en nous, nous disposons d'options sur la façon de nous servir de cette connaissance. Nous pouvons chercher à mieux comprendre notre familiarité avec le troisième rayon, celui de l'intelligence. Nous pouvons peut-être nous mettre au défi d'utiliser davantage notre vivacité ou d'établir de nouvelles façons de la transmettre.

## UTILISER L'ÉNERGIE DES RAYONS

Il existe de nombreuses façons de puiser dans l'énergie des rayons. La première méthode est probablement la plus facile, mais la plus difficile à décrire. Nous la faisons simplement entrer. Nous la demandons, en ressentons la présence et la faisons entrer dans le corps. Si vous choisissez cette approche, rappelez-vous de vérifier les points d'entrée et de sortie. Sont-ils bien dégagés ? Les rayons circulent-ils librement entre ces deux points ou certains restent-ils bloqués ? Nous savons que nous avons réussi lorsque nous nous sentons différents.

Il y a aussi l'approche visuelle. Nous pouvons examiner les points d'entrée et de sortie et chercher les rayons. Nous vérifions les couleurs ou les décolorations, la force et l'intensité des rayons qui entrent et qui sortent, et si le rayon tente d'illuminer quelque chose à notre intention.

Une autre méthode d'examen est l'approche auditive. Nous pouvons toujours demander à notre moi intérieur ou à un guide de nous expliquer ce qui se passe avec les rayons. Il s'agit ensuite d'écouter les réponses ou de les écrire.

Voici de bonnes questions à poser au sujet d'un rayon en particulier :

1. Puis-je localiser le rayon en moi ou autour de moi?
2. Le rayon entre-t-il par son point d'entrée?
3. Si non, pourquoi? Le point d'entrée est-il bloqué? Qu'est-ce qui le bloque? S'agit-il d'un problème émotionnel, physique, mental ou spirituel? Que dois-je faire ou croire pour le dégager?
4. Quel effet le rayon a-t-il à l'intérieur de mon corps?
5. Y a-t-il quelque chose à faire ou à savoir pour utiliser ce rayon de façon qu'il réponde mieux à mes besoins?
6. Le rayon sort-il de mon corps?
7. Si non, pourquoi? Le point de sortie est-il bloqué? Qu'est-ce qui le bloque? Que dois-je faire ou croire pour le dégager?
8. À quoi ressemble le rayon en quittant mon corps?
9. Est-il approprié qu'il ressemble à cela? Si non, que dois-je faire ou savoir?
10. Le rayon fait-il une boucle complète pour retourner vers la Source divine? Si non, de quelle façon est-ce que je l'en empêche?
11. Mes rayons sont-ils tous en équilibre? Si oui, comment m'assurer qu'ils le demeurent? Si non, que dois-je faire ou savoir pour les équilibrer?

Si nous devions ramener cette information, ainsi que celle de tous les autres rayons, à sa plus simple expression, nous arriverions éventuellement à la conclusion suivante : les rayons sont là pour nous aider à mieux nous aimer. Si nous consentons à nous aimer, nous viserons automatiquement juste.

## EXERCICES : TRAVAILLER AVEC VOS RAYONS

I. Choisissez une méthode d'examen et cherchez les rayons dans votre propre champ. Dessinez ou écrivez ce que vous trouvez (ajoutez le portrait d'un corps). Puis, en vous guidant dans un état méditatif, posez-vous les 11 questions mentionnées ci-haut. Inscrivez vos réponses. Que vous indiquent-elles au sujet de l'état actuel de vos affaires?

II. Choisissez un rayon avec lequel travailler pendant une semaine. Chaque matin et chaque soir, imaginez ou ressentez ce rayon entrer dans votre corps, en ressortir et vous connecter à la Source divine. À la fin de la semaine, évaluez ce qui s'est passé par rapport à l'objectif premier de ce rayon.

III. L'ensemble des questions suivantes est conçu pour vous aider à déterminer quel(s) rayons(s) vous utilisez actuellement. Connaître cette information peut vous donner des indices concernant ce sur quoi vous devez vous concentrer sur le plan professionnel ou personnel actuellement.

A. Quelle couleur semble expliquer le mieux votre personnalité en ce moment ?

1. Rouge
2. Orange
3. Jaune
4. Vert
5. Argent
6. Doré
7. Blanc

B. Qu'est-ce qui vous décrirait le mieux, dépendamment du contexte ?

*Quand vous travaillez*

1. Énergique : il est important que les choses soient faites.
2. Minutieux : ce qui compte, c'est de bien faire les choses.
3. Pondéré : il est important d'examiner les options afin de prendre la meilleure décision.
4. Esprit d'équipe : c'est lorsque chacun fait de son mieux que le résultat est le meilleur.
5. Érudit : le savoir — savoir ce que l'on doit connaître — se répercutera sur le résultat final.
6. Idéaliste : impossible d'atteindre le meilleur si on ne le vise pas au départ.
7. Déterminé : si je reste connecté à ma Source divine, ce que je fais sera parfait.

*Dans vos relations personnelles*

1. Puissant : soyons authentiques l'un envers l'autre.
2. Gentil : je crois qu'il faut aimer son prochain comme soi-même.

3. Prévenant et déterminé : il y a des conséquences à nos actes; réfléchissons.
4. Harmonieux : il est important de fonctionner en équipe et de nous soutenir l'un l'autre.
5. Compréhensif : si nous savons d'où chacun vient et pourquoi, nous nous entendrons bien.
6. Connecté : nous nous efforçons de ne faire qu'un.
7. Résigné : les gens sont comme ils sont et prédestinés à l'être en tout temps.

*Dans vos loisirs*

1. Physique et autodéterminé : j'aime bouger.
2. Réfléchi : le moment est venu de mieux comprendre les choses.
3. Studieux : j'ai besoin de temps pour la recherche, l'étude et la réflexion afin de pouvoir être à mon meilleur quand cela compte.
4. Ouvert : en restant ouvert et en suivant mes désirs, je deviens une meilleure personne.
5. Curieux : je veux apprendre tout ce qu'il y a à apprendre.
6. Dévoué : lorsque je fais quelque chose, je veux le faire le mieux possible, même dans mes loisirs.
7. Authentique : je reste toujours moi-même grâce à la Source divine.

C. Quelles qualités utilisez-vous le plus dans votre vie quotidienne?

1. La détermination
2. La considération envers les autres
3. La raison
4. La compassion et l'harmonie
5. La compréhension, la transmission de vos connaissances
6. L'adhésion aux croyances
7. La prise de conscience

D. Voici une liste de gens célèbres et des qualités ayant contribué à leur notoriété. Si vous deviez choisir un parmi eux, lequel ce serait?

1. Mickey Mantle (une étoile du baseball) : à partir d'un talent naturel, il s'est dépassé pour l'améliorer encore davantage.
2. Mère Teresa (humanitaire) : elle a prodigué son amour à tous, sans égard à la race, la couleur, l'âge ou la religion.

3. Albert Einstein (brillant physicien) : un homme très intelligent qui s'est efforcé de combiner la science et la spiritualité.
4. Martin Luther King, jr. (militant pour les droits civils) : il nous a dit que nous étions tous égaux et a vécu suivant ce principe.
5. Madame Marie Curie (scientifique) : elle s'est consacrée sans relâche à la recherche et au partage de ses connaissances pour aider l'humanité.
6. Sainte Claire ou saint François d'Assise (fondateurs d'ordres religieux) : les deux croyaient les gens capables d'avoir une vie spirituelle et ont enseigné aux autres la façon de faire.
7. Prophètes spirituels : des gens dont la vie et le travail ont conduit les autres à se connecter à la Source divine.

***Pour déchiffrer :***

Comptez le nombre de fois que vous choisi chaque chiffre. Servez-vous du tableau suivant pour inscrire le nombre de fois que vous avez choisi chaque rayon :

1 = premier rayon
2 = deuxième rayon
3 = troisième rayon
4 = quatrième rayon
5 = cinquième rayon
6 = sixième rayon
7 = rayon d'intégration

La plupart d'entre nous sommes portés vers un ou peut-être deux rayons plus souvent que vers les autres. Tenez compte de ce qui suit pour déterminer vos tendances :

**Cinq fois dans le même groupe** — Vous êtes un grand adepte de ce rayon. Il est probable que la raison d'être de votre âme dépend d'une application solide de l'énergie disponible de ce rayon. Vos amis vous décriraient sans doute comme quelqu'un possédant les qualités de personnalité les plus souvent pertinentes à ce rayon. Sachant cela, profitez des forces de cette énergie de Source divine, mais restez ouvert au fait que d'autres personnes peuvent voir la vie différemment. Vous devrez créer des partenariats dans certains secteurs pour garantir l'équilibre dans vos projets et dans la vie.

**Quatre fois dans le même groupe** — Vous adhérez fortement aux traits inhérents à ce rayon, en y faisant appel et en les exprimant sans doute pour réaliser vos objectifs. Quoique moins véhément que celui comptant cinq fois le choix du même rayon, vous devez faire attention de respecter les méthodes et les points de vue des autres. Vous servir du rayon ayant remporté le plus de votes peut atténuer l'intensité des quatre autres et ajouter de l'équilibre à votre personnalité.

**Trois fois dans un groupe et deux dans un autre** — Vous faites probablement appel de façon égale à deux différents types d'énergie, ce qui témoigne de votre souplesse et de votre équilibre. Au travail, vous avez tendance à appliquer les qualités des deux catégories. Vous êtes l'intermédiaire idéal, quelqu'un capable de lier deux approches ou points de vue apparemment différents. Porter deux couleurs voyantes peut parfois être difficile. L'avantage est qu'au cœur d'un problème particulier, vous pouvez modifier votre approche. Par exemple, si vous n'arrivez pas à trouver la solution à un dilemme par l'intermédiaire de l'une de vos tendances, il vous suffit de changer de « rayon » de pensée.

**Une variété de choix** — Si aucune tendance n'émerge, vous êtes davantage un généraliste qu'un spécialiste. Dans une relation, vous pourriez facilement apprendre à considérer plusieurs points de vue et devoir porter attention à faire valoir les vôtres. Parfois, il est important d'aller davantage dans un sens plutôt que dans l'autre ; soyez ferme. À titre de médiateur et de conciliateur naturel, servez-vous de vos talents sagement et judicieusement.

# Chapitre 9
## Les principes protecteurs

Toutes les grandes religions, sciences, industries, approches médicales et disciplines sont gouvernées par des principes établis, ou lignes de conduite. Les principes peuvent provenir de toutes sortes de sources. Certains sont tirés de l'expérience pratique, comme la notion de gravité élaborée par Newton. D'autres sont créés à partir de la recherche empirique, comme les lois de la thermodynamique. D'autres encore nous viennent de croyances spirituelles, comme les Dix commandements ou les enseignements du Bouddha. Certains tiennent leur origine du gros bon sens, comme la sagesse issue des contes de bonne femme. Quelle que soit leur origine, tous les principes ont une chose en commun : ils définissent la culture qui les a créés ou qui s'y est adaptée.

Les principes sont importants. Ils fournissent la continuité et définissent des frontières, assurant de ce fait un niveau de sécurité. Ils peuvent réunir des gens dans une intention commune et ainsi faire avancer une cause ou un mouvement. Ils dictent des normes, encouragent la recherche et aident les gens à se comprendre les uns les autres.

Les principes peuvent également servir des fins moins glorieuses, comme séparer des gens, par exemple. Le système de castes en Inde est soutenu par des principes religieux qui divisent les méritants des peu méritants, ce qui laisse ces derniers affamés, malades et frustrés. Les principes appliqués par le régime nazi ont directement entraîné la mort de millions de gens qui ne correspondaient pas aux règles aryennes soi-disant « inspirées divinement ». De nombreux ancêtres des Américains ont été chassés de leurs pays de naissance à cause d'un principe ; incapables de s'adapter aux règles de l'époque, ils ont choisi des normes différentes et ont été forcés de quitter leur pays natal ou ils ont choisi de le faire pour fuir d'éventuelles persécutions.

À part causer des querelles entre les gens, les principes rigides peuvent également limiter l'épanouissement et l'élaboration des idées, de la science, du progrès, des changements et de la bonté. Au fil de l'histoire, certaines croyances religieuses ont empêché ou retardé le développement de la science. Imaginez où en serait la société aujourd'hui si la théorie de Copernic, suivant laquelle la Terre est ronde, avait tout de suite été acceptée par ses pairs. Ironiquement, les normes scientifiques elles-mêmes ont servi à interdire la croissance personnelle. Nous constatons maintenant que certaines institutions gouvernementales et financières américaines tentent de convaincre les gens de cesser d'utiliser la chromothérapie, les toniques aux herbes médicinales et la guérison par le toucher thérapeutique. Même l'usage des vitamines est remis en question depuis quelques années.

Les principes sont parfois mal appliqués. Ce n'est habituellement pas la faute des principes eux-mêmes, mais plutôt de leur perception et de leur application. Les gens sont ainsi faits. Lorsque nous avons des perceptions erronées, comme la croyance que les autres nous veulent du mal ou celle de devoir mentir pour progresser, nous déformons la vérité afin d'échapper aux menaces perçues ou aux dangers de nous confier. Lorsque nous considérons l'existence des principes, nous devons être très attentifs à leur application. Il ne suffit pas de dire, « Le monde irait mieux si nous nous aimions les uns les autres ». Nous devons réfléchir à la façon d'appliquer personnellement ce principe de manière éthique.

De nombreux principes universels gouvernent notre planète, nos pays, nos états, nos entreprises, notre famille et notre vie quotidienne. Plusieurs d'entre eux traversent les frontières ethniques, socio-économiques, géographiques et politiques. Bon nombre de gens ont quelques principes communs. Même mon fils, en entendant la règle d'or pour la première fois à l'âge de cinq ans, savait de quoi il s'agissait. Dans ses propres mots, il a dit : « Cela signifie que si je donne un jouet à Bobby, il devra m'en donner un en échange ! » Des principes comme « Aime ton prochain comme toi-même » existent dans plusieurs cultures, d'une manière ou d'une autre. L'idée que « Dieu est amour » est partagée par de nombreux groupes religieux.

Si tant de nos principes sont les mêmes, alors pourquoi semblons-nous si différents ? Il y a quelques réponses possibles à cette question. Bien que nous puissions partager des principes similaires avec une autre personne ou un groupe, il se peut que les interprétations diffèrent, que leurs applications varient, ou que d'autres principes entrent en conflit avec ceux que nous avons en commun. Pourtant, en dépit de ces problèmes, l'humanité continue à créer et à soutenir des principes. Nous les créons parce que nous en avons besoin.

En travaillant avec le système énergétique humain, nous sommes confrontés à un besoin comparable de principes. La question est de savoir quels sont ceux en vertu desquels nous pouvons travailler avec tout le système énergétique. Et une question encore plus importante s'y ajoute : comment travailler de façon éthique avec ce système ? Comment nous assurer que cette information ne nourrisse pas une mauvaise application et des pratiques ne respectant pas l'éthique ? Il y a d'innombrables faits, systèmes et traitements susceptibles d'être appliqués dans nos relations ésotériques et spirituelles ainsi que dans notre vie quotidienne. Nous n'essayons pas de créer encore une autre raison de nous critiquer ou de nous juger, ou les autres. Je ne tente pas de créer un autre système qui entraînerait de la manipulation ou de la fantaisie.

Comme je l'ai déjà mentionné, les principes peuvent provenir de plusieurs origines. Nous pourrions créer tout un ensemble de principes pour régir le travail avec notre système énergétique humain et, inévitablement, quiconque travaillant avec cette information le fera. Ce dont nous avons réellement besoin est un ensemble de directives à partir desquelles élaborer nos propres valeurs et nos propres principes. Il nous faut des directives réglées par des principes, mais également universelles de nature. Des directives qui n'excluent personne, mais comportent des normes éthiques. Des directives qui valident le point de vue de chacun, mais ne signifient pas pour autant qu'un ensemble d'expériences soit plus valable que les autres. Il nous faut des directives qui soient des étapes plutôt que des règles. Ces directives doivent nous encourager à atteindre notre plus haut ensemble de principes, dans le concept et l'application.

Les principes qui suivent sont des directives que j'ai élaborées pour moi-même. Je crois qu'ils sont universels de par leur origine, mais doivent être personnalisés dans leur application. Ce sont des suggestions et non pas des règles. Ils se conforment à la plupart des doctrines, ensembles de principes, concepts et idéaux, mais tout en ayant une application pratique. Ils peuvent être utiles à suivre lorsque vous travaillez avec votre propre système énergétique ou celui de quelqu'un d'autre. Ils ont été élaborés pour s'appliquer spécifiquement au système énergétique humain, car ils s'alignent sur la nature holistique des centres eux-mêmes. Tout en étant pratiques, ils sont également conceptuels. Je vous encourage à les utiliser ou alors à créer les vôtres, en gardant toujours à l'esprit que leur applicabilité dépend de votre intention. Ces principes peuvent nous aider à ouvrir les portes battantes entre le matériel et le spirituel qui se trouvent en chacun de nous et au sein de l'humanité dans sa globalité.

## PRINCIPES POUR LE PROCESSUS ÉNERGIQUE HUMAIN

### *Premier principe*

**Le système énergétique humain est conçu pour deux activités — la guérison et la réalisation. Ultimement, nous :**

1. Cherchons à guérir ce qui nous empêche de réaliser les désirs de notre cœur d'une façon qui soit cohérente par rapport aux besoins des autres.
2. Cherchons à réaliser ce dont nous avons besoin pour soigner les dommages à notre moi véritable et ainsi être plus en mesure d'aimer les autres tels qu'ils sont.

Les désirs du cœur viennent de notre essence. Celle-ci est la manifestation à la fois spirituelle et physique de ce que la Source divine veut pour nous. Notre essence désire être entièrement elle-même sur le plan physique et sur tous les autres. Le système énergétique humain, parce qu'il fonctionne comme une porte battante entre le spirituel et le physique, représente le meilleur véhicule pour guérir les problèmes empêchant l'entière expression de soi et la réalisation des véritables désirs de notre essence.

### *Deuxième principe*

**La guérison et la réalisation sont une seule et même activité.**

Sur le plan physique, la guérison se produit lorsque nous canalisons, changeons ou réaménageons la matière. La guérison nous permet de nous réaliser pleinement. La réalisation canalise, modifie ou réaménage l'énergie spirituelle. Elle permet de guérir les dommages causés à notre moi véritable. Engagés dans un processus de guérison, nous essayons soit de réparer les dommages afin de revenir à un état plus complet, soit de nous ouvrir aux changements afin de parvenir au nouvel état désiré. Pour accomplir la guérison, nous devons apprendre comment réaliser ; mais pour réaliser, il faut consentir à guérir tout ce qui nous empêche d'obtenir ce que nous voulons. Les deux processus visent la même fin. Ils nous aident à connaître et à actualiser notre moi véritable.

### *Troisième principe*

**La véritable guérison, et par conséquent la véritable réalisation, dépend de la volonté de changer.**

Ce concept semble simple, et il l'est. C'est parfois notre résistance qui le rend difficile à appliquer. Par exemple, si une guérison est nécessaire ou que nous vivons en état de besoin, nous résistons d'une certaine façon à la réalisation de nos désirs. Ce peut être pour toutes sortes de raisons, par exemple ; ne pas croire mériter les choses que nous voulons ; ne pas avoir fini d'apprendre de l'expérience que nous vivons ; vouloir quelque chose de différent de ce que nous croyons, ou avoir simplement peur de prendre un risque. Nous craignons peut-être d'être blessé ou abandonné une fois de plus.

Le changement est un concept qui effraie la plupart des gens. Même lorsque nous sommes mentalement à l'aise avec l'idée, il arrive que nos sentiments ou notre corps résiste. Quand nous luttons contre notre résistance, celle-ci rétorque. C'est alors qu'il faut consentir à changer. Faute de quoi, nous pouvons à la limite consentir à consentir de changer. En cessant de lutter contre notre résistance, nous ouvrons les portes battantes aux différentes possibilités de guérison et de réalisation.

### *Quatrième principe*

**Pour changer, il faut consentir à lâcher prise.**

Lâcher prise, c'est se rendre. Pour réaliser les désirs du cœur, nous devons abandonner tout ce qui n'est pas un désir du cœur et tout ce qui n'est pas en accord avec la Source divine. Consentir à libérer tout ce qui ne provient pas de notre essence, qui ne lui appartient pas ou ne la sert pas. Nous devons remettre à la Source divine tout ce qui n'est pas de nous.

### *Cinquième principe*

**Lâcher prise demande d'accepter pleinement notre état actuel, de nous aimer complètement et de consentir à être aimé entièrement.**

Nous ne pouvons lâcher prise que sur ce que nous acceptons entièrement. Pour des raisons connues ou inconnues, nous résistons souvent à la guérison ou à la réalisation des désirs de notre cœur. Il nous faut accepter la sagesse de notre savoir caché, de même que la résistance en soi. Ce n'est que d'un lieu d'amour de soi que nous pouvons permettre le changement et ainsi risquer de nous aimer encore plus. Parce que nous remettons notre résistance entre les mains de la Source divine, nous devons également consentir à ce que celle-ci nous aide ou nous aime. Lâcher prise symbolise l'état idéal de l'amour de soi.

### *Sixième principe*

**La norme est celle que l'on perçoit. Si nous changeons nos standards, la norme changera aussi.**

L'état actuel de notre existence est toujours celui que nous considérons comme normal. La maladie, les ennuis financiers, les insatisfactions sur le plan professionnel ou amoureux ainsi que tous les autres états inconfortables viennent de nos normes personnelles et reflètent en réalité ce que nous trouvons normal. Le travail de notre système énergétique physique consiste à maintenir nos standards, tandis que celui de notre système énergétique basé spirituellement consiste à nous aider à créer la réalité de nos normes maximales ou essentielles. Si nous permettons à notre essence d'établir nos normes physiques, mentales ou émotionnelles, notre système énergétique modifiera sa perception de ce qui est normal. C'est alors que nous guérirons et réaliserons les désirs de notre cœur.

### *Septième principe*

**Plus nous alignons nos normes de guérison et de réalisation sur celles de la Source divine et sur le moi de celle-ci, plus nous sommes heureux.**

La Source divine et notre essence, ou le moi de la Source divine, sont composées d'énergie d'amour pur. Tout ce qui vient de la Source divine cherche la pure expression de soi. Lorsque nous existons et que nous agissons depuis nos deux « moi » dans leur totalité, nous sommes comblés et heureux.

## APPLIQUER LES PRINCIPES

Ces principes sont censés représenter la base des directives que les individus ou des groupes de gens définissent pour eux-mêmes. Ce ne sont pas des principes en eux-mêmes. Presque n'importe quel système de principes pourrait leur être appliqué, y compris les principes des 12 Étapes, des doctrines religieuses et même le serment d'Hippocrate.

Même si ces directives semblent conceptuelles, je les applique sur le plan pratique. Pour moi-même ou mes clients, je les parcours une par une. Par exemple :

**Premier principe :** Sur quel désir du cœur suis-je en train de travailler ?

**Deuxième principe :** Que dois-je guérir afin de réaliser ce que je veux ? Que dois-je réaliser pour guérir ce qui entrave mon chemin ?

**Troisième principe :** Est-ce que je consens vraiment à changer ce qui empêche ma réussite, ou permettre à la Source divine de me changer ?

**Quatrième principe :** Est-ce que je consens vraiment à lâcher prise sur ce qui m'empêche de réussir ?

**Cinquième principe :** Est-ce que je consens à m'aimer tel que je suis, assez pour changer, et à être aimé suffisamment pour obtenir l'aide dont j'ai besoin ?

**Sixième principe :** Est-ce que je consens à changer mes perceptions de ce qui est normal de manière à me permettre de vivre pleinement le changement désiré ?

**Septième principe :** Est-ce que je consens à être heureux (par rapport à cette question) ?

Il est possible de parcourir presque n'importe quel problème grâce à ces sept principes. Nous pouvons même nous servir de ce modèle pour identifier ce qui se passe en nous.

Je me sers également de ces questions en y incorporant mes sept chakras internes dans le processus. Je porte mon attention dans le premier chakra et je me pose la première question, puis je me dirige vers le deuxième chakra et je pose la deuxième question, et ainsi de suite. Vous remarquerez que chaque principe reflète la nature de base du chakra du même nombre. Grâce à cette méthode, nous obtenons la compréhension complète de notre problème, avec ses répercussions de guérison et de réalisation, et nous ouvrons tout notre corps au processus de changement. Cette ouverture accélère grandement le processus de guérison et de manifestation.

Ces principes se réduisent à ceci : nous sommes notre essence — le moi de la Source divine — et méritons que notre vie reflète cette vérité. Cela signifie que nos réalités d'ordre physique, mental, émotionnel et spirituel peuvent être alignées sur les désirs de notre cœur. Nous pouvons être heureux.

Nous explorerons ces principes plus en profondeur, par rapport à notre bien-être physique, mental, émotionnel et spirituel, à travers le reste du livre. L'exercice qui suit vous aidera à appliquer ces principes de façon concrète.

## EXERCICE : METTRE LES PRINCIPES EN PRATIQUE

Je guide mes élèves pour faire cet exercice et je vous encourage à demander à un partenaire de faire de même pour vous.

A. Entrez dans un état méditatif. Identifiez un problème important. Prenez le temps d'éprouver toutes les sensations qui s'y rapportent. Comment percevez-vous ce problème dans votre corps ? Comment influence-t-il votre vie ? Et celle de votre entourage ? Depuis combien de temps en êtes-vous conscient ?

B. Vous allez maintenant prendre quelques minutes pour réfléchir à ce problème. Créez une bulle de rouge, attachez-la à votre premier centre énergétique, puis entrez dans ce monde de rouge. Posez-vous la question relative à la première directive : sur quel désir du cœur suis-je entrain de travailler ?

   Rappelez-vous que sous le problème se trouve un désir, un rêve ou un besoin. Quel est-il ? En voyant ou en ressentant ce qui manque, demandez-vous ce que vous vous efforcez d'accomplir. Pendant que vous baignez dans cette couleur rouge, laissez votre corps expérimenter ce que ce serait d'avoir ce que vous voulez.

C. Ensuite, créez une bulle orange et attachez-la à votre deuxième chakra. Entrez dans ce monde et répondez aux questions correspondantes :

Que dois-je guérir afin de réaliser ce que je veux ? Que dois-je réaliser pour guérir ce qui entrave mon chemin ?

En réfléchissant à ces questions, laissez votre créativité se déchaîner. Imaginez des images, des pensées et des histoires offrant de nouvelles perspectives.

D. Ensuite, créez une bulle jaune que vous attacherez à votre troisième chakra. Posez-vous la question : Est-ce que je consens vraiment à changer ce qui empêche ma réussite ?

Ne répondez pas trop vite. Consentez-vous vraiment à changer ce qui vous empêche d'accomplir le désir de votre cœur, de guérir ou de réaliser ce dont vous avez besoin ? Ne poursuivez l'exercice que lorsque vous vous sentirez capable de répondre oui du fond du cœur.

E. À présent, une bulle verte est connectée à votre cœur. Entrez-y et posez-vous la question suivante : Est-ce que je consens vraiment à lâcher prise sur ce qui m'empêche de réussir ?

Accordez-vous une pause et voyez vos réactions à cette idée. Y a-t-il des peurs ? Des inhibitions ? Des questions ? Soyez honnête. Puis, creusez plus loin. Êtes-vous vraiment heureux de vous accrocher à ce problème et à tout ce qui y est associé ? Si vous pouvez dire et ressentir un non, vous êtes probablement prêt à lâcher prise.

F. Maintenant, formez une bulle bleue et attachez-la à votre gorge. Dans cette bulle, posez-vous les questions : Est-ce que je consens à m'aimer tel que je suis, assez pour changer, et à être aimé suffisamment pour obtenir l'aide dont j'ai besoin ?

Là, il faut vous dire la vérité. Vous devez exposer vos revendications. Discutez de la résistance avec vous-même ; demandez à la couleur bleue de vous aider à trouver la vérité dans les jugements négatifs que vous entretenez à votre sujet et de libérer cette négativité. Quand vous pourrez dire que vous êtes quelqu'un de méritant, continuez l'exercice.

G. Vous vous approchez d'une bulle violette étincelante qui émane de votre front. Cette bulle est le centre de l'image que vous vous faites de vous-même. Posez-vous la question : Est-ce que je consens à changer mes perceptions de ce qui est normal de manière à me permettre de vivre pleinement le changement désiré ?

Imaginez l'image de vous-même, telle qu'elle est en ce moment. Est-ce qu'elle crée votre réalité ? Cette personne semble-t-elle satisfaite ? Heureuse ? Contente d'elle-même ? Si non, cherchez à un autre niveau. À quoi ressemble le moi qui se trouve dessous ? Où est le moi dont l'image n'est pas bonne ? Éprouvez de la compassion à son égard et demandez-lui à quoi il aimerait ressembler. Cet être consentirait-il à accepter de nouvelles normes pour lui-même et par conséquent pour sa réalité ?

Visualisez le processus de changement par rapport à cet aspect de vous-même. Observez-vous modifier vos perceptions en changeant l'image. Puis, poursuivez.

H. Vous entrez dans une bulle blanche qui flotte au sommet de votre tête et vous vous posez la question : Est-ce que je consens à être heureux (par rapport à ce problème) ?

Vous pouvez maintenant vous ouvrir à ressentir et expérimenter à quoi ressemble le bonheur par rapport à ce problème. Baignez dans la lumière blanche. Enveloppez votre problème, l'image que vous vous en faites, vos sentiments dans cette lumière. Puis, demandez à la Source divine de transformer le problème et son énergie. Quand vous vous sentirez complet et entier, revenez à votre cœur.

I. Au niveau du cœur, renvoyez les couleurs à leur centre énergétique respectif. Laissez derrière tout ce que vous êtes prêt à libérer : toutes les fausses croyances, les mauvaises images de vous-même, les points sombres et les décolorations. Quand vous serez prêt, relâchez les bulles dans l'atmosphère en demandant à la Source divine de les décomposer en substance et de recycler l'énergie.

J. Respirez profondément et revenez à un état conscient.

# *Chapitre 10*

## La conception de l'esprit

Jusqu'ici, j'ai exposé les grandes lignes des composantes de base de notre système énergétique et établi les schémas de développement et les directives à partir desquels elles fonctionnent. C'est maintenant le moment d'élaborer sur les applications pratiques de guérison et de réalisation de ce système. Vous pourriez penser qu'il faudrait commencer par une orientation physique, puisque la plupart de nos préoccupations sont de cet ordre : le travail, l'argent, la maison, les relations personnelles, la santé et les biens. Nous croyons souvent qu'en modifiant notre réalité physique ou en faisant simplement quelque chose différemment, nous pourrons améliorer l'ensemble de notre bien-être.

Bien que cette approche soit logique, nous explorons des dimensions qui nous offrent des possibilités additionnelles. Il existe deux façons de faire des changements. D'abord, nous pouvons modifier l'énergie physique, et nous le faisons fréquemment. Comme nous sommes des portes battantes, modifier l'énergie physique change d'abord notre réalité physique, puis notre réalité spirituelle. Les programmes en 12 étapes sont basés sur cette théorie. Si nous cessons de boire, de fumer ou nous libérons de nos obsessions, nos systèmes de croyances et nos sentiments se dégageront. Nous serons en mesure de mieux atteindre le moi spirituel et notre pouvoir supérieur.

Toutefois, comme nous sommes des portes battantes, l'inverse est vrai également. Si nous influençons le moi spirituel ou les énergies subtiles, les « moi » physique, mental et émotionnel réagiront. L'attrape, c'est que les réactions subséquentes n'équivalent pas au changement physique. Elles sont plus grandes et exponentielles. Notre soi spirituel et notre système spirituel ne sont pas obligés de dépendre des lois physiques comme le temps, la relation de cause à effet et le principe d'action réaction.

La base de toutes mes directives relatives au système énergétique humain est la connaissance qu'il existe une Source divine et que nous avons et sommes un moi de celle-ci. Toute énergie émane de la Source divine, ce qui signifie que toute la matière qui constitue notre univers, notre foyer, notre corps physique et même nos sentiments, vient de la Source divine. Il faut beaucoup plus d'énergie pour réaménager la matière une fois qu'elle est établie et modelée que de lui donner forme dès le départ. Songez à combien il est plus difficile de perdre ces satanés cinq kilos en trop que de maintenir un poids santé. Pensez aux efforts supplémentaires qu'il faut pour retaper un vieux fauteuil comparativement à en fabriquer un neuf directement de l'usine. Songez combien il est plus difficile de recouvrer la santé que de rester en santé. Songez combien il serait plus facile, à long terme, de d'abord changer le moi spirituel et permettre à ce changement de s'occuper du reste de soi-même.

Il existe de nombreuses autres raisons pour lesquelles travailler avec les énergies spirituelles de fréquence supérieure est le moyen le plus efficace de guérir et de se réaliser. Afin de bien comprendre cette idée, il faut toutefois comprendre comment notre système énergétique humain est organisé et d'où il vient.

## POURQUOI LA GUÉRISON SPIRITUELLE PEUT CRÉER UN CHANGEMENT

Pour utiliser au mieux nos corps subtils, y compris nos points énergétiques spirituels, nous devons comprendre quelques éléments de base du système énergétique humain relativement à l'épanouissement spirituel. Tous les aspects du système humain peuvent être organisés en trois principales composantes physiques du moi : le corps, l'esprit et l'âme.

Ma description de notre épanouissement spirituel générique trouve écho chez Zachary Lansdowne qui dit : « Je pense que l'âme existe avant l'incarnation physique, puis acquiert une personnalité constituée des corps mental, émotionnel et physique[1]. » Comme Lansdowne, je crois que l'âme est cet aspect de nous qui est présent depuis le plus longtemps. En effet, le corps

1 Lansdowne. *The Rays and Esoteric Psychology*, p. 5.

représente la structure qui accueille l'étincelle de la Source divine que nous sommes. C'est le moi qui a été projeté de la Source divine lorsque le moi de celle-ci a décidé de faire l'expérience de la réalité physique.

Chaque âme a une mission, une raison d'être. Son objectif est relié à ce que le moi de la Source divine voulait apprendre ou expérimenter sur le plan physique. Chaque âme a une raison d'être différente, car chaque Source divine est unique. Ce peut être d'apprendre à être heureux ou encore de désirer servir et guérir. Sur le plan énergétique, la raison d'être est véhiculée comme une vérité divine et s'intègre harmonieusement dans le corps. Une harmonique est une note comportant un ton au-dessus et un ton au-dessous. Nous sommes de l'énergie vibrante, un chant unique dans l'univers.

À un certain moment de son épanouissement, l'âme a ajouté une conscience, celle de l'être. L'âme a appris « je suis ». Cette prise de conscience a créé un deuxième aspect de soi-même : l'esprit. Cet aspect s'exprime par les leçons, l'enseignement et les connaissances qu'il enregistre. L'esprit est cette partie de nous qui réalise les comparaisons et les contrastes. Chaque esprit individuel renferme les croyances et les connaissances intellectuelles glanées au fil de toutes les expériences de l'âme. Sa tâche consiste à nous aider, grâce à la raison, à faire les choix qui nous permettront de réaliser la mission de notre âme. Pour nous guider, l'esprit renferme nos connaissances individuelles, mais se connecte également dans le corps-esprit de tous les autres êtres. Jung qualifie ce vaste réseau d' « inconscient collectif ».

Malheureusement, comme il faut du temps pour développer une âme et un esprit relativement fonctionnels, nos expériences sur le plan physique ont déjà commencé à nous ternir. Nous souffrons et ne savons que faire. Il se peut que l'âme ait été confrontée à des difficultés dans l'actualisation de sa raison d'être, tandis que l'esprit nous a peut-être comparés à d'autres et décidé de ce que nous voulons. Toutes sortes de difficultés peuvent avoir entravé nos processus de création et d'évolution.

En réaction, nous avons ajouté un corps, qui nous a aidés à expérimenter plus pleinement le plan physique. Par l'intermédiaire du corps, nous étions censés actualiser la raison d'être de notre âme et guérir tous les blocages susceptibles de nous empêcher de remplir cette mission. L'ennui, c'est que le corps souffrait atrocement et se blâmait lui-même tout en l'étant par l'âme et l'esprit, dans le processus. Nos schémas malsains sont restés enfermés et ont nourri de nombreux allers-retours sur ce plan physique. Une vie en suivait une autre. Dans chacune, en cherchant à nous sortir du trou, l'âme préparait soigneusement les leçons à tirer avant l'incarnation suivante.

Toutefois, l'âme a constamment oublié un fait important : le corps éprouve des sentiments. Il n'aime pas être blessé ni souffrir. C'est là l'origine d'un conflit de base entre l'âme et le corps : l'âme choisit des expériences nous exposant à plus de souffrances et de difficultés afin que nous comprenions bien la leçon et que nous fassions les amendements à celles incomprises dans des vies antérieures[2]. Comme le corps a eu très mal, il s'est rebellé. Nous n'avons pas bien compris les leçons parce que c'était trop douloureux et trop difficile.

Comme dans les vies antérieures, notre incarnation actuelle est une tentative de nous libérer de modèles malsains et de réaliser la raison d'être de notre âme. Comme le corps se souvient et renferme toutes les expériences à l'intérieur de lui, les échecs, les déceptions, les abus et les modèles dysfonctionnels vécus auparavant se sont probablement recréés dans cette vie-ci.

La plupart d'entre nous peuvent sans doute percevoir que l'esprit, le corps et l'âme ne sont pas unifiés. Ils ont appris à se méfier les uns des autres. L'âme a pris des décisions qui ont blessé le corps ; le corps a rejeté des parties de la mission de l'âme. L'esprit a inscrit des jugements qui ont consolidé des modèles autodestructeurs. La faille entre ces trois aspects de nous-mêmes s'est élargie avec le temps et continue d'exister aujourd'hui.

En tenant compte de ce scénario, guérir consiste à combler l'écart entre le corps, l'esprit et l'âme. Ce n'est que lorsque ces trois aspects du moi sont réunis que des actes tels que la réalisation peuvent avoir lieu. Tant que les trois aspects n'agissent pas de concert, l'âme sape le corps, qui à son tour sape l'esprit, et ainsi de suite.

La guérison spirituelle est peut-être l'un des seuls moyens d'accomplir cette tâche, car elle travaille avec l'énergie invisible qui réside entre ces aspects séparés. Notre essence, ou soi de la Source divine, est composée de matière spiritualisée quand elle est sur le plan physique. Nous commençons à guérir l'écart entre les trois « moi » lorsque nous prenons conscience que cette essence de la Source divine est l'énergie centrale, ou la flamme, qui relie le corps, l'esprit et l'âme (voir figure 10.1). Les trois « soi » résident en fait dans notre essence, ou Source divine. Quels que soient les problèmes de chacun, les trois sont liés les uns aux autres par des fils invisibles d'énergie spirituelle ainsi qu'à la Source divine. Tout est composé de

2 Talbot. *L'univers est un hologramme.*

l'énergie de la Source divine, y compris l'espace entre les aspects divisés. Barbara Ann Brennan décrit cette croyance dans *Guérir par la lumière* : « L'univers apparaît comme une toile dynamique de modèles énergétiques inséparables… Par conséquent, nous ne sommes pas des parties séparées d'un tout. Nous somme un Tout[3]. »

L'énergie de l'essence fonctionne de deux façons. Elle existe sous une forme noduleuse au centre de chaque chakra et est plus puissante dans le centre énergétique du cœur, prête et dans l'attente d'être énergisée. Ce moi interne, celui que j'appelle habituellement l'esprit ou l'essence, comporte l'information relative à notre mission essentielle, nos besoins essentiels et notre personnalité essentielle. Nous pourrions dire que notre vrai moi tapisse notre cœur en attendant de se libérer. Notre vrai moi attend le jour où le corps, l'esprit et l'âme commenceront à fonctionner de concert plutôt que séparément.

L'autre façon dont fonctionne notre moi essentiel, ou esprit, consiste à nous envelopper et à nous entourer. Il nous emmène vers l'extérieur. Rappelez-vous que l'une des raisons de notre présence sur terre est de créer. Nous voulons évoluer, essayer de nouvelles choses, prendre de l'expansion, devenir plus conscients. Ces besoins constituent l'énergie essentielle qui nous guide vers l'achèvement de ce qui ne l'est pas encore sur le plan physique.

La guérison spirituelle comporte d'aider notre esprit à se libérer, ce qui signifie reconnaître qu'il l'est déjà. Une fois libéré, notre esprit peut se reconnecter au corps, à l'esprit et à l'âme, de manière à pouvoir fonctionner de façon harmonieuse pour réaliser notre mission. Cette étape nous amène aux stades intermédiaire et avancé de guérison (voir figures 10.2 et 10.3). La guérison spirituelle consiste également à réaliser nos désirs afin de devenir davantage que ce que nous avons été jusque-là. Pour pouvoir vraiment réaliser notre raison d'être, nous devons consentir à être qui nous sommes réellement et à devenir ce que nous devons devenir.

3 Brennan. *Guérir par la lumière.*

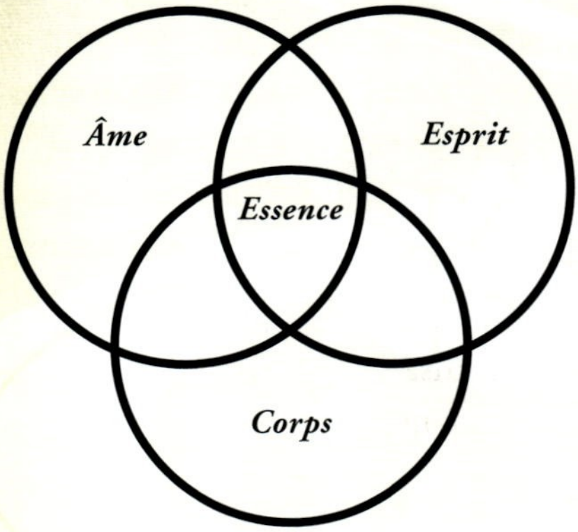


**Figure 10.1 : La plupart des connexions âme/esprit/corps**

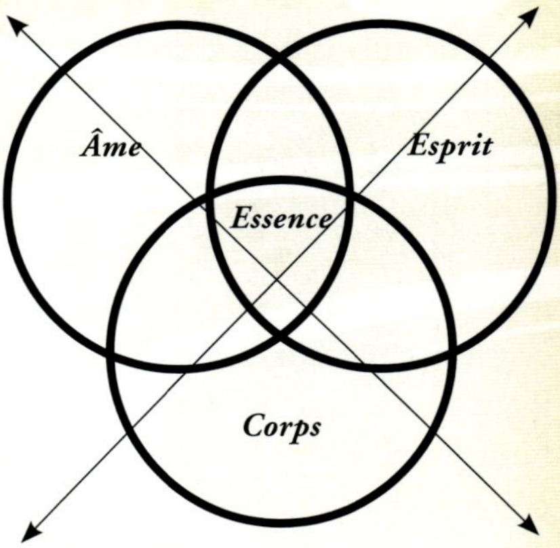


**Figure 10.2 : Stade intermédiaire de guérison comportant l'expression de l'essence (semblable à vivre notre raison d'être)**

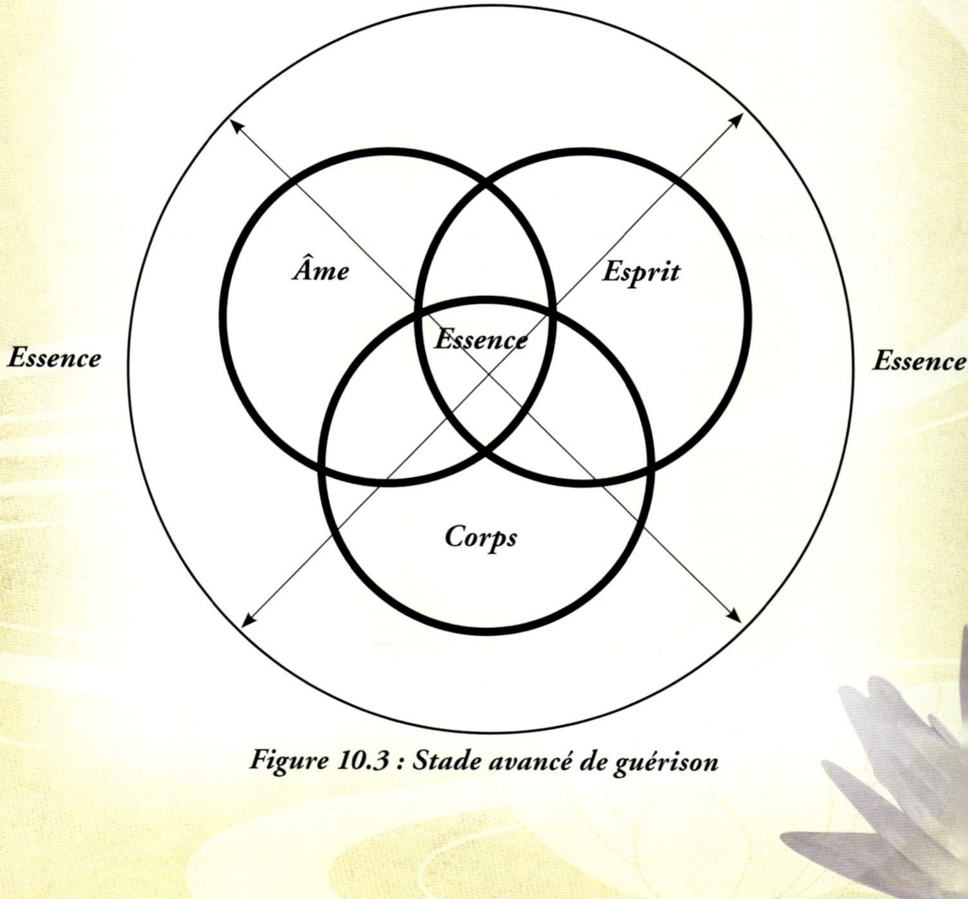


**Figure 10.3 : Stade avancé de guérison**

# TRAVAIL, MAGIE ET MIRACLES

## *Travail*

Être vraiment soi-même peut se révéler une tâche ardue. Nous le savons tous, car nous avons déjà travaillé fort pour atteindre cet objectif. L'une des raisons pour lesquelles nous avons travaillé si fort, et pourtant accompli si peu, est que travailler fort va à l'encontre de la conception de l'esprit. La guérison spirituelle, qui va de pair avec la réalisation du moi de la Source divine, est censée être facile. L'ennui, c'est que nous sommes programmés pour rendre les choses difficiles.

Dans son livre *Illusions*, Richard Back raconte une histoire qui illustre notre tendance naturelle à choisir la difficulté plutôt que la facilité. Don Shimoda, celui qui personnifie le Christ dans le livre, a un jour demandé à un groupe ce qu'il consentirait à faire pour connaître l'illumination : « Si je vous disais que pour connaître l'illumination, il vous faudrait travailler fort, souffrir et subir les punitions, consentiriez-vous à le faire ? » Tout le monde a répondu oui à l'unisson.

« Et si je vous disais que pour connaître l'illumination, il vous faudrait être heureux », a-t-il demandé. Les gens ne savaient pas quoi répondre. Certains se sont mis en colère. Si l'illumination était facile et rendait heureux, ça ne pourrait pas marcher.

Nous sommes programmés par l'idéal du dur labeur. Cela se reflète dans le rêve américain, l'éthique de travail des puritains et l'emphase des catholiques sur la culpabilité et la honte. Cet idéal guide les dirigeants de nos pays, qui n'arrivent pas vraiment à créer des moyens faciles de conserver l'énergie ou de rédiger des traités de paix. Chaque culture possède ses propres normes et la plupart d'entre elles perpétuent la notion que pour pouvoir connaître l'illumination et la réussite et pouvoir se réaliser, ou du moins être à la hauteur, il faut travailler dur.

Le travail est l'une des façons de guérir et de se réaliser. Travailler demande la production et le mouvement de la matière physique pour susciter le changement. Guérir par le travail pourrait comporter de subir une chirurgie, prendre des médicaments, changer de régime alimentaire ou s'abonner à un club de santé. Se réaliser par le travail pourrait vouloir dire garder un emploi, rédiger des curriculum vitae, bâtir une entreprise ou élaborer des plans stratégiques.

Travailler dur, c'est beaucoup plus un phénomène interne de l'endroit des chakras. L'endroit du premier chakra nous permet de bouger et d'accomplir tous les actes physiques si importants pour créer un changement. Le deuxième chakra nous fournit les sentiments qui motivent nos décisions et nos actes. Le troisième chakra génère des idées derrière notre dur labeur. Le quatrième chakra nous pousse à établir les relations qui nous rendent productifs, et à les entretenir. Le cinquième chakra nous fournit les mots qui consolident nos points de vue. Le sixième chakra nous fait voir la réalité que nous devons changer. Le septième contrôle la pensée. Le huitième chakra nous procure le karma ou les expériences de vie dont nous devons tirer des leçons afin de grandir. Le neuvième chakra nourrit les plans de notre âme en matière de leçons. Le dixième établit la structure du corps dans lequel nous allons fonctionner. Le onzième augmente notre potentiel de leadership et le douzième nous aide à nous reconnaître en tant que maîtres de notre mission.

Le travail fait partie de tout processus de changement. Comme nous sommes sur le plan physique, nous devons simplement, à un moment ou à un autre, faire un appel téléphonique, aller chez le médecin, rédiger une lettre, manger, dormir, prendre un bain, en fait ce qu'il faut pour guérir ou se réaliser. Le problème réside dans le fait que nous croyons tellement fort en l'efficacité du travail que nous ne réalisons même pas qu'il existe deux autres moyens très efficaces de créer du changement : la magie et les miracles.

### *La magie*

Pour que la magie opère, il faut laisser les autres nous aider. Des miracles se produisent lorsque nous permettons à l'énergie spirituelle d'accomplir le travail énergétique à notre place. Alors que les trois avenues du changement — travail, magie et miracles — siphonnent l'énergie du niveau spirituel vers le plan physique, le travail émane d'énergies d'abord physiques et seulement d'énergies spirituelles secondaires. Les miracles ont presque entièrement à voir avec l'énergie invisible de fréquence supérieure, à l'instar des domaines supérieurs.

La magie provient de l'énergie physique et spirituelle, à parts égales, ou d'un mélange des domaines supérieurs et physiques. La magie, selon Zachary Lansdowne, est en parallèle avec ma suggestion que c'est la combinaison du travail et du hasard heureux qui la produit. D'après lui, le fonctionnement de la magie comprend cinq étapes : recevoir une idée intuitivement, construire une image mentale nette, ajouter du désir émotionnel, de la vitalité et enfin y insérer de la matière physique dense[4]. Mes explorations de la magie sont semblables, sauf que je les connecte aux relations personnelles.

La guérison et la manifestation spirituelles sont les plus facile de toutes, car elles nous permettent de devenir des agents de la magie et des miracles. Ceux-ci ne sont pas associés à des processus occultes ni même religieux. Ce sont des formes naturelles de la création. Nous avons tous reçu la connaissance intérieure de ces formes — ainsi que les droits extérieurs. Pour permettre à la magie de se produire, nous devons comprendre que non seulement nous sommes des portes battantes entre les mondes matériel et spirituel, mais que les autres le sont aussi. Si nous nous permettons de faire confiance aux autres, ils peuvent devenir des médiums pour canaliser l'énergie spirituelle vers nous.

À mes yeux, la magie peut apparaître sous plusieurs formes, mais elle passe toujours par les autres. Par exemple, quand un ami que nous n'avons pas vu depuis des lustres téléphone au moment précis où nous avions besoin de lui parler. Ou lorsqu'un agent de télémarketing nous fait part, par coïncidence, des renseignements que nous cherchions. La magie existe quand un ami nous dit exactement ce que nous voulions entendre ou que notre patron nous offre inopinément l'augmentation de salaire dont nous avions grandement besoin.

La magie se manifeste parfois dans des situations ne présentant apparemment rien de bénéfique pour nous. Je me rappelle trois incidents de nature magique, relatifs à l'une de mes voitures. J'avais demandé à la Source divine de m'aider à me débarrasser de ma vieille Plymouth bleue qui tombait sans cesse en panne. J'avais également demandé de pouvoir, d'une façon ou d'une autre, en obtenir un montant suffisant pour donner un acompte substantiel sur une voiture neuve (je n'avais pas d'économies). Dans le mois suivant, j'ai été impliquée dans trois accidents. Dans chaque cas, l'autre partie était en faute et personne n'a été blessé. Dans les trois cas, seule ma voiture avait été endommagée. Au troisième accident, ma voiture était bousillée. Non seulement mes assureurs ont repris la vieille Plymouth, mais ils m'ont remis une somme suffisante pour l'achat d'un véhicule neuf, qui d'ailleurs n'a coûté que 50 $ de réparations en trois ans!

4 Lansdowne. *The Rays and Esoteric Psychology*, p. 84.

La magie est une force de guérison spirituelle, même si elle utilise les gens pour se manifester. La clé de la magie consiste à faire confiance aux gens. Je ne dis pas d'être naïf ou stupide ; il est important de savoir distinguer les personnes de confiance de celles qui ne le sont pas. Le meilleur moyen de réaliser la magie est d'être clair au sujet du besoin de guérison ou de manifestation, d'être responsable, puis de permettre à la Source divine d'agir par l'intermédiaire de la personne appropriée.

***Les miracles***

Les miracles sont manifestement connectés à la Source divine. L'ennui, c'est que très peu de gens reconnaissent la présence des miracles dans leur vie. À moins d'y être ouverts, d'y croire et de les remarquer quand ils se produisent, nous ne vivrons que très peu de miracles. Ma théorie est que la plupart d'entre nous se réalisent et guérissent à rebours. Nous faisons des gains grâce à 90 % de travail, 9,9 % de magie et, avec de la chance, 0,1 % de miracles. Je pense que ce devrait être l'inverse : soit 90 % de miracles, 9,9 % de magie et 0,1 % de travail.

Pour pouvoir nous ouvrir aux miracles, il faut savoir les définir correctement. Un miracle est un événement qui nous fait avancer sur le chemin de notre mission et qui est conçu par l'énergie de la Source divine. Pour qu'un miracle se produise, il faut que la volonté n'entrave pas le chemin. Nous devons cesser d'insister sur le fait que notre objectif doive être atteint d'une certaine façon ou par l'intermédiaire d'une personne en particulier. Nous ne pouvons nous permettre de croire que notre prochain compagnon à long terme sera ce bel homme rencontré dans une soirée récente. Nous ne pouvons pas informer l'univers que notre livre devra être publié par tel ou tel éditeur. Rappelez-vous que chacun dispose de son libre arbitre. Si vous comptez sur une entreprise en particulier pour vous embaucher afin de pouvoir y réaliser vos objectifs, vous pourriez être très déçu. Car toute personne possède son libre arbitre et peut donc vous embaucher ou pas, sans parler que, le cas échéant, il se peut que vous détestiez le poste.

Si nous bloquons notre esprit en restant attaché au « comment », nous ne pourrons pas laisser notre esprit concevoir une situation susceptible de vraiment nous convenir. Nous pouvons — en fait, nous devons — énoncer nos rêves et nos désirs. Toutefois, nous accrocher à une certaine voie, une personne ou un processus ne peut que limiter la marge de manœuvre du moi spirituel, des énergies, des guides et de la Source divine elle-même.

Lorsque nous énonçons nos besoins, puis, suivant nos principes, confions le « comment » à l'univers, nous entrons dans l'état de lâcher prise. Lorsque nous cessons d'essayer de faire arriver les choses pour plutôt les laisser se produire, nous créons un énorme potentiel de miracles.

Ces miracles, ou cadeaux de la grâce, comme certains les appellent, peuvent sembler minuscules ou gigantesques. J'ai vu des miracles se produire, depuis trouver les sous manquants pour acheter une canette de soda tant convoitée, jusqu'à voir de ses yeux quelqu'un guérir d'un cancer. Le fait de remarquer les miracles se produire bâtit notre foi en eux. Plus nous y croyons, plus ils se produisent. La foi, c'est faire confiance aux autres, à la Source divine et au moi qui veut nous donner ce que nous désirons. Vus de cette façon, les miracles sont quelque chose que vous pouvez vous exercer à obtenir.

J'ai demandé aux élèves d'un de mes cours de faire une expérience. Les participants devaient écrire leurs rêves ou leurs vœux pour le mois à venir. Nous avons ensuite mis les listes de côté. Le devoir suivant consistait à les oublier et à se concentrer plutôt sur les miracles qui allaient survenir durant le mois. Ils devaient tenir un journal dans lequel consigner tous les miracles quotidiens dont ils étaient témoins.

Au bout de la première semaine, la plupart des participants ont signalé des découvertes similaires et étaient surpris par la quantité des petits miracles quotidiens. Il pouvait tout aussi bien s'agir d'un écureuil venu se poser près de l'un d'eux alors qu'il se sentait seul, que la voiture d'un autre tombée en panne juste devant une station-service. Normalement, ils n'y auraient pas fait attention, mais le fait d'en prendre conscience leur a permis de reconnaître ces tranches de réalité pour ce qu'elles sont vraiment.

J'ai suggéré qu'au cours de la semaine suivante ils élargissent leurs horizons en demandant un miracle, chaque matin au réveil, mais sans en définir la nature. La liste des miracles signalés cette semaine-là était au moins dix fois plus longue que celle de la semaine précédente. Il y en avait toute une gamme dont certains plus remarquables. Une bourrasque de vent, par exemple, avait forcé une dame à se réfugier dans un restaurant, juste avant qu'un gang de rue ne se mette à tirer sur les passants.

Finalement, nous sommes revenus à nos listes de rêves et de vœux et j'ai demandé aux faiseurs de miracles de revoir leurs demandes en tenant compte des directives suivantes :

1. Est-ce que de réaliser mon vœu aidera l'intégration de mon corps, de mon esprit et de mon âme ?
2. Est-ce que de réaliser mon vœu m'aidera à m'aimer davantage et les autres ?
3. Est-ce que je consens à ne pas réaliser ce vœu si cela risque d'entraver ma relation avec la Source divine/le moi de la Source divine ?

Après avoir reformulé leurs vœux, j'ai amené les participants vers une adaptation des principes protecteurs universels. Je leur ai demandé de se poser le plus franchement possible les questions suivantes :

1. Est-ce que je consens à réaliser la guérison dont j'ai besoin afin d'obtenir ce que je désire, et de guérir grâce à la réalisation de ce désir ?
2. Est-ce que je consens à changer ce qui doit l'être pour permettre à ce désir de se réaliser ? (C'est la partie du travail qui constitue la demande.)
3. Est-ce que je consens à renoncer aux images et idées que j'ai sur la façon dont ce désir devrait se réaliser, et lui permettre de se produire ?
4. Est-ce que je consens à me garder dans un état d'abandon et d'ouverture ?
5. Est-ce que je consens à changer mes perceptions de moi-même afin de pouvoir m'aimer davantage ?
6. Est-ce que je consens à être heureux, avant même d'être touché par la grâce de ce vœu ?

Je n'ai plus entendu parler des participants durant deux semaines. Et j'étais très surprise de les voir arriver à la dernière séance du cours. Leurs rapports étaient étonnants ! Au cours des deux semaines précédentes, une femme s'était vu offrir d'exercer sa pratique médicale dans une autre ville et avait accepté. Or, sa demande initiale était justement de trouver un environnement de travail plus significatif dans une autre ville. Une autre élève s'était réconciliée avec des problèmes de maltraitance de longue date, suite à une série de rêves et de révélations. Sa demande était de guérir des abus subis durant son enfance. Une autre femme avait décidé de quitter son emploi après voir reçu par la poste des renseignements sur une école spécialisée. Or, elle souhaitait justement réorienter sa carrière. Et la liste se poursuivait ainsi.

## Trois miracles par jour

Il existe de nombreuses formes de miracle, dont :

- Les choses que nous n'avons pas demandées, mais qui nous ont été données.
- Les cadeaux que nous avons demandés et reçus.
- La grâce qui demande un peu de travail de notre part.

Mon fils Michael a un jour reçu un miracle inattendu mais exquis. Nous nous rendions chez le dentiste. Il avait rendez-vous pour une première obturation et n'en avait aucunement envie. Il criait tellement fort que je n'arrivais pas à entendre la radio. Il insistait pour que nous fassions demi-tour, afin d'éviter ce qui lui apparaissait comme une véritable torture. Finalement, je lui ai parlé de ma première expérience chez le dentiste et j'ai terminé en disant « Alors, tu vois, Michael, je comprends ».

Michael a répliqué en disant : « Non, tu ne comprends pas. Tu es trop vieille pour t'en souvenir ».

J'ai réfléchi un moment, puis j'ai dit : « Eh bien, dans ce cas, Dieu comprend ».

« Non, il ne comprend pas, de répondre Michael. Il n'a même pas de dents. »

Je n'avais plus de réponse, mais le Divin en avait une, lui. Un bus est passé juste à côté de nous. Il avait sur le flanc les mots *Je comprends*, inscrits en grosses lettres.

Parfois, les miracles se produisent parce que nous les demandons, puis les recevons. Un de mes clients avait décidé de demander trois miracles par jour et de les attendre. Il a commencé à les écrire. Il y avait de tout : des appels de clients aussi bien que des tasses de café offertes quand il ne lui restait plus de monnaie. Au bout d'un moment, il a remarqué qu'il recevait beaucoup plus que trois miracles par jour. L'abondance divine est sans limites.

La grâce demande une réponse. J'ai fait l'expérience d'un miracle de ce genre alors que mon plus jeune fils, Gabriel, n'avait qu'un an et demi. L'âme de Gabriel m'avait rendu visite, sous forme d'un ange, quand j'étais enceinte de cinq mois. Un être lumineux m'avait alors prédit trois événements. Deux devaient se produire au cours du mois suivant et le troisième après la naissance, quand mon fils serait âgé d'un an et demi.

Les deux premiers étaient assez banals, mais le troisième avait trait à la mort. J'ai eu la vision de la foudre et d'un orage, puis on m'a dit que dans environ deux ans, lui et son père risquaient d'être tués à cause de cet orage. Cet ange — mon fils — m'a ensuite donné son véritable nom, lequel est devenu son deuxième prénom, et la vie a continué.

Les deux premiers événements se sont produits exactement comme on me l'avait prédit, ce qui m'a inquiétée pour le troisième. Puis, un jour — lors d'une magnifique journée ensoleillée — j'ai eu une impression bizarre. Gabriel avait un an et demi et son père rentrait à la maison avec lui, après être allé le chercher à la garderie. La sensation étrange prenait de l'ampleur. Sans savoir pourquoi, j'ai téléphoné à son père pour lui demander de conduire plus lentement. Il m'a rappelée quelques minutes plus tard. Un gros arbre était tombé en travers de la route, juste devant eux. S'il n'avait pas ralenti, l'arbre les aurait écrasés. Apparemment, les orages de la semaine précédente avaient affaibli l'immense arbre qui s'était abattu, comme on me l'avait prédit.

Pour recevoir ce dernier miracle, je devais rester en contact avec mon intuition et ma conscience de la Source divine. Parfois, nous devons respecter les sens, les voix, les visions et les connaissances afin de rester ouverts à un miracle.

❀

## TECHNIQUES DIRECTES D'ÉNERGIE SPIRITUELLE : LE CORPS ET LA GUÉRISON SPIRITUELLE

Nous pouvons appliquer l'idée du travail, de la magie et des miracles dans les manipulations de l'énergie spirituelle directe. Le premier véhicule de transmission des énergies spirituelles, et le plus évident, est le corps physique lui-même. En travaillant avec le corps, nous nous mettons essentiellement en position de combler ses besoins. Les besoins essentiels du corps sont :

1. la nourriture
2. un refuge
3. des vêtements
4. de l'air et de l'eau
5. le contact physique/l'amour

L'énergie spirituelle peut être transmise par l'un ou l'autre de ces véhicules, afin de soigner les problèmes ou de réaliser les désirs du corps, mais aussi ceux de l'esprit et de l'âme.

### *La nourriture*

La nourriture a souvent joué un rôle à la fois physique et spirituel. Songez à toutes les règles culturelles liées à la nourriture. La tradition juive interdit le porc, les hindous prohibent le bœuf et de nombreuses tribus amérindiennes interdisent tous les aliments qui ne sont pas sacrés. À l'inverse, il y a des aliments qui confèrent un pouvoir spirituel. Des cérémonies ethniques sont souvent basées sur des règles rigoureuses relativement aux aliments à servir. Lorsque je dirigeais deux semaines de cérémonie chamanique au Pérou, on m'a mise à un régime de purification d'un *icaro*, un sorcier. Sans sel, ni sucre ni viandes rouges, on me donnait des aliments connus pour créer un corps sain et ouvrir la psyché. Avant de participer à des séances de sueries amérindiennes, j'ai dû jeûner. Un chaman costaricain m'a dit d'éviter toutes les viandes et de toujours manger des ignames avant de procéder à une guérison. De leur côté, les croyances magiques marocaines comporte un concept appelé *kimia*, qui consiste à multiplier les aliments.

Chaque culture comporte des traditions alimentaires spirituelles. Qui pourrait imaginer Pâques sans jambon ou l'Action de Grâce américaine sans la dinde? Sans compter que la norme américaine est de prier avant de manger.

J'ai souvent eu des clients qui se préoccupaient physiquement de spiritualiser leur approche à l'égard des aliments. Cette technique est particulièrement utile pour les problèmes qui ont trait au poids, à l'image de soi, au diabète ou à des maladies terminales qui affectent l'appétit ou le poids corporel. Souvent, je les ai encouragés à choisir l'un des points énergétiques spirituels pour se concentrer et attribuer des aliments particuliers à cette valeur.

Par exemple, j'avais une cliente qui souffrait d'un grave embonpoint. Depuis l'enfance, elle mangeait pour nier ses peurs. Sans lui dire que nous étions en train de travailler avec un point énergétique réel, j'ai suggéré que la foi pourrait l'aider à équilibrer ses peurs. Elle a trouvé des façons de manger dans la foi, en faisant des affirmations comme : « J'aurai toujours ce dont j'ai besoin » et « Je peux avoir confiance que cette nourriture alimentera ma capacité d'être forte ». Elle a également décidé de commencer à consommer des aliments qui allaient la mettre en contact avec sa foi en elle-même plutôt que de la nourriture « d'évasion ». Avec le temps, elle est devenue moins compulsive à l'égard des aliments, a perdu du poids et s'est inscrite à un programme visant à soigner les troubles de l'alimentation, prête à régler ses problèmes émotionnels.

## Les aliments et les chakras

Il est possible de renforcer un chakra en mangeant les aliments qui y sont associés, pourvu que vous n'y soyez pas allergique et que vous n'en abusiez pas. Tous les aliments renferment des messages basés sur une fréquence et une vibration de changement. Voici des exemples d'aliments basés sur les chakras ainsi que leurs messages énergétiques.

| **Chakra** | **Aliments** | **Messages spirituels** |
|---|---|---|
| Premier | Aliments rouges, comme la viande, les betteraves, le raisin rouge, les fraises et les cerises | Vous méritez d'être en vie, en sécurité, fort et passionné. |
| Deuxième | Aliments orange, comme les ignames, le saumon, les patates douces, la papaye et le blé | Vos sentiments sont bons, désirés et désirables. |

| Chakra | Aliments | Messages spirituels |
|---|---|---|
| Troisième | Aliments jaunes, surtout le maïs, mais aussi le pamplemousse et les courges | Vous méritez la réussite ; vous êtes intelligent ; vous pouvez apprendre ce qu'il vous faut savoir. |
| Quatrième | Aliments verts, comme les légumes et les sauces | Vous êtes aimé et aimable ; vous méritez des relations amoureuses saines. |
| Cinquième | Aliments bleus comme les petits fruits et les épices | Vous pouvez être honnête et avoir de l'intégrité ; vous pouvez manifester vos besoins ; vous pouvez communiquer sans crainte. |
| Sixième | Aliments mauves, comme le raisin mauve et les substances favorisant les visions, comme le vin, le tabac et le cacao biologique | Vous êtes acceptable tel que vous êtes ; vous êtes à l'image du Créateur ; vous méritez de faire des choix sains. |
| Septième | Aliments blancs, comme le panais, les asperges blanches, les poissons blancs, les substances de cérémonie | Votre destinée est unique ; vous êtes connecté au Divin ; la destinée divine existe. |
| Huitième | Aliments noirs (à base de carbone), comme l'alcool, le café, la farine blanche, le sucre ; aliments des vies antérieures et comportant un sens (ces aliments déclenchent souvent des problèmes) ; l'argent colloïdal | Vous pouvez faire appel au passé pour obtenir de la guidance et du pouvoir ; vous méritez d'être libéré du passé ; vous pouvez choisir un nouvel avenir. |

| Chakra | Aliments | Messages spirituels |
|---|---|---|
| Neuvième | Or colloïdal, pollen d'abeille, miel; aliments symbolisant votre âme | Vous êtes conçu pour la grandeur. |
| Dixième | Aliments de la terre : noix, grains, pommes de terre, fines herbes, eau | Votre corps est le point de rencontre entre le Divin et la nature. |
| Onzième | Substances vibrationnelles comme les teintures homéopathiques, les thés et l'eau bénite | La négativité peut se transmuter en positivité. |
| Douzième | Minéraux, vitamines, métaux supérieurs comme le platine et le titane; l'encens et la myrrhe | Vous êtes entièrement humain et divin. |

❁

### *Un refuge*

Depuis les débuts de l'humanité, les refuges favorisent la croissance spirituelle. Je suis allée dans des sanctuaires un peu partout dans le monde et je peux témoigner de leur pouvoir. Il y a les *kivas* indiens, des abris souterrains dans lesquels les gens se lavent, se soignent, prient et communiquent avec les ancêtres. Les monastères et les temples japonais renferment des énergies capables de sauvegarder et de renouveler l'esprit. J'ai prié dans des temples juifs, des cathédrales allemandes et des *staves* norvégiens. J'ai marché dans des ruines qui, après des siècles, nous parlent encore des voies sacrées. Il existe des monticules funéraires aborigènes dans les îles Britanniques, des maisons mortuaires dans lesquelles les prières étaient exaucées. Il y a des temples en Grèce dans lesquels les oracles ont annoncé des prophéties. Il y a les grottes mayas dans lesquelles les dieux de l'enfer se connectent aux gens du monde physique. Il y a des monticules funéraires dans toute l'Europe et des pyramides en Égypte et en Amérique centrale.

Ensuite, il y a le refuge le plus sacré de tous : notre chez-soi. J'ai vu des clients, des amis et moi-même bénéficier physiquement en revêtant notre environnement de sacré. Gérald était un professeur qui se plaignait d'être trop stressé au travail pour arriver à le faire bien. Après avoir apporté des objets spirituels dans son lieu de travail, dont des cailloux et une peau d'ours, il a noté une amélioration sensible de sa vie professionnelle et de son attitude. Mary, maman de trois jeunes enfants, avait du mal à composer avec le stress quotidien. Elle s'est créé un lieu personnel dans un coin de son séjour, où elle pouvait se retirer pour méditer. Personne ne devait venir la déranger. Son niveau de stress a baissé. Une autre cliente a fabriqué un sanctuaire composé de plantes, de roches et d'une petite fontaine en guise d'espace sacré dans sa maison, qui procurerait en même temps une atmosphère rassurante et apaisante au reste de son logis.

Encore une fois, j'encourage souvent la connexion entre les concepts représentés par les points énergétiques et l'environnement. Selon le système feng shui, une approche asiatique de la gestion de l'énergie, tout ce que vous mettez dans le coin gauche au fond d'une pièce sera accentué dans votre vie. J'encourage les clients ayant des problèmes avec l'abondance de suspendre dans ce coin un symbole de ce qu'ils veulent, comme une photo représentant une belle relation amoureuse ou encore une pièce de monnaie. J'ai observé des résultats rapides et véritables avec cette méthode et d'autres encore.

En spiritualisant la nourriture et notre refuge, surtout en conjonction avec les points énergétiques spirituels, nous pouvons favoriser la réalisation et la guérison à la fois. D'une manière directe, nous pouvons modifier notre régime alimentaire et renforcer notre système immunitaire. Nous pouvons éliminer une substance toxique et améliorer notre santé. Sur un plan plus métaphysique, en nous nourrissant d'aliments spirituels, le corps physique peut se transformer. En faisant de notre lieu de vie un autel, tout ce que nous y pensons et y faisons devient un reflet de la paix.

### *Des vêtements, de l'air et de l'eau*

Les vêtements, l'air et l'eau sont des substances matérielles qui peuvent également renfermer des propriétés et du potentiel spirituels. Quelle femme n'admettrait pas qu'elle est ce qu'elle porte ou, tout au moins, que ses vêtements déterminent son humeur ? L'habillement et les accessoires ont toujours fait partie des cérémonies et de la signification de ces dernières, depuis les initiations et les rites funéraires jusqu'aux mariages et aux naissances. L'air et l'eau se joignent par ailleurs aux forces élémentales du feu, de la terre et, dans certaines cultures, du bois et du fer, en tant que formes de matière spiritualisées. Bien entendu, la qualité de l'air et de l'eau influence la santé et le bien-être.

### *Le contact physique/l'amour*

Le besoin le plus ambigu du corps est le contact physique. Bien que plusieurs d'entre nous restent réticents à l'idée que le contact physique soit un besoin, nous songeons immédiatement aux professions par le toucher thérapeutique quand nous pensons à la guérison spirituelle. Les guérisseurs se servent constamment du contact comme véhicule de transmission. Il en va ainsi des guérisseurs par le reiki ou kofutu, dont plusieurs se servent de symboles de l'esprit pour se connecter à l'énergie spirituelle. Les chiropraticiens, les acupuncteurs, les chamans et les sorciers se servent du contact physique également. Même les praticiens médicaux approuvés par l'Association médicale américaine s'y fient; remarquez-le lors de votre prochain examen annuel.

La plus bénéfique guérison liée au contact a lieu lorsque le guérisseur, consciemment ou non, fait circuler en boucle l'énergie spirituelle dans le corps physique. J'ai vu des problèmes physiques, mentaux et émotionnels disparaître ou se transformer en réaction à de simples techniques de contact. Toutefois, pour constituer un outil efficace de guérison spirituelle, le toucher doit être utilisé comme un canal pour la Source divine.

Le contact peut aussi être un ingrédient nécessaire pour répondre aux besoins du corps aussi bien qu'à ceux de l'esprit, de l'âme et du moi de la Source divine. Un artiste doit toucher la pierre pour en faire une sculpture. Un homme d'affaires doit toucher l'ordinateur pour préparer un rapport. Nous interagissons presque tous avec les composantes physiques de notre environnement pour fabriquer, construire ou créer les objets, les formes ou les matériaux dont nous avons besoin.

Certaines personnes craignent que le contact physique n'envenime un problème. Les psychiatres, par exemple, ne sont pas légalement autorisés à toucher leurs patients. Souvent, des victimes d'agression sexuelle ou physique ont peur d'être touchées pour éviter d'aggraver leur traumatisme. À l'inverse, j'ai observé qu'un contact approprié peut guérir des blessures émotionnelles et physiques. Grâce à la guérison par toucher thérapeutique, j'ai aidé des clients à réduire des tumeurs, diminuer des enflures et éliminer de la douleur. J'ai vu des clients se rappeler des souvenirs douloureux sur stimulation de certains points de pression et ainsi leur permettre de régler leurs problèmes.

Je me rappelle une expérience des plus bizarres où le contact m'a permis de guérir. Je recevais un traitement d'acupuncture au Belize et la pièce du guérisseur était située sur un site de ruines mayas. Jenkins, le guérisseur, m'a posé une bonne quantité d'aiguilles, puis a allumé une substance ressemblant à du tabac pour favoriser le processus de purification et l'a placée entre mes orteils. Alors que j'étais étendue là, « fumante », je me suis rappelé avoir subi une brûlure de cigarette quand j'étais petite. En me souvenant, en revivant et en libérant cet incident, j'ai littéralement senti disparaître la tension dans mon corps. Je ne l'ai d'ailleurs jamais ressentie de nouveau depuis.

Je rappelle souvent à mes élèves que le toucher n'est pas qu'une fonction physique. Comme nous sommes des portes battantes, notre énergie touche également les autres. Nos auras interagissent souvent les unes avec les autres et il en va de même de nos chakras. Comme nos points énergétiques spirituels existent hors du continuum espace-temps, ils sont constamment reliés à ceux des autres. Je procède souvent à des guérisons alors que je suis assise à l'autre bout de la pièce. Je travaille même au téléphone chaque semaine avec cinq à dix clients qui habitent dans d'autres états américains. À leur grand étonnement, je peux lire leur énergie aussi clairement que s'ils se trouvaient en face de moi, parce que je suis en mesure de toucher les points énergétiques spirituels et de travailler à partir de là.

La nourriture, un refuge, les vêtements, l'air, l'eau et le contact physique répondent aux besoins essentiels du corps, mais ont même un effet plus grand encore si nous nous ouvrons aux valeurs et aux énergies spirituelles qui peuvent être canalisées par les processus physiques du corps.

## L'ESPRIT ET LA GUÉRISON SPIRITUELLE

L'esprit également réagit à l'énergie spirituelle et peut servir de véhicule à la guérison spirituelle. La liste des besoins de notre esprit est différente de celle associée au corps. Notre esprit a besoin de :

1. connaissances
2. stimulations
3. pensées
4. une bonne attitude
5. croyances fonctionnelles servant de structures aux quatre besoins précédents

Apprendre est un besoin humain naturel. Dès la naissance, nous avons le désir d'apprendre. Il suffit d'observer les cycles de croissance intense d'un enfant pour constater que s'il bénéficie d'un environnement stimulant, de soutien et de bonnes possibilités d'apprentissage, il s'empressera de combler son besoin inné de grandir et d'apprendre.

De l'apprentissage vient la pensée. Enfant, nous nous forgeons des idées, des opinions et des constructions mentales qui nous servent de filtres à travers lesquels comprendre le monde et la place que nous y occupons. Ces pensées ont été déterminées en partie par notre propre monde intérieur et en partie par nos perceptions du monde qui nous entoure. L'interaction entre notre monde intérieur et le monde extérieur définit nos attitudes. Sous toutes ces composantes liées à l'esprit se trouvent nos croyances, nos connaissances philosophiques des autres, de l'univers et de nous-mêmes.

Pour grandir correctement, l'esprit en train de mûrir a eu besoin de données destinées à favoriser la santé et le bien-être. Il a également eu besoin d'un processus pour assimiler, interpréter et propager les données. Tout en ayant probablement reçu des données et du soutien sains et utiles, nous avons également été exposé à de l'information et à des systèmes qui ont semé la confusion et nous ont troublés.

Changer cet état de choses à l'âge adulte peut parfois être long et ardu. Nous pourrions renverser la vapeur en retirant les couches d'apprentissage. Étape par étape, nous pourrions reprendre l'analyse, réévaluer, assembler de nouveau et reformuler chaque pensée, chaque attitude, chaque idée ou chaque connaissance déjà assimilée et recommencer à zéro. Nous pourrions aussi contourner une bonne partie de ce difficile travail en nous tournant vers la magie, en nous ouvrant à des relations qui nous aideront à partir de maintenant. Des amis, des thérapeutes et des éducateurs font souvent office de magiciens dans ce processus de guérison et de manifestation.

Mieux encore, nous pourrions nous ouvrir aux données et énergies spirituelles et laisser l'énergie de la source divine faire le travail à notre place. Lorsque nous nous ouvrons de cette façon, la pensée, l'attitude et la connaissance positives nous appartiennent. Nous sommes guidés aux sources d'information qui rencontreront nos besoins.

## L'ÂME ET LA GUÉRISON SPIRITUELLE

L'âme est le véhicule le plus naturel pour canaliser l'énergie spirituelle. À mes yeux, l'idée de base derrière le travail de l'âme est que la maladie ou un manque vient d'une discordance à l'intérieur de l'âme. Dans *Dreamtime and Inner Space*, Holger Kalweit dit que la plupart des sociétés basées sur le chamanisme croient que « la cause des maladies vient de l'âme. Par conséquent, la guérison doit se concentrer sur l'harmonisation de celle-ci[5]. » Comme le disait une petite fille que je connais, l'âme est « plus grosse que le cœur ou l'esprit » ; autrement dit, l'âme représente l'aspect le plus puissant de nous-mêmes, à part l'esprit.

De nombreux guérisseurs spirituels croient que l'âme devrait s'occuper de toutes nos guérisons et manifestations pour nous. Plusieurs cultures indigènes travaillent directement avec l'âme en appliquant des principes de guérison spirituelle. La plupart de mes cours dans ces cultures sont liés au chamanisme. J'ai été étonnée des changements qui se sont produits lorsque j'ai appliqué certaines des techniques interculturelles de l'âme dont j'avais vu la démonstration. J'ai eu la chance de rencontrer de vrais chamans dans d'autres pays ; toutefois, il est impossible de travailler avec ces chamans au quotidien. Voilà pourquoi je crois que nous devons devenir chamans nous-mêmes.

La guérison spirituelle peut signifier de devenir chaman soi-même ou d'aider quelqu'un à le devenir. Un chaman se promène entre les mondes physique et spirituel afin d'aider les individus à soigner des problèmes physiques et spirituels. Nous pouvons tous remplir cette fonction si nous consentons à parler avec l'âme — la nôtre ou celle d'une autre personne

5 Kalweit. *Dreamtime and Inner Space*, p. 29.

— et à devenir son thérapeute ou son témoin. Nous devons demander à notre âme ce dont elle a besoin pour être soignée après un traumatisme, ou la souffrance causée par la séparation du corps, de l'esprit ou de la Source divine. Nous devrons peut-être également négocier de nouvelles relations de fonctionnement entre ces différentes composantes du moi.

Je pense que la plupart de nos âmes renferment des malentendus au sujet de leur place dans l'univers, ont des doutes sur le fait de mériter la richesse matérielle et la santé, et sont mitigées à l'égard de l'idée même d'habiter un corps. Par conséquent, je crois que l'âme elle-même a besoin d'énergie pour la guérison et la manifestation spirituelles.

Généralement, j'ai découvert que les blessures de l'âme résultent d'un traumatisme, de la peur ou de la méfiance. L'âme peut réagir à ces traumatismes de diverses façons. Elle peut se fragmenter, s'affaiblir et dégénérer. Les fragments peuvent demeurer dans le moi physique ou rester coincés, égarés ou collés dans des vies antérieures, des expériences passées ou d'autres réalités. Lorsque les fragments quittent le corps, le moi physique n'est plus protégé. Si un fragment se cache dans une partie du corps, la partie vide du corps n'est plus protégée. Si un fragment de l'âme reste coincé dans une autre époque, une autre personne ou un objet, le « moi » dans votre vie actuelle peut se sentir inexplicablement attiré vers cette autre époque, personne ou objet qui renferme le morceau manquant.

Un traumatisme peut aussi pousser l'âme à quitter le corps, partiellement ou entièrement. C'est souvent le cas chez des clients ayant subi des agressions. Sur le plan énergétique, je perçois des vides dans le corps ou l'aura. Par exemple, les schizophrènes apparaissent vides du cou jusqu'aux pieds. Typiquement, je vois l'âme d'un schizophrène sous forme de couleur laiteuse, attachée à partir du cou et parfois brisée en au moins deux formes distinctes au-dessus de la tête. Il arrive que l'âme demeure ainsi dans le corps jusqu'à ce qu'une expérience familière à ce qui a causé le traumatisme la happe. C'est alors qu'elle se dissocie ou qu'elle sort complètement du corps jusqu'à ce que le calme soit revenu.

La première étape dans le travail chamanique de la guérison de l'âme consiste à déterminer l'état de l'âme. Lorsque j'agis comme chaman pour moi ou quelqu'un d'autre, je vérifie habituellement si l'âme est :

1. Coincée dans une zone du corps.
2. Dissociée du corps, mais peut-être encore attachée par une corde ou un lien.
3. Fragmentée en différents morceaux, en différents endroits.
4. Cachée dans une vie antérieure ou une expérience de l'enfance.
5. Projetée dans l'avenir.
6. Connectée seulement partiellement au corps.
7. Entièrement intacte dans le corps.

En repérant une âme, notre moi chaman peut apercevoir l'âme sous une forme visuelle ou en mots inaudibles. Parfois, la communication a lieu par écrit ou en éprouvant simplement des sentiments. On peut utiliser les mêmes pratiques pour réparer ou reconnaître les relations entre le corps, l'esprit, l'âme et la Source divine.

Je demande parfois aux clients de vérifier l'emplacement de leur âme, surtout s'ils vivent dans la peur, l'indécision, la frustration ou qu'ils tentent de régler des problèmes de l'enfance. Je me rappelle clairement l'effet signalé par une femme qui avait découvert qu'une partie de son âme était suspendue par une corde dans l'univers. Sachant que la vie serait angoissante, cette âme avait refusé d'entrer dans le corps de la femme. Après l'avoir convaincue en avoir besoin à l'intérieur de son corps afin d'être mieux connectée au pouvoir de l'Esprit, elle l'a ramenée en elle. Elle a tremblé pendant deux ou trois jours, puis m'a dit : « J'ai enfin pu commencer à savoir qui je suis ! Je n'ai jamais été si heureuse et si forte ! »

Une fois le diagnostic de l'âme posé, le travail du chaman commence. Lorsque l'âme est malade, ensorcelée ou incapable de fonctionner, les chamans de la plupart des groupes indigènes réagissent par la guérison de l'âme, pour la communauté ou les individus qui la composent. Cela s'avère dans de nombreuses cultures tribales, comme les aborigènes d'Australie, les zoulous d'Afrique et les Kung d'Afrique. Ces derniers, par exemple, organisent des danses en groupe. L'un des danseurs danse jusqu'à atteindre le *kia*, un état de transe qui lui permet de tirer la *num*, l'énergie bouillante de guérison du serpent, le long de sa colonne vertébrale. Dans *Boiling Energy : Community Healing Among the Kalahari Kung*, Richard Katz parle des Kung capables de contrôler cette énergie pour « appliquer la *num* à la guérison ». Ils ramènent la *twe*, ou guérison, alors qu'ils sont en transe dans le *kia*, car ils peuvent alors « voir les choses devant être retirées, comme la chose mortelle que le dieu a mise dans les gens. Vous voyez ceux-ci correctement, tels qu'ils sont[6].» Les guérisseurs voient les problèmes de l'âme et doivent parfois quitter leur corps pour aller chercher une âme errante ou malade. Ainsi, les chamans reflètent la partie de nous capable de se promener dans les deux mondes, ce que nous devons tous faire pour nous réaliser pleinement.

Je procède souvent à un travail similaire pour des clients. J'ai dirigé récemment une guérison chamanique de groupe pour une femme suicidaire. Entourée de gens réconfortants et attentionnés, elle a quitté son corps et cherché son âme qu'elle a trouvée blottie près de la Source divine, trop effrayée pour entrer dans son corps. La dame a convaincu son âme de venir en elle. Nous l'avons alors vue se crisper violemment et son cou est devenu tout rouge. Ses vieilles douleurs ont disparu, de même que son désir de mourir.

La dernière étape dans le travail de l'âme est d'attribuer au corps, à l'esprit et à l'âme un projet qui leur permette d'aplanir leurs différences. J'ai donné des missions, telles qu'obtenir l'abondance, fonder un mariage solide, guérir une jambe cassée ou prendre une décision. Ultimement, je veux que ces trois entités s'intègrent les unes aux autres, c'est-à-dire que le tout soit cohérent. J'ai découvert que lorsque chacun de ces trois aspects se sent écouté, entendu, remarqué et important, nos décisions créent automatiquement notre plus grand bien, justement en raison de leur cohérence.

Plus ces trois aspects se mélangent, plus il devient difficile de distinguer leurs différentes voix. À ce stade, de nombreux clients signalent entendre une nouvelle voix, souvent très sage, ou alors ils commencent à vivre des expériences de lumière blanche, dans lesquelles ils voient ou ressentent l'étonnant pouvoir de la Source divine. Quel que soit le cas, ces symptômes signifient que l'essence commence lentement à émerger en tant que le moi primordial. Et c'est ce que nous voulons.

## LES ORIGINES DE L'ÉNERGIE DE GUÉRISON SPIRITUELLE

À un point ou un autre du processus de guérison spirituelle ou de réalisation, j'encourage parfois un client à travailler directement avec l'un des corps énergétiques spirituels. Il est souvent utile de concentrer un point

6 Katz, *Boiling Energy*, p. 42.

énergétique spirituel sur un chakra particulier, un rayon, un principe, une couche aurique et, toujours, sur la Source divine, en réponse à une préoccupation spécifique. Cette concentration peut éclairer la cause première d'un problème et ainsi permettre de trouver une solution. Cela peut aussi nous faire passer du niveau du travail à celui de la magie et des miracles.

Ces points énergétiques supérieurs peuvent être très puissants. Personnellement, je fais preuve de grande prudence quand je travaille avec eux, car je respecte énormément leur intensité. Il y a quelques années, quand je faisais mes premières expériences avec le système des 32 centres énergétiques, j'ai vécu une expérience qui m'a fermement convaincue du pouvoir latent de ces points énergétiques supérieurs.

Au milieu d'une journée d'été, j'ai décidé d'aller faire une promenade. Il y avait beaucoup de monde aux alentours jusqu'à ce que j'atteigne un détour près de la rivière, non loin de ma maison. Et j'ai été attaquée. J'ai désespérément appelé à l'aide auprès de la Source divine, par le trente-deuxième point énergétique, la grâce. Mon agresseur a soudainement regardé l'eau. Dans son regard, j'ai vu une horrible femme en train de le réprimander. Dans ma propre vision, c'était le Christ. L'homme s'est enfui. Il n'y avait pas âme qui vive autour. J'ai clopiné jusque chez moi et, à mon arrivée, une infirmière sonnait à ma porte. Elle avait obtenu mon nom de quelqu'un et, « par coïncidence », décidé de s'arrêter pour s'enquérir de mon travail. J'ai appelé la police tandis qu'elle était là. Une voiture de patrouille se trouvait à proximité. L'agent qui s'est présenté m'a dit qu'il était guérisseur en dehors de son emploi régulier et il m'a insufflé une « dose » d'énergie. J'ai continué à travailler avec le trente-deuxième point énergétique ce jour-là, et mes blessures, dont le médecin avait dit qu'elles mettraient des semaines à guérir, avaient disparu au bout de deux jours. Bien que je ne puisse pas prouver que cette énergie m'ait réellement sauvée, l'expérience en elle-même m'a démontré le pouvoir de faire appel à l'énergie spirituelle.

### *L'énergie spirituelle et les chakras*

C'est en faisant entrer l'énergie par les chakras et les points énergétiques spirituels supérieurs dans les chakras inférieurs que l'effet est le plus grand. Une cliente a signalé son succès après avoir puisé dans ces points spirituels afin d'alléger un souci professionnel. Durant des années, les relations de Dora avec son patron avaient été tendues. Elle en était finalement arrivée à la conclusion qu'elle devait s'affirmer. Nous avons identifié que sa résistance de base était associée au cœur ; elle se sentait coupable et effrayée chaque fois qu'elle s'affirmait. Lorsqu'elle a permis à la foi et à la sagesse de pénétrer dans son cœur, il m'a semblé que la pièce s'illuminait littéralement. Une semaine plus tard, on lui offrait un nouveau poste dans la même société, et elle relevait d'un nouveau patron.

### *L'énergie spirituelle et les couches auriques*

Le travail avec les couches auriques est semblable à celui du système énergétique. Encore une fois, nous pouvons adopter la façon difficile en cherchant les trous, les blocages et les points de résistance. Nous pouvons également nous en remettre à la magie en cherchant de l'assistance et en demandant que les relations nous aident à guérir les zones problématiques. Nous pouvons aussi passer au niveau des miracles. Rappelez-vous que les couches extérieures de l'aura sont en lien avec le spirituel et que les couches intérieures sont connectées au concret. Les trois couches de l'œuf énergétique interagissent également avec certaines couches du champ aurique. En reliant les couches extérieures aux intérieures, soit directement, soit par l'intermédiaire de l'œuf énergétique, et en connectant les deux au désir de recevoir la bonne information ou les bonnes énergies de la Source divine, nous pouvons modifier nos systèmes énergétiques, et par conséquent les situations.

J'ai réussi cet exploit au pays de Galles. À l'époque, je souffrais d'un problème de peau. J'ai décidé de consentir à permettre à l'énergie de la Source divine de m'aider et je l'ai donc simplement énoncé, puis j'ai lâché prise. Pendant deux jours, j'ai été harcelée par ce que j'ai perçu comme des fées. J'ai eu l'impression qu'un pont disparaissait sous mes yeux, ainsi que deux heures de l'un de mes voyages. Soudain, les phares de ma voiture se sont mis à clignoter, je me suis perdue dans le brouillard, tournant sans cesse sur place. La situation a culminé dans une petite ville appelée Castletown. Là, j'ai relié ma première couche aurique à celle de l'extérieur et, au moyen de visualisation guidée, j'ai inversé les polarités en leur demandant de partager leurs connaissances.

Soudain, j'ai découvert qu'un kyste d'environ quatre centimètres s'était développé. Les médecins ne pouvaient pas l'identifier. J'étais sur le point de subir une chirurgie pour le retirer quand j'ai tout à coup réalisé que si je pouvais déclencher la source de sa croissance, je pourrais tout aussi bien provoquer sa diminution. J'ai relié la première couche et la couche extérieure à la Source divine et remis les polarités en place. Le kyste a disparu en moins de 30 minutes, et mon problème de peau du départ, également.

L'autre option de guérison par l'aura réside dans l'ouverture du corps de lumière. Ces cercles de lumière indépendants et concentriques, lorsqu'ils sont ouverts autour du corps, complémentent les pouvoirs de la couche individuelle.

### *L'énergie spirituelle et les rayons*

Un moyen supplémentaire de guérir spirituellement consiste à utiliser les puissantes énergies des rayons. Exploiter le pouvoir et l'influence de ceux-ci peut nous fournir l'énergie nécessaire pour nous libérer des blocages spirituels qui nous empêchent d'avoir accès aux énergies spirituelles. J'ai déjà abordé les diverses propriétés des rayons. Inutile de dire qu'il est possible, à tout moment de la journée, de faire appel à l'un ou l'autre de ces rayons, ou même à tous, afin d'obtenir une forme de guidance spirituelle. Plus la demande est précise, plus le besoin est grand, plus nous savons ce que nous voulons et plus la réponse se manifeste rapidement.

Ces méthodes, ainsi que d'autres, sont disponibles pour la guérison et la manifestation. Tout peut se produire lorsqu'on suit les principes protecteurs universels, ou étapes de transformation. Que peut-on exactement guérir ou réaliser par le travail spirituel ? Seulement de bons sentiments ou une meilleure connexion avec le moi supérieur ? Non. Nous pouvons nous ouvrir à la guérison et à la réalisation de n'importe quoi en travaillant avec ces énergies de fréquence supérieure — de meilleures relations amoureuses, un emploi gratifiant, un corps plus sain, une nouvelle maison… et pourquoi pas quelques bons moments ?

## EXERCICE : TENIR UN JOURNAL DE MIRACLES

A. Rédigez une liste de vœux pour une semaine. Que voudriez-vous voir guérir ou se réaliser dans votre vie d'ici là ? Reportez-vous à la liste des questions figurant dans le présent chapitre pour vous aider à définir et à peaufiner ces vœux, de façon qu'ils servent votre plus grand bien. Mettez la liste de côté.

B. Créez un « journal de miracles » personnel. Chaque soir, consignez ceux que vous avez vus ou ressentis. Chaque matin, demandez aux miracles de vous aider à réaliser vos vœux.

C. À la fin de la semaine, passez en revue votre liste de vœux et votre journal de miracles. Quels progrès avez-vous faits ou ont été faits à votre place ? Si vos vœux n'ont pas été entièrement exaucés, revoyez votre liste. Vos vœux sont-ils trop généraux ou alors trop précis ? Décrivent-ils vraiment un désir du cœur ou seulement quelque chose que vous pensez devoir vouloir ?

D. Revoyez les principes protecteurs universels et mettez-vous en état d'acceptation. Réécrivez les vœux qui ne se sont pas réalisés et, sans prévoir une période de temps précise, continuez à tenir votre journal de miracles jusqu'à ce que vous puissiez automatiquement demander, remarquer et vous sentir reconnaissant pour les miracles présents dans votre vie.

# Chapitre 11

## Esprits et guérison : cordes et autres liens énergétiques

Je crois que jusqu'à 80 % de tous les problèmes ne proviennent pas de nous. Cela ne veut pas dire que nous n'avons pas la responsabilité de les régler. Le mot « responsabilité » signifie « la capacité à répondre ». Comme nous sommes des êtres spirituels, nous possédons la capacité innée de réagir à nos besoins de guérison et, parfois, à ceux des autres. Toutefois, accepter que nous ne sommes pas la source de la plupart de nos problèmes nous permet de nous libérer de la honte et du sentiment d'être « séparés », ce qui nous empêche souvent d'examiner nos problèmes et, à plus forte raison, d'y faire face et de les régler.

L'un des principaux moyens de transfert que les énergies ou les problèmes des autres utilisent est représenté par les liens énergétiques. Ceux-ci sont des filaments ou engagements créés dans les domaines énergétiques — comme les couches de réalité éthériques, astrales ou mentales — qui entravent nos structures énergétiques et par conséquent limitent notre bien-être physique, mental, émotionnel et spirituel. Songez au mot « contrainte » et vous savez tout de suite que personne n'en veut, même lorsqu'on pense que cela peut aider. Toute limite à notre moi spirituel entraîne un déficit sur les plans de la prospérité, des relations personnelles, de la santé ou de la carrière.

Dans le présent chapitre, nous allons examiner les principales composantes des contraintes énergétiques, notamment leurs sources et leurs raisons d'exister, ainsi que leurs différents types. L'exercice final vous aidera à déterminer les types de sources spirituelles qui peuvent procurer le bonheur, la santé et la joie plutôt que l'asservissement et la rupture de notre esprit.

## UNE QUESTION DE SOURCE

Une source psychique est l'origine de matériel psychique. Il existe de nombreux types d'énergies et d'êtres susceptibles d'entrer en contact ou de communiquer avec vous. Ils peuvent être vivants ou pas :

**Entités (ou esprits) :** des êtres pourvus d'une âme, mais sans corps ni forme.

**Fantômes :** des âmes de gens ou d'animaux décédés qui s'attardent dans le monde des vivants.

**Apparitions :** des êtres qui projettent une forme dans ce monde à partir d'un autre plan.

**Énergies :** les charges qui composent n'importe quoi d'inanimé ou d'animé et le rendent reconnaissable.

**Êtres de conscience :** des êtres qui ne possèdent pas de corps, seulement une intelligence.

**Démons :** des énergies, des entités ou des êtres qui tourmentent les autres pour servir leurs propres fins.

**Anges :** une classe d'êtres qui ont un esprit mais pas d'âme, sauf s'ils s'incarnent dans un corps. Ils représentent les vérités divines.

**Êtres du monde naturel :** les esprits à l'intérieur des êtres naturels vivants ou de ceux des royaumes surnaturels.

**Êtres planétaires :** des guides provenant — et à l'intérieur — des étoiles, d'autres planètes et de l'espace lui-même procurant guidance et amour.

**Maîtres :** des êtres morts ou vivants qui aident les humains suivant leur spécialité ou qui exécutent un type précis de service. Ils peuvent avoir déjà été vivants ou ne l'avoir jamais été.

**Incarnations :** des êtres qui conservent leur corps, mais qui ne sont pas morts afin de le garder.

**Aspects du moi :** des sous-parties de notre personnalité, y compris l'esprit ou le soi éternel et toujours sain ; l'âme, la partie du soi qui accumule les connaissances — et les blessures — à travers les expériences, vie après vie ; l'esprit, l'aspect du soi qui renferme les croyances et les pensées ; et le corps qui est le soi sensoriel. À l'intérieur du corps se trouve l'enfant intérieur, l'aspect de soi-même qui est habituellement retenu dans une situation traumatique et qui demande à être sauvé et guéri ; l'enfant innocent représentant l'enfance qu'il aurait eue s'il n'avait pas été blessé ; le moi de Dieu, le moi intérieur qui sait qu'il est un enfant de Dieu et peut vivre à partir de cette croyance ; le moi primaire, représentant la nature physique de base et les besoins de survie ; l'ego qui renforce l'identité personnelle et les besoins (aussi appelé la personnalité) ; le moi originel qui comprend et a déjà entièrement terminé la mission de son âme ; et le moi supérieur qui est lié à l'esprit.

Nous pouvons nous connecter à ces types d'êtres ou d'entités ainsi qu'avec beaucoup d'autres. La plupart d'entre nous avons des guides spirituels, des entités positivement motivées qui restent à nos côtés toute la vie. Habituellement, l'une est masculine et l'autre, féminine. L'une a généralement déjà été vivante et l'autre vient des royaumes éthériques ou angéliques. Elles travaillent avec nous intuitivement pour nous aider à mener à bien notre contrat et réaliser notre raison d'être.

Toutefois, nous pouvons également être exposés à des influences négatives. Cela s'appelle de l'interférence, en ce sens qu'elle gêne la réalisation de notre mission spirituelle. L'interférence peut venir des vivants comme des morts, à partir de l'un ou l'autre des cinq mondes de l'existence :

**Le monde naturel** est celui qui travaille surtout au moyen de l'énergie sensorielle, bien que l'esprit continue de fonctionner à la manière d'une version accélérée du sensoriel.

**Le monde de l'esprit** est l'Esprit supérieur, le Divin, le Tout.

**Le monde des esprits** comprend des dimensions, des plans et des espaces ou des époques situés à l'intérieur ou à l'extérieur du présent espace/temps et renferme des entités, des énergies, des consciences ou d'autres êtres ou formes animés qui peuvent communiquer.

**Les antimondes** sont des plis dimensionnels qui opposent ou renferment ce qu'on ne trouve pas dans l'univers physique.

**Le royaume énergétique** est composé de plans ou de dimensions qui ne fonctionnent que de façon énergétique, de même que les êtres ou consciences qui y habitent. Cette réalité est en liaison avec le plus vaste monde des esprits et, à certains niveaux, en est un sous-ensemble ; toutefois, il existe des plates-formes d'ondes énergétiques dépourvues d'êtres conscients et qui, en fait, pourraient transformer des esprits en énergie pure à leur entrée.

En plus de ces cinq niveaux de réalité, chacun de nous existe sur quatre voies, quatre niveaux de conscience qui finissent par constituer une réalité plus grande dans laquelle le ciel et la terre se confondent. Les quatre voies englobent les cinq niveaux de réalité. Les quatre voies sont l'élémentale ou la physique ; le pouvoir ou la surnaturelle ; l'imagination ou la magie créatrice ; et le Divin ou la céleste.

À un moment ou l'autre, nous captons intuitivement une pensée de notre mère (le monde de la nature), une chanson qu'un ange nous chante (le monde des esprits) et un moi dans un univers parallèle (les antimondes). Nous voulons nous assurer de filtrer les données positives parmi les négatives, les énergies utiles de celles qui sont nuisibles et les bonnes entités des mauvaises.

## LES CONTRAINTES ÉNERGÉTIQUES : LA PIRE INTERFÉRENCE

Parfois, nous créons des connexions énergétiques à court terme avec d'autres (vivants ou morts, à n'importe quel niveau de réalité) afin d'atteindre un but. Les mères créent naturellement un lien (ou corde) avec leur bébé, c'est-à-dire un flux d'énergie à double sens. Par ce lien, la maman ressent les besoins de son enfant et lui envoie de l'amour. Ce lien s'estompe avec le temps, d'abord à six mois, puis à dix-huit mois, pour finir par se dissoudre à trois ans. Il arrive cependant que le lien comporte un échange malsain d'énergie.

Imaginez que l'enfant n'a pas été voulu. La mère pourrait inconsciemment accepter d'envoyer un minimum d'énergie vitale à son enfant en échange de la totalité de la sienne, ou peut-être la loyauté de son enfant, son dévouement éternel ou ses dons spirituels. Ce lien n'est alors jamais dissous, car les deux parties se sentent dépendantes l'une de l'autre pour leur survie. Cela évolue en lien de codépendance et cause des blessures de part et d'autre. Ce lien restera toute la vie et après la mort et deviendra le modèle à suivre pour l'enfant dans toutes les relations importantes de sa vie, notamment les amitiés, la vie amoureuse et même ses relations de travail.

Les cordes et les liens de codépendance existent entre les vivants et les morts. Notre âme peut les emporter avec elle d'une vie à l'autre et même les établir avec des esprits ou des entités, de son vivant. J'ai travaillé avec une cliente qui avait créé un lien de dépendance avec un démon alors qu'elle était enfant. Ses parents étaient extrêmement abusifs et elle n'avait pas d'amis. Un démon lui a rendu visite et promis d'être son ami et de rester près d'elle pour toujours à condition qu'elle lui donne de l'énergie vitale. La corde est entrée par son premier chakra, à partir duquel elle a tiré et transféré de l'énergie vitale au démon, qui possédait désormais la force matérielle nécessaire pour rester dans le monde physique. En échange, il lui donnait des conseils, mais pas des bons. Chaque fois que ma cliente rencontrait quelqu'un de bien ou se rapprochait d'une personne en particulier, le démon lui murmurait des avertissements et lui envoyait des rêves décrivant cette personne comme étant violente. Dès que nous avons libéré la corde pour la détacher du démon et la rattacher plutôt au Divin — qui graduellement l'a entièrement dissoute grâce à un amour inconditionnel — son attachement à l'entité a cessé, de même que les voix et son malheur.

Il existe de nombreuses autres contraintes ressemblant à des liens ou cordes que notre âme, notre esprit ou notre corps transporte, mais qui sont presque toujours coincées dans un ou plusieurs chakras. Elles y inhibent sa pleine fonction. Ces contraintes comprennent :

1. **Les cordes** — Connexions énergétiques qui limitent les relations personnelles et engendrent des schémas comportementaux. Les cordes fonctionnent à la manière d'un contrat entre deux personnes ou plus.
2. **Les sorts** — Limites énergétiques posées par une âme (ou un ensemble d'âmes) sur une autre afin de réduire son pouvoir et son efficacité, et d'attirer des circonstances dommageables. Les sorts limitent souvent l'abondance, repoussent les relations positives et créent la maladie et des tragédies. Les sorts sont souvent le territoire des sorciers pratiquant la magie noire ou des experts vaudous et peuvent être transmis de génération en génération, d'une vie à l'autre. J'ai travaillé avec une femme qui avait hérité d'un sort générationnel provenant de son arrière-grand-mère. Tous les hommes qui entraient dans la famille mouraient de mort violente. Elle-même avait perdu trois maris. Ses filles en avaient chacune perdu deux et l'une d'elles avait un troisième mari malade. Nous avons supprimé le sort qu'avait lancé un amant abandonné de la génération précédente, et l'homme malade a survécu. Les deux autres femmes de la famille se sont remariées depuis et tout va bien.

3. **Les ententes de codépendance** — Ententes qui poussent une âme à ignorer ses propres besoins pour plaire à quelqu'un d'autre.
4. **Les cordes de vie** — Ce sont des cordes du premier chakra reliées à une partie de nous-mêmes. Ces cordes ou liens se transmettent généralement d'une vie à l'autre et nous obligent à revivre le traumatisme d'une vie antérieure sous forme d'un drame dans la vie présente. Par exemple, j'ai eu une cliente qui avait été tuée violemment par son amant, dans une autre vie. Chaque fois qu'elle se trouvait proche d'un amoureux dans sa vie actuelle, elle ressentait les mêmes symptômes physiques que lors de sa mort précédente, notamment la douleur d'être poignardée, les saignements de nez et la tachycardie. Nous l'avons libérée du passé, avons ramené son âme dans le présent, et tous les problèmes ont cessé. Je perçois souvent les cordes de vie dans les problèmes de relations amoureuses, mais aussi chez les gens atteints d'autisme ou de schizophrénie, car comme une partie de leur moi est coincée ailleurs, il est impossible de fonctionner pleinement dans le présent.
5. **Les forteresses mentales et émotionnelles** — Une forteresse ou armure mentale est un lien malsain entre deux croyances ou plus ; une forteresse émotionnelle est une union malsaine entre au moins un sentiment et une croyance. Celles-ci ont déjà été décrites dans le présent ouvrage et peuvent agir comme des liens du fait qu'elles représentent des contraintes intérieures.
6. **Les marqueurs énergétiques** — Un marqueur énergétique ressemble à un X noir ou rouge inscrit sur un chakra. Ce X se reflète également dans le champ aurique correspondant. Il informe énergétiquement les autres de nous traiter d'une certaine façon, telle que nous ne méritons ni l'argent, l'amour ou l'affection.

Ces circonstances peuvent conduire aux désordres suivants, dont plusieurs sont en rapport avec le concept de la fragmentation ou des dommages de l'âme, expliqué au chapitre 10 :

- **Possession** — Être investi par une autre entité ou une autre énergie.
- **Récession** — Quelque chose ou quelqu'un qui a capturé une partie de notre énergie.
- **Obsession** — Les pensées ou les sentiments de quelqu'un d'autre qui sont coincées à l'intérieur et nous « obsèdent ».

- **Dépression** — Une partie de notre énergie qui est inaccessible, coincée à l'intérieur ou à l'extérieur de nous.
- **Répression** — L'énergie de quelqu'un d'autre (ou d'une entité) qui nous étouffe.
- **Concession** — Nous continuons à renoncer à ce qui est important pour nous (ou à échanger de l'énergie avec quelqu'un d'autre) afin de combler nos besoins.

## LE RÔLE DU PARDON

Ultimement, nous nous accrochons à de vieilles situations parce que nous ne voulons pas pardonner aux autres ou à soi-même certaines décisions. Le pardon consiste à libérer ce qui n'a pas été, afin de nous ouvrir à ce qui pourrait être. Pour libérer les liens énergétiques, j'encourage mes clients à intuitivement repérer la corde, le marqueur, la forteresse ou l'entente à sa source. Ensuite, il s'agit d'éprouver les sentiments qui ne l'ont pas été, puis de se rappeler les conclusions au sujet de soi, des autres, du monde ou du Divin. J'invoque alors le Divin, qui procure une façon différente de voir la situation, une libération du lien et un ensemble de croyances revigorantes.

Énergétiquement, il est possible de libérer un lien en envoyant de la lumière blanche pure ou de l'amour inconditionnel à travers lui vers la source. Par exemple, beaucoup de gens sont porteurs de liens avec leur mère et leur père par l'envers du cinquième chakra. Les messages de la mère entre par la gauche et ceux du père traversent le cou. Leur renvoyer du pardon, ou de la lumière blanche, nous libère tous. Il est alors important de s'ouvrir à de nouveaux messages pour remplir l'espace libéré. Le Divin peut toujours s'en charger si on le lui demande.

## LES GARDIENS : ÉVITER L'INTERFÉRENCE, ASSURER L'AMOUR

Un gardien est un être envoyé et désigné par Dieu pour nous protéger et nous guider. Un gardien peut être le Divin lui-même ou n'importe quel autre être sanctifié qui protège nos frontières et notre psyché et n'invite que ce qui est bon pour nous. Un gardien s'occupe de plusieurs tâches, dont :

- ajuster le flot d'information psychique à l'intérieur et à l'extérieur de nous ;
- décider quelles entités et quels esprits pourraient communiquer avec nous ;
- choisir quelles prières et questions personnelles devraient être adressées et à quelles sources ;
- nous aider à prêter attention aux messages ou aux énergies nécessaires provenant des sources psychiques et sensorielles ;
- bâtir l'estime de soi et nos capacités ;
- nous aider à tirer des leçons de nos expériences, mais en douceur ;
- nous protéger des énergies, de l'information et des sources néfastes ;,
- nous retenir lorsque nous sommes sur le point de nous faire du mal ou d'en faire à quelqu'un d'autre ;
- nous connecter au Divin ;
- nous encourager à guérir nos problèmes.

Pour qualifier un gardien ou un autre contact psychique, nous cherchons parfois l'inspiration intuitive ; à d'autres moments, il vient simplement vers nous. Comment savoir sur quoi porter attention ou pas ? Et plus important encore, comment discerner ce qui est dangereux de ce qui est utile ? La clé consiste à trouver la source. Nous pouvons déterminer la validité d'un gardien éventuel ou d'une source psychique en commençant par l'analyser complètement. Cela nous permettra de savoir si nous sommes compatibles. Servez-vous des exercices suivants pour trouver et qualifier un gardien ou une autre source psychique.

## EXERCICES : TROUVER ET QUALIFIER UN GARDIEN OU UNE AUTRE SOURCE PSYCHIQUE

**I.** Trouver un gardien

A. Retirez-vous dans un endroit paisible et assurez-vous de ne pas être dérangé durant l'exercice. Respirez profondément, ancrez-vous et centrez-vous. Établissez des frontières psychiques et ouvrez pleinement vos chakras, avec l'intention de rencontrer un gardien. Concentrez-vous sur le cinquième chakra, la gorge, et demandez au Divin de vous connecter à un gardien ou un guide spirituel qui vous servira de filtre céleste et d'interprète de l'information psychique. Vous pouvez faire cette demande en pensée, à voix haute, ou sous forme d'une prière.

B. Maintenant, demandez au divin de vous présenter ce gardien désigné qui vous aidera à voir, entendre et ressentir intuitivement.

C. Si vous avez entièrement confiance en la capacité de cet être de représenter le Divin de même que vos besoins et vos intérêts, poursuivez la communication avec vos propres questions et terminez la connexion en décidant si vous aimeriez utiliser cet être comme gardien dans votre vie quotidienne. Le cas échéant, discutez des différentes façons de contribuer à cette relation spirituelle, puis concluez. Toutefois, si vous avez des préoccupations, faites la partie II de ces exercices pour qualifier le gardien avant de conclure l'entente.

**II.** Qualifier un gardien et autres contacts psychiques

Entrez dans un état méditatif, ancrez-vous et centrez-vous. Ouvrez ensuite vos chakras afin de poser à votre propre esprit ou au Divin des questions pouvant révéler la nature de base et la crédibilité de la source. Vous pouvez vous servir des questions énumérées ci-dessous pour commencer votre discussion.

A. Vous pouvez commencer cette partie du processus en posant à votre propre esprit ou au Divin les questions suivantes, dans un état méditatif.
   a. Quelle est la nature et l'origine de cette source ?
   b. Cette source est-elle intérieure ou extérieure (vient-elle de l'intérieur ou de l'extérieur de moi) ?
   c. Est-elle animée ou inanimée ?
   d. De quel niveau de réalité l'information vient-elle ?
   e. De quel type d'être ou de source est cette révélation ?
   f. Cette source peut-elle montrer qu'elle vient du Divin ?

B. Posez toutes les questions vous permettant de percevoir la personnalité de la source, sa façon de travailler et ses origines, puis continuez à poser des questions susceptibles de révéler sa crédibilité, son éthique et son efficacité, à savoir :

a. Qu'est-ce que cette source veut me montrer, me dire, me révéler ou devenir pour moi ?
b. Ai-je confiance en son intention et est-ce que j'y crois ?
c. Puis-je lui faire confiance à court terme, à long terme, ou les deux ?
d. Si je suis ses conseils, quelles sont les issues les plus probables ?
e. Si le Divin pouvait me montrer la nature de cette source, qu'est-ce que je percevrais ?
f. Est-ce que cette source remplit les exigences décrites dans le présent chapitre ?

# Chapitre 12

## Travailler avec le corps : les points clés

Pour la guérison ou la manifestation, l'une des techniques physiques les plus bénéfiques consiste à se concentrer sur la colonne vertébrale. Tous nos corps énergétiques fondamentaux y sont connectés. L'envers et l'endroit des centres énergétiques internes sont reliés à la colonne. Les rayons entrent par des points de contact qui y sont situés, et les couches auriques se connectent aux chakras qui y sont alignés. La colonne vertébrale enregistre nos problèmes de développement de l'enfance. Elle est littéralement l'épine dorsale de toute guérison physique.

La colonne est également un point central pour connecter nos corps énergétiques physiques et spirituels. J'ai découvert et je pratique un système qui accomplit très bien cette tâche. Je l'appelle le système des points clés. L'idée derrière ce système est que chacun des 32 centres énergétiques est lié à une vertèbre en particulier et qu'une énergie supplémentaire se connecte à la dernière vertèbre du haut.

Le système des points clés repose sur l'idée que la colonne vertébrale sert « d'aliment vital » à tout notre système énergétique. La structure de la colonne appuie ce point de vue. Vue de devant, la colonne ressemble à deux pyramides réunies par la base. La section du haut est formée des vertèbres qui vont de la deuxième cervicale à la dernière lombaire, et la section du bas est composée du sacrum et du coccyx. Dans le livre du Dr Gray, *Gray's Anatomy*, on dit que la pyramide du haut se compose de trois pyramides plus petites. Physiquement, la structure pyramidale est l'une des plus solides sur terre. Sur le plan métaphysique, la pyramide est souvent considérée comme une construction magique, une forme à travers laquelle nous pouvons canaliser et ancrer des énergies. Notre colonne se sert à la fois des aptitudes physiques et métaphysiques, car elle relie la matière et l'esprit. Quoi de mieux pour travailler, à la fois pour des raisons de guérison et de manifestation, que la colonne elle-même ?

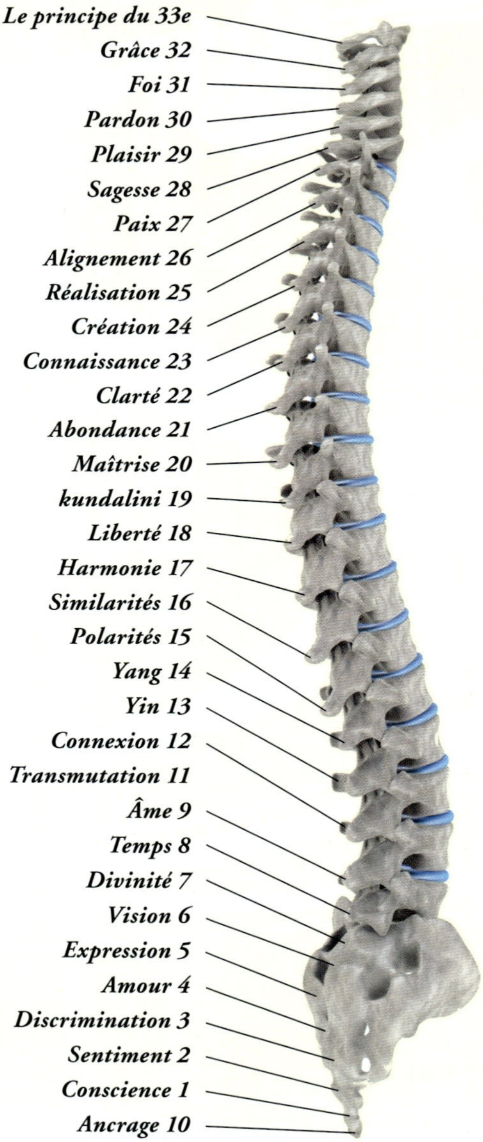


***Figure 12.1 : Les 32 chakras et la colonne vertébrale***

En général, je crois que les centres énergétiques sont reliés aux vertèbres suivantes (voir figure 12.1) :

| **Région vertébrale** | **Vertèbre** | **Centre énergétique correspondant** |
|---|---|---|
| **Coccygienne** | Quatrième (la plus basse) | Dixième chakra<br>Premier chakra |
| | Troisième | Deuxième chakra |
| | Deuxième | Troisième chakra |
| | Première | |
| **Sacrée** | Cinquième | Quatrième chakra |
| | Quatrième | Cinquième chakra |
| | Troisième | Sixième chakra |
| | Deuxième | Septième chakra |
| | Première | Huitième chakra |
| **Lombaire** | Cinquième | Neuvième chakra |
| | Quatrième | Onzième chakra |
| | Troisième | Douzième chakra |
| | Deuxième | Point 13 |
| | Première | Point 14 |
| **Thoracique** | Douzième | Point 15 |
| | Onzième | Point 16 |
| | Dixième | Point 17 |
| | Neuvième | Point 18 |
| | Huitième | Point 19 |
| | Septième | Point 20 |
| | Sixième | Point 21 |
| | Cinquième | Point 22 |
| | Quatrième | Point 23 |
| | Troisième | Point 24 |
| | Deuxième | Point 25 |
| | Première | Point 26 |
| **Cervicale** | Septième | Point 27 |
| | Sixième | Point 28 |
| | Cinquième | Point 29 |
| | Quatrième | Point 30 |
| | Troisième | Point 31 |
| | Deuxième | Point 32 |
| | Première | Principe du 33e |

Nous pouvons travailler la colonne d'une façon générale ou abstraite, par exemple, poser les mains sur les zones chakriques internes ou nous concentrer sur une vertèbre en particulier pour régler un problème spécifique. Nous pouvons aussi travailler sur un groupe de vertèbres et ainsi influencer un certain type de problème. Pour mieux comprendre ce système, et par conséquent tout le système énergétique humain, il faut comprendre chaque groupe vertébral.

### *Les vertèbres coccygiennes*

Ces quatre vertèbres se forment très tôt et se différencient alors que nous sommes encore dans l'utérus. Durant l'enfance, les vertèbres coccygiennes et les sacrées sont constituées de neuf os distincts. À l'âge adulte, ces os se réunissent pour en former deux plus grands, dont cinq entrent dans le sacrum et quatre forment le coccyx (voir figure 12.2).

Celui-ci représente la partie la plus rudimentaire de la colonne. Il est composé de quatre segments ou vertèbres, la première étant la plus grosse et la dernière, ou quatrième, la plus petite. La plupart des biologistes lui attribuent la fonction de procurer équilibre et protection. Sur le plan métaphysique, je crois qu'il correspond au moi le plus basique et qu'il est associé à nos capacités de reproduction.

L'extrémité des vertèbres, soit la première coccygienne, correspond au dixième chakra. Celui-ci nous ancre dans la réalité et sert de point d'accès à l'énergie kundalini rouge.

La kundalini rouge ou serpent a un rapport essentiel avec le coccyx. Elle est également disponible par l'intermédiaire du dix-neuvième centre énergétique spirituel de kundalini, par lequel nous recevons une forme non diluée d'énergie vitale brute. La kundalini est une composante nécessaire à toutes les étapes de la croissance. Elle nous met en route à la conception et nous garde en vie durant les premières années de l'enfance. Elle éveille la sexualité et énergise le corps pour réaliser notre raison d'être. Par les dixième et premier chakras, nous recevons un aspect de l'ensemble de la kundalini — la rouge, qui nourrit le moi physique.

Les hommes traitent la kundalini différemment des femmes, même si le point d'entrée de cette énergie est identique chez les deux. J'ai découvert que le système énergétique masculin est habituellement orienté vers la réalisation du premier chakra. Avec la maturité, la plupart des hommes centrent leur identité dans des réalisations liées à la volonté physique,

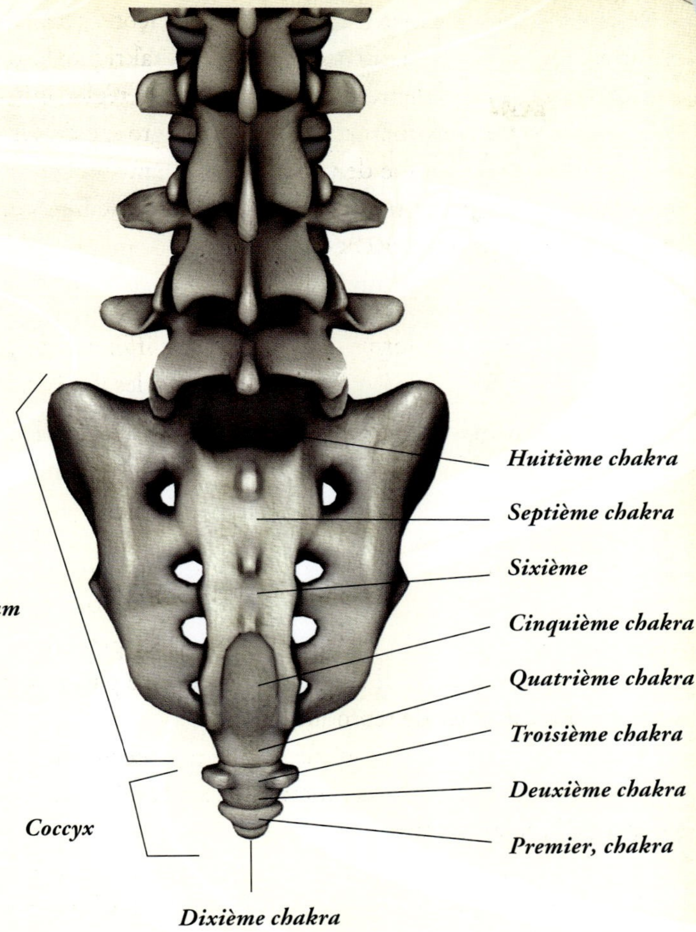


***Figure 12.2 : Les vertèbres coccygiennes et sacrées et leurs connexions chakriques***

La séquence des coccygiennes et des sacrées se reflète dans le champs aurique, le dixième chakra étant intercalé entre le premier et le deuxième ; ces chakras et les vertèbres correspondantes veillent sur les questions concrètes ; le neuvième chakra fait partie du système lombaire et signifie un tournant vers des énergies plus spirituelles

notamment les prouesses sexuelles, matérielles et physiques. Typiquement, ce n'est qu'après l'achèvement de l'ancrage que l'appel pour transcender la concentration sur le premier chakra se produit, soit entre trente-cinq et quarante-deux ans, au cours de la concentration sur le dixième chakra. Je crois que cette transcendance est complétée chez les hommes lorsque les cycles du premier chakra recommencent, soit à l'âge de 56 ans.

Le penchant qu'a la société occidentale pour le premier chakra provient en partie des préjugés culturels, mais il est également intégré dans des âmes qui ont choisi d'être masculines. L'énergie du premier chakra est extrêmement importante car elle fonde les familles, les villes et les pays. Elle se prête aussi à la violence et à des comportements abusifs. Très souvent, mes clients masculins de 40 ans et plus se disent effrayés de mûrir, car pour y parvenir, ils doivent se confronter à leurs craintes d'être blessés, ou pire, de blesser quelqu'un.

Je pense que c'est cette peur, combinée aux blocages culturels et familiaux, qui amène tant de mystiques à déplorer les dangers de permettre à la kundalini de s'éveiller. En fait, il existe une idée très répandue suivant laquelle si l'initiation de la kundalini n'est pas bien maîtrisée, elle risque de blesser la psyché ou l'âme, ou même tuer quelqu'un. Leadbeater conseille rigoureusement ce qui suit : « personne ne devrait faire l'expérience de la kundalini sans directives précises d'un maître… car les dangers qui y sont associés sont très réels et très graves[1]. »

Cette croyance a un sens si on se rappelle que la majorité de ces mystiques sont des hommes et qu'ils s'adressent à d'autres hommes. Par conséquent, la plupart des avertissements concernent des expériences faites par des hommes à l'éveil de la kundalini. Lorsque celle-ci traverse le dixième chakra pour entrer à la base du coccyx, elle stimule toute la zone du premier chakra. Tous les problèmes d'ordre primal, maternel, sexuel, ou touchant à la réussite sont alors stimulés et l'effet peut être explosif chez les individus centrés sur leur premier chakra.

En bout de ligne, les hommes doivent déplacer leur centre de pouvoir et de la kundalini en passant du coccyx au troisième chakra, lequel est gouverné par la zone dorsale (thoracique). Ce changement comporterait de faire passer la kundalini dans la huitième vertèbre dorsale, par laquelle la kundalini spirituelle et pas seulement physique peut être canalisée. La huitième vertèbre dorsale, ou thoracique, est le point de verrouillage du centre énergétique

1 Leadbeater. *The Chakras*, p. 81-83.

spirituel de la kundalini. Ce transfert permettrait également aux hommes de régler positivement tous les problèmes d'ego ou de faible estime de soi stockés dans leur troisième chakra. En utilisant de façon appropriée le pouvoir de la kundalini, il est possible d'accéder à un véritable pouvoir personnel.

J'étais présente lorsque deux hommes ont puisé dans leur kundalini. En fait, j'ai été témoin de trois éveils le même jour. Chaque homme s'est littéralement déchaîné quand l'énergie a surgi. En tant que femme, j'ai été effrayée par leurs cris intenses, leurs allusions grivoises et leurs tremblements. À titre de guérisseuse, je les ai obligés à diriger l'énergie du serpent directement dans leur troisième chakra, puis je les ai aidés à ouvrir le point énergétique de la kundalini. Je les ai ensuite guidés vers une autre forme de kundalini — la kundalini dorée — qui était accessible par les chakras au-dessus de la tête et qui entre par le septième chakra. (Voir la section « les vertèbres cervicales » dans le présent chapitre.) Essentiellement, j'ai aidé ces hommes à réunir la kundalini rouge et la dorée en boucle. Ils se sont immédiatement calmés. Au cours des semaines suivantes, ils ont signalé une plus grande énergie, une prise de conscience de leurs dons et de leurs objectifs, ainsi qu'un nouveau sentiment de calme.

Les femmes peuvent aussi puiser dans la kundalini rouge par la vertèbre à la base du coccyx, mais la plupart n'arrivent pas à s'ouvrir complètement à cette énergie. Cela est dû en partie à de forts préjugés qu'a la société au sujet de la sexualité féminine et au conditionnement culturel qui réprime l'élan des femmes à l'égard de la réussite matérielle. Les points de vue religieux, qui insistent sur le fait que la nature féminine en soi est diabolique, n'aide certainement pas non plus. Lorsqu'une femme permet à sa kundalini rouge d'entrer, j'ai découvert qu'elle doit utiliser cette énergie différemment d'un homme. Sinon, elle court le même risque vécu par une de mes clientes.

Jeune maman de trois enfants, Beth se voyait depuis des années comme le stéréotype de la bonne fille. Son mari, un avocat renommé, n'était pas souvent à la maison et elle se sentait seule. Deux événements ont précipité l'ouverture de sa kundalini. D'abord, elle a commencé à se rappeler des souvenirs d'abus sexuel dans l'enfance. Au bout de deux ans de travail avec moi et un professionnel agréé, elle a commencé à se sentir plus en phase face à ces traumatismes. Elle me parlait constamment, ainsi qu'à ses amies et son mari, de son désir grandissant d'avoir un partenaire présent, mais son mari n'y prêtait pas attention. Puis, elle a rencontré un coureur de moto et chaque cellule sexuelle de son corps a explosé. La kundalini augmentait et la rendait folle. Elle est allée jusqu'à partir en pleine nuit pour chercher cet homme, des centaines de kilomètres plus loin.

Une approche masculine de cette émergence de la kundalini n'aurait pas pu aider Beth. Lui demander de passer outre cette énergie pour aller au troisième chakra l'aurait empêchée de trouver son vrai pouvoir, le pouvoir créatif que toutes les femmes possèdent. Celui-ci est latent dans l'utérus, ou le deuxième chakra. Jouir simplement de l'éveil de son premier chakra aurait mis en danger son statut social et ses droits de mère. Beth a depuis appris à gérer cette énergie avec maturité, bien que ce soit quand même difficile. Elle a commencé à écrire un livre, une tâche qui utilise et dirige de façon appropriée cette énergie gênante du premier chakra.

Alors que le deuxième chakra est manifestement crucial pour les hommes, il est le centre fondamental pour les femmes. Comme la Gorda, un élève du sorcier don Juan, l'a expliqué à Carlos Castaneda, la méthode de pouvoir d'une femme « doit provenir de son utérus, parce que c'est son centre[2]. » Don Juan, dans les livres de Castaneda, fait souvent référence aux femmes comme étant potentiellement plus puissantes que les hommes à cause de l'ampleur du pouvoir de la matrice. Par ailleurs, du fait que le secret de leur esprit guerrier est l'invisibilité ou le désintéressement, les femmes détiennent un autre avantage. Comme une autre élève de don Juan, Florinda, l'a confirmé : « Je suis une femme et cela me donne un formidable avantage. Je ne suis pas responsable[3]. » L'invisibilité des femmes sur le plan social les dégage de la voie du pouvoir.

La kundalini d'une femme doit ultimement se fondre plus complètement dans son corps que celle d'un homme. Je crois que cette idée est soutenue par le fait qu'avec l'âge, les vertèbres coccygiennes d'une femme tendent à rejoindre le sacrum. Cette fusion concentre son centre de gravité et d'identité sur son centre de naissance, d'où elle doit constamment tirer l'énergie dont elle a besoin dans sa vie quotidienne. Comme les cycles naturels des menstruations ajoutent à ce besoin constant de renouveler l'énergie, la nécessité d'une source énergétique forte semble évidente. La kundalini rouge doit nourrir ce processus ; c'est peut-être même la raison pour laquelle la kundalini a été conçue. Dans *Uncoiling the Snake*, Janet Balaskas dit que l'énergie kundalini appartient aux femmes « par les processus biologiques des saignements et de l'accouchement ». Son énoncé qui dit que « la kundalini est la base de notre force, de notre courage, de notre

2 Castaneda. *The Eagle's Gift*, p. 136.
3 Ibid., p. 269.

pouvoir psychique et de notre créativité» appuie le fait que la kundalini doit alimenter le deuxième chakra des femmes[4].

Lorsque la kundalini rouge, ou énergie vitale, traverse ses quatre premiers stades, symbolisés par les quatre vertèbres coccygiennes, nous complétons la voie d'entrée initiale de notre propre énergie matérielle de même que celle de la Source divine.

### *Les vertèbres sacrées*

Nous passons ensuite au stade suivant de la croissance, représenté par la zone vertébrale sacrée. Pour les femmes, il s'agit de la zone de pouvoir. Pour les hommes, c'est celle des sentiments.

Le sacrum ou os iliaque est constitué de cinq vertèbres (voir figure 12.2). En général, cette zone vertébrale couvre celle du deuxième chakra. Elle forme le calice qui renferme le chi, ou énergie vitale, qui y est déversé par le premier chakra. De diverses façons, cette zone est physiquement et métaphysiquement importante pour les femmes et pour les hommes. Chez les femmes, cette zone vertébrale gouverne l'énergie vitale et sert de vase d'où elles puisent celle-ci pour s'occuper des autres, notamment les bébés et les enfants, de même que pour les tâches courantes de la vie. Chez les hommes, c'est le centre de raffinement et de mûrissement de leurs énergies physiques. Les sentiments s'évacuent en passion et ainsi tempèrent l'élan, la volonté et l'action. Chez les deux sexes, ce n'est qu'à l'âge de 30 ans que cet os atteint son plein développement. Il est alors plus petit et plus large chez la femme, ce qui met en évidence que sa fonction est différente chez les deux sexes.

Suivant le système des points clés, les vertèbres sacrées permettent l'intégration du quatrième au huitième chakra, le centre créatif du corps. J'applique cette information de plusieurs façons. D'abord, je peux voir si un client a des problèmes liés au deuxième chakra, comme des douleurs dans le bas du dos, des colites, la grippe, des soucis aux reins ou aux ovaires, et il se peut aussi que cela reflète des problèmes liés à l'un des chakras situés dans la même zone. Par exemple, la colite d'un client est peut-être en rapport avec des sentiments niés dans une relation (vertèbre du quatrième chakra). Les kystes ovariens d'une cliente pourraient signaler un refoulement de l'expression de soi (vertèbre du cinquième chakra). La douleur dans le bas du dos pourrait représenter une façon pour le client d'éviter d'être actif physiquement, d'avoir l'air en forme, en bonne santé et attirant (vertèbre du sixième chakra, problème d'image de soi). Des calculs rénaux peuvent refléter des

4 Balaskas. "The Feminine Power of Birth".

croyances de l'enfance, suivant lesquelles il n'est pas acceptable de faire ce qu'on veut (vertèbre du septième chakra), ou avoir trait à un problème dans une vie antérieure (vertèbre du huitième chakra).

Pouvoir différencier des problèmes au détail près est ce qui rend le processus utile. Si je travaille avec un client qui semble éprouver des difficultés au niveau du deuxième chakra par opposition au quatrième, je peux isoler les vertèbres appropriées. Cependant, il est parfois difficile d'identifier précisément les bonnes vertèbres. Je demande au client de visualiser celles-ci en esprit, soit de façon réaliste soit sous forme d'images, ou alors je pose les mains sur le chakra en entier afin de ressentir énergétiquement les vertèbres en cause. Généralement, j'aime que les clients visualisent, touchent ou identifient eux-mêmes leurs problèmes. La guérison, surtout quand il s'agit des chakras inférieurs, lesquels renferment souvent des questions d'abus ou de victimisation, doit être un processus de renforcement personnel.

Il m'est arrivé de travailler avec une cliente, Marcy, qui était suicidaire. Sa dernière relation amoureuse avait échoué et elle n'avait plus envie de vivre. Elle souffrait énormément dans le bas du dos et ses menstruations s'étaient prolongées d'une semaine. De plus, elle était incapable de gérer ses sautes d'humeur intenses.

J'ai demandé à Marcy de regarder à l'intérieur et de trouver la racine de ses problèmes. Elle suffoquait en me signalant une énorme blessure dans son deuxième chakra. Elle avait été gravement agressée et rejetée par son père en bas âge. De son propre chef, elle a dressé la liste des événements qui correspondaient à chacune des vertèbres de la zone sacrée. Ses ennuis étaient liés aux relations personnelles (quatrième chakra), et l'avaient amenée à ravaler ses sentiments et ses besoins (cinquième chakra), avaient créé une très médiocre image d'elle-même (sixième chakra), entraîné de la confusion concernant la possibilité de développer une relation amoureuse ou pas (septième chakra), et avait des liens de vies antérieures avec au moins son amoureux actuel (huitième chakra). Pour soigner sa blessure, Marcy devait faire face à chacune de ces zones douloureuses. Son corps a réagi immédiatement en se sentant mieux, et son mal de dos a fini par disparaître.

### *Les vertèbres lombaires*

Les vertèbres du système lombaire sont parmi les plus grosses. Habituellement, elles sont également plus larges et moins complexes que les autres (voir figure 12.3). Par rapport à notre système chakrique, cela signifie qu'elles sont de bons

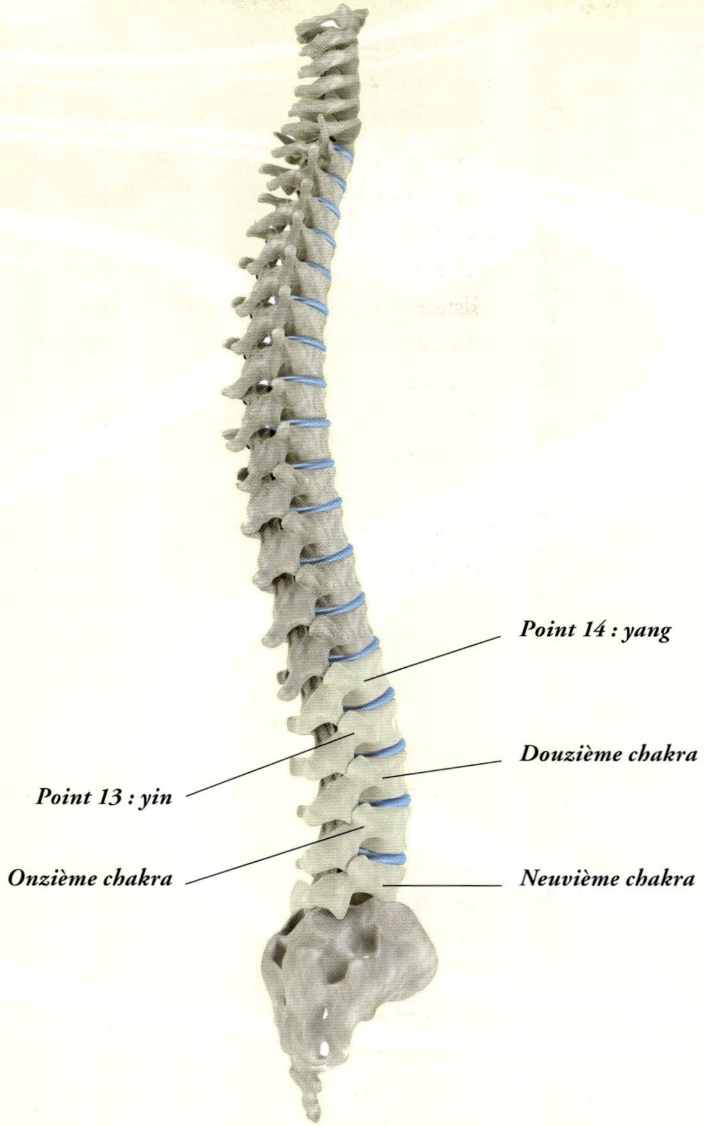


***Figure 12.3 : Les vertèbres lombaires et leurs connexions chakriques***
Le dixième chakra est situé dans les vertèbres coccygiennes et son emplacement suit le flot du champ aurique

conducteurs d'énergie et ajoutent de la stabilité à l'ensemble du système énergétique. Ces vertèbres recouvrent une partie du système du deuxième chakra et relient celui-ci au troisième chakra. Comme les vertèbres individuelles relient le neuvième chakra (au point le plus bas) au quatorzième point énergétique, le yang (au point le plus haut), elles verrouillent notre raison d'être et les problèmes féminins et masculins dans notre état émotif.

Le lien de ces chakras à la zone du deuxième fait correspondre les qualités spirituelles à nos sentiments. En ce qui a trait à la connexion du neuvième chakra, ces vertèbres verrouillent notre raison d'être dans nos sentiments. Nous pouvons, et devrions, être capables de jauger les situations afin de discerner si elles sont pertinentes ou pas.

La connexion du dixième chakra nous permet d'ancrer le moi spirituel et matériel dans nos sentiments. La relation avec le onzième chakra nous permet de transférer nos énergies élémentales et surnaturelles dans le corps émotif, et vice-versa. Le lien entre le douzième chakra et les vertèbres lombaires rattache nos sentiments à chacune des parties de notre corps physique. En tant qu'êtres humains, nous ne sommes peut-être pas nos sentiments, mais nos sentiments peuvent nous dire qui nous sommes.

Les connexions des treizième et quatorzième points énergétiques expliquent pourquoi bon nombre de nos problèmes sexuels, surtout ceux liés à la féminité et à la masculinité, affectent notre état émotif, et inversement, et pourquoi nos sentiments peuvent influencer notre vision de la féminité et la masculinité. En général, les vertèbres lombaires relient nos sentiments à tous les aspects de notre condition humaine, nous aident à guérir grâce aux sentiments, et à soigner ceux-ci par l'intermédiaire de principes plus vastes.

Je crois que les principes associés à ce système vertébral sont essentiels pour guérir les problèmes particuliers liés au masculin et au féminin, et peuvent contribuer à aider les hommes et les femmes à s'aimer et à s'apprécier. Bien que je ne puisse pas prouver cette affirmation, un cas spécial me vient à l'esprit.

On m'avait demandé de rendre visite à la mère d'une amie à l'hôpital. J'y suis allée pour soutenir mon amie et non pas à titre professionnel. Sa mère s'était brisé le dos dans la région lombaire. Je m'attendais à voir une personne en colère, désespérée ou malheureuse, mais j'ai trouvé sa mère souriante, son mari à ses côtés qui lui tenait la main. Au bout de quelques minutes de conversation anodine, le mari m'a dit que d'une certaine façon, cet accident était la meilleure chose qui puisse arriver. « Cela a sauvé notre mariage, a-t-il déclaré. Je ne savais pas à quel point elle comptait pour moi. Je la tenais pour acquise. » En brisant ces vertèbres, cette femme avait ouvert du même coup la possibilité d'une connexion véritable avec l'homme qu'elle aimait.

### *Les vertèbres thoraciques (dorsales)*

Les vertèbres thoraciques ou dorsales sont intermédiaires en taille, plus grosses que les cervicales, mais plus petites que les lombaires. Plus on va vers le haut, plus leur taille diminue. Ces vertèbres sont situées dans la même zone que les côtes, ce qui les place en connexion avec les chakras du plexus solaire et du cœur, de même qu'en contact avec le thymus (voir figure 12.4). Leur caractéristique la plus marquée est qu'elles sont en forme de cœur. Sur le plan ésotérique, la principale fonction de cette zone consiste à emboîter les énergies supérieures liées aux désirs du cœur et notre capacité de manifester la réussite et les relations personnelles nécessaires pour insuffler de la vie à nos rêves.

En ce qui concerne les connexions énergétiques particulières, ces vertèbres, du bas vers le haut, sont liées aux centres énergétiques 15 à 26. Habituellement, les vertèbres qui se connectent au troisième chakra ont trait à l'équilibre, l'harmonie et le libre arbitre ; elles s'interconnectent avec le cœur lui-même via le point spirituel de la kundalini (point 19), et se fixent dans le chakra du cœur par l'énergie de la maîtrise (point 20). Lorsque les hommes arrivent à se concentrer dans la zone du troisième chakra de cette région, ils connaissent automatiquement la compassion, le cadeau du cœur. Libérés de la culpabilité et de la honte typiquement associées aux élans basiques du premier chakra, les hommes basés sur leur troisième chakra peuvent en fait avoir plus de succès, mais non moins que les femmes.

Comme je l'ai dit, le troisième chakra est le dépositaire des idées, des connaissances intellectuelles, de la clairvoyance et de notre relation avec la réussite matérielle. Comme nos énergies spirituelles supérieures sont liées à ces préoccupations, nous pouvons, grâce à ces vertèbres, réaliser l'équilibre nécessaire pour mettre en œuvre la volonté d'atteindre notre but.

Lorsque nos idées s'alignent sur notre objectif, nous recevons un supplément d'énergie par l'intermédiaire du dix-neuvième centre énergétique, la kundalini, situé dans cette zone vertébrale. Ce point de la kundalini est

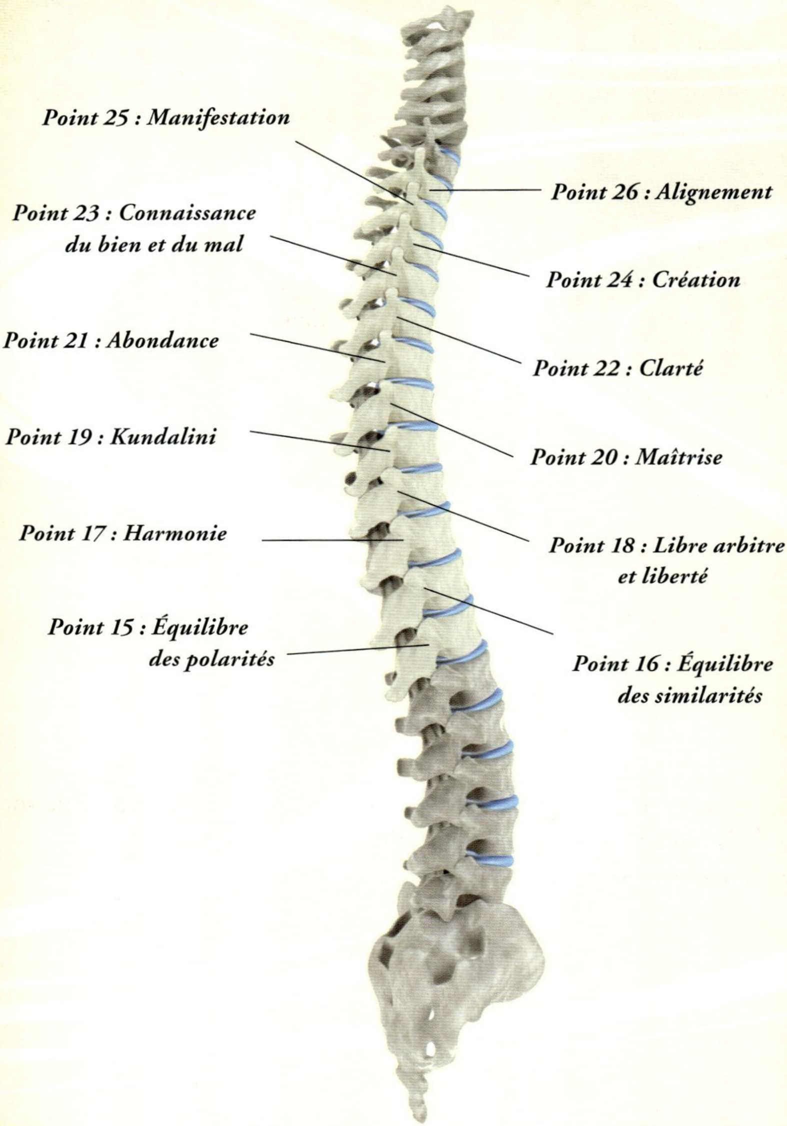


**Figure 12.4 : Les vertèbres thoraciques (dorsales) et leurs connexions chakriques**

incontournable. Il relie le point d'accès coccygien de la kundalini rouge au point d'accès primaire de la kundalini dorée, la couronne. Le point d'entrée peut également longer le centre de la kundalini basé dans le cœur, auquel font référence quelques traditions indiennes yogi. Leadbeater, dans *The Chakras*, dit que ce centre est féminin et appelé le « bercail de la mère du monde[5]. » Qu'il soit masculin ou féminin, ce point est à la fois fécond et nourrissant. Par conséquent, la kundalini nous nourrit d'énergie vitale et nous baigne dans le soutien réconfortant de la Source divine. Nous pouvons désormais élever nos objectifs matériaux à leur plus haut niveau, par la maîtrise de la tâche qui nous attend.

Guérir ces vertèbres peut être particulièrement utile lorsque nous sommes dans le doute, la confusion ou la peur ; quand nous semblons coincés quant à définir ou parvenir au succès ; quand nous ressentons une faible estime de soi, une baisse d'énergie ou des problèmes de métabolisme. Souvent, le problème est lié à l'équilibre. Nous devons faire la distinction entre nos idées ou nos aptitudes et celles des autres. Ce genre d'évaluation personnelle, effectuée par les yeux de notre identité spirituelle, nous amène plus près de l'harmonie avec le moi véritable. Une fois que nous avons saisi que nous disposons du libre arbitre et que nous pouvons choisir quoi croire ou pas, il est possible de briser la barrière de la faible estime de soi. Celle-ci, plus que tout autre problème, nous bloque l'accès à l'énergie. Lorsque nous nous injectons de l'énergie grâce à une raison d'être et au respect de soi, nous finissons par maîtriser notre destin.

Les lignes de distinction entre les centres énergétiques se fondent, bien entendu, quand une vertèbre se replie sur une autre. Cependant, grosso modo, au fur et à mesure que nous passons de l'étape énergisante de la kundalini à la conscience que nous pouvons maîtriser notre propre identité, nous sommes en mesure de reconnaître que nous méritons l'abondance, simplement parce que nous sommes tels que nous sommes. Le centre de la vertèbre de l'abondance est entièrement verrouillé dans le cœur. Songez à tout ce qui se rapporte à l'abondance. Nous voulons de merveilleuses relations amoureuses. Nous désirons l'abondance en termes de plaisir, de bonne fortune et de réputation. Nous voulons être en bonne santé. Croire à l'abondance est un désir du cœur.

Les vertèbres thoraciques contribuent au flot d'abondance dans notre corps physique. Le principe consiste à comprendre que nous désirons et

5 Leadbeater. *The Chakras*, p. 33.

méritons l'abondance, puis à recevoir l'éclairage qui nous indiquera comment y parvenir. La clarté, en particulier, correspond aux poumons, l'un des organes qui partagent la cavité péricardique avec le cœur. Un cerveau clair et une respiration profonde semblent aller de pair : une vérité comprise par de nombreux maîtres du yoga. La clarté comme réalité nous donne du courage pour nous réconcilier avec notre double nature humaine — le bon et le mauvais, la lumière et l'ombre, l'illumination et les ténèbres. Ce n'est qu'en comptant pleinement sur toutes les énergies accessibles — l'ombre comme la lumière — que nous pouvons créer et manifester les désirs de notre cœur et de notre âme — sous la protection des vertèbres thoraciques supérieures, l'alignement (avec objectif supérieur, point 26).

Travailler avec les vertèbres thoraciques peut être instructif pour quiconque cherche de l'aide en matière de relations et de manifestation. Le cœur est un lieu de rencontre, une porte battante en lui-même. C'est le lieu où nos aspects spirituels supérieurs rencontrent nos aspects matériels inférieurs. Dhyani Ywahoo dit que l'énergie de la terre et celle du ciel se rejoignent dans le cœur « en se répandant et en rayonnant vers l'extérieur[6]. » Toutes les vertèbres thoraciques en forme de cœur veillent à nous aider à réaliser le meilleur pour soi-même dans cette vie.

## *Les vertèbres cervicales*

Les vertèbres cervicales couronnent le système vertébral. Ces vertèbres individuelles sont habituellement plus petites que celles des autres zones, mais elles n'en sont pas moins responsables de fonctions physiques et métaphysiques très importantes (voir figure 12.5).

Les vertèbres cervicales se situent dans le haut du dos et dans le cou. Elles couvrent le chakra de la gorge et se connectent au chakra du cœur. Elles lient également la colonne aux centres ou points internes supérieurs ; ces points longent la colonne, même s'ils sont situés en dehors du crâne. Les sept vertèbres du système cervical nous amènent du vingt-septième point énergétique jusqu'au principe du trente-troisième.

Le vingt-septième point énergétique est celui de la paix. La sérénité suit l'alignement avec notre raison d'être, qui complète la connexion du cœur au thymus. Pour parvenir à la sérénité, nous devons savoir que nous sommes sur la voie de notre mission. Cette vertèbre, l'une des cervicales de forme bizarre, est liée à notre système immunitaire. En cas de faiblesse ou de troubles immunitaires, nous pouvons utiliser l'énergie spirituelle de la paix

6 Ywahoo. *Voices of Our Ancestors*, p. 102.

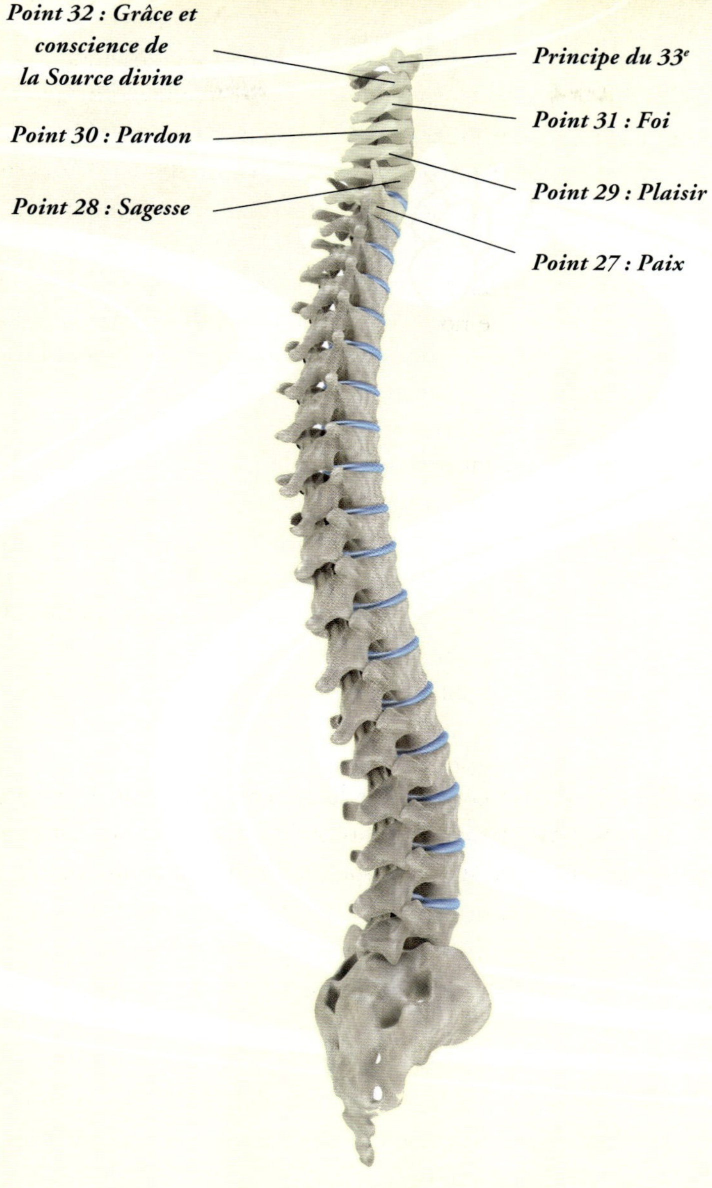


**Figure 12.5 : Les vertèbres cervicales et leurs connexions chakriques**

afin d'obtenir le calme nécessaire pour diriger nos réactions physiques et chimiques. La connexion entre le centre de la paix et la zone inférieure du cou peut nous aider à réaliser l'équilibre nécessaire pour nous exprimer de façon appropriée et honnête.

Le centre de la sagesse (point 28) est verrouillé dans le chakra de la gorge. L'un des plus grands objectifs du chakra de la gorge consiste à véhiculer, à connaître et à ne parler que de paix. De plus, et toujours en alignement avec la gorge, nous rejoignons le plaisir et le pardon (points 29 et 30). Combien de nos problèmes viennent du refoulement de notre joie et de notre énergie vitale, ou du fait de ne pas avoir révélé ces vérités si difficiles? Le centre du pardon est également bien placé. Lorsque nous pouvons dire que nous pardonnons aux autres et à soi-même, nous brisons les cordes ou les vieilles rengaines qui entrent trop souvent par la gorge.

Les vertèbres cervicales se complètent au niveau de l'axis, ou deuxième cervicale, laquelle rejoint l'atlas, ou première cervicale. Ces deux vertèbres sont extrêmement importantes, car elles parachèvent la colonne vertébrale et supportent la tête. L'axis forme un pivot sur lequel l'atlas soutient la tête. Ce pivot permet à la tête de bouger. Le long du dos, l'axis émerge sous forme d'une dent. Le reste du corps ressemble presque à un lit qui s'étend à partir d'une tête de lit. L'axis et l'atlas complètent également le système chakrique vertébral et nous ouvre aux principes supérieurs de la vie.

L'axis est lié au trente-deuxième point énergétique, le centre de la grâce et de la conscience de la Source divine. Soutenant le globe de la tête, il a une forme d'anneau comportant une arche à l'avant et à l'arrière. Je l'appelle souvent le « portail du chaman », car sa forme est similaire aux arches perçues par les chamans quand ils sortent de leur corps pour voyager dans d'autres dimensions. En tant que point de voyage ou de cheminement de l'âme, il fonctionne de concert avec l'atlas pour nous ouvrir sur les autres mondes. Ensemble, ces vertèbres ont la forme de dolmens celtiques, ou entrées de tombeau. Ce portail est une porte logique à travers laquelle des guérisseurs tribaux s'aventurent pour réaliser des guérisons ou réunir des connaissances. Un chaman avec lequel j'ai étudié a dit qu'au cours d'une transe, il a soulevé son âme vers les cieux en la faisant passer par le cou. C'est là, a-t-il dit, que les os « se creusent dans les portes » afin qu'il puisse visiter les « sept couches de la réalité ». Nous pouvons tous atteindre ces niveaux de conscience supérieure, car les entrées font partie de notre propre système physique.

Les problèmes dans cette zone peuvent signaler des difficultés à quitter le corps durant le sommeil ou les rêves, en attirant de l'énergie positive au besoin, ou une fragmentation de l'âme ; c'est peut-être parce qu'une partie de l'âme est coincée en dehors du corps et que, par conséquent, l'axis lui-même est coincé. Cette deuxième vertèbre cervicale est également la fenêtre de la canalisation ou de la trans-médiumnité. La guidance extérieure provenant de vivants, de morts ou d'autres sources ésotériques entre par cette vertèbre. Des messages négatifs, transportés par l'âme ou liés à l'enfance, peuvent entraver cette vertèbre et causer des troubles physiques aussi bien que psychiques. Concernant ces derniers, nous pourrions, par exemple, repasser constamment des messages de l'enfance, à notre propre détriment, en répétant nos croyances dysfonctionnelles. Nous pourrions être trop ouverts aux entités errantes qui nous donnent de mauvais conseils psychiques. Ou nous pourrions éteindre complètement ce centre afin de nous protéger des influences négatives, et ce faisant, se fermer du même coup à la guidance divine.

L'atlas, la première vertèbre cervicale, soutient le globe de la tête. Sur le plan métaphysique, cela implique le principe du trente-troisième, qui est une énergie protectrice devant être utilisée pour travailler en sécurité avec n'importe quel point énergétique supérieur. Ce principe concerne l'Amour avec un grand A, pas seulement le sentiment que nous éprouvons lorsque nous sommes amoureux, mais l'énergie de l'Amour, le sentiment de la Source divine pour elle-même et à notre égard.

L'amour dépend de la grâce pour soutenir les centres supérieurs. C'est également l'entrée à franchir pour accéder aux plans supérieurs de soi-même. Lorsque nous tirons notre énergie vitale vers le haut en fonction des principes de l'Amour, tout notre système énergétique s'aligne automatiquement.

Ensemble, l'axis et l'atlas servent de connexion vertébrale avec la kundalini dorée, l'énergie spirituelle qui nourrit notre mission. Cette forme d'énergie à laquelle se réfèrent des ouvrages comme *Voices of Our Ancestors*, de Ywahoo, basé sur la tradition cherokee, peut être formée à partir d'une énergie comme la linga, un symbole indien du pouvoir créatif qui descend des cieux aussi bien qu'il émerge de la terre. Suivant cette tradition, la force qui descend éveille la partie supérieure du corps. J'ai fait l'expérience de la kundalini dorée de cette façon. Entrant par le chakra de la couronne, elle nourrit la moitié supérieure du corps, qui renferme nos centres spirituels internes et externes. La kundalini dorée est si puissante et intense que des maîtres métaphysiques, tels que Leadbeater, nous mettent en garde contre la kundalini qui entre par le haut plutôt que par le bas. Ce dernier croit que l'un des dangers est qu'elle peut « exciter les passions les plus indésirables » et transformer des hommes en « monstres de perversion[7]. »

J'ai découvert que la clé pour utiliser la kundalini de façon sécuritaire consiste à la faire entrer avec grâce et amour. Nous devons également continuer à faire monter la kundalini rouge vers le haut jusqu'à ce que les deux se mélangent à la kundalini spirituelle dans le cœur. (Voir la section des « vertèbres coccygiennes » dans le présent chapitre.) Ainsi, nous mêlons notre élan physique à la volonté d'un pouvoir supérieur, la Source divine.

## TRAVAILLER AVEC LE SYSTÈME DES POINTS CLÉS

Il existe plusieurs façons de travailler avec le système des points clés et j'en ai déjà mentionné quelques-unes. J'ai rangé celles-ci et d'autres en catégories afin de mieux illustrer les méthodes possibles. Il y a trois approches générales :

- Visuelle — Rassembler des images ou des représentations symboliques d'un problème, d'une croyance, d'une personne, d'un lieu ou d'une chose.
- Verbale — Entendre des mots ou des sons depuis un aspect de soi-même ou depuis une source de guidance visible ou invisible.
- Kinesthésique — Ressentir, percevoir ou connaître l'information.

Il y a deux styles kinesthésiques de base. La kinesthésie physique permet la communication psychique sensorielle de nature, c'est-à-dire qui est liée aux cinq sens de base. La kinesthésie spirituelle est liée aux connaissances plus ésotériques.

Nous accédons à ces différentes facultés intuitives par les chakras. Le centre visuel est le sixième ; le centre verbal, le cinquième ; les centres kinesthésiques physiques sont compris entre les dixième, premier, deuxième et troisième chakras ; et les centres kinesthésiques spirituels sont composés des quatrième, septième, neuvième, onzième et douzième chakras. Le

7 Leadbeater. *The Chakras*, p. 82.

huitième est d'abord un centre kinesthésique spirituel, mais peut également servir de canal pour tous les autres dons.

Les techniques relatives au système des points clés qui suivent peuvent être utilisées avec toutes ou n'importe quelle des approches mentionnées :

### *Isoler une vertèbre*

S'il est possible d'identifier un problème spécifique, il peut être bénéfique de travailler sur la vertèbre qui y correspond.

### *Isoler une zone chakrique*

En se concentrant sur l'endroit, l'envers ou sur les énergies combinées d'un chakra particulier, il peut être utile d'analyser le problème lié à la vertèbre qui s'y trouve.

### *Travailler sur une zone vertébrale*

Cette technique est particulièrement bénéfique lorsqu'une personne se plaint d'une douleur à la colonne vertébrale. Par exemple, si un client signale une douleur au bas du dos, je me concentrerai sur les centres situés dans toute la zone vertébrale sacrée.

### *Travailler sur les vertèbres, les chakras et les zones vertébrales opposés*

Parfois, un problème associé à une dimension physique se reflète dans la dimension spirituelle ou vice-versa. Il se peut aussi qu'un problème dans une vertèbre se reflète dans celle qui lui est directement opposée. Par exemple, si un client a des difficultés avec l'extrémité du coccyx, il serait bon de travailler également sur la zone cervicale. Notre système vise constamment l'équilibre. Attaquer le problème différemment peut contribuer à ramener l'équilibre.

### *Appliquer le système de développement de l'enfant*

Les chakras s'éveillent et s'ouvrent par étapes. Les centres supérieurs se lient à ce processus par stades, en passant par les vertèbres. Souvent, je vais guider un client « le long de sa colonne vertébrale », pour y déceler des souvenirs refoulés ou de vieux problèmes survenus à différents âges. Il peut être utile de lui demander de s'ouvrir aux énergies spirituelles accessibles par les connexions vertébrales. Par exemple, lorsqu'une personne est aux prises avec un problème qui date de sa préadolescence, puiser dans le centre de la paix favorise une plus vaste interprétation du problème et de son rôle. Les clients qui soignent des traumatismes peuvent aussi s'aider en s'ouvrant aux énergies spirituelles supérieures accessibles par le centre supérieur correspondant.

### *Utiliser les rayons*

Il y a deux principales façons de travailler avec les rayons dans le système des points clés. D'abord, identifier les vertèbres à soigner, puis choisir ou savoir intuitivement quels rayons aideront à guérir le problème. Concentrer ces rayons sur les vertèbres blessées. Ensuite, établir si oui ou non il existe déjà un rayon lié aux vertèbres en cause, soit par un point intérieur soit par un point extérieur. Utiliser ce rayon pour aider à régler le problème. Vous pouvez aussi utiliser l'énergie de rayon la plus proche des vertèbres sur lesquelles vous travaillez.

### *Appliquer les principes*

Étudier un problème en passant par les principes protecteurs (voir chapitre 9) est un moyen efficace et utile de nous guérir ou de réaliser nos désirs. Les principes peuvent également être amalgamés au système de développement de l'enfant. Après avoir pris connaissance de l'information qui en découle pour identifier l'origine d'un problème, nous pouvons traverser le processus de guérison en passant par les principes protecteurs.

### *Travailler avec la kundalini*

La colonne vertébrale fonctionne à son meilleur lorsque la kundalini rouge provenant du coccyx rencontre et travaille avec la kundalini dorée par le septième chakra et la vertèbre thoracique du dix-neuvième centre dans le cœur. Cette kundalini dorée entre dans la colonne par l'axis et l'atlas. Tout processus de guérison ou de manifestation peut être bénéfique si on s'assure que les énergies des deux kundalini se mêlent dans le cœur et/ou dans les vertèbres thoraciques. Ce mélange d'énergie, composée de matière spirituelle, peut insuffler de l'énergie à presque n'importe quel processus.

J'aimerais vous présenter un exemple de la façon dont le système des points clés a aidé quelqu'un à guérir. Bev, 45 ans, m'avait été envoyée par un chiropraticien. Son dos l'avait fait énormément souffrir la plus grande partie de sa vie, depuis qu'elle s'était cassé l'extrémité du coccyx quand elle avait sept ans. Au cours de la dernière décennie, elle avait également souffert d'autres troubles chroniques, y compris des maux de tête, évanouissements, problèmes digestifs et le syndrome prémenstruel. Elle se plaignait de deux autres problèmes également : elle n'avait jamais pu tomber enceinte et avait souvent mal aux pieds à cause de ses pieds plats.

Bev et moi avons travaillé pendant environ deux mois avant de trouver une solution. Le nœud du problème était son coccyx. Des problèmes liés aux premier, deuxième, troisième et dixième chakras y sont inhérents, et Bev affichait des symptômes physiques qui pouvaient provenir de chacun de ces chakras. Les maux de dos, de tête et les évanouissements relevaient du premier chakra. Le syndrome prémenstruel et la difficulté de tomber enceinte provenaient du deuxième chakra. Les troubles digestifs étaient dus au troisième chakra et les pieds plats avaient un lien avec le dixième chakra.

Le fait que toutes les vertèbres coccygiennes étaient touchées m'a donné un indice. Les difficultés de Bev pouvaient provenir avant la naissance, puis avoir été aggravées à différentes étapes de sa vie actuelle. Je lui ai demandé si ses symptômes ressemblaient à ceux d'un membre de sa famille ou s'ils s'apparentaient à des problèmes éprouvés par quelqu'un de la famille durant son enfance. Bev m'a raconté plusieurs anecdotes au sujet de sa mère. Celle-ci s'était blessée au coccyx peu de temps avant l'accident de Bev. Chaque fois que sa mère était malade, Bev l'était aussi.

Nous avons suivi ces indices pour arriver au nœud du problème. Quelques vies antérieures auparavant, Bev et sa mère avaient établi un contrat d'âmes. Elles s'étaient spirituellement et physiquement liées l'une à l'autre par leur premier chakra sur le plan énergétique. Par conséquent, si l'une tombait malade, l'autre lui procurait l'énergie vitale pour l'aider à rester en vie.

Pour changer la situation, Bev et moi avons travaillé avec la Source divine. Elle a établi un type de lien différent avec sa mère, en vertu duquel elles partageraient de l'amour, mais pas d'énergie vitale. Bev a ensuite connecté son énergie vitale à la Source divine et demandé à l'âme de sa mère d'en faire autant. Deux semaines plus tard, Bev est venue me voir. Elle avait revu son chiropraticien. Celui-ci avait passé une heure avec elle étonné de constater à quel point sa colonne, y compris le coccyx, s'étaient rajustés. Trois mois plus tard, Bev a signalé que ses maux de tête, problèmes digestifs et autres avaient disparu. De plus, elle a déclaré que ses relations avec sa mère étaient meilleures que jamais.

La morale de l'histoire n'est pas que le travail avec le système des points clés peut tout guérir. Peut-être que oui, peut-être que non. Si ce système vous convient ou convient à un client, si le moment est bien choisi et que vous êtes ouvert au changement, il pourrait vous aider à guérir. Il existe plusieurs moyens de se sentir bien dans sa peau. Donc, si ce système vous convient, utilisez-le.

# Chapitre 13

# LES CANAUX ÉNERGÉTIQUES

Il existe trois principales structures énergétiques subtiles dans le corps : les corps énergétiques, comme les chakras; les champs énergétiques, dont l'aura; et les canaux énergétiques, le sujet du présent chapitre. Un guérisseur par les chakras a intérêt à avoir au moins un aperçu général des deux principaux canaux énergétiques, les nadis et les méridiens, car ils se lient aux chakras pour favoriser la santé et le bonheur.

## LES NADIS : LES CANAUX DE DIEU

Selon les anciennes civilisations hindoues, mayas et égyptiennes (ainsi que d'autres), la kundalini serpent circule vers le haut à partir du premier chakra jusqu'au septième. Là, elle active une conscience supérieure, se repose dans le sixième chakra et réveille nos dons spirituels. Une partie de ce chemin est rendue possible grâce aux canaux énergétiques appelés nadis qui connectent le corps physique au corps énergétique, y compris les chakras.

Les nadis sont des canaux énergétiques qui répandent le prana, ou énergie vitale, dans le corps. Certaines traditions comptent 72 000 nadis, mais les principaux se situent autour des chakras, à partir desquels ils puisent et délivrent de l'énergie vers les autres emplacements. Les nadis appuient toutes les fonctions chakriques internes, mais également les fonctions matérielles du corps.

## LES MÉRIDIENS : LES CANAUX ASIATIQUES DU CHI

Les méridiens sont les voies énergétiques du chi, l'énergie vitale identique au mana. Le système des méridiens s'est d'abord développé il y a presque 5 000 ans en Chine, puis s'est répandu dans toute l'Asie. La médecine traditionnelle chinoise est maintenant considérée comme un soin de santé conventionnel partout dans le monde.

Le chi anime et soutient tout. Il fonctionne à trois niveaux que l'on peut décrire comme le physique, le spirituel et le mental. Le chi est composé de deux types d'énergie contraires. Le yin est une énergie de la terre et symbolise le féminin, tandis que le yang est une énergie céleste et représente le masculin. Les méridiens circulent dans le corps et y répandent le chi. La maladie, le malheur et les affections mentales et émotionnelles sont considérées comme des blocages empêchant la bonne circulation du chi ou créant du chi stagnant ou coincé. Les spécialistes de la médecine traditionnelle chinoise ont d'abord découvert les méridiens intuitivement et c'est pourquoi on peut considérer qu'il s'agit d'un système à la fois médical et énergétique.

## LES RELATIONS ENTRE LES MÉRIDIENS, LES NADIS ET LES CHAKRAS

Certains experts comparent les nadis aux méridiens. Comme le suggère le docteur William Tiller, les méridiens et les chakras agissent comme des antennes énergétiques, quoique les méridiens soient plus éthériques[1]. Si le chi est bloqué éthériquement dans les méridiens, il en va de même dans le corps physique. Cela signifie que les problèmes dans les chakras ou les couches auriques, ainsi que dans tous les autres corps énergétiques, finissent par prendre une forme physique, que ce soit la maladie, des difficultés financières ou un autre problème de vie.

Le chercheur Hiroshi Motoyama, un scientifique et prêtre shinto, a étudié les chakras et les nadis. Il a conclu que les nadis procuraient aux chakras de l'énergie provenant de l'extérieur du corps. Ensemble, ces deux systèmes énergétiques répandent de l'énergie subtile dans tout le soi physique. Motoyama associe également certains nadis au système des méridiens, de

1 Tiller. *Science and Human Transformation*, p. 121.

même qu'il localise ceux-ci dans le tissu conjonctif du corps[2]. D'autres scientifiques croient que les points d'acupuncture sont comparables aux chakras secondaires[3]. Le célèbre chercheur Björn Nordenström a décelé un lien entre le système cardiovasculaire et le tissu conjonctif, révélant une interconnexion étroite entre notre réactivité vertébrale et nos autres systèmes[4]. Apparemment, les blessures corporelles, comme une coupure ou un autre traumatisme, ouvrent la connexion entre ce système électrique secondaire, associé aux méridiens, et le système électrique primaire. Nous pouvons présumer que des blocages dans les systèmes énergétiques ont pour effet d'inhiber ce lien et de réprimer la capacité du corps à réagir aux stimuli.

Des recherches considérables documentent l'existence des méridiens. La plus remarquable est peut-être celle des docteurs Claude Darras et Pierre De Vernejoul, qui ont repéré le système des méridiens au moyen de traceurs radioactifs. Une autre étude du docteur Liu YK a situé les points d'acupuncture sur les nerfs moteurs[5]. Non seulement les méridiens sont réels, mais la validation de leur existence appuie la réalité d'autres systèmes énergétiques « anciens ».

---

2 www.geocities.com/octanolboy/bpweb/Chpt06.htm ; Motoyoma. *Science and the Evolution of Consciousness*, p. 81-86

3 Evans. *Mind, Body and Electromagnetism*, p. 43.

4 Taubes. «The Electric Man», p. 24-37.

5 Rubik. «Can Western Science Provide a Foundation for Acupuncture?»; www.emofree.com/Research/meridianexistence.htm;

# Chapitre 14

# Comprendre les émotions

De nombreux évolutionnistes soutiennent que les deux traits qui distinguent les humains du reste du règne animal sont les mains et le cerveau supérieur. Les philosophes sont d'accord, mais ajoutent que l'homme est différent parce qu'il peut raisonner. Le clergé affirme que la différence réside dans le fait que l'humain a une âme. Je suis en désaccord avec tout cela. Le facteur déterminant, c'est que l'être humain a des émotions. Les sentiments nous procurent du plaisir, mais sont aussi la source de nos difficultés.

## ANATOMIE DES ÉMOTIONS

Je pense qu'une émotion est la combinaison d'un sentiment et d'une pensée. De façon générale, les sentiments sont le langage du corps et les pensées, celui de l'esprit. À un état élevé, les sentiments sont également les messagers de l'esprit et réunissent le cerveau, le corps, l'âme et l'esprit dans une danse de l'amour. Lorsque le corps et le cerveau établissent un lien entre un sentiment et une pensée, il en découle une émotion, c'est-à-dire de l'énergie en mouvement. Le résultat est l'expression.

De nombreuses études scientifiques ont mis en évidence l'idée que les sentiments sont véritablement l'expression du corps et qu'ils existent séparément des pensées. Antonio R. Damasio, chercheur sur le cerveau et auteur de *L'erreur de Descartes*, a découvert que les sentiments proviennent de nos réactions somatiques aux événements. Celles-ci, basées sur des expériences passées et des réactions prévisibles, « nous offrent un aperçu de ce qui se passe dans la chair». Par conséquent, les sentiments « nous permettent de comprendre le corps[1]. »

D'un point de vue plus métaphorique, les sentiments pourraient être apparentés à l'essence pure. Dans son livre *Water Bears No Scars*, David K. Reynolds dit que les sentiments sont des « phénomènes naturels » sur lesquels nous n'avons pas plus de contrôle que « sur les tremblements de terre ou les brises d'été ». Non seulement nous n'avons pas de contrôle sur ces vents intérieurs, mais nous avons le droit d'éprouver tous nos sentiments. Le droit d'en faire pleinement l'expérience. Les pensées en elles-mêmes sont pures également. Nous avons le droit d'avoir toutes les pensées qui se forment ainsi que celui d'explorer chacune à fond.

Que sont les pensées, exactement ? Quel rapport ont-elles avec les sentiments ? Les pensées, comme les sentiments, proviennent du corps. Elles diffèrent cependant des sentiments du fait qu'elles sont conservées et construites à partir « d'images dans le cerveau », comme l'explique Damasio. Celles-ci sont à l'origine fixées comme des représentations « dispositionnelles » des connaissances innées et expérientielles. Nous pouvons acquérir de nouvelles connaissances en modifiant ces représentations. Avant que celles-ci ne soient transformées en mots, elles existent sous forme d' « images auditives ou visuelles dans le conscient[2]. »

Le cerveau équivaut à la conscience. Les pensées s'expriment par l'intermédiaire du cerveau, tout comme les sentiments le font par le corps. Damasio décrit leur relation de la façon suivante : au fur et à mesure que des changements du corps se produisent, vous pouvez les surveiller. « Ce processus de monitoring continu, l'expérience de ce que le corps fait pendant que des pensées à contenu spécifique se présentent, représente l'essence de ce que j'appelle les sentiments », dit-il. Par conséquent, une émotion est un « ensemble de changements dans l'état corporel lié à des images mentales précises[3]. »

Vues de cette façon, les émotions sont des véhicules naturels et importants pour l'éveil de la conscience de soi. Les sentiments liés aux pensées nous donnent un aperçu de nos réalités et de nos besoins internes et externes. Ensemble, ils forment la base de notre capacité à raisonner, selon Damasio. Manifestement, il est dans notre intérêt d'éprouver librement nos sentiments et de laisser vivre nos pensées.

---

1 Damasio. *L'erreur de Descartes.*
2 Ibid
3 Ibid.

Il existe de très nombreux types de sentiments, et chacun nous aide à découvrir qui nous sommes, ce que nous voulons et comment nous devrions agir. « Anatomie d'un sentiment » confirme que ceux-ci n'existent pas seulement dans la tête. La section traitant des cinq constellations des sentiments (à partir de la page **369**) explique le sens des sentiments essentiels et ce qui se passe si nous ne travaillons pas avec eux de façon claire.

## Anatomie d'un sentiment

Les sentiments ne sont pas seulement « dans la tête », mais physiologiques de nature. Ils sont en fait conçus comme des produits biochimiques qui interagissent avec le cerveau, selon la chercheuse Candace Pert, Ph.D., auteure de *Molecules of Emotion*. La recherche de Mme Pert démontre que les produits chimiques dans le corps — les neuropeptides et leurs récepteurs — sont à la base de notre conscience du soi et de l'environnement, formant nos émotions, nos croyances et nos attentes[4].

Imaginez la membrane d'une cellule. À l'intérieur se trouvent des molécules de protéines qui se lient aux ligands, des produits chimiques qui transmettent les impulsions nerveuses. Il y a de nombreux types de ligands, dont les peptides. Ceux-ci sont composés d'une chaîne d'aminoacides ou protéines et véhiculent l'information, mais également une charge électrique. Les différentes chaînes de peptides ont différentes vibrations, qui « disent » à une cellule comment réagir. Le cerveau interprète chaque ensemble de vibrations comme un sentiment différent. Ainsi, une certaine charge sera cataloguée comme de la tristesse et une autre, comme de la colère[5].

Certaines cellules deviennent dépendantes de certaines vibrations. Si un groupe de cellules sert à absorber les « ligands de la peur », celles-ci ne seront réceptives qu'à ces ligands en particulier. Nous ferons tout pour rester effrayés, au fur et à mesure que ce sentiment deviendra plus confortable.

4 Pert, C. *Molecules of Emotion.*
5 Ibid.

Par conséquent, nous pouvons devenir accros à certains sentiments et ajuster notre comportement dans le but de stimuler ceux-ci[6].

C'est la base d'un type de blocage des sentiments qui nous pousse vers des besoins compulsifs, des comportements négatifs, des schémas destructeurs, ou même des maladies afin de combler nos compulsions.

Nous entreposons nos sentiments refoulés dans les tissus physiques correspondant au chakra pertinent. Comme le suggère l'étude du Dr Pert, certaines cellules s'habituent à « éprouver » certains sentiments. Les émotions primaires, comme la honte et la frayeur, sont habituellement associés au premier chakra ; la colère, au troisième chakra, par l'intermédiaire du foie ; le désespoir, au septième chakra. Un guérisseur compétent peut déterminer de quel chakra il s'agit — et même quel âge chronologique examiner — en identifiant le sentiment, la nature de la maladie et la zone physique qui réagit à un sentiment, et ainsi savoir sur quel chakra travailler.

Un client souffrant de problèmes cardiaques bénéficiera d'un travail au niveau du cœur et des difficultés survenues à certaines époques de sa vie ; dans ce cas, entre 4 ans et demi et 6 ans et demi. Vous voudrez peut-être aussi examiner des difficultés affectives et relationnelles. Que se passe-t-il si nous ne pouvons pas déterminer rapidement la source chakrique d'un problème ? Après avoir éprouvé un sentiment, nous pouvons le retracer physiquement vers une source du corps, identifier le chakra le plus proche et réaliser une régression par l'intermédiaire de ce centre énergétique. Utiliser l'intuition pour percevoir la blessure d'origine nous aidera à libérer la forteresse émotionnelle enracinée.

## EMOTIONS COINCÉES

Comment dites-vous ? Exprimer tous nos sentiments, toutes nos pensées ? Cela veut-il dire que sous le coup de la colère, nous sommes autorisés à tuer quelqu'un ? Est-ce que cela signifie que si nous pensons que certains peuples sont des gens stupides, nous pouvons être désagréables avec eux ? Non, bien sûr que non. Les actes négatifs, autodestructeurs ou violents viennent des émotions bloquées et non pas de sentiments ou de pensées qui circulent librement. Nous pouvons ressentir de la colère, mais nous n'aurons que des ennuis si nous associons ce sentiment avec une pensée

6 www.emotionalintelligence.co.uk/ezine/downloads/23_Book.pdf.

destructrice telle que « C'est mal d'être en colère et je dois par conséquent la refouler », ou « Être en colère c'est macho ; je ferais mieux de montrer que je suis fort », et conserver ces sentiments ou ces pensées associées ou coincées ensemble.

Les émotions coincées sont liées comme de la colle. Elles nous empêchent de réaménager nos sentiments ou nos pensées en fonction des circonstances. La vérité, c'est que n'importe quel sentiment se dispersera naturellement si nous l'exprimons en tenant compte de la situation. N'importe quelle pensée, même négative, mûrira par la réflexion si nous l'examinons en tenant compte des circonstances. Lorsque le système énergétique fonctionne en s'ajustant à la situation, nous exprimons toujours nos sentiments et nos pensées de façon constructive. Chaque sentiment et chaque pensée reçoit l'information, les conseils et la guérison nécessaires pour s'exprimer de façon authentique, car tous nos centres énergétiques, et pas seulement certains d'entre eux, sont en fonction.

Nous ne sommes pas pleinement ouverts ni alignés si nous avons enfoui des sentiments ou des pensées de grande importance et négligé de les libérer. Nous devenons rigides et perdons notre capacité de nous adapter. Nous sommes facilement provoqués par des stimuli extérieurs. Des situations nouvelles nous apparaissent souvent comme des reproductions d'événements antérieurs, ceux-là même ayant causé l'émotion dès le départ. Nos réactions émotionnelles sont devenues des habitudes ou des schémas comportementaux. Nos sentiments et pensées ont fini par former un couple solide, et la peur les empêche de fonctionner séparément. Comme ils sont tellement bien installés, ils ne peuvent plus s'associer à d'autres sentiments et à d'autres pensées, ceux qui seraient justement nécessaires pour régler la difficulté du moment.

Les guérisseurs suivent une longue et difficile formation pour traiter ce problème. Dans *Kahuna Healing*, Serge King dit « Une partie de la guérison des Kahunas consiste à aider le conscient à apprendre comment percevoir les émotions sans laisser le subconscient s'engager dans une action habituelle[7]. »

Les sentiments et les pensées s'unissent généralement pour une bonne raison. Nous nous sommes peut-être sentis menacés dans l'enfance. Certains sentiments et pensées se sont liés afin de mieux faire face à une situation. Nous avons créé des émotions qui nous paraissaient nécessaires

7 King. *Kahuna Healing*, p. 94-95.

pour nous aider à traverser une mauvaise expérience. Par exemple, vous avez peut-être ressenti la menace d'un père ivre lorsque vous aviez cinq ans. Cela vous a effrayé. Qui ne l'aurait pas été ? Votre moi pensant se rappelle également que vous étiez vulnérable. L'émotion qui s'est occupée de vous pourrait être quelque chose comme « J'ai peur. Je ne suis pas fort et par conséquent, quand j'ai peur, je fais mieux de rester tranquille ».

Cette réaction émotionnelle peut avoir été appropriée face à la situation que vous viviez à l'époque. Cependant, à l'âge adulte, vous pourriez avoir des ennuis si cette réaction ou cette émotion est devenue la seule qui se déclenche chaque fois que vous avez peur. En fait, même si vous n'êtes plus vulnérable, il se peut que vous croyez l'être chaque fois que vous avez peur. Ou il est possible que vous soyez incapable de réagir lorsqu'on vous offre une promotion, quand un chien aboie après vous, ou si on vous propose une sortie d'amoureux. Votre absence de réaction peut vous coûter la perte d'une augmentation de salaire, la morsure d'un chien, ou la solitude d'un vendredi soir à la maison.

Compte tenu de l'inconvénient évident de cimenter les émotions, nous devons nous demander pourquoi nous avons laissé nos émotions s'empêtrer de la sorte. Eh bien, peut-être parce que nous ne savions pas faire autrement. Ou alors parce que notre mère agissait de cette façon. Peut-être avons-nous été punis quand nous agissions différemment. Peut-être encore que la situation d'origine est restée constante pendant si longtemps que nous avons fini par croire qu'elle ne changerait jamais. Rappelez-vous que lorsqu'elle s'est forgée, cette émotion nous a aidés, mais que si elle est devenue une réaction automatique, une habitude, alors il faut la changer. S'accrocher à une émotion qui semble nous avoir aidés à traverser un traumatisme n'empêchera pas un autre traumatisme de se produire. En fait, la preuve indique le contraire. *La formation d'armures émotionnelles ou mentales conduit à des schémas comportementaux qui en réalité produisent le contraire de ce que nous désirons.*

Les sentiments et les pensées qui composent les émotions coincées ne sont pas disponibles pour se lier à d'autres pensées et sentiments. Nos réactions sont alors inhibées et habituelles. Comme nos réactions sont limitées, nous perdons de vue les autres options. Nous faisons les mêmes choix et renforçons ainsi nos vieilles habitudes.

Voici un aperçu des sentiments d'un point de vue spirituel, le principal message de ce sentiment spiritualisé et une brève description des sentiments déformés.

## Les cinq constellations des sentiments

### COMMENT SAVOIR QUAND VOS SENTIMENTS SONT COINCÉS

Comment savoir si vous êtes coincé dans un blocage affectif ou une armure émotionnelle ? Réfléchissez à vos sentiments. Y en a-t-il qui se répètent ? Y en a-t-il qu'il vous est absolument impossible d'exprimer ? Certains sentiments sont-ils « trop forts » par rapport à une situation actuelle ? Êtes-vous capable de répondre rationnellement à un sentiment ou celui-ci a-t-il le dessus sur vous ? Vous sentez-vous détaché de vos sentiments ou alors y réagissez-vous trop fortement ? Si vous avez répondu oui à l'une ou l'autre de ces questions, vous avez peut-être un blocage. Vous devez examiner vos sentiments ou les éprouver afin de comprendre ce qu'ils cherchent à vous dire.

Pour pouvoir assumer les sentiments, il faut d'abord les reconnaître. Il n'y a en fait que cinq constellations, ou familles de sentiments de base. Ce sont :

- la colère
- la tristesse
- la joie
- la peur
- le dégoût

Chacune de ces constellations exprime un message pour le corps. Si vous acceptez vos sentiments et consentez à comprendre ce qu'ils vous disent, ils peuvent également parler au nom de votre esprit. Ils peuvent vous prévenir intuitivement de ce qui se cache derrière et vous aider à réagir par rapport aux gens, aux événements et aux occasions autour de vous. Par exemple, un sentiment de peur « transcendé » peut vous inciter à crier, mais seulement au moment propice, comme lorsqu'un agresseur attaque et que vous devez le faire déguerpir. Non seulement vos sentiments transcendés nourrissent votre objectif spirituel, mais ils vous permettent également de recevoir la véritable guidance spirituelle et de discerner les motifs chez les autres.

En revanche, les sentiments peuvent être déformés et nous faire du mal. Cela se produit lorsque nous déformons l'un des cinq sentiments de base en posant un jugement. Les sentiments déformés nous font agir de façon inappropriée et ont généralement pour effet de nous détester.

**Sentiment transcendé : la colère**

Vos frontières ont été violées et vous devez en créer de meilleures. Avec de l'amour, vous pouvez établir des paramètres physiques ou psychiques qui vous conviennent ainsi qu'aux autres.

## *La colère déformée*

**L'agressivité :** vous êtes en colère et blessé (mélange de colère et de tristesse). Vos frontières ont été violées et vous vous sentez profondément triste. Plutôt que de prendre soin de vous ou de confronter le violateur originel, vous vous en prenez à des gens innocents, de façon disproportionnée. Vous ne voulez pas accepter la responsabilité d'éprouver votre tristesse, puis de pardonner.

**Sentiment transcendé : la tristesse**

Vous reconnaissez au fond de vous-même que l'amour est au cœur de cette relation ou de ce problème. Vous devez assumer cet amour et lui permettre de vous guérir.

## *La tristesse déformée*

**Le chagrin ou la peine :** vous faites une « fixation » sur un être cher, une situation positive ou un souvenir et refusez d'aller de l'avant. En continuant d'avoir du chagrin, vous n'êtes pas tenu d'avancer dans la vie et d'accepter un nouvel amour.

**Le désespoir :** vous pensez pouvoir traverser la tristesse en renonçant à l'amour ou en vous accrochant à votre douleur pour toujours. Vous refusez la promesse de guérison de l'amour et l'excitation de nouvelles aventures.

**La dépression :** vous avez implosé votre tristesse à partir d'un sentiment de colère contre vous-même ou une perte perçue et refusez de reconnaître l'amour dont vous avez besoin ou qui fait partie de la situation.

• • • • • • • • • • • • • • • • • • • • • • • • • • • • • •

**Sentiment transcendé : la joie**

Vous êtes en union avec vous-même et le Divin. Continuez ainsi.

### *La joie déformée*

**L'amertume :** vous permettez à quelqu'un d'autre de contrôler votre bonheur. Quelque chose ou quelqu'un vous a jugé « déplacé » alors que vous étiez heureux. On vous a obligé à penser que de vivre votre moi spirituel était mauvais. Vous craignez de lâcher prise sur cette personne, cet être ou cette croyance basée sur la honte et d'être simplement vous-même.

**Le cynisme :** vous avez décidé que d'être à nouveau heureux vous faisait trop peur. Après tout, le bonheur peut s'enfuir, et vous avez choisi de le chasser avant qu'il ne parte.

• • • • • • • • • • • • • • • • • • • • • • • • • • • • • •

**Sentiment transcendé : la peur**

Vous devez avancer ou reculer, mais faire quelque chose, car ce que vous faites ne fonctionne pas. On ne s'exerce pas à vivre, on vit.

### *La peur déformée*

**La terreur :** vous ne faites pas confiance au Divin ni à votre propre esprit. Vous ne pensez pas posséder l'énergie, le pouvoir ou le droit d'être en sécurité et heureux.

**La frayeur :** vous abandonnez votre pouvoir aux circonstances plutôt que de suivre votre intuition. En jugeant un événement, une personne ou un phénomène extérieur, vous vous déconnectez de vous-même.

**Le désistement :** vous ne reconnaissez pas votre connexion au Divin et à toutes les bonnes choses. Vous choisissez d'abandonner et de blâmer quelqu'un d'autre.

• • • • • • • • • • • • • • • • • • • • • • • • • • • • • •

**Sentiment transcendé : le dégoût**

Vous devez rejeter quelque chose ou quelqu'un car c'est mauvais pour vous.

### *Le dégoût déformé*

**La culpabilité** (un aspect du dégoût de soi-même) : vous vous êtes éloigné de votre voie spirituelle et devez y revenir. Vos actes, pensées ou relations personnelles doivent mieux refléter les principes spirituels que vous êtes destiné à suivre.

**La haine de soi :** vous êtes en colère. Vos frontières ont été violées. Afin d'épargner quelqu'un que vous aimez ou pour gagner l'amour d'un autre, vous intériorisez votre colère et votre blessure. Alors que l'autre personne devrait se sentir coupable, et non pas vous, vous prenez sa place afin de la garder près de vous ou ne pas être rejeté.

**La honte :** vous croyez ne pas être une bonne personne et par conséquent ne pas mériter l'amour inconditionnel. Comme vous avez trop peur de rejeter la personne ou la chose qui vous est néfaste, ou parce que vous en êtes incapable, vous intériorisez votre dégoût et l'appliquez à vous-même.

**Le blâme :** vous pensez être sans valeur, vous vous sentez mal et n'aimez pas ce sentiment; par conséquent, vous le projetez sur les autres ou des situations extérieures à vous.

En travaillant sur le plan énergétique avec les sentiments, il est impératif de vérifier la source de chacun. Comme je l'ai dit précédemment, je pense qu'au moins 80 % de tous les problèmes qui nous font souffrir ne proviennent pas de nous. Cela signifie que jusqu'à 80 % des sentiments refoulés ou « en trop » — ceux qui ont une charge trop lourde et surgissent trop souvent — pourraient ne pas nous appartenir. Il est courant que les enfants absorbent les sentiments refoulés ou les jugements de leurs parents et agissent en conséquence. Je me rappelle encore un soir où j'étais au téléphone avec une cliente et où j'ai ressenti une soudaine rage contre elle. Son mari venait d'agresser sa fille sexuellement et la mère, ma cliente, ne voulait pas le quitter. J'étais furieuse à cause de cette attitude, mais je ne l'ai pas laissé paraître. Je me suis contenue afin de pouvoir traiter le problème de façon appropriée.

Une fois l'appel terminé, mon fils aîné s'est mis à crier contre moi et à m'injurier. Je lui ai demandé pourquoi il était fâché et il ne le savait pas. Dès que je lui ai dit « Maman est en colère et tu n'as pas à la ressentir à sa place », il s'est aussitôt calmé et tout est rentré dans l'ordre.

❀

## L'ÉMOTIVITÉ VERSUS LA SENSIBILITÉ ÉMOTIONNELLE

J'aimerais parler d'un autre problème important concernant les émotions. Durant des années, les femmes ont écopé de l'étiquette « émotive ». Il faut distinguer l'émotivité de la sensibilité émotionnelle. Il y a émotivité lorsque les sentiments sont coincés dans un système de croyances. Si chaque fois que nous sommes menacés, nous réagissons de la même façon — pleurer, quelque soit la raison, ou se mettre en colère à chaque confrontation — nous subissons probablement le joug de l'émotivité. Lorsque cela se produit, nous devons libérer nos sentiments de nos pensées et nous dégager de ces émotions qui nous emprisonnent.

Toutefois, si nous avons de l'empathie pour les sentiments des autres, pleurons pour de bonnes raisons, retenons nos larmes quand il le faut, ou nous mettons en colère quand nos droits sont violés, nous faisons alors preuve de sensibilité émotionnelle. Celle-ci, contrairement à l'émotivité, signifie ce qui suit :

| Émotivité | Sensibilité émotionnelle |
| --- | --- |
| 1. Les réactions sont basées sur des sentiments et des pensées qui se lient automatiquement ou sont réunis en permanence. | 1. Les réactions sont basées sur des sentiments et des pensées qui se réunissent en fonction des circonstances. |
| 2. Se traduit par des schémas enracinés qu'il est difficile de briser, de maîtriser ou de gérer. | 2. Se traduit par une réaction fluide et appropriée ; les réactions typiques peuvent changer au besoin. |
| 3. Les autres finissent souvent par se sentir incompris, mal perçus, mal jugés et ignorés. | 3. Les autres ont l'impression qu'on s'occupe d'eux, qu'ils sont écoutés et invités à être d'accord ou pas. |
| 4. On se sent fatigué, exténué, frustré, dépassé, déconnecté de soi-même ou des autres, et incomplet à l'égard de l'expérience. | 4. On se sent renouvelé, ouvert, plus en phase avec soi-même ou avec les autres, et comblé par l'expérience. |

Définie de cette façon, l'émotivité n'est plus un problème féminin, mais une petite manie humaine. Quiconque a fait l'expérience de dysfonctionnement dans l'enfance, se sent enfermé dans de vieilles façons de faire ou a l'impression de revivre les mêmes situations, les mêmes cycles ou les mêmes relations à répétition pourrait être bloqué dans de vieux schémas et dans la négativité associés à l'émotivité. Pour un point de vue complet à savoir comment les expériences de l'enfance peuvent nous coincer, je recommande la série de John Bradshaw sur la guérison des dysfonctions familiales, dont *La famille : comprendre les liens qui nous unissent.*

Certains des problèmes découlant de l'émotivité sont évidents. Être émotifs nous amène à nous sentir mal. Nous avons des difficultés à communiquer avec les autres ou à établir des liens. Je crois que la plupart des gens, surtout les femmes, pensent que le problème se situe en eux. Malheureusement, la réaction habituelle est d'essayer de se guérir de ces sentiments, ce qui représente précisément la mauvaise approche. Les sentiments nous aident à être plus rationnels et raisonnables, comme le mentionne l'ouvrage *L'Erreur de Descartes*. Nous devons nous sentir libres d'éprouver des sentiments et de laisser voguer nos pensées, ne serait-ce que pour garder notre santé physique et mentale.

Les croyances qui nous amènent à refouler nos sentiments, nier nos passions, ne nous occuper que des autres ou ignorer nos propres besoins résultent en une accumulation des sentiments. Rappelez-vous que ceux-ci sont de l'énergie réelle. Ils sont composés de matière physique, suivant la théorie des quanta. Par conséquent, non seulement ces relents de sentiments entravent nos réactions et nos processus de pensée, mais ils peuvent également s'accumuler dans le corps.

Cette croyance suivant laquelle l'émotivité peut endommager le corps — et inversement, que les pensées et sentiments positifs peuvent le guérir — n'est pas nouvelle. L'une de mes connaissances, une chiropraticienne, s'adresse à la réalité des sentiments qui causent des dommages physiques. Carla reçoit des milliers de clients par année qui viennent d'abord pour se plaindre de leurs ennuis physiques. Plutôt que se concentrer sur le soulagement de leurs symptômes, elle vérifie la base émotionnelle de leur problème, en séparant le sentiment et la croyance. La raison pour laquelle elle a tellement de clients, c'est que cette approche fonctionne. Les gens vont mieux.

Lorsque j'ai travaillé avec elle, j'ai été guérie de 13 allergies dont je souffrais depuis l'enfance. J'ai notamment le souvenir précis d'une allergie au blé. Avec l'aide de Carla, j'ai isolé la source de l'allergie. Quand j'étais enfant, ma mère me donnait un biscuit chaque fois que je me sentais triste. Comme la composante affective de mon allergie était la tristesse, plus tard dans ma vie, chaque fois que je mangeais un biscuit, je me sentais déprimée et j'avais le nez bouché. Dès que j'en ai compris l'origine, j'ai pleuré durant des jours, partout et n'importe où. Puis, j'ai changé certaines de mes croyances à mon sujet et l'allergie a disparu.

En dehors d'affecter la santé physique, les réactions émotionnelles établies peuvent aussi freiner l'épanouissement spirituel. Des pensées comme « Les bons enfants respectent leurs parents » ne sont pas nécessairement négatives. Toutefois, supposons que nos parents nous ont maltraités dans l'enfance et que nous sommes en colère contre eux. La colère est une réaction saine et appropriée face à la maltraitance. Si on nous a dit, par exemple, que Dieu ne nous aime pas lorsque nous n'obéissons pas à nos parents et en particulier quand nous sommes fâchés, nous pourrions avoir grandi en croyant que parce que nous sommes en colère d'avoir été maltraités, Dieu ne nous aime pas. Comment alors laisser entrer notre âme ou Dieu dans notre corps ? Sans l'âme, nous éprouvons d'énormes difficultés à découvrir notre raison d'être, accéder à l'abondance et réaliser l'amour de soi.

Nous devons nous libérer de nos émotions tordues, rigides ou dissimulées et permettre à nos sentiments et à nos pensées de circuler à leur aise. Nous voulons guérir nos émotions et ce faisant, nous ouvrir à guérir d'autres aspects de nous-mêmes et à réaliser nos véritables désirs.

## LA CHAÎNE IDÉALE DE RÉACTIONS SENTIMENT/PENSÉE

Décrocher de nos sentiments et de nos pensées (le sujet du chapitre suivant) débute par comprendre comment ils se sont liés au départ. Rappelez-vous qu'il n'est pas mauvais d'avoir des émotions. Nous en avons besoin. Nous voulons simplement qu'elles se forment, puis se « défassent », une fois leur travail terminé. Examinons cette voie idéale que l'énergie composée de sentiments et de pensées emprunterait pour circuler dans le corps. Cette description est basée sur mon travail intérieur personnel ainsi que sur mon activité professionnelle, et j'espère que cela vous aidera à comprendre vos propres schémas réactionnels.

L'énergie physique des sentiments et des pensées tient son origine dans les centres énergétiques inférieurs. Je décrirai ces étapes en utilisant une situation de la vie réelle.

Au cours de la préconception, le dixième chakra programme le corps matériel (avec l'aide du neuvième chakra) en le dotant de croyances fondamentales et de sentiments. Disons que mon âme désire connaître l'amour véritable au cours de cette vie. Par mon dixième chakra, je peux choisir des aptitudes génétiques et psychiques qui favoriseront cet objectif. Je planterai peut-être des sentiments comme l'enthousiasme et la passion dans mon premier chakra. Je m'assurerai que les corps de sensibilité de mon deuxième chakra sont variés et intenses. Je pourrais imprégner mon troisième chakra de croyances telles que « Je mérite l'amour ».

Mon dixième chakra pourrait également choisir des gènes qui me donneront le genre de silhouette nécessaire pour attirer le partenaire idéal. Imaginant que mon huitième chakra ait programmé le karma de celui-ci, je peux m'assurer d'être blonde (ou rousse ou brune), afin de plaire à mon compagnon éventuel. Ainsi préparée, je nais et je grandis. Les bases sont jetées. Ma vie est en place. Puis, je rencontre quelqu'un.

Mon premier chakra évalue rapidement la situation. Présente-t-elle des risques ? Cette personne est-elle sûre ? Mon corps doit-il faire appel à des sentiments de sécurité, comme le chagrin, l'agressivité, la frayeur ou la joie ? Les conclusions sont envoyées au cerveau via la colonne vertébrale. Le cerveau donne alors des ordres à mon premier chakra concernant quelle sorte d'énergie envoyer au deuxième chakra, qui renferme les corps de sensibilité, puis au troisième chakra, qui agit à la manière du cerveau du corps.

Ce qui suit se produit simultanément. Le premier chakra, obéissant aux ordres, donne les directives appropriées au deuxième chakra. Certains corps de sensibilité se réveillent ; d'autres sont ignorés. L'envers du deuxième chakra s'ouvre pour équilibrer ces énergies et créer un sentiment unifié. Les croyances et les comportements sont transférés du troisième chakra au deuxième. (Je me rappelle cette partie du processus en imaginant le rouge du premier chakra se mélangeant au jaune du troisième pour créer l'orange du deuxième.)

Dans le deuxième chakra, les pensées et les sentiments font équipe. J'ai maintenant une émotion. Plusieurs sentiments ou pensées peuvent se réunir. Rappelez-vous que dans une situation idéale, ces liens se produisent grâce aux données de tout le système énergétique, avec les conseils des points énergétiques spirituels et les indications de l'intuition (une force dont nous discuterons plus en détail). Rappelez-vous que la réaction originale a été envoyée par la colonne vertébrale, ce qui signifie que celle-ci a reçu l'information, la guérison et l'aide de la part de tous les chakras internes de même que des chakras spirituels ou points énergétiques qui y sont reliés. Depuis le cerveau, les ordres sont retransmis à tous les centres énergétiques. Ce processus à deux voies veille à ce que tout le système s'aligne pour fournir une réaction.

Les émotions qui en résultent sont entièrement incorporées dans mon centre de pouvoir. En tant que femme, il s'agit de mon deuxième chakra. Si j'étais un homme, ce serait le troisième.

Mon centre de pouvoir disperse les émotions vers le haut et vers le bas. L'émotion agit comme un message qui, lorsqu'il est interprété par les autres chakras, stimule une réaction. Comme les hommes et les femmes n'ont pas le même centre de pouvoir, les premières réactions vont différer les une des autres. Chez les femmes, les messages dirigés vers le bas s'enregistrent dans le premier chakra, suscitant une réaction physique, comme une action ou un sentiment primaire. Chez les hommes, ces mêmes messages s'enregistrent dans le deuxième chakra avant d'être transférés dans le premier, engendrant un sentiment ou une réaction initiale créatrice. Chez les femmes, les messages vers le haut déclenchent des réactions dans le troisième chakra, suscitant une pensée, une croyance ou un acte de pouvoir personnel. Chez les hommes, ces messages vers le haut stimulent une réaction du cœur orientée vers la relation sentimentale ou la compassion.

Mes réactions poursuivent leur chemin vers le haut et vers le bas et se traduisent éventuellement en une réaction verbale (cinquième chakra), une réaction stratégique (sixième) et philosophique (septième). Même si ce cycle semble linéaire, il ne l'est pas. Les émotions rayonnent en spirale à partir du centre de pouvoir, et non pas en lignes droites.

Le processus continue à tourner dans ce cycle aussi longtemps que nécessaire. Les émotions sont formées, puis se dissipent. Elles devraient tourner librement, au moins le temps qu'il faut pour décider s'il s'agit de l'homme idéal ou pas.

Dans un système énergétique avancé, le centre de pouvoir passe du deuxième ou du troisième chakra vers le cœur. Depuis le cœur, ce processus interne s'accélère, car nous saurons si un stimulus répond à un désir d'enfant ou pas. Certaines personnes fonctionnent au moyen de deux centres de pouvoir, celui basé sur leur sexe et celui du cœur. Dans ce cas, on peut ressentir une réaction en deux volets.

Je viens d'expliquer un processus idéal de stimulation-réaction. Comme vous pouvez le constater, avant d'avoir fini de traiter un problème ou d'y réagir, nos émotions officielles ont été dispersées. Elles ont été exécutées et n'ont plus besoin d'exister. Notre système est revenu à un état équilibré dans lequel les sentiments et les pensées coexistent séparément, accessibles à tout moment.

Pour beaucoup d'entre nous, ce processus ne se déroule pas aussi facilement. Plutôt que de réagir à la situation qui se présente, nous le faisons à partir de vieilles émotions refoulées. Nous nous accrochons à d'anciens modèles et à de vieilles émotions. Nous percevons toutes les situations où la colère est présente à chaque fois, ou toutes les situations comportant de la confrontation comme dangereuses. La meilleure façon de briser notre réaction automatique consiste à comprendre comment les émotions peuvent devenir préjudiciables et inflexibles.

## LE DÉVELOPPEMENT DES ÉMOTIONS DANS L'ENFANCE

Les émotions et les sentiments déformés se forment lorsque nos sentiments font l'objet de jugements auxquels nous adhérons et quand nous sommes exposés à des faussetés auxquelles nous croyons. Quoique ce processus puisse survenir à tout moment de notre vie, nous y sommes particulièrement vulnérables durant l'enfance. Habituellement, les émotions qui se sont formées dans la prime enfance, au cours du cycle de développement des chakras, sont les mêmes que nous éprouvons le reste de notre vie, jusqu'à ce que nous court-circuitions le processus.

Revoyons notre tableau de développement du début à la fin, mais cette fois en essayant de repérer les points qui posent problème.

***Préconception — Dixième chakra***

Avant la conception, notre âme choisit des parents et établit un contrat. À partir des éléments et d'une masse tourbillonnante d'énergie visible et invisible, le dixième chakra élabore le moule de la forme physique que nous prendrons. Supervisé par le neuvième chakra et nos guides, il choisit nos gènes et nos traits physiques. Le chakra fabrique ce moule à partir du bagage génétique de nos parents et des caractéristiques de nos vies antérieures.

Malheureusement, des blocages émotionnels et la tendance à déformer certains sentiments peuvent être programmés déjà à cette étape. (Oui, nous pouvons avoir des ennuis avant même de naître!) Supposons que, dans une vie antérieure, nous n'ayons pas réussi à régler un problème de colère face à l'autorité. Notre âme sait que si nous ne soignons pas cette difficulté, nous ne pourrons peut-être pas remplir notre raison d'être. Dans son infinie sagesse, notre âme relève le problème, puis le programme dans le système énergétique de notre nouvelle vie, espérant nous obliger à y faire face. Nous sommes alors programmés pour connaître des difficultés avec les autorités — des autorités que nous n'avons même pas encore rencontrées.

D'autres programmes émotionnels peuvent provenir de notre lignée génétique. Peut-être que la plupart de nos aïeux avaient décidé que pour pouvoir survivre, ils devaient refouler leur tristesse. Ils croyaient que d'être tristes allait les affaiblir. Voulant survivre, notre corps peut avoir décidé d'intégrer cette croyance dans son système énergétique embryonnaire. « Si cela a gardé nos aïeux en vie, ce sera sans doute utile pour nous aussi » pourrait être notre raisonnement.

Parfois, les difficultés émotionnelles sont inscrites à l'avance au cours du processus de conception. Même pendant que le corps tissait les fils de la vie, notre âme interagissait avec ceux de nos parents. Si l'un d'eux éprouvait de fortes réactions face à la venue d'un enfant, comme la peur ou la résistance à tomber enceinte, on pourrait avoir conclu qu'on n'était pas désiré, qu'on gênait ou qu'on ne méritait pas de vivre. Ces conclusions émotionnelles peuvent s'être enfermées dans notre système.

L'une de mes étudiantes, Jill, représente un bon exemple. Elle a toujours senti que sa mère essayait de la punir d'être enthousiaste et passionnée par la vie. Plus tard, pour répondre à certaines questions soulevées en thérapie, Jill a demandé à sa mère ce qui s'était passé au moment où elle avait été conçue. Sa mère a expliqué qu'elle vivait alors une passion et avait eu des relations sexuelles non protégées. Après être tombée enceinte, elle avait par la suite été fort anxieuse à l'idée d'avoir un enfant. Pas étonnant que Jill ait senti qu'être passionnée était condamnable. Chaque fois qu'elle se sentait enthousiaste, elle associait la passion à des conséquences à long terme.

Un autre exemple est cet homme dyslexique avec lequel j'ai travaillé. Bien qu'il se soit réconcilié avec son problème, il était venu me consulter pour savoir pourquoi il avait été affligé par cette difficulté toute sa vie. Durant une régression, il s'est rappelé avoir tourbillonné au-dessus de ses futurs parents tandis que ceux-ci faisaient l'amour (juste avant d'être conçu). En transe, il a déclaré qu'un guide était présent durant la conception. Ils avaient discuté pour savoir s'il consentait à prendre ce corps. Le guide l'avait informé qu'il aurait probablement des difficultés d'apprentissage en raison d'un trait génétique ainsi qu'une prédisposition de l'âme à cette inaptitude. Apparemment, il avait été enseignant dans une vie antérieure et incapable de comprendre les élèves qui ne réussissaient pas bien. Mon client avait décidé d'entrer dans ce corps. Après être sorti de la régression, il semblait soulagé d'avoir compris la cause de sa dyslexie.

### *Du ventre maternel jusqu'à l'âge de six mois — Premier chakra*

Durant cette période, le corps est en plein développement. Notre âme supervise et est occupée à décider à quel moment entrer (ou à évaluer combien de temps elle peut retarder ce moment). Malheureusement, moins notre âme est disponible pour notre corps, moins d'espace elle y occupe. Le vide qui en résulte crée un vacuum qui attend d'être rempli. Les sentiments, les pensées, les émotions et les éveils qui flottent autour de nous, qu'ils nous appartiennent ou pas, peuvent entrer pour combler ce vide. Comme notre mère est alors en première ligne pour prendre soin de nous, nous absorbons habituellement plus de ses problèmes que ceux de n'importe qui d'autre.

Advenant qu'elle, ou d'autres personnes proches, s'inquiète au sujet de l'argent, soit déçue du sexe de l'enfant ou soit réticente à répondre à nos besoins, il se peut que nous absorbions ces difficultés émotionnelles ou que nous créions nos propres problèmes en guise de réaction. Si les premières personnes à s'occuper de nous nient certains sentiments, souvenirs ou problèmes, ceux-ci peuvent également devenir nôtres. Comme vous le savez, il est impossible de régler un problème qui ne nous appartient pas.

La régression dans le ventre maternel et aux premiers mois de la vie est devenue une importante méthode thérapeutique. Je connais deux médecins qui pratiquent fréquemment la régression dans l'utérus ou à l'état de nourrisson. Ils ont dit que de graves dysfonctions manifestées par de nombreux patients, depuis les dépendances jusqu'à la dépression, disparaissent après que ceux-ci aient revécu les difficultés éprouvées à cette époque.

J'ai fait l'expérience d'une régression spontanée lors d'une cérémonie chamanique en Amérique du Sud. Je me suis retrouvée dans le ventre de ma mère et je pouvais « voir » les sons engendrés par les disputes de mes parents. J'ai revécu la frayeur et le désespoir que je ressentais à la perspective d'avoir ce couple comme parents. Jusqu'à ce jour, je crois que le désespoir dont j'essaie de me défaire et mon incapacité à croire en de saines relations amoureuses proviennent en partie de ces expériences et de ces réactions vécues avant ma naissance.

### *De 6 mois à 2½ ans — Deuxième chakra*

Durant cette période, nos sentiments s'éveillent, tout comme nos réactions créatrices à l'égard des gens et des situations qui nous entourent. Déjà intacts, nos corps de sensibilité s'éveillent. Nous voulons être stimulés, soutenus et nourris par notre environnement extérieur, ce qui nous assure qu'une fois adulte, nous bénéficierons d'une vie émotionnelle harmonieuse. Si nous pouvons traverser cette période confiants que tous nos sentiments sont corrects, nous aurons accompli beaucoup. L'ennui, c'est que peu d'entre nous connaissent cette situation idéale. Il est peu probable que nos parents aient grandi dans une ambiance où l'on faisait attention aux sentiments. Comment pourraient-ils alors nourrir les nôtres ?

Il y a plusieurs scénarios qui peuvent endommager ces corps de sensibilité en plein épanouissement. Nos parents peuvent nous enseigner, inconsciemment ou directement, que certains sentiments ne sont pas bons. Nous déplaçons alors ceux-ci quelque part à l'intérieur ou à l'extérieur de notre corps. Dès lors, les sentiments acceptables qui restent auront un double travail.

À l'inverse, nous pouvons être exposés à un étalage extrême d'émotions, ce qui se produit fréquemment dans les familles alcooliques ou dysfonctionnelles. Nous pouvons décider que certains sentiments sont mauvais, ou que pour survivre, il faut adapter notre comportement à celui de nos parents. Comme nous sommes très perspicaces en tant qu'enfant, il se peut que nous devenions psychiquement ou de façon kinesthésique conscients des sentiments qui flottent librement, non réclamés. Les enfants feront tout pour que leur environnement soit équilibré. Leur survie en dépend. Par conséquent, nous absorbons ces sentiments rejetés.

Quel que soit le cas, le résultat est le même. Des corps de sensibilité blessés, incomplets ou trop stimulés pervertissent notre système énergétique. Déséquilibré, celui-ci cherche à corriger le tir. La seule façon de faire qu'il connaît consiste à compenser. Habituellement, le premier et le troisième chakras se portent volontaires.

Si le premier chakra remplit le rôle, nous exprimerons inévitablement nos sentiments. Dépendances, comportement étrange, entêtement : le système essaiera des moyens variés pour se débarrasser de ces sentiments trop stimulés et pour stimuler les sentiments refoulés ou apathiques. Malheureusement, le remède est pire que le mal. Cela fait encore plus de tort à nos sentiments et cause de la tension. Qui plus est, nos propres actes nous font sentir encore plus mal. Nous entassons dans la réserve déjà existante la culpabilité, la honte, la frayeur et l'agressivité que nous avons nous-mêmes créées. Les liens émotionnels entre ce genre de sentiments et de pensées tendent à être hautement autocritiques, entraînent le dégoût de soi et la souffrance.

Si le troisième chakra tente de combler l'écart, nous essaierons sans doute de raisonner par l'intermédiaire des sentiments. Nous chercherons peut-être à nous en dissocier. Les croyances disponibles pour se lier à nos sentiments discréditeront, contrôleront ou ne tiendront pas compte de ceux-ci. Ces traits de caractère incluent habituellement de raisonner en permanence, de ne jamais perdre son sang-froid ou d'être rationnel à tout prix. L'ironie est que bien que ne paraissant pas émotifs, nous le sommes en réalité. C'est uniquement parce que dans ce système, ce sont les pensées plutôt que les actes qui dirigent nos émotions.

Parfois, les gens me demandent « Comment un enfant peut-il prendre ce genre de décisions ? » Il faut se rappeler que nous sommes beaucoup plus vieux que notre âge. Le moi de la Source divine est éternel. Notre âme est ancienne. Notre esprit est vieux. Même si notre corps paraît jeune, il demeure composé de cellules aussi vieilles que notre planète, sinon des étoiles. Comme le dit Deepak Chopra dans son livre *Créer la santé*, « Vous n'êtes pas de la matière statique absolue. La matière elle-même a déjà été de la poussière interstellaire, et la nature a prévu des usages futurs pour celle-ci dans le cosmos[8]. » Bien que nos cellules physiques et nos centres énergétiques internes soient au début de leur développement, ils puisent dans nos points énergétiques spirituels supérieurs, dans les rayons et les domaines invisibles qui renferment plus de connaissances que nous ne pouvons l'imaginer. Ils sont liés à des objectifs qui dépassent l'imagination.

Malgré tout, quand nous sommes jeunes, nous sommes vulnérables. Notre aura est incomplète. Le chakra de la couronne est encore ouvert. Nous sommes des éponges. Nous absorbons tout, le bon comme le mauvais. Il est en fait étonnant qu'en tant qu'enfant, nous paraissions aussi jeunes.

### *2½ à 4½ ans — Troisième chakra*

En grandissant, nous devenons plus conscients du monde autour de nous. Nos perceptions se cristallisent d'abord en prises de conscience, puis en pensées, et enfin en croyances. Au départ, le troisième chakra est impliqué dans cette croissance. Entre 2 ans et demi et 4 ans et demi, nous prenons conscience du pouvoir du oui et du non. Après avoir fait l'expérience de nos corps de sensibilité, nous ajoutons maintenant l'autre ingrédient nécessaire pour créer la soupe émotionnelle — les pensées. Celles-ci proviennent d'autres personnes ainsi que de nos expériences et perceptions personnelles. En confrontant notre propre pouvoir à celui des autres, nous pesons les réactions que nous obtenons. Nous tirons des conclusions si les gens autour de nous réagissent de façon cohérente. La cohérence est la base de nos croyances.

Il s'agit d'un âge crucial pour nous, surtout parce que trop peu de ceux qui nous éduquent réalisent les aptitudes cognitives d'un bambin de 2 à 4 ans. Ils croient que nous ne sommes bons qu'à être émotifs ou à piquer des colères. Ce dont la plupart ne se rendent pas compte, c'est que nous créons des pensées un peu partout. À partir de celles-ci, nous forgeons des croyances qui sont ensuite transformées en états émotionnels, en forteresses ou en sentiments déformés. Nous nous demandons « Que se passera-t-il si je réunis ce sentiment et cette pensée ? » ou « Quel sera le résultat de l'addition de cette croyance à ce sentiment ? » Si nous sommes bien soutenu au cours de ce processus, nous apprendrons deux faits importants :

1. Les émotions sont fluides. Nous pouvons les modifier pour nous adapter à une situation.
2. Les émotions peuvent être libérées. Il est possible de détacher les sentiments des pensées et de retrouver l'équilibre.

8 Chopra. *Créer la santé.*

Bien entendu, peu de parents connaissent ces vérités, et c'est pourquoi la plupart d'entre nous émergent de la dure période des deux ans rempli de sentiments solidement liés à des pensées. Ces émotions peuvent grandement influencer notre développement futur, car ils deviennent les fondations de nos relations personnelles (quatrième chakra), de notre style de communication et de notre capacité à recevoir de la guidance (cinquième chakra), de l'image de soi (sixième chakra) et de notre raison d'être (septième chakra). Elles affectent nos 20 ans parce qu'elles provoquent certains modèles karmiques plutôt que d'autres (huitième chakra), et peuvent obliger notre âme à créer de la discordance dans notre vie afin de nous orienter vers notre voie (neuvième chakra).

Des millions d'émotions peuvent se former au cours de cette période. En voici quelques-unes que je constate fréquemment chez mes clients. Les réactions émotives comprennent les conclusions qui résultent le plus souvent de cette réaction environnementale ainsi que les façons habituelles dont elles se manifestent.

| **Sentiment** (habituellement la véritable réaction de l'enfant) | **Pensée** (souvent le message donné à l'enfant) | **Réaction émotive** (conclusion tirée des réactions aux sentiments) |
|---|---|---|
| Tristesse | Être triste met les autres mal à l'aise. | Je ne peux jamais être aimé pour ce que je suis. (Souvent déclenchée par la tristesse, accompagnée de celle-ci ou entraîne de la tristesse refoulée.) |
| Colère | C'est mal d'éprouver des sentiments véhéments. | C'est mal de me sentir en colère. (Peut causer le refoulement de la colère, la frustration, l'inhibition du pouvoir, l'accumulation de la rage et les actes qui en découlent, l'impuissance, la victimisation ou des manifestations de violence.) |

| **Sentiment** (habituellement la véritable réaction de l'enfant) | **Pensée** (souvent le message donné à l'enfant) | **Réaction émotive** (conclusion tirée des réactions aux sentiments) |
|---|---|---|
| Manque | Tu déranges. | Mes besoins ne sont pas comblés. (Peut augmenter les stratagèmes pour utiliser un comportement négatif ou en manque afin de combler ses besoins, ou causer une négligence des soins personnels.) |
| Joie | Personne n'est aussi heureux. Pourquoi l'es-tu ? | Je ne mérite pas d'être heureux. Si je le suis, les autres se sentiront mal. (Peut causer le refoulement de sentiments heureux, la dépression, l'évitement d'événements heureux, ou le besoin de devenir le clown de la famille afin d'essayer de divertir tout le monde.) |
| Peur | Il n'y a pas de raison d'avoir peur. | Mes peurs sont stupides. Elles sont plus grandes que moi. (Peut mener au refoulement de la peur, à l'augmentation de celle-ci, à des tentatives d'éviter à tout prix les situations troublantes, de même que de prendre des risques ou alors de le faire excessivement.) |
| Désir | Ce n'est pas bien de vouloir, d'exiger ou de demander quelque chose. | Je ne mérite pas d'obtenir ce que je veux. (Peut conduire à l'échec, au refoulement de la volonté de réussir ou, au contraire, au syndrome du héros « Je réussirai quoiqu'il arrive ».) |

### 4½ à 6½ ans — Quatrième chakra

Tandis que le développement se fait vers le quatrième chakra, celui du cœur, les relations avec les autres deviennent importantes. Nous élargissons nos horizons et cherchons à établir des liens. Le cercle d'influence s'agrandit au-delà de la famille. Nous nous associons de plus en plus à des pairs, des amis, des professeurs, des personnages de la télé, des livres, et autres.

Nous incorporons des émotions déjà formées à ces relations. Alors que l'étape du troisième chakra consistait à tirer des conclusions relativement à notre individualité, celle du quatrième favorise des réactions au sujet du « nous ». Certaines émotions éprouvées jusque-là ne sont plus valides. Nous croyons que nous devrions nous sentir coupables chaque fois que nous avons un besoin, mais notre ami Bobby pense le contraire. De telles réflexions positives brisent des émotions coincées. Elles peuvent nous aider à défaire des structures limitées, nous enseigner que toutes les relations ne sont pas les mêmes et nous encourager à être plus libres à l'égard de la formation de nos sentiments, de nos pensées et de notre expression.

En revanche, ces expériences interpersonnelles peuvent aussi accentuer nos problèmes émotionnels en cours. Exemple : « Tu vois, même mon professeur se fâche quand je veux quelque chose ! » Rappelez-vous que les gens vivent dans des environnements qui reflètent leurs propres croyances. Notre entourage reflétera probablement bon nombre des difficultés, perceptions, croyances et attitudes que nous connaissons au sein de notre unité familiale. La programmation commencée par notre famille se poursuivra sans doute dans notre environnement extérieur.

Les émotions que nous acceptons comme étant la réalité, à ce stade, influenceront les relations que nous aurons plus tard. Durant cette étape, nous choisissons, apprenons et pratiquons les émotions qui gouvernent notre comportement avec les autres. Ces conclusions nous suivront et nous les utiliserons pour nos choix d'adulte à l'égard de nos amis, nos amoureux et notre partenaire de vie.

L'une de mes clientes m'a informée, sans détour, qu'elle avait fréquenté et épousé le même genre d'homme toute sa vie parce que son père lui avait brisé le cœur. Elle m'a expliqué qu'il l'avait convaincue qu'elle n'était acceptable et aimable que si elle était « gentille », c'est-à-dire si elle ne criait jamais, ne pleurait jamais ni ne rétorquait. Lorsqu'elle a exprimé des sentiments à l'égard de quelque chose, à l'âge de 12 ans, il lui a dit qu'il ne lui parlerait plus jamais et a tenu parole pendant six ans. Compte tenu de cette forte expérience émotionnelle, pas étonnant qu'elle n'ait rencontré que des hommes dont la croyance profonde était qu'il valait mieux qu'elle se taise.

### *6½ à 8½ ans — Cinquième chakra*

C'est l'étape de la communication : parler, communiquer, apprendre, affirmer qui nous sommes. De plusieurs façons, nous testons les réactions des autres aux sentiments, aux pensées et aux émotions que nous exprimons. Comment vont-ils réagir ? Vont-ils nous aimer ou pas ? L'expression de nos émotions est-elle efficace ou pas ? C'est une autre étape du test.

L'aspect unique de cette étape de développement, en ce qui concerne nos émotions, c'est que nous sommes désormais capables de recevoir plus de guidance spirituelle que jamais. Par l'envers du cinquième chakra, nous pouvons entendre cette guidance. Idéalement, nous sommes maintenant en mesure de recevoir l'aide supérieure dont nous avons besoin pour briser les blocages émotionnels et passer d'un sentiment de distorsion à l'expression directe des sentiments naturels. Je me rappelle avoir survécu quand j'étais enfant parce qu'à cet âge, je pouvais entendre des voix « qui venaient du vent ». J'essayais d'être le plus souvent possible toute seule dehors à cause de ces voix. J'avais besoin de leurs messages, qui contrastaient avec les messages menaçants de mes parents.

Plusieurs d'entre nous ont cependant du mal à entendre cette guidance et même, le cas échéant, le bourrage de crâne négatif est trop puissant pour être surmonté. Toujours en quête de l'acceptation et de l'amour que nous n'avons pas reçus lorsque nous étions plus jeunes, nous sommes susceptibles de faire un pacte dangereux. Plutôt que d'adopter la sagesse supérieure, nous nous enfermons dans les vieux schémas de nos parents. Ceux-ci sont chargés de conclusions émotionnelles explosives, dont la plupart ont trait aux croyances thématiques qui sous-tendent notre système familial et notre milieu culturel.

Ces « vieux enregistrements » se fixent par la nuque. Au fur et à mesure que nous grandissons, ils nous lient à la façon de travailler, d'apprendre et de penser de notre famille. Nos aptitudes et nos besoins relatifs à notre réalisation personnelle succombent aux rêves et aux désirs que nos parents ont pour nous. Si ces contrats chargés émotionnellement demeurent en place, nos émotions restent de plus en plus enfermées. Par amour propre, nous cachons nos sentiments et nos pensées, car la critique intérieure grandit en nous.

Il peut être utile de travailler sur la nuque lorsqu'on cherche à guérir des schémas émotionnels. Quand j'aborde ce sujet dans mes cours, invariablement au moins un tiers des participants se plaignent que leur nuque commence à les faire souffrir. Je leur demande si la douleur se situe à gauche, à droite ou au centre : maman/féminin, papa/masculin ou systémique, respectivement. Une brève réflexion clarifie presque toujours le message exact qui cause l'inconfort.

### *8½ à 14 ans — Sixième chakra*

Visions. Rêves. Possibilités. Fantasmes. Qu'est-ce que nous voulons? Qu'est-ce que nous voulons devenir? Comment? Un arc-en-ciel de plaisirs nous pousse à essayer de nouvelles choses, à agir différemment, à porter des vêtements bizarres et à expérimenter qui nous sommes. « Potentiel » est notre mode de fonctionnement.

« Potentiel » *devrait* être le mot-clé. Les émotions coincées nous empêchent non seulement de viser haut, mais elles nous barrent également la route. Les croyances culturelles ont une influence considérable durant cette étape. Notre vision interne est tellement ouverte et tellement fraîche qu'elle manque souvent de la protection nécessaire pour distinguer correctement les programmes constructifs des programmes destructeurs.

Ces messages sociétaux qui proviennent du système scolaire, des institutions religieuses, de la télévision, des magazines, des pairs et autres risquent de rétrécir nos horizons. Chez les filles, ces messages renferment la croyance que les femmes doivent être sexy, modestes, sages et menues. Chez les garçons, ces messages leur disent de devenir machos, forts, intelligents et financièrement à l'aise. Lorsque ces croyances se heurtent à nos sentiments et désirs intérieurs, nous ne bénéficions habituellement pas du soutien ni des connaissances nécessaires pour les rejeter ou les modifier. Nous les gobons plutôt tout rond. À l'intérieur de nous, elles s'entremêlent à nos sentiments naturels et à nos rêves. Ce n'est pas féminin d'être en colère ou fâchée, ni de créer une entreprise. Ce n'est pas masculin d'être triste, d'avoir peur ou de vouloir devenir papa. Le fouillis émotionnel confirme notre fidélité aux normes sociales, mais nous noie du même coup.

De plusieurs façons, le féminisme et toutes les autres formes de mouvements sociaux du genre sont des tentatives de mettre à jour et de chasser les programmes instillés par la société, ceux qui affectent l'image de soi, et par conséquent, la réalisation du potentiel. Toutefois, ces mouvements ont tendance à se transformer en tragédies émotionnelles. Quand vous prenez position, vous choisissez immédiatement un camp. Peut-être serait-il utile d'examiner les composantes émotionnelles (sentiment plus pensée) de votre problème d'image, puis, au besoin, adhérer à un mouvement, et non pas l'inverse.

Je pense que beaucoup d'adultes souffrent des émotions ayant survécu à ce stade du développement. Je demande souvent à des clients de regarder par le troisième œil qui ils sont vraiment à l'intérieur. Je leur demande ensuite d'imaginer la conception qu'ils ont d'eux-mêmes. La différence est habituellement radicale. Une cliente a un jour perçu une telle différence qu'elle ne s'est pas reconnue dans la réalité. Avec le temps, elle a commencé à s'occuper des sentiments qu'elle avait étouffés en se contentant de vivre en fonction de ses piètres standards mentaux. La dernière fois que j'ai eu de ses nouvelles, c'était pour me dire que je n'allais pas la reconnaître. Elle s'était fait couper les cheveux, en avait changé la couleur, perdu 15 kilos et commencé à porter des couleurs vives plutôt que des pastel.

### *14 à 21 ans — Septième chakra*

À l'adolescence, nous entrons dans le monde de la raison d'être. Au cours de cette période, nous sommes invités au royaume de notre propre esprit. Notre âme et le moi de la Source divine vont nous encourager à nous individualiser, même pendant que nous apprenons comment nous lier aux soutiens visibles et invisibles autour de nous.

Tout conflit entre la raison d'être de notre âme et nos émotions déjà installées surgira ou augmentera au cours de cette période. L'une des raisons est que tout en traversant les sept années qui la composent, nous repassons par chacun de nos chakras. À 14 ans, les sentiments générés par la préconception jusqu'à l'âge de six mois refont surface. À 15 ans, nous revivons la vie affective du deuxième chakra, et ainsi de suite.

Le mauvais côté de ce cycle récurrent est que nos émotions déjà formées sont très puissantes et peuvent sembler hors de contrôle, plus fortes même que le moi intérieur sage. C'est parce que nous repassons en revue les jugements basés émotionnellement sur nous-mêmes et le monde en les exprimant. Les émotions fortes ont tendance à faire peur aux autres. Si nous les vivons comme étant réelles ou que les autres essaient de les réprimer, il se peut que nous les refoulions une fois pour toutes en nous résignant à notre sort.

Le bon côté est que ce nouveau cycle nous permet de changer. Nos émotions refont surface afin d'être guéries, clivées. À un certain niveau, nous voulons que nos conclusions émotionnelles soient remises en question par ceux que nous aimons. Nous voulons une formation différente. Nous voulons que nos croyances soient transformées. Nous voulons que nos sentiments soient reconnus. Nous voulons la liberté, un mot qu'on entend souvent dans la bouche des adolescents. Nous ne voulons pas vraiment être libérés de nos responsabilités, mais plutôt de nos systèmes de croyances et de nos émotions contraignantes.

J'ai souvent remarqué que les difficultés émotionnelles de mes clients, même à l'âge adulte, respectent ce processus de développement de l'enfance. J'ai travaillé avec une jeune femme de 20 ans qui vivait une grave souffrance émotionnelle et la crainte de l'abandon. Elle a dit que cela venait d'une expérience vécue avec un garçon qu'elle avait connu à l'âge de 15 ans. Il est intéressant de noter qu'elle avait développé des polypes utérins au même âge, ce qui représentait le deuxième chakra en action (dans le septième chakra) à l'âge de 15 ans. Au moyen de techniques psychiques, elle a identifié que ses craintes dataient de l'âge de trois ans et les croyances, de ses 15 ans. Elle avait réuni les deux d'une façon telle qu'elles continuaient de l'affecter.

## EXERCICE : FAIRE LE PORTRAIT DE VOTRE PASSÉ

Nous avons tous des schémas émotionnels qui entravent notre réussite et notre bonheur. Prenons le chemin des souvenirs et découvrons-en quelques-uns.

**I.** Vous allez créer un tableau chronologique. Fabriquez ou achetez une feuille de papier d'environ 75 cm de longueur. Tracez une ligne horizontale au centre, puis marquez-la de huit points. Chacun représentera un chakra. (Le dixième se trouvera à l'extrémité gauche et vous terminerez par le septième). Indiquez l'âge correspondant à chaque chakra. Réunissez de quoi écrire et dessiner.

A. Entrez en état méditatif. En prenant chaque groupe d'âge, un à la fois, commencez par l'époque la plus récente (septième chakra) et terminez par la plus ancienne (dixième chakra). Vous allez identifier l'émotion qui a surgi durant l'étape qui vous affecte le plus.

   Pour ce faire, écrivez ou dessinez au-dessus de la ligne le sentiment associé à l'émotion, et au-dessous de la ligne, la réaction émotionnelle.

B. Quand vous aurez terminé, prenez une autre feuille de papier. En analysant chaque émotion, écrivez de quelle façon celle-ci vous touche en ce moment et ce que vous devez faire pour la guérir.

**II.** Choisissez un problème émotionnel auquel vous êtes confronté. Sélectionnez :

- Le sentiment primaire ;
- La pensée ou croyance primaire.

Servez-vous de la liste ci-dessous pour voir si vous pouvez déterminer dans quel chakra, et par conséquent à quel âge, cette émotion peut avoir pris naissance, puis guérissez à partir de là.

| **Sentiments** | **Pensées** |
|---|---|
| Agressivité, frayeur, joie, honte, désir, culpabilité, etc.<br>— Sentiments primaires | Au sujet de l'existence, le droit d'exister, la vie et la mort, l'abondance, nos besoins, etc. |
| Craintes, colère, créativité ou leur blocage, sensualité ou manque de satisfaction.<br>— Sentiments plus faibles | Au sujet du corps, de la créativité, des enfants, de la naissance (de soi, d'idées, de projets). |
| Peur, anxiété, phobie, faible confiance en soi ou faible estime de soi, circonspection, prudence, courage.<br>— Sentiments relatifs à l'action | Au sujet de notre place dans le monde, de la réussite et des aptitudes, du pouvoir. |
| Amour, lien serré, distance, blessure et souffrance.<br>— Sentiments interpersonnels | Au sujet de la relation avec soi-même et les autres, des rêves et des désirs enfantins et innés. |

| Sentiments | Pensées |
| --- | --- |
| Sentiments touchant les aptitudes ou le goût de parler de ses sentiments, de communiquer, d'écouter ou de comprendre.<br>— Sentiments relatifs à l'expression | Au sujet de l'expression, de la communication, de la réalisation, de la responsabilité, de savoir dire oui ou non. |
| Acceptation de soi ou dégoût de soi, enthousiasme ou désespoir.<br>— Sentiments relatifs à l'image de soi | Préoccupation au sujet de l'image de soi, de l'image corporelle, des désirs pour l'avenir. |
| Éveil spirituel ou religieux, sentiment d'identité par rapport au mieux-être, à l'adaptation, à l'acceptation, au rejet (par la Source divine).<br>— Sentiments relatifs à l'accomplissement de soi | Au sujet de la Source divine, des directives ou personnages religieux ou spirituels, de la raison d'être, du sens, des valeurs ou des principes. |

# Chapitre 15

## LIBÉRER VOS ÉMOTIONS

Être coincé émotionnellement n'a rien d'amusant ; ça fait plutôt mal. Cela nous garde enfermés dans des schémas désuets et autodestructeurs. Une émotion emprisonnée nous empêche de réaliser les désirs du cœur et de l'âme.

Rappelez-vous cependant que nous *voulons* des sentiments. Nous *voulons* des pensées. Les sentiments mettent du piquant dans la vie. Ils la gardent en mouvement. Ils sont le courant que nous suivons. Les pensées marquent les événements de notre vie. Lorsqu'elles nous reviennent, nous savons qui nous avons été et qui nous pourrions devenir. Lorsque les sentiments nous nourrissent, nous nous sentons en vie. Lorsque les pensées nous guident, nous sommes sages.

Inévitablement, la question se pose — une fois que les émotions deviennent coincées, que nous devenons émotifs, que nos sentiments sont déformés plutôt que transcendés, que nous sommes enfermés dans des armures, que les schémas finissent par s'imprégner — pouvons-nous arriver à guérir? Est-il possible de redevenir libre et de se sentir libre? Comment nos sentiments et nos pensées peuvent-ils se libérer s'ils n'ont jamais existé?

La réponse est simple. Nous devons dégager nos sentiments de nos pensées et leur permettre d'agir librement de nouveau. Cela semble simple, mais seulement si nous comprenons le concept de base présenté au dernier chapitre. Une émotion (et une armure émotionnelle) se crée à partir de la combinaison d'un sentiment et d'une pensée, mais ce n'est pas un sentiment et une pensée. Lorsque nous ressentons quelque chose, nous éprouvons un sentiment ; nous ne sommes pas le sentiment en lui-même. Lorsque nous pensons, nous sommes le penseur et non pas la pensée en elle-même ; la pensée n'est pas semblable au penseur. Les émotions sont la projection d'un sentiment et d'une pensée. Le lien qui les unit est l'énergie que nous y insufflons.

Je crois que les émotions, les sentiments et les pensées se déroulent à la manière d'un film. L'image qu'on aperçoit à l'écran est créée par la projection de deux bobines de film. Chacune d'elles déroule une pellicule sur laquelle sont inscrites des images, derrière une lumière. L'interaction de ces images avec la lumière crée ce que nous voyons à l'écran. Les images, seules, sont inertes. Elles ne captent pas les sentiments ni les pensées ; elles montrent des représentations qui résultent de sentiments et de pensées. La réalité de ces images vient de nous. Nous prêtons notre énergie au scénario, au jeu et aux images de lumière. Les images ne sont vivantes que parce que nous leur injectons de l'énergie.

Maintenant, revenons un peu plus en arrière. Supposons que nous travaillons avec deux types de projecteur. L'un renferme les empreintes des sentiments et l'autre est la trame sonore sur laquelle les pensées sont enregistrées. Convenons que le premier est notre deuxième chakra et le second, le troisième. Le matériel photographique présent dans le deuxième chakra ne contient en fait que des tirages de nos corps de sensibilité. Le déroulement des pensées sur la bobine du deuxième chakra ne représente en fait que des images consolidant les songeries de notre esprit. Notre corps nous a envoyé la seconde bobine comme pour nous dire « Voici ce qui se passe en moi ». Notre esprit nous a fait parvenir la bobine du troisième chakra en précisant « Voici l'information recueillie ». Les sentiments que nous éprouvons semblent réels car nous leur donnons du pouvoir. Les pensées semblent avoir un sens parce que nous décidons de les croire.

De temps en temps, les problèmes surgissent au moment de l'enregistrement, de l'observation ou de l'interprétation. Peut-être que quelqu'un a falsifié les bobines du film. Il a affecté des sentiments qui ne nous appartiennent pas à la bobine de notre deuxième chakra. Il a confié à la bobine du troisième chakra des croyances qui ne viennent pas de notre esprit. Parfois, les deux projections, celle de nos sentiments et celle de nos pensées, entrent en conflit. Il est impossible de séparer les sentiments des pensées et les besoins du corps de ceux de l'esprit. Peut-être que notre matériel d'enregistrement est endommagé ou que la lumière ne fonctionne pas. Ce que nous voyons à l'écran est inquiétant. Il se peut même que l'écran semble vide. Les handicaps physiques, les déséquilibres du système énergétique et les émotions traumatiques peuvent tous être causés par du matériel déficient. Quel que soit le cas, il existe de nombreux dangers potentiels au niveau du processus des sentiments, des pensées et des émotions.

Guérir nos émotions commence maintenant à ressembler à un processus complexe, n'est-ce pas ? Y a-t-il du « matériel » endommagé ? Une affection au foie peut entraver le développement du troisième chakra. Des sentiments alambiqués à cause d'un dysfonctionnement dans l'enfance peuvent blesser les corps de sensibilité du deuxième chakra. Les sentiments et les pensées d'origine ont-ils été enregistrés clairement ? Les croyances provenant d'un système malsain seront malsaines en elles-mêmes. Les sentiments déformés par les réactions de nos parents gâcheront le résultat final. Est-ce que nous interprétons correctement le résultat final ? Nos autres centres énergétiques voient peut-être la scène d'une façon différente de celle prévue par notre corps et notre esprit. Nos désirs peuvent altérer nos perceptions et nous amener à confondre le sens de l'émotion.

La plupart d'entre nous sommes âgés de plus de 21 ans et avons donc fait l'expérience d'un grand nombre de matériels et de logiciels personnels ainsi que de désastres de programmation. La plupart d'entre nous ont probablement déjà commencé à soigner ces problèmes. Certains ont consulté un thérapeute, un conseiller, un pasteur, un praticien de médecine douce, un guérisseur ou un médium. D'autres ont fait des quêtes de vision, lu des ouvrages de croissance personnelle ou visité des lieux sacrés. D'autres encore ont peut-être cherché de l'aide dans la méditation, la visualisation guidée, des séminaires d'entreprise, des cours de dépassement de soi, de l'autoréflexion ou des groupes de soutien. La liste des voies possibles est longue. Et pourtant, nous continuons de nous sentir coincés. Que faire ?

Toutes les possibilités se réduisent à une stratégie de guérison primaire. La seule façon de traverser un gâchis émotionnel consiste justement à le traverser. Impossible de passer par-dessus, d'essayer de le rationaliser ou de simplement aller à tâtons. Tôt ou tard, à la manière d'un bon technicien, nous devons commencer à vérifier chaque erreur et à faire les corrections nécessaires. Les principes protecteurs peuvent servir. Nous pouvons également parcourir notre système énergétique, en poursuivant le processus de développement émotionnel décrit au chapitre précédent.

Parfois, cependant, il faut une approche plus psychologique, plus émotive, en quelque sorte. Décoller les couches d'une émotion problématique ou d'un schéma émotionnel et suivre le chemin inverse pour retrouver le sentiment et la pensée y ayant contribué. Bien entendu, il est utile de parcourir ces étapes de façon sécuritaire. Je pense que les conditions énoncées par Carl Rogers dans son livre *Devenir une personne* expriment le plus succinctement les standards internes et externes nécessaires à un véritable travail de guérison. Bien qu'il y fasse référence en termes de créativité constructive, je crois qu'elles s'appliquent à guérir les comportements également. Ses trois « conditions internes » sont :

1. Une ouverture à l'expérience.
2. Un lieu interne d'évaluation.
3. Une aptitude à composer avec les éléments et les concepts.

Ses conditions externes sont :

1. La sécurité psychologique.
2. La liberté psychologique.

Mon interprétation de ces conditions est qu'en avançant, nous devons rester ouverts au fait de permettre au respect de soi et à l'imagination de nous enseigner ce que nous devons savoir. Afin d'atténuer la crainte du changement, nous devons constamment nous rassurer, intérieurement et extérieurement. Je suggère de suivre les quatre étapes suivantes pour libérer les émotions.

## PREMIÈRE ÉTAPE : METTRE L'ÉMOTION AU CENTRE DU PROCESSUS

Toute forme de guérison émotionnelle commence par reconnaître où nous en sommes. Sommes-nous coincés dans une émotion, exacerbés sur le plan émotif ou vivons-nous simplement une mauvaise journée ? Sommes-nous en train de déformer un sentiment parfaitement naturel dont nous n'arrivons pas à percevoir le message spirituel ou en train d'éviter nos sentiments comme tels ?

Nous avons exploré les différents indicateurs touchant à l'émotivité par rapport à la sensibilité émotionnelle. Nous savons que nous sommes probablement émotifs plutôt que sensibles lorsque notre façon d'être entrave notre bien-être, quand il semble que nous n'arrivons pas à gérer, à obtenir ce que nous voulons, à être compris ou à comprendre les autres. Nous sommes sans doute face à un schéma émotionnel lorsque ces conditions sont chroniques, que nous ne parvenons pas à nous en défaire, quoi que nous fassions. Nous déformons un sentiment lorsqu'il n'est pas utile et nous évitons les sentiments quand nous n'éprouvons rien.

J'ai découvert que la façon la plus simple de traiter des difficultés émotionnelles consiste à réduire l'analyse à deux principaux points : dépassons-nous les limites dans un sens ou dans l'autre? Autrement dit, nos sentiments sont-ils trop ou pas assez puissants? Ces deux catégories se définissent comme suit :

- **Mode effréné :** état de surmenage.
- **Mode cérébral :** état d'apathie.

### *Mode effréné*

Dans ce cas, nous avons l'impression de travailler sans arrêt. Même en dormant, il nous semble passer notre temps à traiter, penser, ressentir, bouger ou détecter. Le mode frénétique est un état de surmenage. La croyance qui en ressort est que nous devons compenser pour les autres ou pour les parties de nous-mêmes qui ne remplissent pas leurs fonctions. Les sentiments associés au surmenage ont tendance à nous dépasser. Dans ce mode, nous faisons l'expérience de sentiments intenses, passionnés ou douloureux.

À l'intérieur d'un schéma ou d'une forteresse émotionnelle de surmenage, on peut :

- Se sentir dément ou confus.
- Avoir l'impression de n'avoir aucun contrôle.
- Se sentir souvent irrationnel ou coincé dans une réaction conditionnée.
- Avoir du mal à distinguer notre réalité ou nos limites de celles de quelqu'un d'autre.
- Avoir du mal à distinguer nos problèmes, sentiments ou désirs de ceux de quelqu'un d'autre.
- Vivre tous nos sentiments intensément, ce qui peut être troublant quand la situation ne semble pas mériter une telle réaction.
- Se sentir obligé de prendre soin de quelqu'un d'autre, lui faire ressentir un certain sentiment ou faire en sorte qu'il pense comme nous.

- Avoir de la difficulté avec les limites physiques ou psychiques.
- Avoir du mal à rester dans le présent, car notre esprit ou nos sentiments s'égarent sans cesse dans le passé ou le futur.
- Se sentir coincé en mode réactif et incapable d'en sortir.
- Faire l'expérience de flashbacks.
- Vivre des sautes d'humeur, parfois sans raison apparente.
- Se sentir souvent trop stimulé ou hyperactif.
- Ressentir des vagues d'épuisement ; sentir une fatigue dans toutes nos activités.

L'un de mes cours les plus populaires s'intitule : Développement intuitif pour les « hyperintuitifs ». J'y rencontre des centaines de gens qui avouent avoir l'impression de vivre trop intensément et semblent incapables de se démarquer des autres. Presque tous ont bénéficié d'en apprendre davantage au sujet des dimensions intuitives de la réalité. En apprenant à établir des limites psychiques, ils font de grands progrès en termes de bien-être psychologique et psychique. En général, ces gens ont dû apprendre à changer leurs croyances de façon à mieux gérer leurs sentiments.

### *Mode cérébral*

Dans cet état, nous fonctionnons un peu comme un robot. Nos réactions semblent automatisées, à nos yeux et à ceux des autres. Il se peut que nous soyons incapables de réagir à une situation, de répondre émotionnellement ou d'arriver à dire quelque chose.

Parfois, la cérébralité peut ressembler à de l'intellectualisation trop avancée. Nous avons beau essayer, nous ne parvenons pas à atteindre le sentiment en cause, seulement un processus de pensée. Celui-ci semblera extrêmement familier. Est-ce que nous repassons nos vieux enregistrements en boucle ? En mode cérébral, nous avons du mal à atteindre nos sentiments, à les éprouver ou à les pressentir. Dans un schéma cérébral, on peut :

- Vivre dans sa tête, en réagissant par la raison ou la logique.
- Se sentir déconnecté de ses sentiments.
- Rester coincé dans le même sentiment ou dans des sentiments récurrents.
- Ressentir une sorte d'engourdissement, de léthargie ou d'apathie.

- Avoir du mal à se motiver pour faire quelque chose de nouveau ou de créatif.
- Recevoir une rétroaction à l'effet qu'on soit trop froid ou insensible.
- Douter de soi ou vivre des vagues de mécontentement.
- Réaliser que la plupart des croyances sur soi-même et les autres sont négatives ou critiques.
- Avoir du mal à se connecter à son intuition, conscience, vision ou empathie.
- Avoir un trop plein d'énergie et se sentir impuissant à l'exprimer.
- Avoir du mal à entrer en contact avec le monde psychique ou spirituel, ou d'y croire.

En travaillant avec des gens en mode cérébral, je dois habituellement les aider à découvrir la ou les situation(s) qui les a amenés à devenir insensibles. Il faut souvent de l'aide thérapeutique. En augmentant le flot d'énergie des sentiments, ils sont mieux en mesure de maîtriser le pouvoir qu'ils accordent à leurs croyances.

Ceux qui ont une personnalité excessive fonctionnent suivant l'un ou l'autre mode. D'autres mêlent les deux. Dans certaines situations, comme à l'occasion d'une soirée entre amis, ils s'éteignent et se mettent en mode cérébral, alors qu'à d'autres moments, comme lors de visites à des membres de la famille, ils deviennent hyperactifs et se mettent en mode effréné. Il est plus facile de reconnaître les tendances de l'émotivité, parce que nous semblons plus émotifs, à nos yeux et à ceux des autres. Nous sommes plus actifs, nos sentiments sont à fleur de peau et nous devenons expressifs. Il peut être difficile pour nous ou pour les autres de prendre conscience que la cérébralité est un état émotif, pas seulement un trait de personnalité. Si notre faible état d'énergie entrave notre bien-être, nous rend malheureux ou gêne notre vie mentale ou relationnelle, il s'agit d'un symptôme d'émotivité. En mode effréné, les émotions s'expriment vers l'extérieur, alors qu'en mode cérébral, elles s'expriment vers l'intérieur. Nos émotions se cachent plutôt que de se manifester.

Une fois que nous avons reconnu notre émotivité, ou que nous sommes coincés dans un schéma émotionnel, nous devons commencer à séparer la pensée du sentiment. Après avoir divisé l'émotion en composantes, nous serons plus en mesure de nous y confronter et de la soigner. Les étapes deux et trois sont interchangeables, suivant que nous travaillons en mode effréné ou cérébral. Dans le premier cas, j'ai tendance à isoler d'abord les sentiments, et ensuite les pensées. Dans le second cas, je travaille en premier lieu avec les pensées, puis les sentiments. Je travaille ainsi parce que le mode effréné est gouverné par les sentiments, tandis que le mode cérébral est dirigé par les pensées. Il est plus facile d'identifier la couche supérieure d'un problème que sa couche inférieure.

## DEUXIÈME ÉTAPE : ISOLER LE SENTIMENT

Chaque fois que nous sommes dans un état émotif, nous sommes coincés dans un sentiment. En essayant de déchiffrer le sentiment pris dans une émotion, ou dans un schéma de distorsion, nous devons nous rappeler que le sentiment pertinent vient du passé et non du présent. Même si une situation en cours s'est accrochée à un sentiment, son intensité, son arrière-goût, son ampleur et sa profondeur se situent dans le passé et non dans le présent. La règle générale pour reconnaître qu'un sentiment est vieux ou enraciné est celle de mon thérapeute. Si un sentiment semble disproportionné par rapport à la situation, c'est probablement qu'il l'est.

Parfois, il est relativement facile de reconnaître le sentiment prédominant. Plus souvent, cependant, celui-ci est caché sous plusieurs couches de sentiments secondaires. Nous recouvrons les sentiments pour panser la blessure d'origine ou pour protéger le moi blessé dans le passé afin qu'il ne puisse plus l'être.

Habituellement, plus l'émotion est intense et difficile, plus le sentiment est vieux et abimé, plus nous étions jeunes lorsque nous avons été blessés. Il est important de repérer à quel âge cela s'est passé. Le moi crie au secours, même s'il essaie peut-être en même temps de chasser l'émotion. Nous voulons guérir et éviter des souffrances supplémentaires. Cette tension peut nous amener à craindre d'être guéris, incertains du processus mais désireux d'être aidés. Cela ne ressemble-t-il pas à de l'émotivité ?

Lorsque je travaille avec des clients qui font le tri parmi leurs sentiments, j'aime bien utiliser des thérapies par le toucher ou leur demander de faire appel à un guérisseur ou à un masseur en complément de leur travail avec moi. Les sentiments sont le langage du corps. Lorsque nous consentons à l'écouter, le corps peut être d'un grand secours dans le processus de guérison. Il peut nous aider à repérer nos sentiments, révéler des souvenirs ou sentiments refoulés et réparer ceux qui sont abîmés.

Ma méthode préférée est le toucher thérapeutique non intrusif. Habituellement, je pose la main sur chaque chakra, en partant du haut. Je demande au client de décrire ce qu'il ressent par rapport à l'état émotionnel qu'il a vécu. Je descends de chakra en chakra, à la recherche du sentiment qui suscite l'état émotionnel non désiré et de celui qui déclenche toute l'émotion.

Je peux souvent ressentir où se trouve ce sentiment en repérant les points chauds et froids dans le corps de la personne. Un endroit chaud signifie qu'un sentiment y bouge, tandis qu'un point froid indique souvent un sentiment absent ou qui se cache. Lorsque je perçois un point chaud, ou que le client le sent, je demande à ce dernier d'aller dans ce sentiment pour voir s'il se connecte à l'état émotionnel. Le cas échéant, c'est là que nous commençons le travail. Lorsque le client ou moi-même repérons un endroit froid, je stimule légèrement le point. J'y injecte de l'énergie et je demande au client d'y diriger sa conscience. Il se peut que je lui demande de se mettre sur le ventre afin que je puisse travailler sur l'envers du chakra jusqu'à ce qu'il ressente quelque chose. Lorsque nous atteignons le sentiment, j'invite le client à aller plus en profondeur en l'encourageant à ressentir, être et agir suivant l'âge qui y est associé. Souvent, mon intention consiste à lui permettre de se rappeler l'expérience, l'état, la personne ou la situation qui y est relié.

Il existe de nombreuses autres façons d'identifier un sentiment. Je peux demander au client de simplement poser le doigt sur la région de son corps qui renferme le sentiment verrouillé dans l'émotion. Je peux me servir de mes connaissances du système de développement des chakras de l'enfant pour guider la personne à l'état d'enfance. Si le client semble vraiment bloqué, je peux travailler surtout avec le système de l'envers, en demandant l'aide de l'inconscient et des guides de la personne. Je peux demander au client de s'asseoir sur une chaise et commencer à parler à une autre chaise. Je le soutiens en dirigeant les sentiments qui surgissent dans son corps vers la « personne » assise en face. Quel que soit le cas, l'objectif est en deux volets :

1. Nous voulons isoler le sentiment prédominant coincé dans l'état ou le schéma émotionnel non désiré.

2. Nous voulons déterminer l'âge et la situation où ce sentiment s'est bloqué.

Parfois, il faut des semaines au client pour atteindre le sentiment en cause et il n'y a rien de mal à ça. Je soutiens la personne quoiqu'il arrive ou alors je l'encourage à travailler avec quelqu'un d'autre. La personne reste parfois coincée dans la peur pendant un bout de temps. Le cas échéant, je lui dis de ressentir sa peur le plus possible. La personne peut devenir incroyablement triste, alors je lui conseille d'aller voir des films tristes. Elle peut ressentir le besoin de se fâcher, mais ne croit pas être autorisée à libérer sa colère. Je lui demande alors de frapper sur des oreillers pour faire sortir le sentiment. Il s'agit de se débarrasser des couches de sentiments jusqu'à trouver celui qui gêne la personne et qu'elle finisse par dire « Ça y est ! Voilà le sentiment que j'éprouve quand je suis émotive au sujet de XYZ ».

## TROISIÈME ÉTAPE : ISOLER LA FORME DE PENSÉE

Il se peut que la pensée liée à l'émotion problématique ne nous appartienne pas. Il est possible qu'elle représente notre réaction personnelle à une certaine situation. Le cas échéant, la formulation ressemblera à une observation. « Je constate que tout le monde est malheureux. » « J'ai toujours fait souffrir ma mère. » « Je n'avais jamais la réponse quand le professeur s'adressait à moi. » Des pensées comme celles-là ne causent pas de réactions émotionnelles comme telles ; elles doivent être jumelées à un sentiment pour qu'il y ait problème.

Prenons le premier exemple : « Je constate que tout le monde est malheureux ». Imaginez que cette pensée soit survenue lors d'un événement familial au cours duquel nous avons exprimé une certaine colère. Si nous avons alors perçu que tout le monde était malheureux parce que nous étions en colère, il se peut que nous ayons créé la croyance de base et l'émotion « Tout le monde est malheureux quand je suis en colère ». Cette émotion peut disparaître si on en discute avec quelqu'un, la soumettons au chakra du cœur pour obtenir un deuxième avis, ou vivons un événement familial où nous observons une tout autre réaction quand nous sommes fâchés. Malheureusement, surtout en ce qui concerne les affaires de famille, nous avons tendance à recevoir sans cesse les mêmes réactions et à faire l'objet des mêmes jugements. À un certain moment, notre perception de la tristesse des autres se lie à notre colère et le tout est alors cimenté en permanence. Notre système énergétique devient confus chaque fois que nous rencontrons quelqu'un de fâché, et cela ravive la pensée qu'une personne en dehors de nous est malheureuse.

Les pensées peuvent aussi provenir de l'entourage. Nous en absorbons certaines sans réfléchir et en digérons d'autres avec le temps. Par exemple, si nous avons été élevés dans une famille qui dénigrait un certain groupe ethnique, croyait que tous ceux qui ont de l'argent sont méchants ou laissait entendre que les artistes sont pauvres, il est compréhensible que nous ayons adhéré à ce genre de points de vue. Il arrive aussi que nous ayons choisi des bribes du système de croyances de notre entourage. Notre père, par exemple, insiste peut-être sur le fait que les femmes sont idiotes. Notre mère, qui nous semble intelligente, a peut-être du mal à équilibrer son compte en banque. À partir de là, nous créons la croyance hybride « Les femmes sont idiotes en matière d'argent ». Souvent, ce genre de croyances sont plus difficiles à isoler que celles qui nous appartiennent en propre. Comme elles sont de nature composée, elles peuvent être passablement complexes.

Arriver à distinguer la forme de pensée ou de croyance prédominante peut être assez ardu. Des milliers de pensées nous traversent l'esprit à tout moment, dont des centaines sont peut-être des conclusions secondaires formant l'émotion en cause. La croyance selon laquelle les femmes (ou les hommes) ne comprennent rien à l'argent est peut-être l'ingrédient clé dans notre propre lutte pour avoir une vie décente. Avec le temps, nous avons ajouté un certain nombre d'affluents à cette croyance. « On devrait empêcher les femmes de s'occuper d'argent. » « Les femmes ne devraient pas posséder d'argent. » « Les femmes devraient se sentir idiotes de gagner de l'argent. » Ce que nous cherchons à faire, c'est de nous défaire de la croyance de base et non pas nous égarer dans une série de croyances secondaires qui se tissent dans notre système énergétique.

La meilleure façon d'y arriver consiste à isoler la croyance qui fait équipe avec l'un des autres indicateurs émotionnels. En éprouvant le sentiment associé à notre émotion problématique, ou en ressentant/étant/agissant à l'âge auquel nous l'avons intégrée, nous pouvons simplement demander à notre moi enfant de nous dire quelle conclusion nous avons tirée des circonstances de l'époque. Puis, il faut écouter et entendre le discours qu'on se fait à soi-même.

Je demande souvent à des clients aux prises avec de la confusion de faire un exercice de croyance. Je leur demande d'écrire ce qu'ils comprennent de l'émotion qui les affecte. Je leur propose ensuite de faire un énoncé de leur pensée ou croyance au sujet de cette émotion. Par exemple, une cliente écrira :

Énoncé sur l'émotion : « Je me sens souvent mal quand je dépense de l'argent. Je me dis que je ne devrais pas, mais plus je me sens mal, plus je dépense. »

Croyance corollaire : « Je me débrouille mal avec l'argent. »

Pour m'assurer d'aller en profondeur, je demande à la cliente de continuer. Après avoir écrit la dernière phrase, je lui demande de la réécrire, d'ajouter « parce que » suivi d'une réponse. Nous poursuivons ainsi jusqu'à découvrir le filon, puis le pot aux roses ! Par exemple :

Croyance corollaire : « Je me débrouille mal avec l'argent parce que *je n'arrive jamais à en garder.* »

Croyance corollaire : « Je n'arrive jamais à en garder *parce que je suis une femme.* »

Croyance corollaire : En tant que femme, je n'arrive jamais à garder d'argent *parce que les femmes se débrouillent mal avec l'argent.* »

Croyance corollaire : « Les femmes se débrouillent mal avec l'argent *parce que c'est mon père qui le dit.* »

Croyance corollaire : « Mon père le dit *parce qu'il le pense.* »

Croyance corollaire : « Mon père pense que les femmes se débrouillent mal avec l'argent *parce qu'il a peur qu'elles en aient.* »

Croyance corollaire : « Il a peur qu'elles en aient parce qu'alors, *elles n'auraient plus besoin des hommes.* »

Croyance corollaire : « Si les femmes n'avaient plus besoin des hommes, *mon père pourrait être abandonné.* »

Ah ha ! Voyez comme nous touchons au nœud du problème ?

Si je veux aller une étape plus loin, je peux utiliser cet endroit pour faire un travail de régression. Je peux maintenant plonger dans la situation qui a enfermé les émotions. Par rapport à l'exemple mentionné, il s'agirait que la cliente se rappelle à quel âge elle a perçu que les femmes se débrouillaient mal avec l'argent. Elle voudra se rappeler qui a manifesté ce comportement, lui a enseigné ça, ou l'a obligée à y croire.

Rappelez-vous que vous pouvez toujours ramener une croyance problématique à l'une des six négatives (absence de valeur, sentiment de ne pas mériter, impuissance, inutilité, méchanceté ou manque d'amour) ou à la croyance négative primaire « Je suis distinct ». En fait, c'est lorsque nous ramenons le problème à ce niveau que la guérison est la plus efficace.

## QUATRIÈME ÉTAPE : METTRE AU JOUR LES BÉNÉFICES

Une fois l'émotion réduite à ses composantes brutes, nous voulons libérer le corps et l'esprit de ses griffes. La seule façon d'y arriver consiste à aimer cette émotion — jusqu'à la mort. C'est exact. Nous devons présumer que cette émotion gênante et détestable que nous avons éprouvée répondait à un besoin, aussi bien que le sentiment et la pensée qui luttaient à l'intérieur. Si nous voulons vraiment nous libérer de l'émotion, nous devons faire plus que de la détruire. L'abandonner dans l'oubli ne ferait que nous laisser un sentiment de vide, et ce vide chercherait à être comblé. Le besoin originel se fera sentir. Même en réussissant à dégager l'émotion coincée, mais sans trouver un nouveau moyen de combler l'ancien vide, nous ne ferons que concevoir une nouvelle émotion pour y arriver. Et ce nouvel état émotionnel créera autant de remous que l'original.

En comprenant le besoin que l'émotion gênante remplit et en créant un nouveau moyen, plus aimant, de le combler, nous consentons plus facilement à permettre à nos sentiments et croyances de se détacher. Nous nous ouvrons à l'énergie et à l'aide nécessaires pour permettre aux sentiments et aux croyances blessés de guérir. Nous permettons aux parties coincées de nous-mêmes de grandir. Au premier abord, la plupart d'entre nous ne peuvent croire que nous récoltions un certain bénéfice à être malheureux, à nous détester ou à ne choisir que des alcooliques comme conjoints, mais c'est pourtant vrai. Nous ne sommes peut-être par fiers de nos raisons, mais elles existent. Les types de besoins ou bénéfices varient beaucoup, mais il y en a deux essentiels : ceux à base de crainte et ceux à base d'amour.

Les premiers sont basés sur la peur des conséquences. Ils proviennent d'un élan intérieur d'éviter les responsabilités, de prendre soin de soi-même ou des autres ou encore d'éviter la vérité. Nous avons tous des craintes, mais cela ne veut pas dire que nous ne sommes pas de bonnes personnes. Cela signifie sans doute que, pendant que nous grandissions, nos systèmes énergétiques ne se sont pas pleinement développés parce que quelque chose ou quelqu'un dans notre entourage n'a pas soutenu le processus de maturation. Les résultats basés sur la peur nous figent dans le temps. Le bambin de deux ans qui a été blessé reste en nous, enfermé dans le deuxième chakra. Il dirige les opérations, craignant de lâcher prise jusqu'à ce que ses besoins soient comblés et qu'on le laisse être un enfant de nouveau.

Les résultats basés sur l'amour sont de l'ordre du sacrifice. Ils comportent de faire des choix pour subir des blessures afin que quelqu'un d'autre se sente mieux ou ne soit pas blessé. Par exemple, une cliente avait décidé de prendre sur elle les problèmes physiques de sa mère. Elle l'aimait sincèrement et croyait que c'était la seule façon de l'aider. Même si ma cliente avait manifesté son choix par la maladie, celle-ci était émotionnelle car elle était motivée par une croyance ( « Ma mère mourra si je ne l'aide pas ») et un sentiment (son amour pour sa mère).

Dans l'ensemble, j'observe moins de problèmes à base d'amour que de peur. Je me rappelle plusieurs fois où j'avais décidé de ne pas dire ce que je pensais afin de ne pas blesser mon père. Je me souviens d'une cliente qui avait endossé le mal de dos de sa mère afin de la soulager un peu. J'ai eu une autre cliente qui avait décidé qu'elle était méchante, parce que sinon, sa mère qui l'avait maltraitée aurait eu le mauvais rôle ; elle préférait « aller en enfer » à la place de sa mère. J'observe plus couramment des clients qui absorbent la douleur de leurs parents dans le but d'assurer leur propre survie. Je pense que cela se produit parce que nous vivons dans une société basée sur la peur. L'amour n'est pas reflété au quotidien. On entend parfois parler de l'amour inconditionnel, mais on en fait rarement l'expérience. Il est difficile de construire des fondations sans plans d'exécution.

Les bénéfices ou résultats les plus courants des deux types que j'observe dans mon travail sont les suivants :

### *Bénéfices fondés sur la peur*

- Je ne suis pas obligé de grandir.
- Je ne suis pas obligé de prendre des risques.
- J'évite d'être blessé.
- Je n'ai pas à éprouver certains sentiments.
- J'évite les responsabilités.
- Je n'ai pas à me rappeler une expérience douloureuse.
- Je n'ai pas à répéter une expérience douloureuse.

- Je n'ai pas à me confronter au problème.
- J'obtiens que d'autres s'occupent de moi.
- Je peux m'apitoyer sur mon sort.
- J'évite la réussite.
- J'évite l'échec.
- J'obtiens de l'attention.
- Je n'ai pas à admettre que j'ai tort.

### *Bénéfices fondés sur l'amour*

- Je sauve la vie de quelqu'un.
- J'atténue la souffrance de quelqu'un.
- Je fais passer quelqu'un d'autre en premier.
- J'expie la culpabilité.
- Je paye ma dette karmique.
- Je suis à la disposition de quelqu'un.
- J'apprends une leçon.
- J'apprends à avoir de la compassion.
- J'expérimente l'usage positif du pouvoir.
- Je pratique un art de guérison.
- Je contribue à créer un monde meilleur.

Déterminer le bénéfice ou la conséquence d'un problème émotionnel nécessite une honnêteté complète face à soi-même ou à un autre être humain. Les programmes en 12 étapes sont conçus pour aider les gens à atteindre ce niveau de franchise. L'une des étapes de ces programmes qui poussent les gens à entreprendre est de faire une revue complète d'eux-mêmes et de leurs actes. On leur demande de dresser la liste de tous les gens à qui ils ont causé du tort et de faire amende honorable, au besoin. Ces étapes invitent ceux en quête de vérité à découvrir leur âme, à l'examiner et à admettre les échecs de l'esprit. Le pardon est inévitable, parce que nous sommes les enfants de la Source divine. Les enfants font des erreurs. Ils affichent un faux orgueil ; ils ont besoin de guidance. Il serait vaniteux de croire que nous sommes les seuls êtres humains qui ne commettons pas d'erreurs, n'est-ce pas ? Pour ma part, je ressens un grand soulagement quand j'admets avoir été malhonnête ou manipulatrice sur le plan émotionnel. Même faire l'expérience des sentiments des autres est manipulateur, car cela contrôle la situation.

Habituellement, une fois qu'un client accepte qu'il est un élève de l'univers, un enfant de la Source divine et un moi en développement, le résultat surgit dans son esprit. Bien entendu, il y a d'autres techniques pour mettre le résultat au jour. Je peux amener le client à régresser jusqu'au moment de la blessure ; je peux me servir de la kinésiologie, un système pour tester la réaction du corps à des questions ; demander au client de solliciter un rêve informatif ou l'inviter à écrire une fable ou un conte. Lorsque j'utilise cette dernière technique, je lui demande de mettre son problème émotionnel au centre de l'histoire et d'écrire tout ce qui lui passe par la tête. Le résultat jaillit généralement de la page.

Une fois que nous avons compris le bénéfice sous-jacent, nous savons ce qu'il faut savoir. Nous avons compris les rôles de chacun. Nous connaissons l'émotion, le sentiment, la pensée ou la croyance, ainsi que le bénéfice. J'aimerais pouvoir vous donner une méthode rapide et facile de guérir à partir de cette étape, mais je ne peux pas, car le premier et le plus important stade de la guérison de l'émotion apparente consiste à consentir à s'en séparer.

Il faut alors revenir aux principes protecteurs. Je passe fréquemment en revue quelques-uns des principes sous forme de questions posées au client, afin de guérir un problème lié à une émotion. Je lui demande s'il consent à guérir et à manifester ses désirs. Je lui demande s'il consent à changer ou à accepter une nouvelle façon de combler ses besoins. Je lui demande s'il consent à lâcher prise sur les vieux schémas et les bénéfices. Je lui demande s'il consent à éprouver le sentiment qu'il lui faut éprouver, à créer une nouvelle pensée pour lui-même et à être libre plutôt qu'emprisonné. Je lui demande s'il consent à permettre à la Source divine ou au moi de la Source divine de lui servir de guide durant le processus. Parfois, je lui demande même s'il consent à ce que des miracles se produisent, à ce que les gens révèlent leur magie, et à faire le travail nécessaire pour devenir la personne qu'il désire être. À ce stade, je laisse les choses suivre leur cours. Je dois faire confiance à ma perception du processus et encourager le client à en faire autant, afin de permettre au système énergétique de changer et de faire un virage.

Le soutien joue un grand rôle dans un processus de changement émotionnel. Les sentiments longtemps contenus peuvent refaire surface et causer du chagrin, de la colère, de l'agressivité ou de la frayeur. Des pensées hargneuses et débilitantes peuvent se manifester, entraînant une litanie de critiques contre soi ou les autres. Mon expérience est que si ces vieilles énergies se voient offrir de l'espace ou un endroit pour s'exprimer sans crainte, elles se dispersent rapidement, mûrissent ou se transforment. Il en ressort habituellement une nouvelle personne quelque peu fatiguée mais heureuse, qui ressemble à une parturiente ayant traversé le stade du travail et donné naissance à un magnifique bébé : le moi.

## EXERCICE : ÉCRIRE L'HISTOIRE DE VOTRE VIE

A. Prenez une tablette et un stylo. Pensez à un problème qui vous cause de la frustration ou de l'insatisfaction. Vous allez faire un voyage à travers les mots de votre feuille.

Vous allez écrire votre propre cheminement, l'histoire de votre vie ayant trait à votre problème. Pour ce faire, vous voudrez peut-être suivre le « voyage du héros ». Un héros est quelqu'un qui apprend une leçon durement et qui devient ensuite une personne meilleure et plus forte, capable de partager les leçons apprises.

Vous êtes le héros de cette histoire, le personnage principal. Vous êtes la personne affectée par le problème ; vous êtes le héros qui fonce tête baissée. Vous êtes le héros qui lutte et surmonte le problème. Vous êtes celui qui survit pour en parler et rentrer à la maison. Vous êtes le héros qui crée du bon à partir d'une difficulté.

B. Le cheminement se fera comme suit :

1. Commencez « à la maison », en décrivant d'où vous venez et les situations qui ont mis les difficultés en place.
2. Quittez la maison. Que vous arrive-t-il, à vous, le héros, durant votre voyage dans le monde ?
3. Combattez le dragon. Il est votre problème émotionnel. Décrivez-le, apprenez à le connaître. De quelle façon l'approcher, y faire face et le combattre ?
4. Gagnez la bataille. Comment allez-vous surmonter l'obstacle que ce dragon/émotion représente ? Quels sont les pouvoirs que vous devez tirer de vous-même pour le déjouer ? Quelle aide devez-vous demander ou accepter pour maîtriser le dragon ? Quelle sagesse devez-vous posséder pour transformer l'émotion/dragon ?

5. Coupez la tête du dragon. Qu'avez-vous appris de votre lutte contre ce dragon ?
6. Acceptez votre récompense. Qu'est-ce que votre bataille signifie à vos yeux, dans le contexte plus large de votre vie ? Quelles sont les nouvelles énergies, connaissances ou richesses que vous devez accepter pour changer votre vie ?
7. Rentrez à la maison. Tous les héros retournent à leur point d'origine. À quoi ressemble-t-il maintenant ? Pouvez-vous le considérer avec compassion ?
8. Parlez-en aux autres. Tous les héros rapportent leurs leçons, leurs richesses et leur sagesse à la communauté. Que devez-vous faire, savoir ou comprendre pour cela ?

C. Après avoir écrit votre histoire, réfléchissez à ce qu'elle signifie pour vous aujourd'hui.

## EXERCICE ALTERNATIF

A. Choisissez un problème que vous avez du mal à cerner. Posez-vous les questions suivantes :
1. Quels sont les sentiments que j'éprouve quand je pense à ce problème ? Faites-en la liste.
2. Quelle est la croyance liée à chacun des sentiments ? Ces croyances doivent être rédigées sous forme d'énoncés. Par exemple :

| **Sentiments problématiques** | **Croyances problématiques** |
|---|---|
| Tristesse | Je blesse les autres quand je dis ce que je pense. |
| Peur | Les autres peuvent me blesser quand je demande quelque chose. |
| Panique | Rien ne peut stopper ce vieux schéma. |

B. Réduisez chaque croyance à une pensée. Par exemple :

| Croyances problématiques | Pensées |
|---|---|
| Je blesse les autres quand je dis ce que je pense. | Je peux blesser les autres. Je peux dire ma vérité. |
| Les autres peuvent me blesser quand je demande quelque chose. | Je peux être blessé. Je peux demander quelque chose. |
| Rien ne peut arrêter ce vieux schéma. | Je traîne de vieux schémas. Les vieux schémas ne peuvent être arrêtés par quoi que ce soit d'autre. |

C. Réunissez les pensées avec les sentiments. Par exemple :

- Je suis triste quand je dis ce que je pense et que les autres me blessent. Je peux donc choisir de dire ce que je pense ou pas.
- J'ai peur quand je demande quelque chose, et je suis blessé. Je peux donc demander à quelqu'un d'autre, jusqu'à ce que je trouve celui qui consentira à m'aider.
- Je suis paniqué à l'idée de traîner de vieux schémas et je ne sais pas comment les arrêter. Je vais donc demander à ceux qui ne traînent pas ces vieux schémas de m'aider.

# Chapitre 16

## Devenir le moi de votre Source divine : vivre comme un chaman

### SAUVER LE MONDE

Lorsque nous cherchons à guérir ou à nous réaliser, nous devons souvent démêler des années de problèmes émotionnels, physiques et spirituels. Ces blocages (points de résistance) portent bien leur nom, car ils empêchent le flot naturel de l'énergie entre le moi spirituel et le moi physique. Comme nous venons de la Source divine, que nous sommes la Source divine et que nous la recherchons en nous-mêmes, la meilleure façon de briser notre résistance consiste à travailler avec ce que nous savons.

Malheureusement, il y a une entrave. C'est ce quelque chose qui sous-tend la plupart de nos difficultés émotionnelles, nos troubles physiques et nos fausses perceptions spirituelles. Il s'agit du déni. Celui-ci se manifeste chaque fois que nous ignorons notre vraie nature, le moi de la Source divine. Lorsque nous n'acceptons rien de moins que ce que la Source divine désire pour nous ou ce que le moi de la Source divine mérite, nous acceptons un résultat. En pensant ou en espérant qu'un résultat comblera nos besoins, nous nous refusons au pouvoir, à l'énergie et à l'amour qui combleraient vraiment nos besoins — nos besoins essentiels.

Comment le déni est-il entré ou entre-t-il dans notre existence, et que devons-nous faire à ce sujet ? Cette question appelle des réponses à la fois ésotériques et pratiques.

## LE RÔLE DU DÉNI

Nier quelque chose, c'est lui tourner le dos. En ce qui concerne les sentiments, nous sommes dans le déni lorsque nous refusons de les reconnaître, les affirmer ou les éprouver. Par rapport à nos pensées, nous sommes dans le déni quand nous refusons celles-ci, d'en tenir compte ou de les examiner. Pour ce qui est des émotions, nous sommes dans le déni si celles-ci restent inexprimées ou continuent de tourner en rond. Il y a du déni derrière toutes ces circonstances, toutefois, nous sommes dans le déni quand nous refusons d'affirmer le moi de la Source divine.

Atteindre le moi de la Source divine, sous des couches de déni, d'émotions, de fausses perceptions, de maladies et de mauvaises relations personnelles peut être un processus douloureux. Non pas parce que le moi de la Source divine est douloureux, mais parce que nous devons lutter contre des années de programmation qui nous convainquent que le meilleur moyen de guérir et de nous réaliser est la manière difficile. Nous guérissons le cancer en prenant des médicaments. Nous gagnons notre vie en occupant des emplois que nous détestons. Nous apprenons l'amour en vivant des relations qui nous font mal. Nous avons du plaisir en faisant ce que les autres croient amusant. Nous luttons sans cesse avec la vie afin de nier la mort. Autrement dit, nous travaillons très fort pour faire de notre mieux, mais nous en ressortons misérables néanmoins.

Ce sont les couches du déni. En travaillant avec des clients, je constate souvent qu'un grand nombre découvre une couche uniquement pour atterrir dans la suivante. Ces couches se présentent chez des clients aux prises avec des soucis de santé, de relations, de carrière, des troubles psychologiques, de religion et autres. Je pense que tous ces niveaux ont un lien avec notre développement spirituel et celui de l'enfance.

Voici comment cela fonctionne dans mes propres mots. À une certaine étape, l'âme a été abîmée par une blessure originelle. Celle-ci nous a amenés à nier la réalité de la Source divine, du moins en partie. Nous sentant coupables d'y avoir tourné le dos, nous avons progressé dans le déni de notre véritable Source divine et de notre véritable moi, notre vraie raison d'être et notre volonté réelle. Ce faisant, nous avons accumulé sentiment par-dessus sentiment, émotion par-dessus émotion, et affection physique par-dessus une autre — chaque couche recouvrant la précédente. La guérison comporte de déterrer ces couches de déni afin de retrouver la blessure ou fausse perception d'origine. La manifestation est le processus par lequel nous recevons ce dont nous avons besoin pour atteindre le point central.

Voici les couches d'émotions niées que j'observe habituellement. J'en ai dressé la liste en partant de celles du dessus pour aller vers celles du dessous et j'ai décrit chacune en fonction de ses trois principales composantes. Le sentiment nié signale l'état qui recouvre la couche qui le précède. La pensée prédominante indique la croyance primaire associée. La cause a trait à la blessure qui s'est produite à cette étape.

### *Les couches de base du déni*

| **Sentiment nié** | **Pensée prédominante** | **Cause** |
|---|---|---|
| 1. Peur | Je ne suis pas assez fort pour voir ce qui cause ma peur. | La peur sert de mécanisme de protection. |
| 2. Tristesse | J'ai perdu quelque chose d'important ou de précieux. | Perte du moi, des autres ou des rêves suite à des épreuves. |
| 3. Colère | On m'a fait du tort. | La cause de notre souffrance, habituellement quelqu'un qui ne semble pas s'en soucier. |
| 4. Peine (colère déformée) | Quelque chose m'est arrivé que l'on ne peut pas réparer. | L'âme est blessée ; une partie du moi véritable est ignorée. |
| 5. Agressivité (colère et tristesse déformées) | Je suis impuissant ; incapable de me garder en sécurité. | L'agressivité, une combinaison de peine et de colère, existera sous ou par-dessus les couches de tristesse et de colère, si ces sentiments non exprimés se lient à celui de l'impuissance. |

| **Sentiment nié** | **Pensée prédominante** | **Cause** |
|---|---|---|
| 6. Honte (dégoût déformé) | Je suis une mauvaise personne. | On a été maltraité et on en prend le blâme. La honte remplit l'écart causé par le renoncement à soi-même. |
| 7. Culpabilité (dégoût déformé) | C'est ma faute si j'ai été blessé. | On renonce à soi-même ; on refoule, néglige, fragmente ou nie une part de soi-même afin de mieux composer avec ce qui nous fait souffrir. |
| 8. Frayeur (peur déformée) | Je suis impuissant face à ce qui peut me blesser. | On perçoit que quelque chose ou quelqu'un va nous faire du mal et on se croit incapable de l'en empêcher ou d'appeler à l'aide. |
| 9. Jugement/culpabilité (colère et dégoût déformés) | Il y a quelque chose qui ne va pas avec moi ; je ne mérite pas d'être une part de la Source divine. | On a cette croyance parce qu'on pense être séparé de la Source divine. Cela nous amène à croire qu'on ne peut pas lui demander de l'aide. |
| 10. Déni (toutes les déformations, surtout la joie) | Je ne suis pas la Source divine. | Croyant être séparé de la Source divine, on nie notre véritable pouvoir et potentiel. |

J'aide les clients à confronter ces couches et à réécrire les scénarios originaux de plusieurs façons différentes. À mon avis, les clients qui connaissent le plus de croissance sont ceux qui parviennent à la source de leur culpabilité. Les clients qui parviennent à leur moi véritable, toutefois, sont ceux qui se permettent de s'enfoncer totalement dans le déni de la Source divine, pour mieux en ressortir.

Parlons de Fred, un médecin alcoolique. Au cours des dernières années, sa clientèle avait diminué de moitié. Son mariage battait de l'aile. Ses enfants devenus adultes manifestaient les caractéristiques typiques d'enfants de parents alcooliques : leur vie était chaotique et hors de contrôle. De son côté, Fred sombrait dans l'apitoiement. Chaque fois qu'il devait faire face, il s'enfonçait dans son fauteuil et se mettait à murmurer : « Je sais, je sais. Je ne suis qu'un vaurien. »

Fred est venu me consulter par désespoir. Durant la première séance, je lui ai demandé de plonger dans ses sentiments d'apitoiement et d'inutilité. Au début, il a eu peur. Au bout d'un moment, il s'est mis à pleurer, en répétant qu'il était un raté. Présumant qu'il avait déterré au moins une partie de son problème émotionnel, je lui ai demandé s'il pensait vraiment être un raté. « Oui, a-t-il répondu. Je suis un raté et je l'ai toujours été. »

Même si nous nous étions arrêtés sur une croyance chargée émotionnellement, je ne pensais pas que nous ayons atteint le cœur même de l'émotion. Après tout, il s'était déjà trouvé dans cet état auparavant, mais cela ne l'avait pas fait cesser de boire. Au cours de la séance suivante, je lui ai demandé de faire semblant d'être ivre. Je me suis alors adressée à son moi soûl en lui demandant pourquoi il avait besoin de boire. Fred est immédiatement passé de la tristesse à la colère. Il a commencé à vociférer et à tempêter. La vie était injuste, sa femme ne le comprenait pas, tout le monde attendait quelque chose de lui, mais sans se soucier de lui.

J'ai décidé qu'il fallait aller au fond du problème. En guidant Fred vers son premier chakra, je lui ai demandé de retourner à l'âge auquel le problème avait commencé. À ma grande surprise, il s'est immédiatement roulé en boule. Il était un tout petit enfant. Quel était le sentiment à l'origine de celui d'échec qu'il éprouvait ? La culpabilité. Il n'avait pas réussi à faire en sorte que ses parents s'entendent et se le reprochait. Après avoir réglé son problème de culpabilité et s'être pardonné, Fred a fait de grands progrès. Il a commencé de son propre chef à assister aux rencontres des Alcooliques anonymes. Il s'est inscrit à un programme de traitement et a demandé à sa femme d'obtenir de l'aide, elle aussi.

Malgré ces démarches héroïques, un an plus tard, Fred vivait encore des moments d'apitoiement. Sa clientèle n'avait pas vraiment augmenté. Il était encore confus à savoir s'il méritait ou pas l'argent, une relation saine avec sa femme, et surtout s'il méritait de vivre. Puis, j'ai vu un miracle se produire. À un certain niveau, je crois que Fred continuait à travailler la culpabilité et la honte. Un jour, il est arrivé tout épanoui dans mon bureau. À un coin de rue, il avait attendu impatiemment qu'une dame âgée traverse. Pour aucune raison, a-t-il dit, elle s'est arrêtée, s'est tournée vers lui et lui a souri. Et soudain, il a compris!

« Pour une raison que j'ignore, ce sourire a tout déclenché. J'ai pris conscience que cette dame faisait partie de la race humaine et qu'elle n'était pas seulement là pour me ralentir. Elle était, en fait, une partie de Dieu! » Il a alors baissé les yeux, encore gêné par cette révélation, puis les yeux brillants, il a ajouté : « J'ai pensé que si cette dame était une partie de Dieu, alors je devais l'être aussi, quoi que j'aie fait ». Fred avait franchi le pas : il était passé du déni à la vérité. Inutile de dire que sa vie n'a plus jamais été la même par la suite.

## INTÉGRER LES DIFFÉRENTS ASPECTS DU MOI

Bien qu'il soit efficace de parcourir le système énergétique chakra par chakra, rayon par rayon, un âge à la fois et une couche émotionnelle à la fois, j'utilise souvent un concept simplifié. J'encourage mes clients à imaginer qu'ils possèdent trois aspects. Pour faciliter les choses, je ne les nomme pas corps, esprit et âme, bien qu'il s'agisse évidemment de ces trois formes du moi. Je demande à mon client de décider laquelle des illustrations suivantes décrit le mieux leur moi actuel :

Tout le monde peut s'imaginer avoir un enfant intérieur ou plusieurs. Ce sont les aspects du moi qui se sont égarés dans le système énergétique; les parties du moi qui sont restées enfermées dans nos chakras en développement. Ces parties du moi, quoique douées en soi, doivent être secourues. Nos enfants intérieurs sont ceux que nous avons été et qui n'ont pas grandi. Habituellement, nous les sentons très intensément. Ils sont tellement bruyants! Leurs sentiments sont si forts! Ils ont tant et tant de besoins ! Comme ils sont très exigeants, nous les plaçons souvent aux commandes en leur confiant la responsabilité de notre vie (voir figure 16.1).

L'ennui, c'est qu'autant de responsabilités les effraient énormément. Ils ont besoin de guidance, ce qui nécessite que nous assumions notre moi adulte. Cette part adulte de soi doit s'assurer que nous ne prenions pas de décisions déraisonnables. Pour que notre enfant intérieur se sente en sécurité, le moi adulte doit veiller à garder la voiture en bon état, payer les factures, saluer le patron et ne pas manquer le rendez-vous chez le thérapeute. Tant que nous gardons la part adulte en bon état, l'enfant intérieur peut se calmer et faire ce que tous les enfants ont besoin de faire, c'est-à-dire jouer, guérir, rire et faire de la magie (voir figure 16.2). Toutefois, la plupart de nos parties adultes se sentent aussi perdues que nos parties enfants. Notre vision est limitée. Nous avons l'impression de faire semblant. Nous ne comprenons pas davantage le monde que notre voisin. Nous bousillons tout.

C'est là que le moi de la Source divine entre en jeu. Si le moi adulte peut établir un lien avec la Source divine ou le moi essentiel, il pourra alors agir de façon responsable, car il recevra la guidance nécessaire. Le moi de la Source divine a une perspective largement supérieure. Il connaît tout ce qu'il faut connaître. Il sait distinguer ce que nous devons savoir dès maintenant et ce qui peut attendre. Le moi de la Source divine possède également l'aptitude de voir notre destination finale et d'en dessiner le tracé. Tous les aspects de soi-même — les parties de l'enfant ayant besoin de guérir, la partie adulte qui apprend à se réaliser et le moi de la Source divine qui cherche à s'intégrer — peuvent parvenir à s'aligner lorsqu'elles travaillent ensemble (voir figure 16.3).

En travaillant en trilogie, voici ce qui se produit :

1. Le moi de la Source divine peut guérir l'âme. Celle-ci fait surgir des miracles dans notre vie.
2. Le moi adulte peut guérir l'esprit. Il peut se réaliser dans le travail.
3. L'enfant intérieur peut guérir le corps. Il peut se réaliser grâce à la magie.

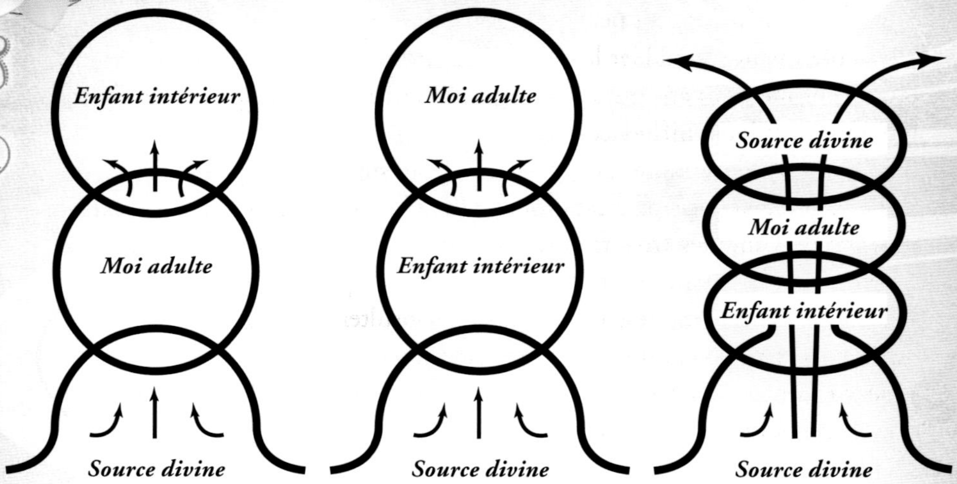


***Figures 16.1 (à gauche), 16.2 (au centre) et 16.3 (à droite) : Les descriptions du moi***

La clé consiste à permettre au moi de la Source divine d'entrer en nous. Laissés à eux-mêmes, le moi adulte (l'esprit) et le moi enfant (le corps) ont la bride sur le cou, causent du désordre et deviennent émotionnels. Comment faire? Comment savoir si le moi de la Source divine est lié aux autres? Comment entendre ce que le moi de la Source divine a à nous dire? C'est simple. Il s'agit d'écouter notre intuition.

## LA VOIX DE L'ÂME

Les pensées communiquent avec le moi adulte (l'esprit) et les sentiments parlent au nom du moi enfant (le corps). L'intuition, toutefois, est la voix de l'âme. En fait, l'intuition est la voix du moi de la Source divine, le moi essentiel de l'esprit qui parle par l'intermédiaire de l'âme. L'intuition dit à notre âme quoi faire. En retour, celle-ci nous oriente vers notre raison d'être.

Comment reconnaître votre intuition? Même en lisant des tas de livres sur le sujet, en suivant des centaines de cours, inévitablement, c'est vous qui devrez répondre à la question. Comme chaque moi de la Source divine est unique, notre style intuitif est unique, lui aussi. Dans un esprit positif, je n'ai jamais rencontré personne qui n'avait pas de lien avec son intuition.

Au début, bien des gens persistent à dire qu'ils n'ont pas la moindre idée de ce à quoi peut ressembler la voix de leur intuition. Mais après avoir compris, ces mêmes personnes m'ont toutes fourni des exemples de la façon dont l'intuition a influencé leur vie.

Il est utile de comprendre certains faits au sujet de l'intuition. D'abord, elle se présente sous plusieurs formes. La plupart des gens en font l'expérience de l'une des trois façons suivantes : voir des images, entendre ou percevoir des voix, ressentir ou connaître des réponses de manière kinesthésique. Toutefois, si vous retournez consulter les pages décrivant les principaux chakras humains, vous remarquerez que chaque chakra fonctionne comme un centre psychique. Lorsque nous appliquons consciemment nos aptitudes psychiques au moyen des filtres accessibles par l'aura et l'ouverture que procure la guérison, elles se transforment en dons intuitifs. Chaque chakra travaille avec empathie ou intuitivement, à sa façon. Le premier, par exemple, comprend l'intuition par des sensations physiques. Le deuxième saisit les choses par les sentiments. Le cinquième peut voyager sur le plan astral pour obtenir de l'aide. Le sixième nous fournit des images.

Passer d'un centre à l'autre pour obtenir de la guidance risquerait de rendre fou. Lorsque nous transférons notre centre de pouvoir depuis un chakra inférieur vers le cœur, nous réalignons notre système énergétique. Nous permettons à nos messages intuitifs de converger vers le cœur. Nous pouvons par conséquent accéder à la guidance dont nous avons besoin à partir d'un seul endroit : le cœur, le lieu de rencontre du moi spirituel et du moi physique.

En suivant ce que nous ressentons, entendons et voyons, nous pouvons obtenir la perspicacité nécessaire pour distinguer les croyances et les sentiments qui nous causent des ennuis. Nous pouvons obtenir ce dont le moi adulte a besoin pour gouverner la vie quotidienne. Nous pouvons rassurer notre enfant intérieur qui désire se sentir en sécurité et protégé. Parfois, notre intuition nous dira qu'il faut pleurer, retenir notre enfant intérieur, régresser à une autre époque ou un autre lieu, lire un livre en particulier ou aller danser. Non seulement l'intuition nous dit comment soigner les dommages, mais nous aide également à éviter d'en avoir davantage.

L'autre raison importante d'intégrer l'intuition à notre vie émotionnelle, c'est qu'elle représente notre âme. Le moi essentiel a certains besoins et élans. Le travail de notre intuition consiste à nous aider à réaliser ces rêves en nous gardant sur la voie de notre raison d'être. En vivant dans ce processus sensé, nous serons automatiquement impliqués dans des situations de guérison. Lorsque nous suivons notre objectif et le sens de notre vie et exprimons notre moi essentiel, nous sommes également capables de soigner tout ce que nous voulons guérir. Ce faisant, nous vivons comme un chaman. Nous sommes notre propre créateur et notre propre guérisseur.

## VIVRE COMME UN CHAMAN QUI PEUT GUÉRIR LE MONDE

Le but d'un chaman est de voguer entre les mondes spirituel et physique. Depuis les temps anciens, des communautés de par le monde ont choisi des représentants pour relier les plans spirituel et physique au bénéfice de tous. Dans *Le chaman celtique*, John Matthews décrit un chaman comme étant « quelqu'un dont le travail est tellement intégré à la vie quotidienne que la ligne de raccord ne paraît pas[1]. » La tâche du chaman était d'aider les individus à soigner des problèmes physiques et spirituels ainsi que d'aider la communauté à faire de même. Pour ce faire, le chaman devait négocier les portes battantes entre les différents niveaux de réalité, surtout les plans subtil et physique.

Nos systèmes énergétiques sont conçus pour permettre à chacun d'être son propre chaman. Nos chakras transforment le mystique en pratique. Notre aura nous garde dans le moi tout en nous ouvrant sur l'univers. Une pléthore d'autres corps énergétiques, canaux et champs nous garantissent que tant que nous sommes vivants, nous pouvons accéder à l'énergie vitale, à l'information et à la grâce dont nous avons besoin pour remplir notre mission spirituelle dans la joie. Nous sommes véritablement des spirales de lumière, tournoyant dans l'immobilité de notre être.

Au long de notre vie, nous apprenons à être responsables de l'énergie que nous recevons, comment l'interpréter et comment la rediriger dans le monde. Si nous croyons être connectés de façon inhérente à la Source divine — et ainsi être aimés et soutenus inconditionnellement — notre cheminement dans la vie, puis dans la mort, aura eu un sens. Ce n'est pas toujours facile. Comment une épée peut-elle être utile si on ne la trempe

1 Matthews. *Le chaman celtique.*

jamais dans le feu ou qu'on ne l'affûte jamais ? Comment notre esprit peut-il être intelligent si on ne lui présente jamais de défis, et le cœur rester tendre si nous ne choisissons pas de le maintenir ainsi, malgré les blessures que la vie réserve ? Il y a une raison pour laquelle la vie nous offre des occasions de décider d'être aimants ou pas. La seule façon de créer plus d'amour sur cette planète, et en soi-même d'ailleurs, c'est d'expérimenter ce qui ne ressemble pas à l'amour.

Si vous êtes sur cette planète à ce moment précis, c'est parce qu'on a besoin de vous. Chaque être vivant est là aujourd'hui parce qu'il a une contribution à faire pour l'humanité. Nous savons qu'il existe des programmes, des schémas et des forteresses ; des sorts, des liens et des ententes de dépendance. Ce sont tous des problèmes auxquels il faut faire face et guérir, afin de devenir qui nous sommes vraiment et faire une différence dans ce monde. Mais sous toutes ces réalités énergétiques traumatisantes s'en trouve une plus grande. C'est le paradis déjà sur terre. La Source divine qui est là et le « moi » qui se trouve à l'intérieur, soutenu et en parfait accord avec cette source. Aspirer à ces connaissances… aspirer au Divin en vous… c'est vivre comme un chaman, qui non seulement peut se guérir lui-même, mais guérir le monde également.

Souhaitons la paix sur terre. Et cela commence par vous.

# Chapitre 17

# La guérison par les chakras : survol des maladies

L'aura d'une personne atteinte du syndrome de fatigue chronique, décrite au chapitre 6, est un des exemples de la façon dont un problème médical existant ou potentiel peut également être décelé dans les corps énergétique et spirituel.

D'autres intuitifs comme moi-même ont des centaines d'exemples de perception de maladies potentielles par ce moyen, ce qui soulève la question : est-il possible de déceler la maladie sur le plan énergétique et, le cas échéant, peut-on la traiter plus efficacement sur ce même plan ? Je dirais que oui.

Le présent chapitre renferme des exemples de problèmes physiques et mentaux que j'ai intuitivement décelés dans les corps énergétiques et spirituels.

## SIDA

Le syndrome d'immunodéficience acquise (sida) se manifeste par une grande variété de symptômes énergétiques. Suivant le stade de la maladie, je peux voir certains ou tous les signes chez une personne séropositive (voir figure 17.1).

Une sorte de boîte blanche dans la tête signale une dépression spirituelle — une fausse conception de l'esprit et du corps (un miroir des problèmes reliés au premier chakra). J'aperçois habituellement une contraction dans le cœur. Une contraction du côté gauche indique des jugements de la part d'un homme ou d'une autorité masculine ou

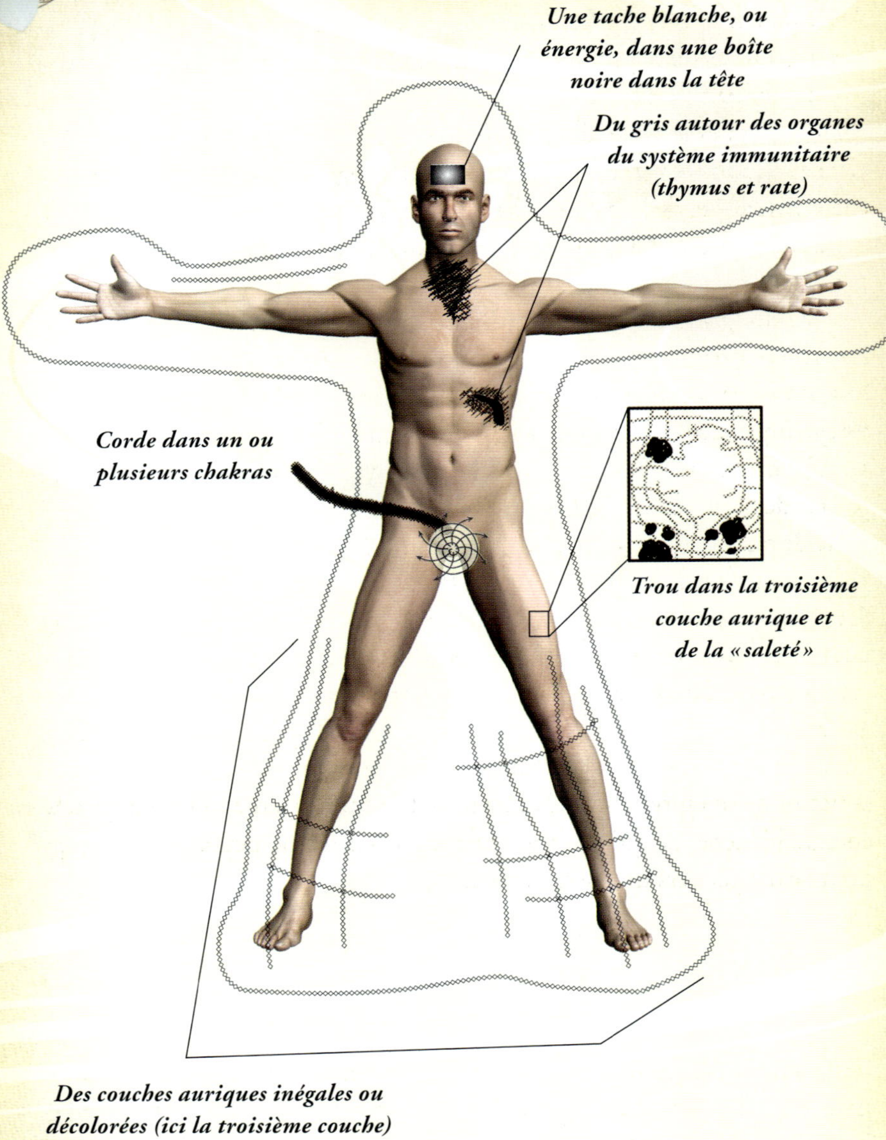


Figure 17.1 : Les signes énergétiques du SIDA

des problèmes liés à la masculinité. Une contraction du côté droit signale des jugements de la part d'une femme ou d'une autorité féminine ou des problèmes liés à la féminité.

Des marques sombres dans les centres immunitaires y signalent des déficiences. Une concentration de rouge dans la région abdominale (deuxième chakra) indique de la douleur, habituellement causée par un traumatisme intra-utérin lié à des problèmes touchant la sexualité ou le sexe d'une personne.

La région génitale (premier chakra) montre également une zone d'énergie noirâtre qui palpite et qui correspond à des jugements sur le soi ayant trait à la sexualité, la spiritualité ou le sexe. Si cette zone renferme un centre rouge, il y a une « dépression de survie », c'est-à-dire une fausse perception au sujet du droit de l'esprit de vivre et de s'exprimer dans le corps. Du vert autour de cette zone énergétique représente le SIDA comme une force qui tente de guérir un problème du premier chakra.

De petites taches blanches dans le flux sanguin et une énergie rougeâtre émanant du corps signalent la présence de l'esprit dans le corps. Le sang vital se dissipe tandis que l'esprit prend la relève du corps. Dans certains cas, le septième chakra s'ouvre pour répandre de l'énergie blanche ou violette.

Au fur et à mesure que le SIDA atteint des stades plus avancés et que la personne se rapproche de la mort, tout le corps énergétique dégage une énergie blanche, ce qui signifie que l'esprit s'échappe peu à peu du corps pour se diriger vers un autre monde.

## ALLERGIES

Les allergies correspondent habituellement à une forteresse émotionnelle dans laquelle un sentiment se lie à une substance pour former une énergie nouvelle que le système immunitaire ne reconnaît pas et qui, par conséquent, fait l'objet d'une agression. Techniquement, cela crée alors un trouble auto-immun. La croyance bloquée conserve ces deux énergies collées ensemble (voir figure 17.2).

Voici un résumé des différents types d'allergies suivant certains chakras, ainsi qu'un aperçu des problèmes dérivant de leurs causes probables. J'ai mis l'emphase sur les sentiments impliqués dans le schéma.

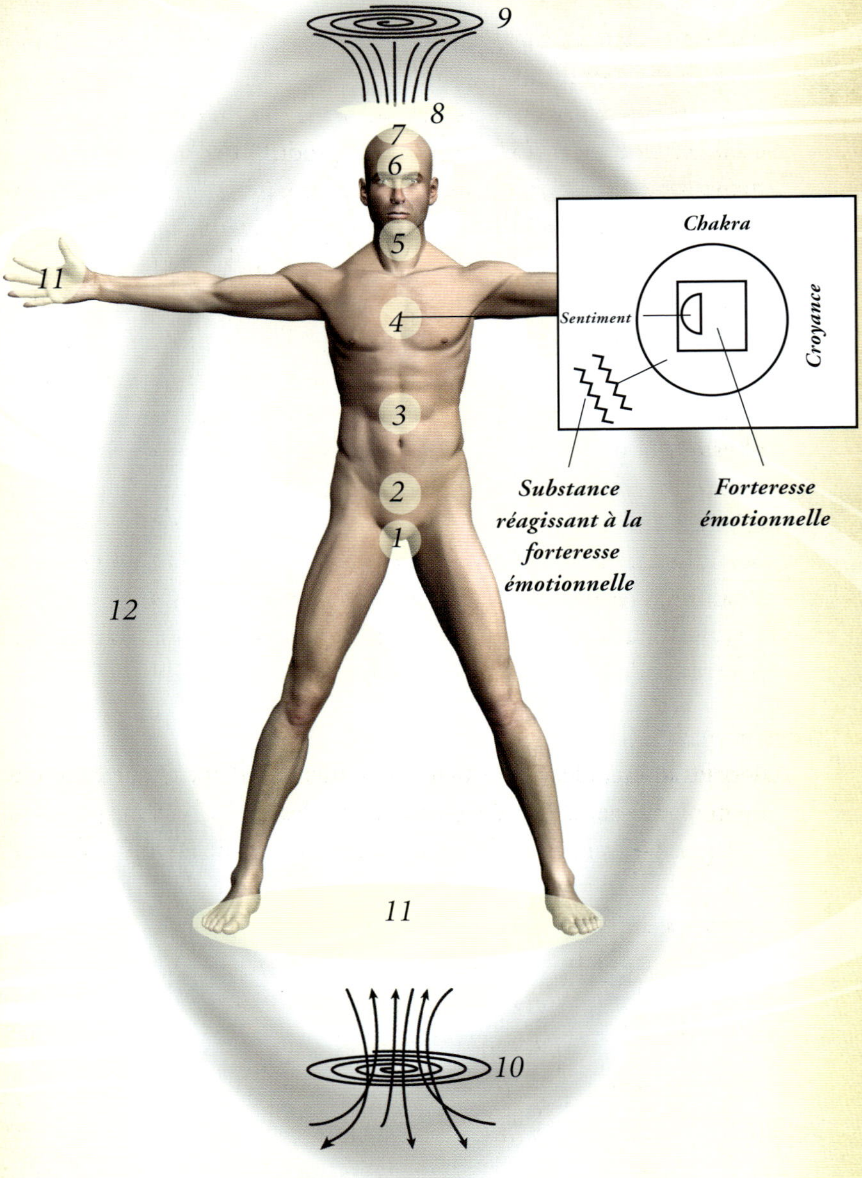


**Figure 17.2 : Les signes énergétiques des allergies**
(on peut les trouver dans n'importe quel chakra)

### *Premier chakra*

**Allergies :** Viandes rouges, produits laitiers, sucre mélangé à d'autres substances, parfois les œufs, les fruits rouges, les dérivés animaux et les protéines, la laine, plusieurs substances et toxines en suspension dans l'air et les tissus, les savons et les produits nettoyants, les médicaments affectant le sang, comme certains antibiotiques ou la chimiothérapie, certains métaux lourds, liens avec le huitième chakra causant des réactions aux drogues euphorisantes, à l'alcool, etc.

**Problèmes dérivant de leurs causes probables :** Les réactions débutent par des réponses dans l'utérus à l'environnement immédiat, tels les nutriments du liquide amniotique. La résistance aux nutriments et aux médicaments nécessaires à la survie personnelle et à la santé physique (ex : réaction à la pénicilline juste après la naissance). La résistance reflète habituellement la peur d'être en vie ou un sentiment d'isolement du fait de ne pas être désiré. Le fait de mériter les problèmes qui vous arrivent. Impossibilité de réclamer la passion de vivre. Peut aussi indiquer que quelqu'un d'autre ne souhaite pas que vous viviez. Les substances se lient habituellement à la honte, la culpabilité ou la peur primaire. Stress dans les surrénales.

### *Deuxième chakra*

**Allergies :** Porc, blé, grains blancs et entiers, muffins et autres produits de boulangerie, alcool de grain, parfois les œufs, certains gras, fruits et légumes orange, acide citrique, levure, médicaments affectant la région abdominale, comme certains antibiotiques.

**Problèmes dérivant de leurs causes probables :** Résistance aux substances qui nourrissent et créent des liens d'amour entre soi et les autres. Problèmes liés à l'estime de soi, la peur d'être vulnérable ou démuni ou la peur de s'exprimer. Les substances se lient habituellement au chagrin ou à la tristesse.

### *Troisième chakra*

**Allergies :** Maïs, bière, boissons gazeuses, fruits et légumes jaunes, caféine, gras, caoutchouc, huile, acier, miel, médicaments et substances affectant le système digestif.

**Problèmes dérivant de leurs causes probables :** Développement d'une résistance (allergie) à tout ce qui pourrait alimenter la réussite ou l'acceptation de récompenses. La peur du goût du pouvoir, de même que la colère et l'autorité nécessaires pour avancer. Les substances se lient habituellement à la colère ou à la peur.

### *Quatrième chakra*

**Allergies :** Sucre, vin, certaines sauces et épices, légumes verts, médicaments et substances pour le cœur et les poumons, cigarettes et cigares, plusieurs substances et toxines en suspension dans l'air.

**Problèmes dérivant de leurs causes probables :** Résistance aux substances qui donnent du piquant à la vie, en termes d'amour, d'esprit, d'enthousiasme ; usage de substances pour résister à l'attachement à d'autres êtres humains. Problèmes souvent conservés par l'enfant intérieur et même l'enfant innocent qui s'y trouve. Peur de l'amour. Certitude d'être abandonné ou rejeté. Les substances se lient habituellement à la peur, la joie, le chagrin ou la solitude.

### *Cinquième chakra*

**Allergies :** petits fruits foncés ; mercure ; certaines substances et toxines en suspension dans l'air ou ayant trait aux oreilles, la thyroïde et le thymus ; encres ; ondes radio et autres fréquences soniques.

**Problèmes dérivant de leurs causes probables :** Résistance aux substances qui substituent les mensonges à la vérité ou pourraient la révéler. Peur de la vérité. Peur d'être entendu. Peur de déplaire en affirmant ses besoins et ses opinions. Les substances se lient habituellement à la peur, la colère ou la culpabilité.

### *Sixième chakra*

**Allergies :** Chocolat et cacao, certaines protéines, certains métaux lourds, bons gras, médicaments et substances touchant la vision et les ondes radio.

**Problèmes dérivant de leurs causes probables :** Résistance aux substances qui améliorent la vision, invitent à la clarté et renforcent le corps pour atteindre des objectifs. Peur d'être soi-même. Peur des objectifs. Peur de commettre une erreur. Désir de convaincre les autres d'une piètre image de soi. Les substances se lient habituellement à la honte, la peur ou la blessure.

### *Septième chakra*

**Allergies :** Poissons, viandes, aliments naturels protéinés, métaux lourds, bons gras, médicaments et substances liés au cerveau supérieur (y compris les inhibiteurs spécifiques du recaptage de la sérotonine) ; émanations des lignes électriques.

**Problèmes dérivant de leurs causes probables :** Résistance aux substances qui permettent l'expression du destin dans la vraie vie. Peur de la grâce. Peur du Divin. Peur d'être divin et humain. Les sensibilités fournissent l'excuse d'être trop déprimé ou anxieux pour vivre le moi spirituel. Les substances se lient habituellement à la honte, la culpabilité, la frayeur ou tout autre sentiment extrême.

### *Huitième chakra*

**Allergies :** Sucre, café, alcool, drogues euphorisantes, tabac, substances utilisées dans les rituels ; réactions aux substances ayant affecté le moi dans le passé ; l'argent.

**Problèmes dérivant de leurs causes probables :** Résistance aux substances sur lesquelles vous pouvez projeter le blâme pour votre propre comportement. Par exemple : « Je n'aurais pas fait de mal à ma femme si je n'avais pas été ivre ». Résistance aux substances utilisées pour vous faire du mal dans une vie antérieure. Résistance au mystère, comme une allergie à l'argent (le métal), un conduit de l'information chamanique. Peur des substances qui permettent la transcendance. Signale la crainte de perdre le contrôle dans le grand inconnu.

### *Neuvième chakra*

**Allergies :** Métaux précieux, surtout l'or ; métaux et substances provenant d'autres planètes.

**Problèmes dérivant de leurs causes probables :** Résistance à reconnaître la sainteté de tous les processus, y compris ce qui est considéré comme bon, mauvais et laid dans l'existence actuelle et d'autres vies. Résistance aux substances qui alimentent le moi véritable et procurent la guérison avec le temps. Crainte des substances qui sont semblables à « l'ambroisie et le nectar » pour le dieu intérieur. Le comportement impliquera une vive résistance aux aliments sains. Les substances sont souvent liées à une grande honte, au blâme (la honte dirigée vers d'autres personnes) ou à la culpabilité.

### *Dixième chakra*

**Allergies :** Légumes racines, pommes de terre, noix et beurre de noix, émissions environnementales, produits chimiques, produits artificiels, tissus et substances, allergies reliées au domaine culturel ou génétique, fer, bois, cuir, plastique, éléments naturels, radiations cosmiques et énergies planétaires.

**Problèmes dérivant de leurs causes probables :** Résistance à ne faire qu'un avec la terre et la nature et avec ceux ayant vécu auparavant. Un jugement contre le moi naturel, la nature ou le naturel chez les autres cause des réactions aux substances naturelles. Un jugement contre l'inorganique (perçu comme imparfait) en soi ou dans la nature crée des réactions aux produits traités. Un jugement impliquant le fait de tuer, chasser ou préparer des aliments créera des réactions contre l'énergie vitale de base dans ces substances. Bon nombre de ces tendances sont héritées, en ce sens qu'elles sont acceptées par des ancêtres ou par l'intermédiaire de l'âme. Les substances se lient souvent à des sentiments ayant trait au jugement, comme la honte, la frayeur et le blâme.

### *Onzième chakra*

**Allergies :** Éléments radioactifs comme le radon ou le plutonium ; éléments géophysiques ou astrophysiques.

**Problèmes dérivant de leurs causes probables :** Résistance aux substances qui inhibent ou accentuent l'aptitude de commander les forces naturelles et surnaturelles. Résistance aux substances possédant des propriétés et effets de transmutation ou des effets extrêmement bons ou mauvais. Signale un jugement contre les dons et les aptitudes à double tranchant. Les substances peuvent se lier au jugement, une grande honte ou de la culpabilité, la frayeur, une grosse rage ou tout autre sentiment puissant et dynamisant.

### *Douzième chakra*

Rien en particulier, car cela diffère d'une personne à l'autre.

## DÉPENDANCES

Les dépendances se produisent de la même façon (et réagissent aux mêmes substances) que les allergies. La différence énergétique la plus remarquable est qu'une dépendance implique une corde ou un lien relié à une entité extérieure qui s'ajoute à une forteresse émotionnelle (voir figures 17.3 et 17.4).

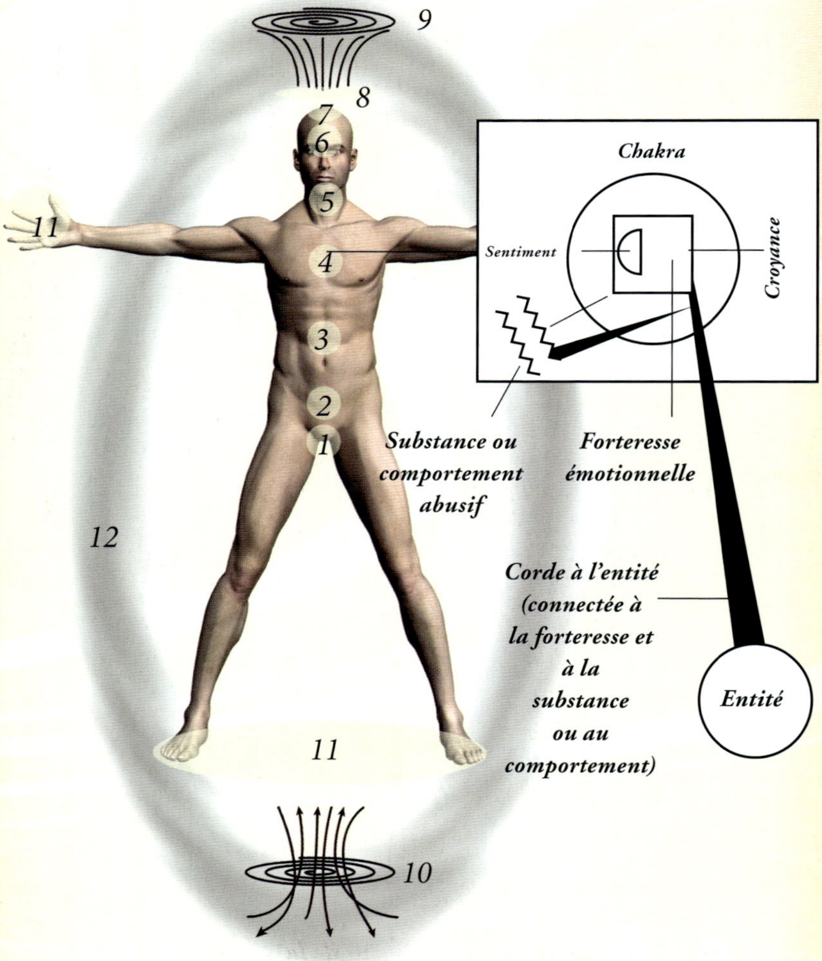


***Figure 17.3 : Les signes énergétiques des dépendances***
(on peut les trouver dans n'importe quel chakra)

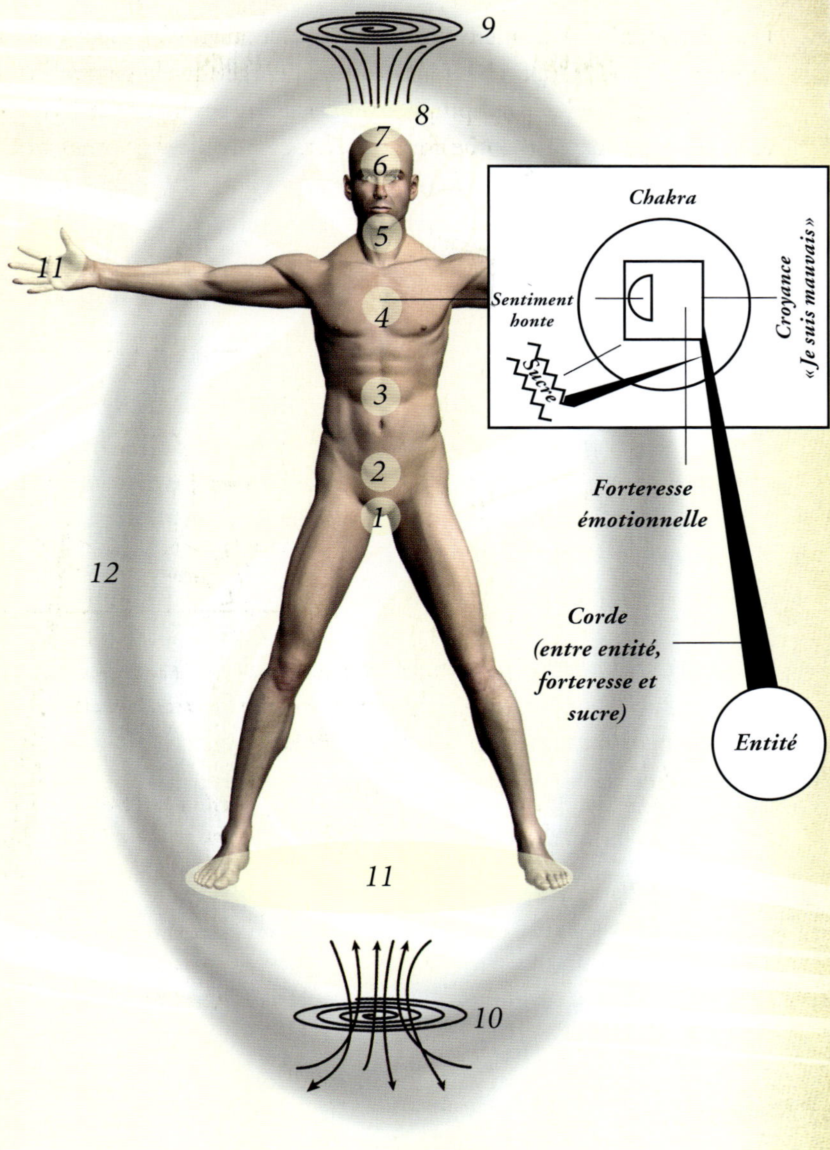


**Figure 17.4 : Les signes énergétiques de la dépendance au sucre**

## ANXIÉTÉ

Le milieu médical relie l'anxiété au stress et à la peur. Elle peut causer d'innombrables troubles psychologiques, mentaux et physiques, y compris les peurs, les phobies, de l'appréhension et de la tension, aussi bien que des réactions de l'organisme, notamment l'accélération du rythme cardiaque, le souffle court, l'évanouissement, les tremblements et la transpiration. Certaines personnes deviennent fatiguées et d'autres souffrent d'insomnie. On considère l'anxiété comme un trouble spiroïdal, car plus vous êtes anxieux, plus l'anxiété augmente ! Il est parfois difficile de distinguer l'anxiété de la dépression, parce qu'avec le temps, l'anxiété peut devenir déprimante.

Sur le plan énergétique, l'anxiété se manifeste lorsque la roue extérieure d'un chakra, ou parfois la couche éthérique physique d'un organe ou d'un système organique, tourne trop vite dans le sens des aiguilles d'une montre (voir figure 17.5). Il s'agit d'une tentative énergétique de chasser le présent afin d'accéder à un futur plus attrayant. Malheureusement, cela ne fait que repousser plus loin les buts désirés et nous n'atteignons jamais nos rêves.

Déceler l'anxiété comporte de repérer intuitivement quel chakra (ou corps énergétique) tourne trop vite dans le sens horaire. Se concentrer sur l'énergie qui tourne pour percevoir une image au centre de la roue. Cette image représente l'état indésirable du jour présent. Ensuite, examiner les archives de l'ombre ayant trait à cette situation non désirée. Elles ressembleront à un film transparent autour du chakra ou champ énergétique correspondant. Si vous ne pouvez pas voir ces archives à cet endroit, vous les trouverez dans le huitième chakra qu'elles masquent entièrement comme un film transparent. Les archives de l'ombre renferment l'information au sujet de ce qui ne s'est pas produit, ce qui n'a pas été fait, dit ou pensé. Ces archives renferment les désirs pour l'avenir, ceux perçus comme étant meilleurs que la situation actuelle. La guérison comporte d'analyser cette situation pour savoir ce qu'il faut garder et ce dont il faut se défaire. Il s'agit ensuite de substituer l'énergie de l'avenir désiré par celle du présent indésirable. L'énergie qui tourne doit ensuite être ramenée en alignement rythmique avec la roue intérieure du chakra en cause.

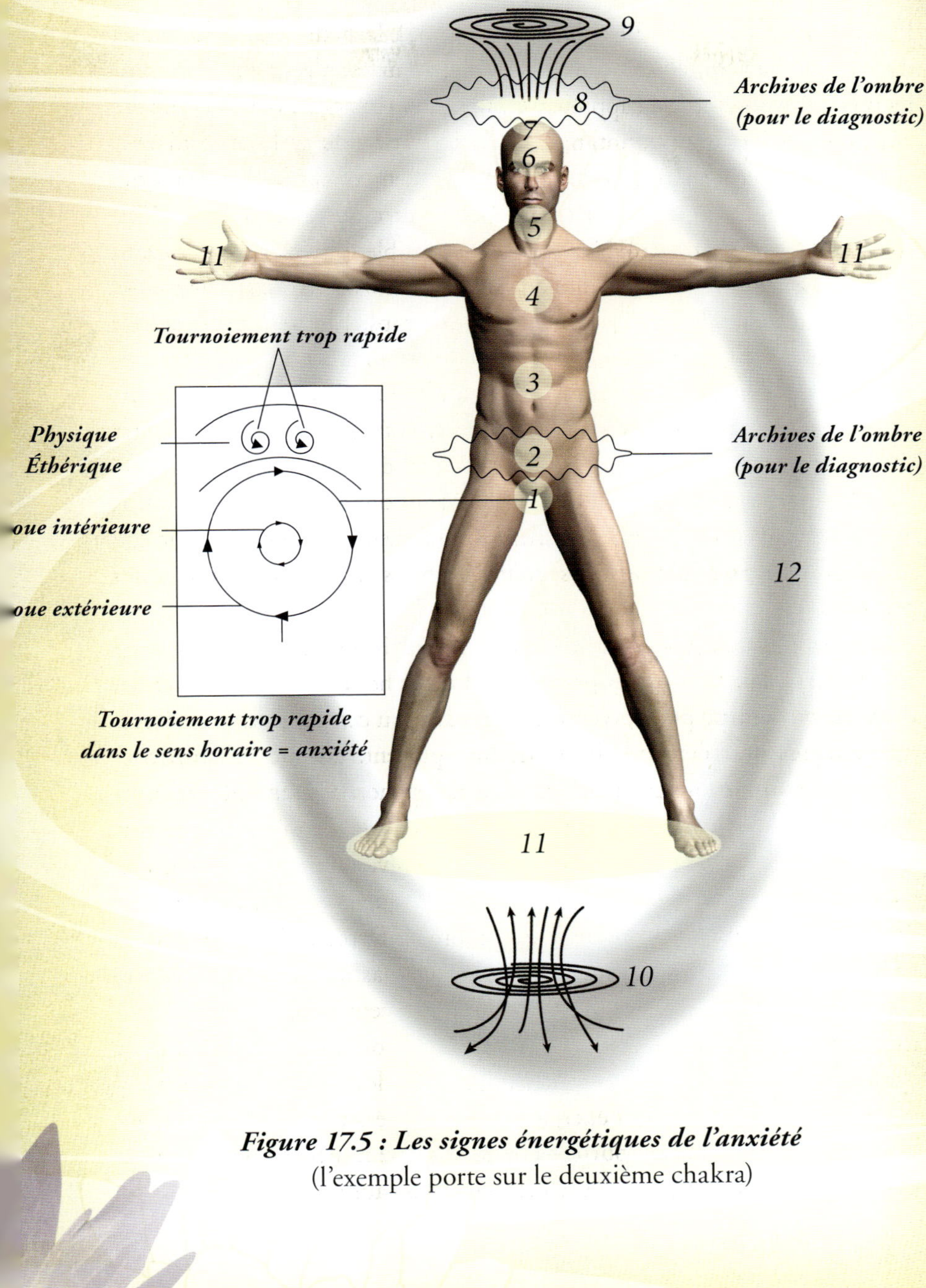


**Figure 17.5 : Les signes énergétiques de l'anxiété**
(l'exemple porte sur le deuxième chakra)

## ARTHRITE

Il existe différents types d'arthrite. Les deux principaux sont l'arthrose, aussi appelée arthrite dégénérative ou induite par cristal, et l'arthrite rhumatoïde, considérée comme une maladie auto-immun. Je considère les deux comme des désordres énergétiques auto-immuns.

L'arthrose, qui cause la dégénération du cartilage et des articulations, touche les troisième, dixième et douzième chakras (voir figure 17.6). Elle comporte des forteresses émotionnelles, dont l'origine se situe souvent dans le foie, et entraîne des réactions inflammatoires à certains aliments, dont la levure, le gluten, le sucre et le lait de vache. Le sentiment coincé (habituellement la colère) émanera du foie et se liera à une croyance provenant du dixième chakra. Cette croyance est transmise de génération en génération. Cette forteresse se déplace ensuite dans le douzième chakra et champ aurique, qui la transfère dans les articulations.

L'arthrite rhumatoïde est une maladie systémique et comporte souvent une allergie aux protéines. Des études récentes suggèrent également qu'elle suit parfois des infections virales qui fournissent les macrophages et les neutrophiles pour attaquer les articulations. Sur le plan énergétique, ce chakra comporte également une forteresse émotionnelle, le sentiment provenant du foie dans le troisième chakra et la croyance héritée du dixième. Le douzième est impliqué à titre de quart arrière qui transfère la forteresse émotionnelle dans le corps, mais en utilisant la corde ou les filaments reliant un corps viral externe à un site d'invasion. (Voir les virus, section « Microbes ».)

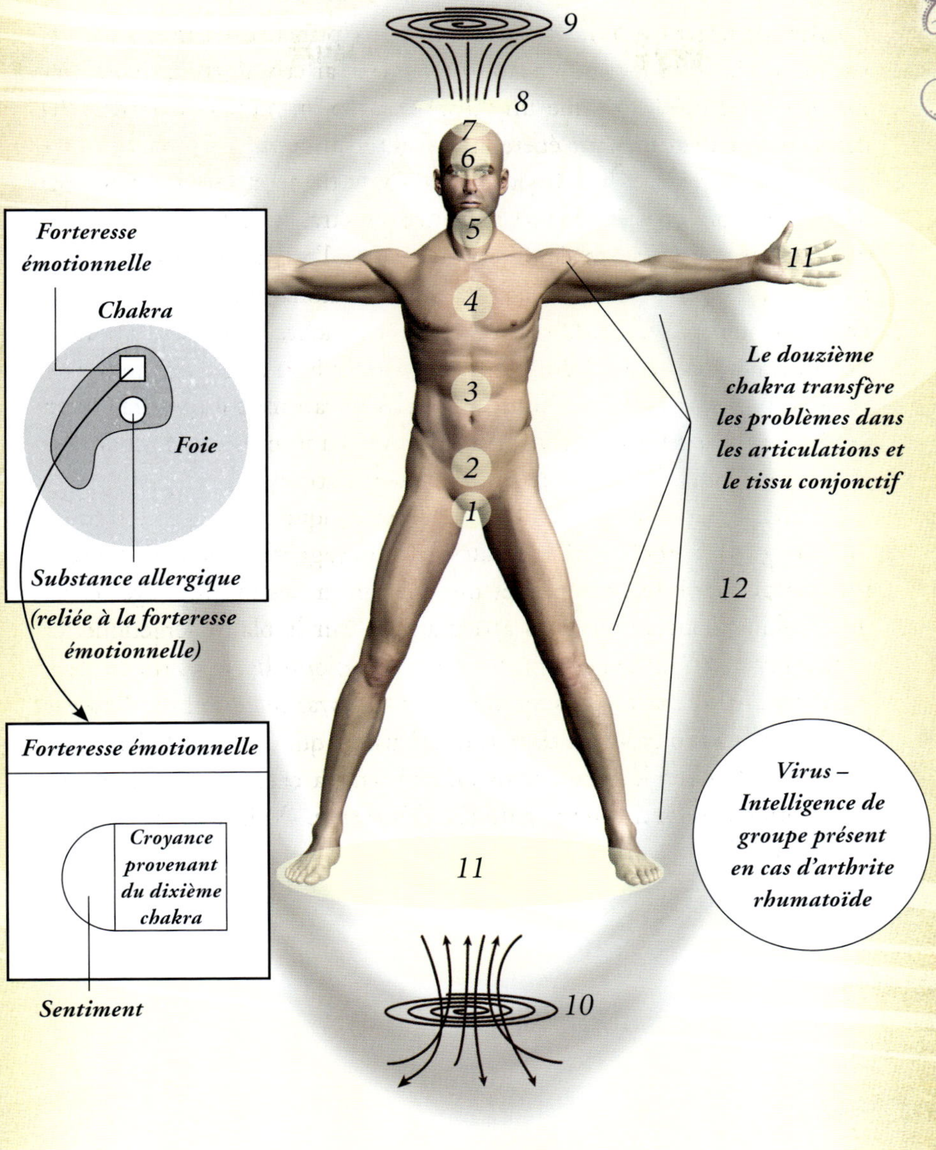


**Figure 17.6 : Les signes énergétiques de l'arthrose et de l'arthrite rhumatoïde**

## ASTHME

L'asthme apparaît comme une contraction autour des poumons et parfois, dans tout le quatrième chakra (voir figure 17.7). Il comporte une sensation d'étouffement provenant habituellement d'un parent (le plus fréquemment la mère), et de la méfiance à l'égard de la source d'amour, qui peut résulter d'une forteresse mentale ou émotionnelle. Toutefois, il se peut que le problème ne provienne pas du quatrième chakra. Il est important de déceler la constriction reliée à son point chakrique de départ et d'essayer de repérer également la présence de cordes. Par exemple, vous trouverez peut-être une piste à partir de la bande contraignante autour du cœur vers le cinquième chakra, qui pourrait renfermer la peur de s'exprimer, ou peut-être une piste vers le deuxième chakra, qui contient la peur d'être en colère. Parfois, l'asthme signale une infection fongique ou une allergie aux moisissures (voir champignons dans la section « Microbes »).

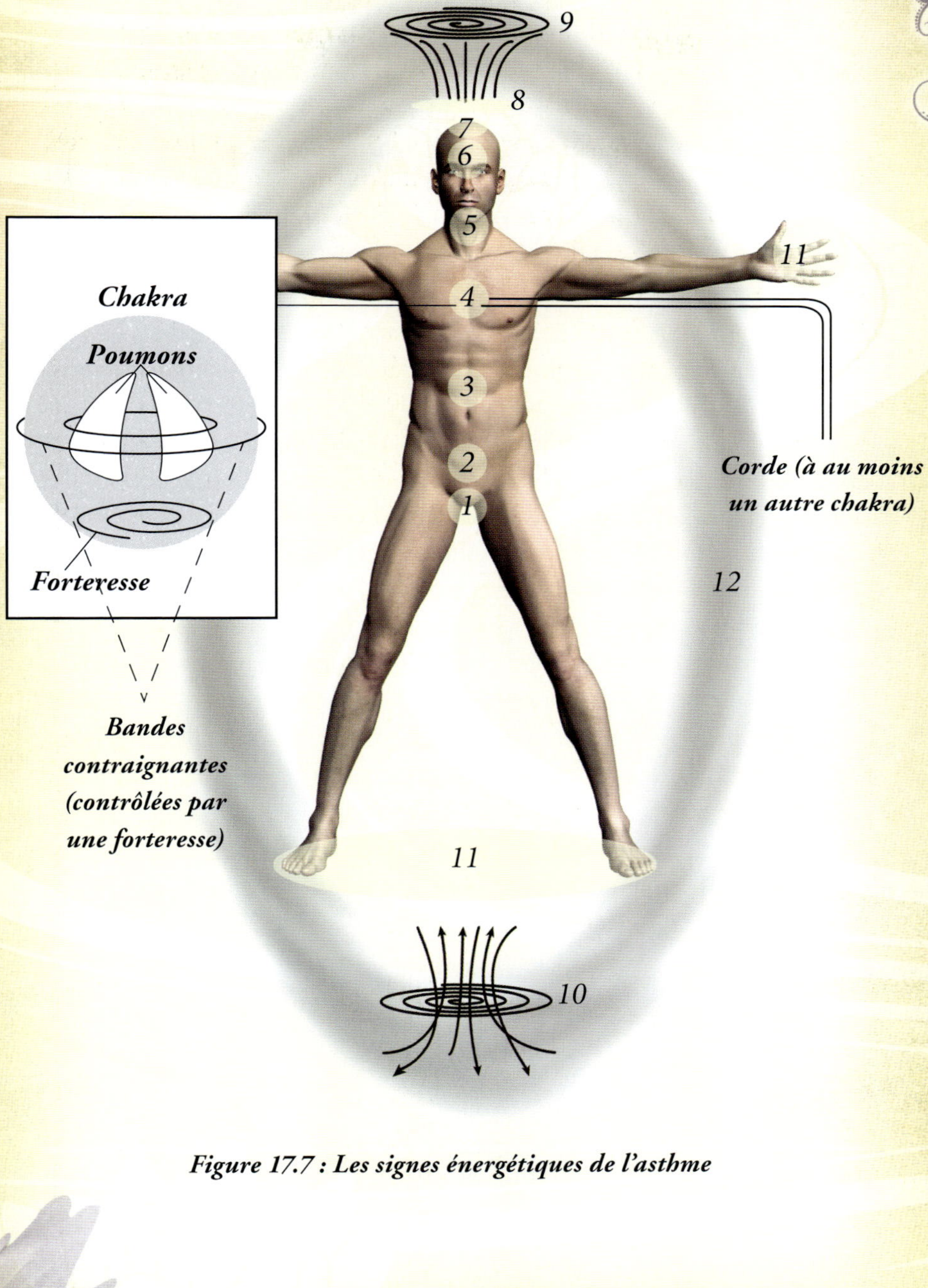


**Figure 17.7 : Les signes énergétiques de l'asthme**

## AUTISME, SYNDROME D'ASPERGER ET TROUBLES DE L'ATTACHEMENT

Près d'un enfant sur cent est maintenant diagnostiqué autiste. Sur le plan physique, on met en cause les vaccins remplis de mercure ainsi que des lésions cérébrales traumatiques. Les chercheurs ont par ailleurs démontré que les enfants autistes n'arrivent pas à éveiller leurs neurones miroir, un ensemble de nerfs situés sous le système nerveux central qui favorisent l'empathie.

Sur le plan énergétique, l'autisme signifie l'entrée incomplète de l'âme dans le cœur. Vous verrez au moins une partie de l'âme attachée à la corde d'argent, et incapable d'entrer dans le corps ou ne le souhaite pas (voir figure 17.8). Elle sera cependant connectée à l'un des chakras par une corde énergétique, repassant en boucle un drame d'une vie antérieure ayant créé de la peur et de la colère. Une bande contraignante sombre enveloppe le cœur, gardant les émotions à l'écart et forçant généralement la personne à fonctionner à partir du troisième chakra, ce qui explique la tendance des autistes à fonctionner à partir d'une forme de pouvoir plutôt que d'avoir une approche basée sur l'amour.

Les individus souffrant d'un trouble de l'attachement ou qui ont de la difficulté à se lier présentent souvent la même apparence sur le plan énergétique et peuvent être traités de la même façon. La principale différence est qu'il y aura presque toujours une corde entre la personne et au moins un des deux parents ou encore un des grands-parents, chakra à chakra, aussi bien que champ aurique à champ aurique. Il peut également y avoir un lien de codépendance entre la personne et l'un des autres parents.

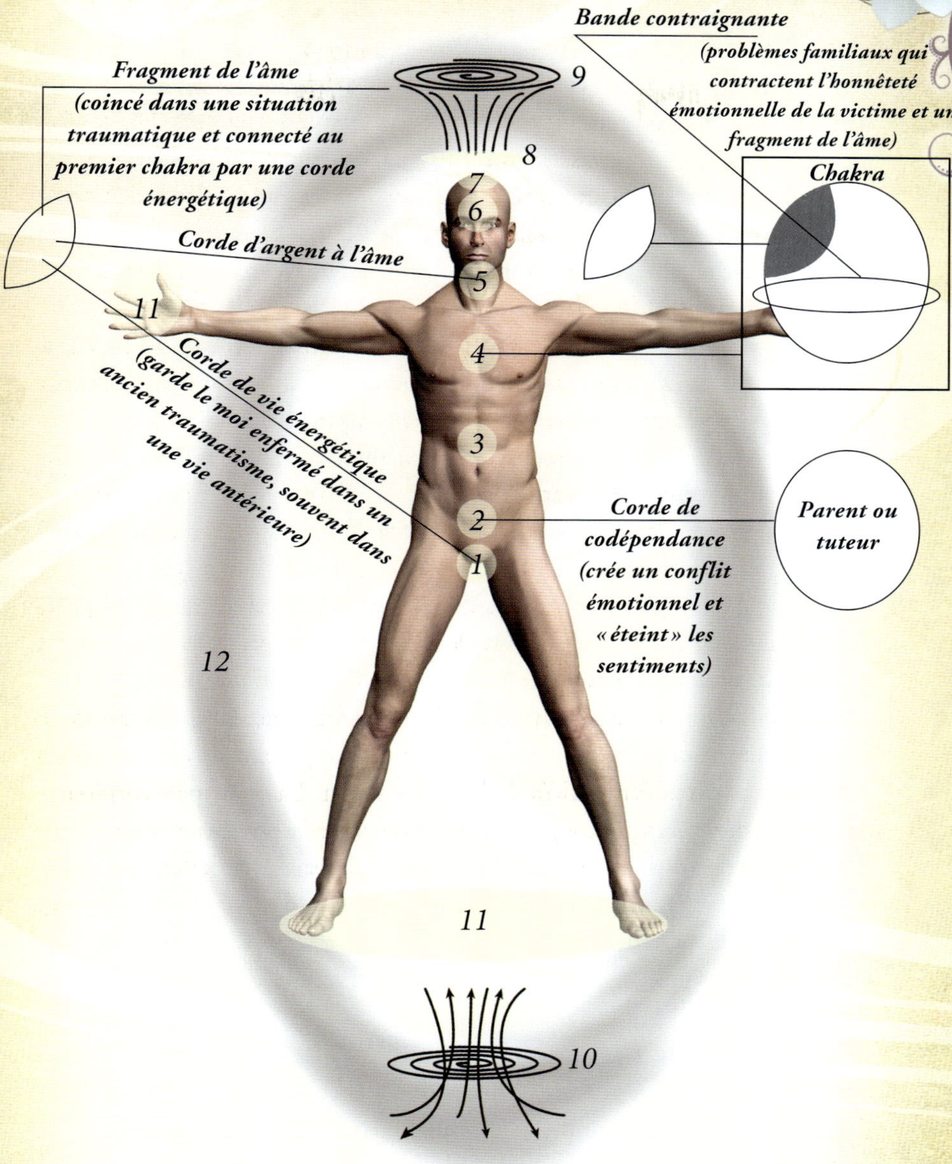


**Figure 17.8 : Les signes énergétiques de l'autisme, du syndrome d'Asperger et des troubles de l'attachement**

## CANCER DU SEIN ET DE LA PROSTATE

De manière générale, on peut voir le développement du cancer du sein dans les couches auriques comme une ou plusieurs formes sombres pointées vers le sein et se déplaçant dans l'aura. La partie foncée pointe presque toujours vers la zone exacte où un kyste ou une tumeur se développera ou est en train de se développer, ou lui est parallèle (voir figure 17.9).

Il y a habituellement trois couleurs associées aux tumeurs : blanc, noir et rouge. Le noir indique des émotions absentes ou inexprimées. Il peut signifier la racine du problème ou un symptôme secondaire de la cause. Si une personne est en bonne santé, le blanc indique la présence de l'âme ; dans le cas contraire, le blanc signale une fausse perception spirituelle, ce qui est souvent le cas en présence d'une tumeur. Le rouge indique de la douleur ou la source du traumatisme.

Il y a souvent une autre couleur présente, suivant le type de cancer et de sa raison. Par exemple, le bleu est souvent présent lorsque la malignité est causée par le fait de s'accrocher aux problèmes de quelqu'un d'autre. Parfois, il est difficile de distinguer psychiquement ces couleurs secondaires, car le cancer lui-même est une force insaisissable, hors de contrôle. (Le cancer est en fait du tissu ou des cellules indifférenciés, comme le tissu fœtal.)

Il peut y avoir des lignes énergétiques reliant la (ou les) tumeur(s) à différents organes ou glandes. Ces lignes descendent souvent vers le deuxième chakra (dans les ovaires, par exemple), reflétant mon idée que le cancer du sein est souvent associé à de fausses perceptions ou à la répression du pouvoir féminin. Les lignes peuvent également monter vers le sixième chakra (l'hypophyse) signalant que l'image que la femme a d'elle-même affecte son bien-être. Si les deux zones sont reliées au sein malade, je dirais que cette femme connaît des problèmes d'identité touchant la sexualité et le pouvoir féminin. Ces problèmes ont probablement été causés par une relation avec une autre personne, ce qui me pousse à chercher des liens.

De l'énergie jaune pâle, légèrement blanche dans la région de la prostate, de même que des taches blanches, jaunes et grises entre la deuxième et la troisième couche aurique signalent un cancer de la prostate (voir figure 17.10). Sur le plan psychologique, cette couleur jaune reflète des perceptions inappropriées du pouvoir et un manque de clarté au sujet du meilleur usage de l'énergie masculine. Cet homme a-t-il été élevé pour être « un bon garçon » ? Lui a-t-on enseigné à avoir honte de l'énergie de son premier chakra ? A-t-il mal utilisé sa sexualité à un certain moment ou en a-t-il été victime (par de l'abus, par exemple ?) De tels problèmes peuvent également être décelés par une tache sombre dans le troisième œil (le sixième chakra).

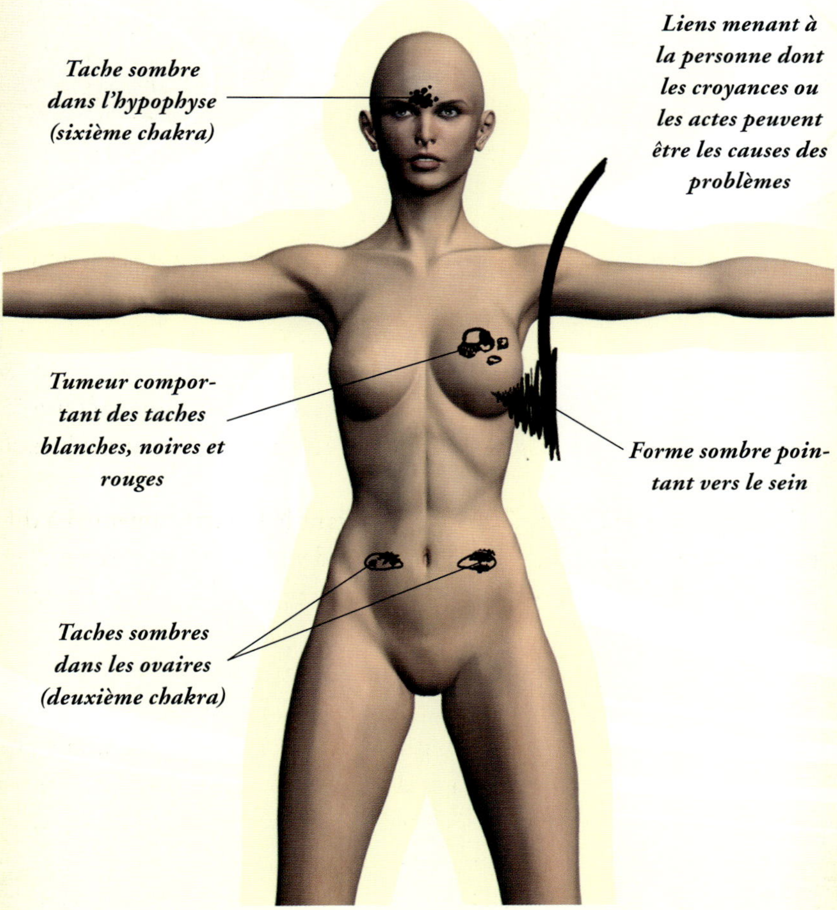


**Figure 17.9 : Les signes énergétiques du cancer du sein**

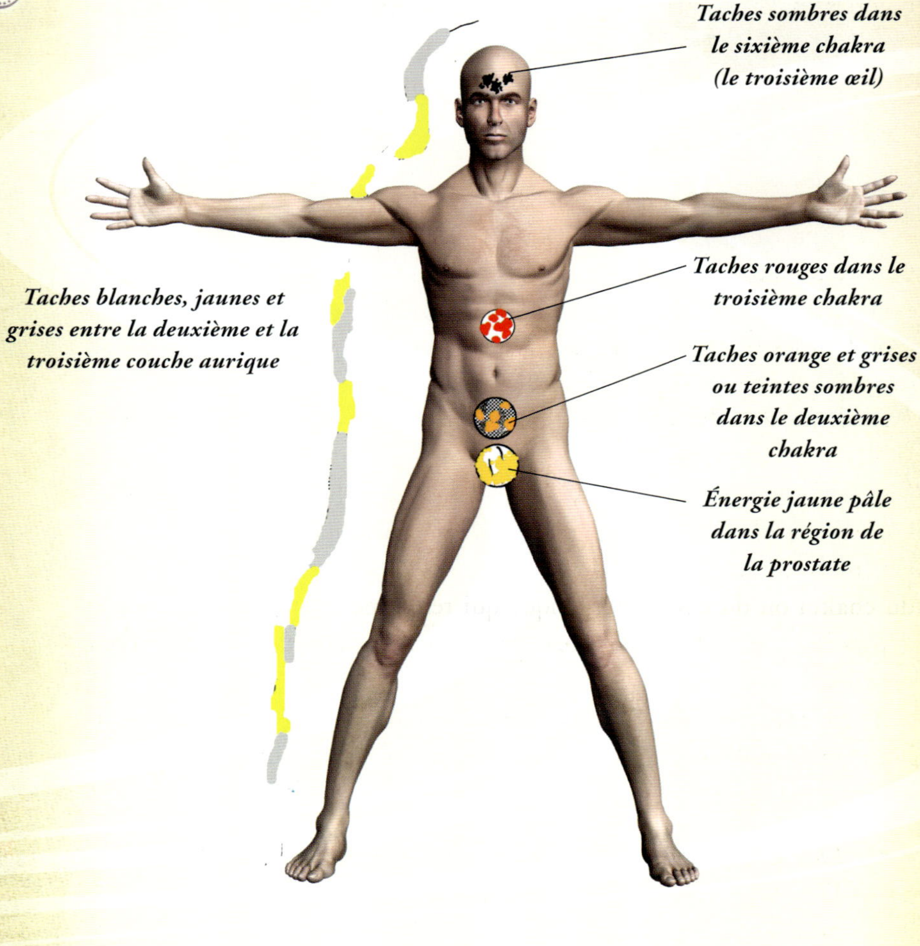


*Figure 17.10 : Les signes énergétiques du cancer de la prostate*

Il est possible de voir des taches orange et grisâtres ou sombres dans le deuxième chakra, ce qui indique que les sentiments n'ont pas été intégrés ou qu'ils ont été couverts de honte. Ces décolorations peuvent exister dans ou entre la deuxième et la troisième couche aurique autour du premier chakra. De plus, des taches rouges peuvent être décelées dans le troisième chakra, signalant des passions déplacées.

## DÉPRESSION

Il existe probablement des centaines de types et de raisons à la dépression, tout au moins depuis une perspective énergétique. En général, la dépression signifie le refoulement de réactions affectives ou un aspect caché du moi dont les sentiments ont été ou sont perçus comme inacceptables ou dangereux pour soi ou les autres.

La dépression dans sa forme générique est l'un des problèmes les plus faciles à repérer sur le plan énergétique. Elle m'apparaît toujours comme une tache sombre dans la tête, habituellement profonde dans le cerveau lui-même (voir figure 17.11). Une partie importante de cette personne est enfermée dans un coin de son esprit. Par ailleurs, la roue extérieure du chakra ou du corps énergétique qui renferme le problème causant la dépression tourne trop lentement dans le sens inverse des aiguilles d'une montre.

La clé pour travailler avec la dépression consiste à regarder dans cette boîte. Habituellement, je conduis le client à l'intérieur. Parfois, j'y regarde moi-même et je découvre ce qui suit :

- Des sentiments, représentés par leurs couleurs associées.
- Des images du client à l'âge associé à un traumatisme ou à une expérience liée à la peur. (Je veux voir la blessure primaire et non pas seulement celles qui s'y sont greffées par la suite.)
- Des symboles ou représentations de dons qui ont été enfermés. (Cela est plus courant que vous ne pourriez le croire ; des dons comme la compassion ou l'intuition sont souvent trop dangereux ou inacceptables pour être reconnus ou utilisés.)
- Un fragment d'âme, un aspect de celle-ci qui n'a pas été intégré ou qui n'est jamais vraiment né dans cette vie.

Je peux aussi repérer des lignes énergétiques entre la boîte et d'autres sites. Parfois, les lignes s'étendent de la boîte à une autre partie du corps et fournissent un indice relatif à la date, l'endroit ou la cause d'un traumatisme, et me montrent quel organe est susceptible d'affecter chimiquement la personne. La dépression, rappelez-vous, devient un état chimique avec le temps. Si des sentiments à l'âge de quatre ans ont été cachés, des organes dans le troisième chakra peuvent être affectés, et ainsi modifier chimiquement l'organisme. Les lignes énergétiques peuvent également se connecter à une partie du cerveau qui a été altérée à cause de l'état dépressif. Dans certains cas, la dépression peut être le résultat d'un déséquilibre chimique. Dans ces cas-là, il est encore plus crucial de dépister ces lignes énergétiques liées aux organes et aux glandes.

Sur le plan aurique, les sentiments refoulés par la personne déprimée sont souvent pris chez d'autres personnes. Cela résulte en décolorations et en lourdeur dans la couche aurique émotionnelle (la deuxième). Il peut aussi en résulter des trous dans la couche aurique mentale (la troisième) qui peut attirer la « saleté » ou les sentiments négatifs des autres. Parfois, ces sentiments sont repris par les cordes attachées à un ou plusieurs chakras.

De la grisaille autour du système immunitaire et ses organes, comme l'hypophyse et la rate, signifie que celui-ci est affaibli.

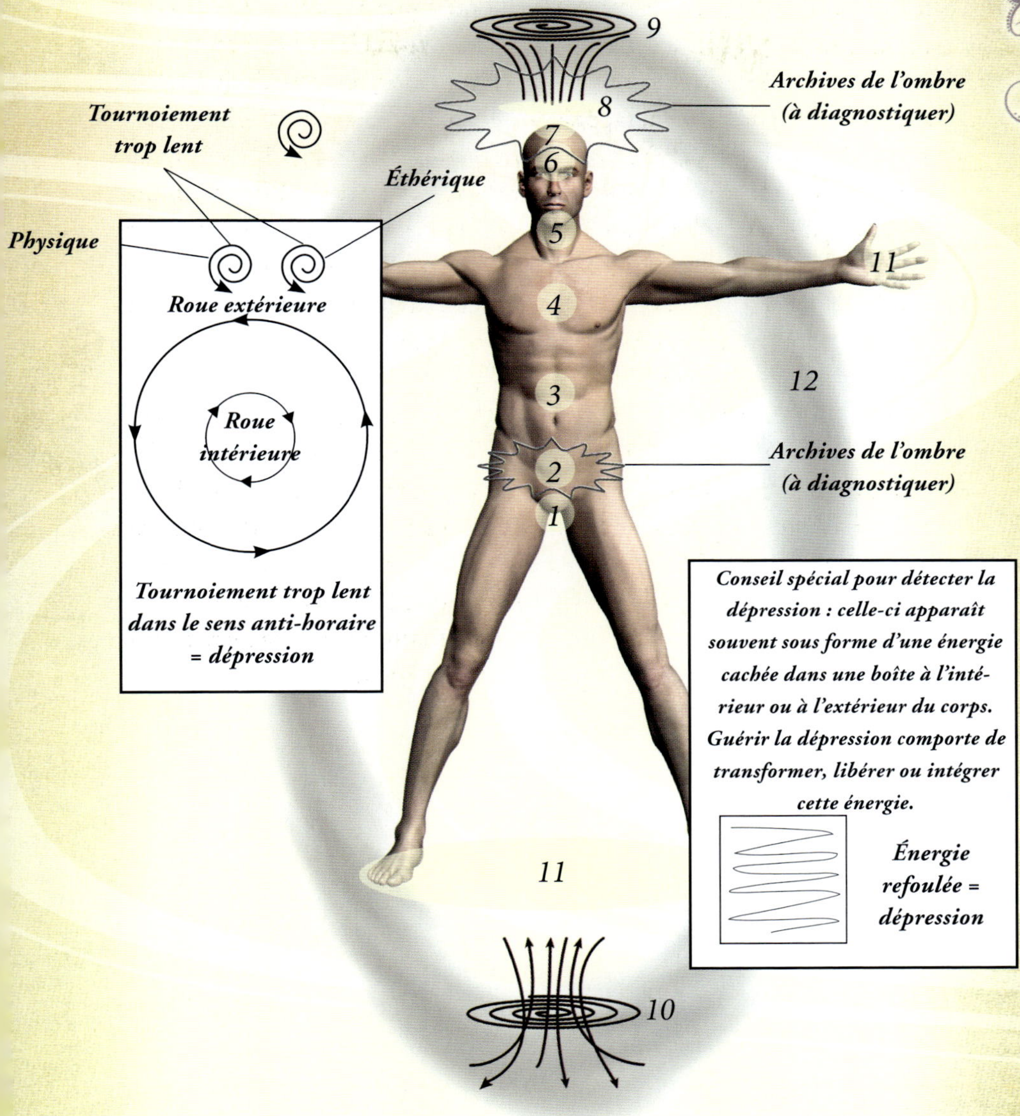


**Figure 17.11 : Les signes énergétiques de la dépression**
(le deuxième chakra est donné en exemple)

## MIGRAINE

Il existe de nombreux types et causes de migraines, mais toutes comportent un tournoiement trop rapide, dans le sens des aiguilles d'une montre, dans le premier chakra, anxieux au sujet de quelque chose. Cette énergie vitale accélérée remonte dans la colonne vertébrale et devient souvent contractée par une corde ou une autre sorte de lien énergétique, habituellement dans le cinquième chakra. Elle y reste un moment jusqu'à ce que le lien se relâche et que l'énergie se dirige soudain vers la tête, créant la migraine. Une forteresse mentale ou émotionnelle entraîne aussi un tournoiement dépressif ou trop lent, dans le sens inverse des aiguilles d'une montre, dans le septième chakra. Les deux forces contraires, représentées par le premier et le septième chakras, causent cette douleur dans la tête.

Le plus intéressant est que cette explication énergétique reflète les plus récentes découvertes scientifiques sur la migraine. Les scanographies du cerveau révèlent que l'un des facteurs causant la migraine est un afflux soudain de sang à la tête, une augmentation d'environ 300 %. On considérait autrefois la migraine comme un trouble vasculaire ou du système sanguin, mais certains chercheurs la relient maintenant au tronc cérébral, une partie du système limbique situé dans la nuque[1]. Les signes énergétiques de la figure 17.12 se produisent dans les mêmes sites physiques notés par les chercheurs scientifiques.

## MALADIES CARDIAQUES

Les maladies du cœur reflètent souvent des problèmes ayant trait à l'amour, car le cœur est situé dans le chakra des relations amoureuses (le quatrième). Avant de se manifester, une maladie cardiaque peut parfois être décelée dans la couche aurique éthérique ou dans le dixième chakra, où on trouve les maladies héréditaires et où les schémas de maladie sont conservés avant de devenir plus intenses. C'est alors que les problèmes sont transférés dans le corps. En général, la clé consiste à repérer les réactions basées sur la peur face aux relations amoureuses. La peur est ce qui explique l'inaptitude d'une personne à donner ou à recevoir de l'amour.

Il existe plusieurs signes de maladie cardiaque. Une coloration grise et des taches noires dans la quatrième couche aurique (voir figure 17.13). Ou

1 Dodick. « Why Migraines Strike », p. 56-63.

une énergie sombre dans une ou plusieurs cavités cardiaques, juste à l'extérieur du cœur lui-même (quelque part dans le péricarde). Cette zone sombre devient plus définie et plus prononcée au fur et à mesure que la maladie progresse, pour finalement se transformer en une série de bandes serrées qui compriment le cœur pendant ou juste avant un infarctus.

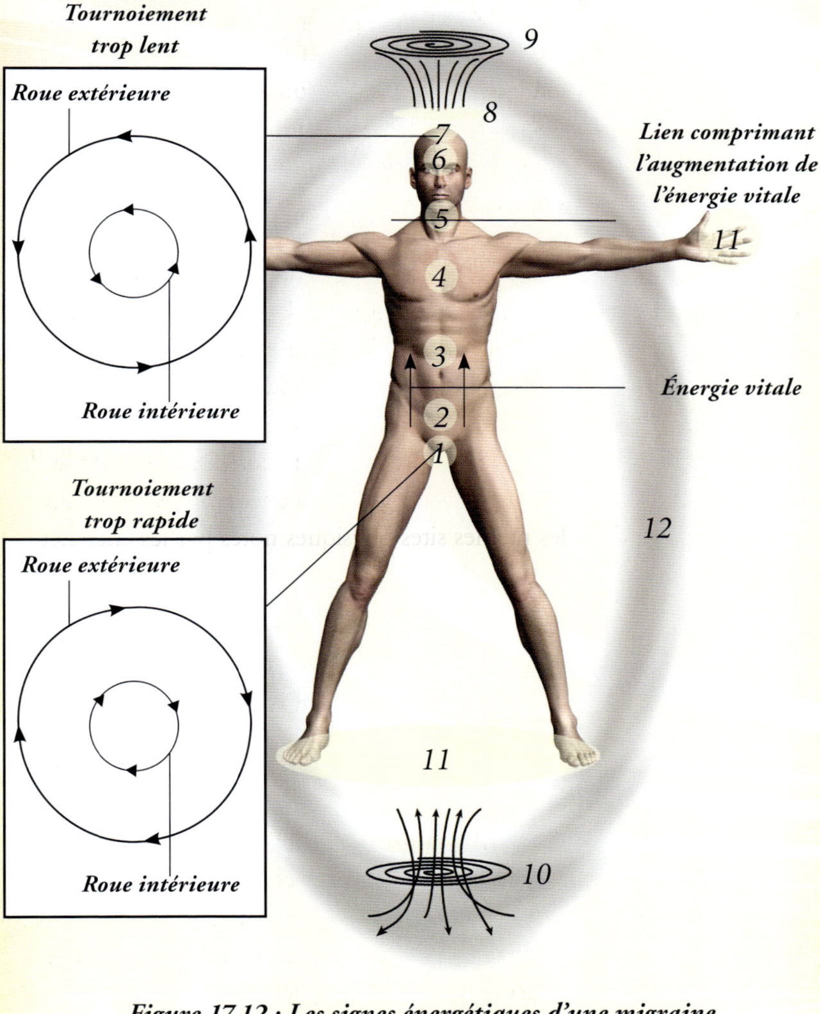


**Figure 17.12 : Les signes énergétiques d'une migraine**

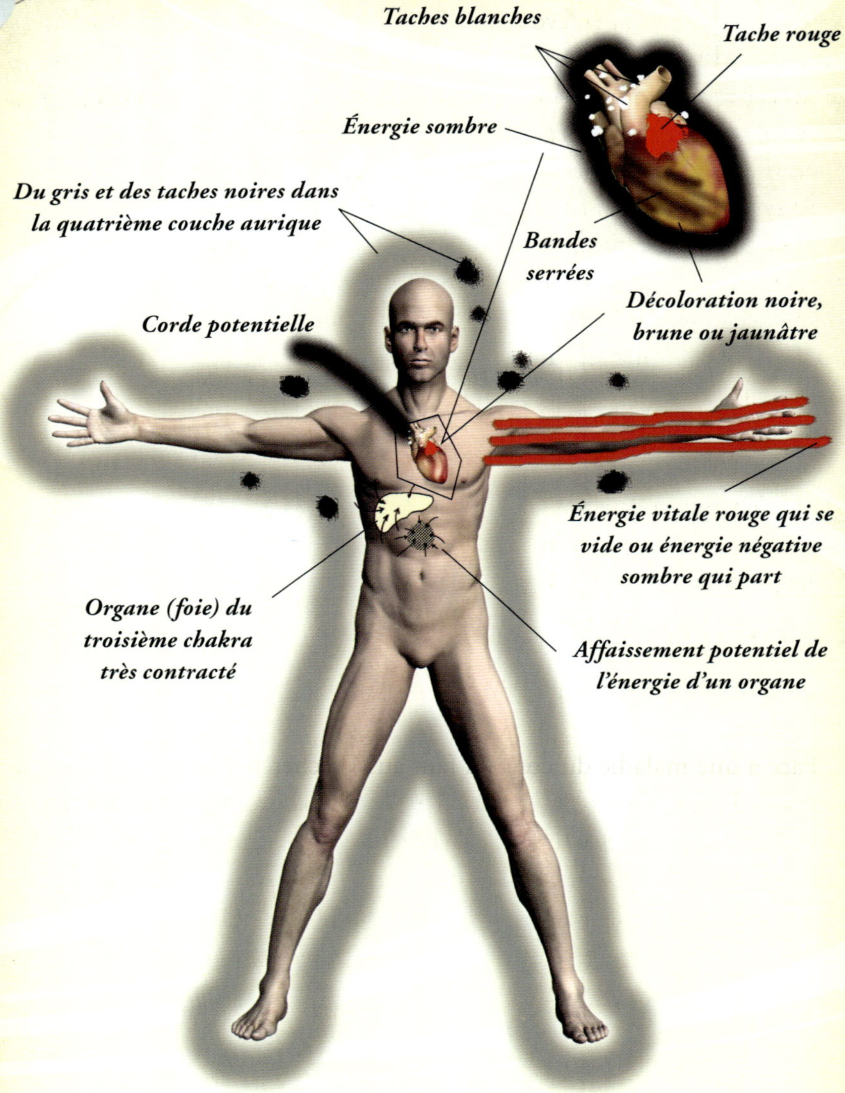


*Figure 17.13 : Les signes énergétiques d'une maladie cardiaque*

Je peux parfois apercevoir une ou plusieurs taches rouge vif dans la région cardiaque. Comme ces taches rouges indiquent à quel endroit le cœur concentre l'énergie ou essaie de la contenir, elles sont de plus en plus foncées au fur et à mesure que la série de bandes se resserre. Dans ce cas, le cœur tente de préserver son énergie vitale.

Souvent, il y a aussi des taches blanches dans la zone cardiaque. Si elles sont saines et éclatantes, cela indique la présence de l'âme. Ou bien celle-ci tente d'aider le cœur ou bien elle se prépare à s'en dissocier (juste avant la mort). Si les taches blanches n'ont pas une bonne apparence, je demande au client d'examiner ses fausses perceptions spirituelles, car celles-ci pourraient bien être les vraies causes du problème.

Dans le cas de maladie cardiaque chronique, le vert d'un cœur sain tend à se décolorer et à devenir noir, brun ou jaune.

De l'énergie foncée ou rouge pâle sort souvent de la main gauche. Il s'agit d'une fuite énergétique qui signale que le cœur ne fait pas circuler l'énergie correctement. Le rouge est l'énergie vitale qui se vide du corps et le foncé est de l'énergie négative dont le corps cherche à se débarrasser.

Lorsqu'une personne est sur le point d'avoir un infarctus, d'autres organes se contractent. Par exemple, le foie peut devenir rigide et s'affaisser sur lui-même.

Face à une maladie du cœur, il faut aussi rechercher des cordes dans la zone cardiaque. Ces cordes peuvent également se connecter à une partie inférieure du corps et à une expérience antérieure causant des problèmes, ou encore à une personne (vivante ou non) qui, dans une relation amoureuse, a créé ces réactions basées sur la peur à l'égard de l'amour.

## SYNDROME DE L'INTESTIN IRRITABLE

Un syndrome est un groupe de symptômes liés par une cause connue ou inconnue. Les symptômes du syndrome de l'intestin irritable (SII) comprennent des ballonnements, de la douleur et l'évacuation incomplète de l'intestin. Les femmes sont trois fois plus à risque que les hommes d'en être affectées, et il existe un lien significatif entre le SII et des antécédents d'abus physique ou sexuel dans l'enfance. Le SII est également lié à l'anxiété, au stress psychologique et aux troubles de la personnalité.

Le SII est une maladie du deuxième chakra et comporte toujours une forteresse émotionnelle, de même qu'un aspect dépressif (tournoiement trop lent dans le sens anti-horaire), ou bien un aspect anxieux (tournoiement trop rapide dans le sens horaire) dans le deuxième chakra (voir figure 17.14). Il y a habituellement au moins un lien énergétique entre la personne atteinte et quelque chose ou quelqu'un, généralement un lien de codépendance.

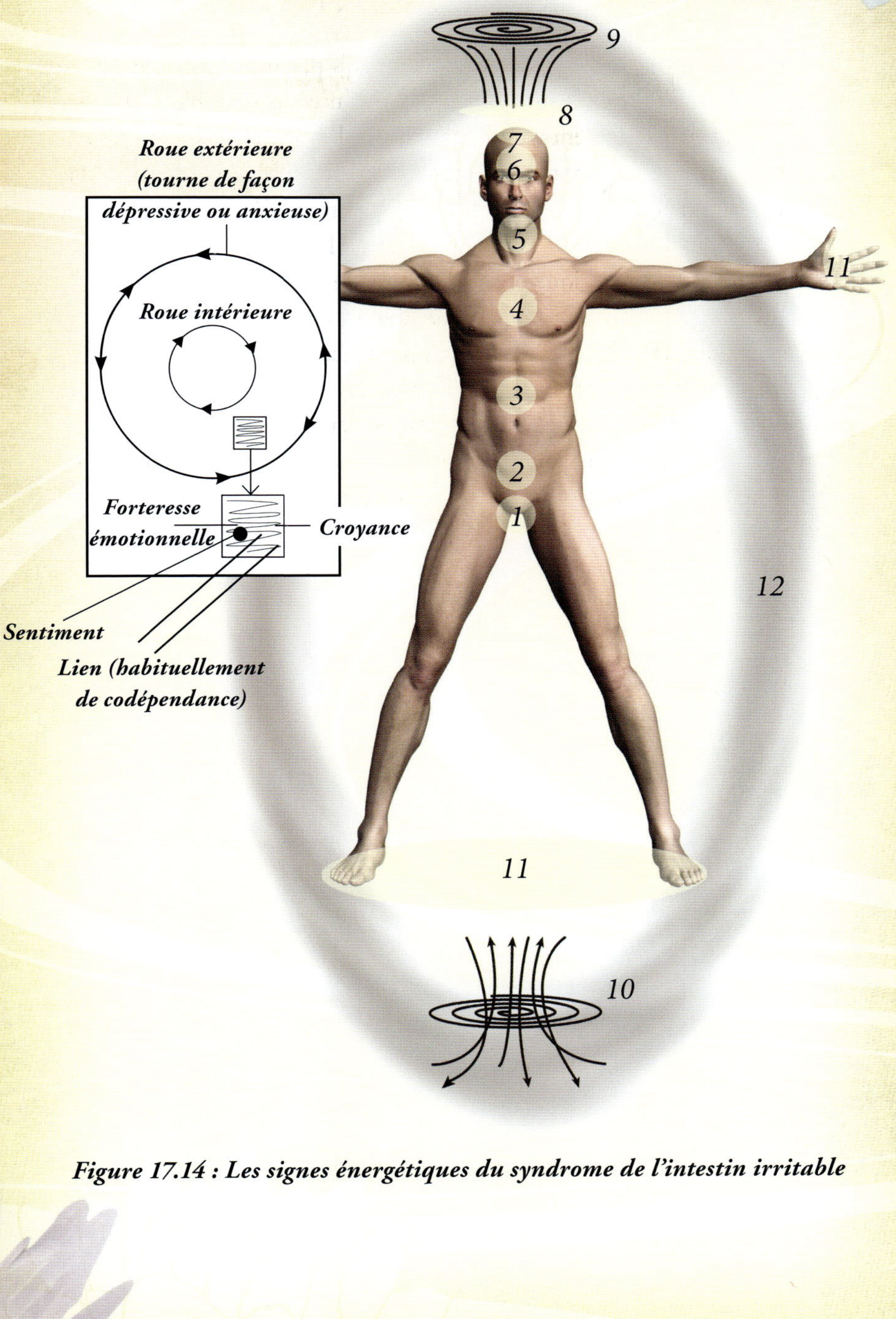


Figure 17.14 : Les signes énergétiques du syndrome de l'intestin irritable

## MICROBES

***Bactéries***

Les bactéries ne peuvent exister qu'en présence d'une peur déformée ou non reconnue et ressembleront à de minuscules taches sombres d'énergie dans un chakra (ou organe ou système organique), qui tourne trop vite (voir figure 17.15). La peur se présente différemment d'une personne à l'autre, mais a souvent l'apparence d'une énergie jaunâtre. Vous pouvez intuitivement jeter un coup d'œil dans l'une des bactéries et percevoir la situation qui cause la peur et, à partir de là, décider de la façon d'avancer ou de reculer par rapport au problème, ou encore de le traiter sainement.

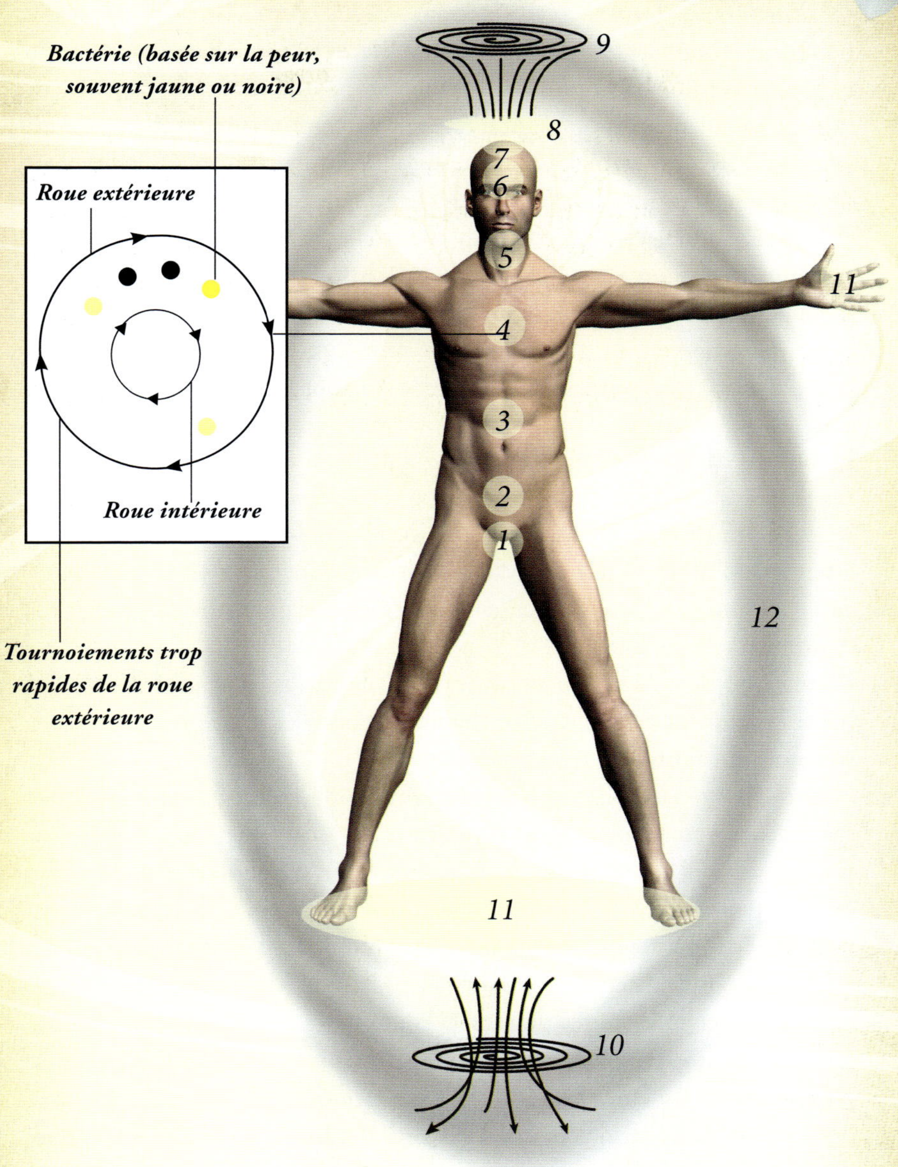


**Figure 17.15 : Les signes énergétiques des microbes – bactéries**
(l'exemple se situe dans le quatrième chakra, comme une pneumonie migratoire)

### *Champignon (levure et moisissures également)*

Le champignon tient sa source dans de la tristesse déformée, souvent du regret, et traduit un sentiment d'avoir perdu une occasion d'amour de façon permanente. Il peut s'agir d'une relation amoureuse, mais également avoir rapport à un emploi, un loisir ou toute autre occasion. La tristesse est une énergie « humide » qui favorise les champignons, les levures, les parasites et les moisissures, et peut être liée à des maladies auto-immunes, dont la sclérose en plaques et la maladie de Parkinson ; la pollution environnementale ; les infections par levure et Candida ; les allergies au sucre, aux produits laitiers et au gluten, ou une envie inassouvie des mêmes produits ; l'asthme ; certaines cardiopathies (surtout celles liées aux blocages artériels) ; dépendance au tabac ; problèmes intestinaux ; endométriose ; problèmes des sinus ; infections de l'oreille ; saignements ; histoplasmose (transportée par la terre et les oiseaux) ; coccygodynie, semblable à la grippe ; pneumonie interstitielle (souvent présente chez les personnes atteintes du SIDA et dont le système immunitaire est affaibli) ; blastomycose (souvent présente chez les gens souffrant de la maladie de Hodgkin) ; et problèmes lymphatiques.

Les champignons s'alignent souvent avec les parasites, dans l'éventualité où ces entités pourraient servir de compagnons et « faire mieux » que le moi pourrait faire.

La meilleure façon de repérer un champignon est d'examiner intuitivement le deuxième ou le troisième chakra, c'est-à-dire les intestins ou le foie. Il ressemblera à des taches de matière grise, souvent entourées par un film aqueux (voir figure 17.16). Des liens ou autres contraintes énergétiques peuvent être présentes, provenant des champignons eux-mêmes, ou des chakras ou organes correspondants, et se liant à la situation, la personne ou l'événement à la source du regret. Pour guérir un microbe de type fongique, il est important de revisiter l'événement, briser tous les liens et se pardonner à soi-même et à l'autre. Il peut être très utile d'accéder au Livre de Vie dans le huitième chakra, car celui-ci indique comment interpréter une situation négative ou liée à une perte, d'un point de vue positif.

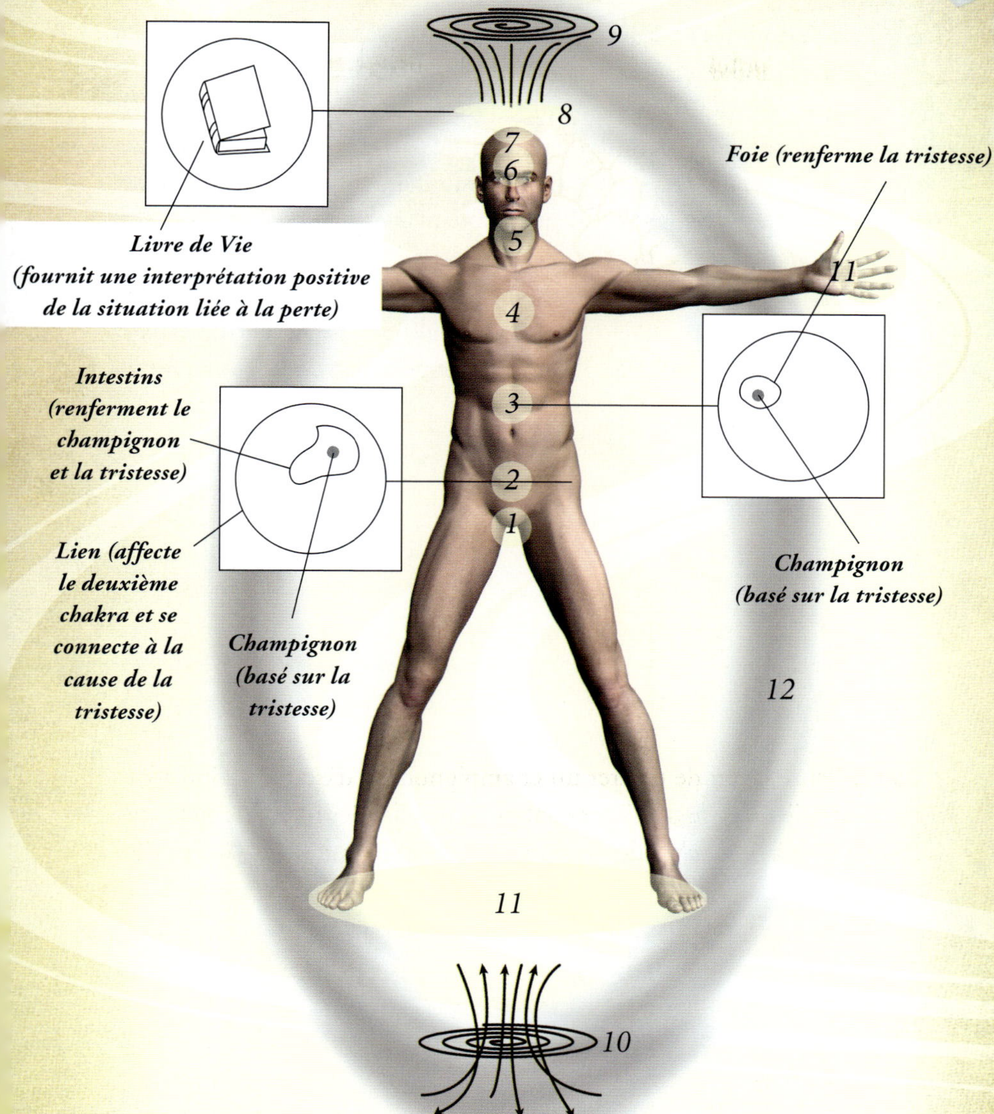


**Figure 17.16 : Les signes énergétiques des microbes – champignon**
(indique les chakras les plus fréquemment affectés)

***Parasites***

Les parasites sont des envahisseurs qui sapent notre énergie. Ils établissent un lien à sens unique, habituellement en puisant dans un lien énergétique déjà présent, afin de drainer notre énergie sans rien offrir en retour. Ils ressemblent à de minuscules êtres ou entités attachés à un lien énergétique établi dans l'une des parties du système énergétique ou de l'âme (voir figure 17.17). L'énergie ne circule que dans un sens par le lien parasitique (de eux à nous).

Certains parasites physiques sont en fait des représentations d'entités provenant de n'importe quel niveau de réalité, qui se servent de ceux-ci pour nous retirer de l'énergie. Il est important de vérifier la source originelle du parasite.

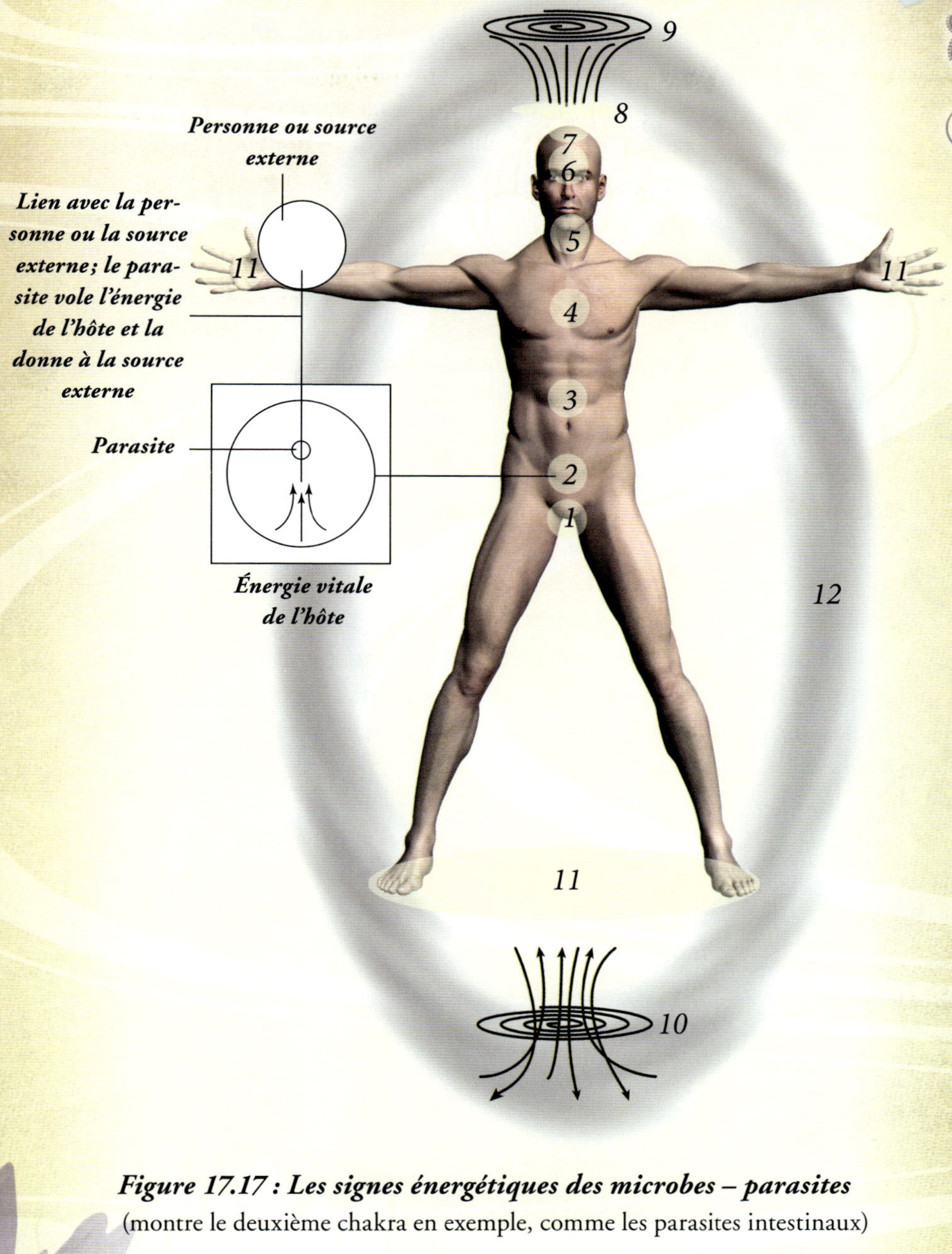


***Figure 17.17 : Les signes énergétiques des microbes – parasites***
(montre le deuxième chakra en exemple, comme les parasites intestinaux)

***Virus***

Les virus sont en fait des entités étrangères au corps humain et peut-être même à la terre entière. Ils cachent des centaines de maladies importantes ou mineures et signalent une prédisposition à accueillir des énergies qui ne nous conviennent pas. Ils existent habituellement en présence d'une colère déformée ou non reconnue ou de forteresses émotionnelles ayant trait au sentiment d'impuissance. Pour une raison quelconque, nous croyons mériter d'être envahi par quelque chose qui ne nous appartient pas, sans posséder le pouvoir nécessaire pour éviter cette hostilité.

Sur le plan physique, un virus n'a pas son propre ADN. Comme il reproduit plutôt le nôtre, notre système immunitaire ne peut pas le reconnaître et préparer le combat. Cette tactique sournoise ne permet pas non plus de reconnaître un virus par les moyens énergétiques, à moins d'examiner l'extérieur du corps dans le champ aurique. Les virus dans l'organisme sont en fait contrôlés par une plus grande intelligence de groupe qui ressemblera intuitivement à une grosse boule d'énergie animée (voir figure 17.18). Cette forme sera rattachée au principal site d'infection dans l'organisme. Des filaments secondaires peuvent émerger du lien principal ou du parent viral. La meilleure façon de traiter un virus consiste à le détacher du corps, ouvrir les chakras à leur véritable source de pouvoir (habituellement en passant par le premier chakra) et renvoyer gentiment chez lui le parent viral.

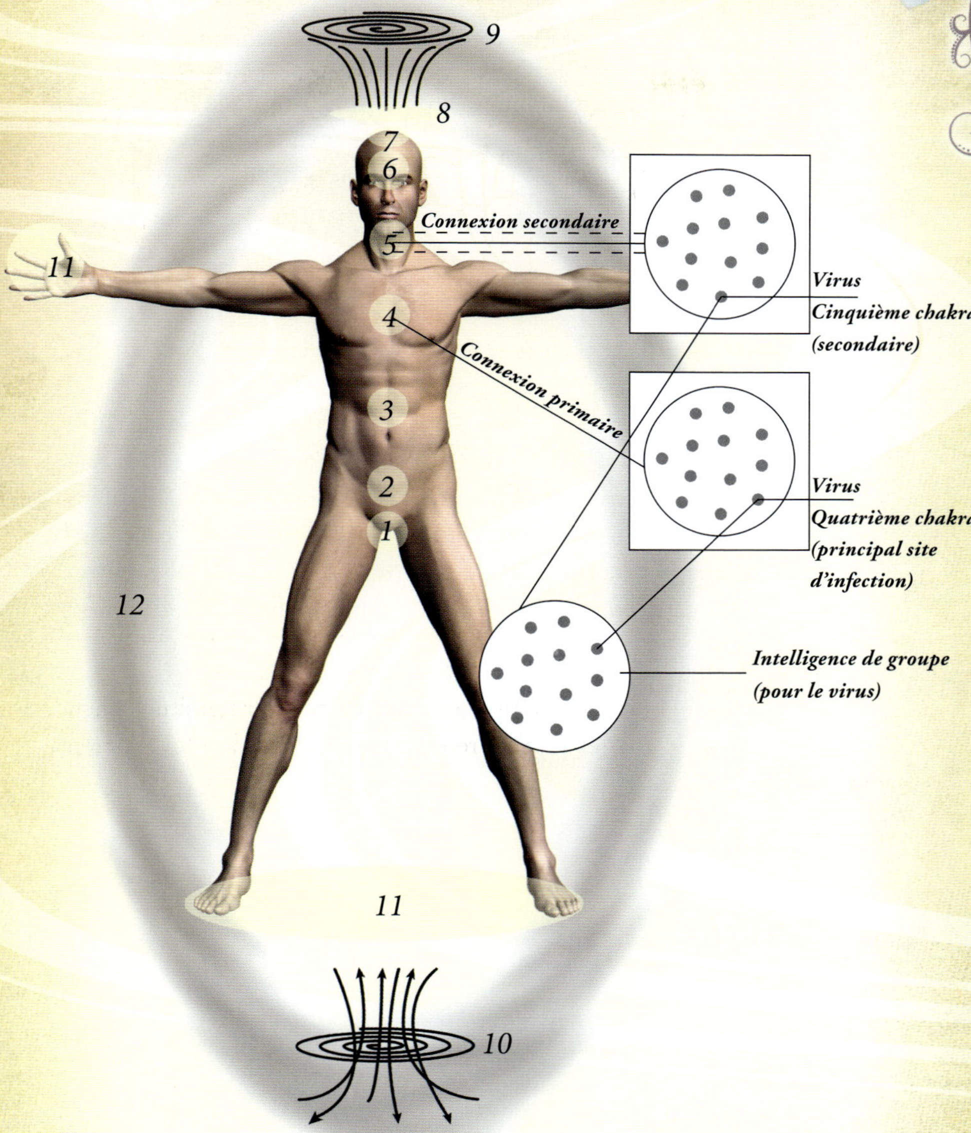


**Figure 17.18 : Les signes énergétiques des microbes – virus**
(montre les quatrième et cinquième chakras en exemple, comme un rhume)

## DOULEUR

Il est important de retracer la douleur systématique ou même localisée en remontant à sa source et au chakra à proximité afin de la libérer (voir figure 17.19). Commencez la recherche dans le premier chakra, qui alimente la douleur (ou sa cause) avec de l'énergie vitale. Un lien ou un filament émergera du premier chakra puis se divisera pour se déplacer vers les deux sites suivants :

1. Le corps de la douleur et, possiblement à travers lui, la zone rouge. L'un ou l'autre de ces centres énergétiques, ou les deux, pourrait être la source réelle. Le corps de la douleur en renferme un surplus et peut soit la drainer hors du site blessé, soit la transférer dans le corps qui l'a conservée lors d'un problème précédent. La zone rouge renferme les résidus émotionnels d'incarnations antérieures aussi bien que des sentiments non éprouvés dans la vie présente. Elle peut aussi avoir conservé le surplus de douleur du problème actuel ou avoir disposé de cette énergie émotionnelle supplémentaire dans le corps physique.
2. Le site interne d'origine de la douleur. Celui-ci pourrait représenter le véritable point de départ de la douleur ou servir de réceptacle à celle que le corps de douleur ou la zone rouge n'a pas relâchée.

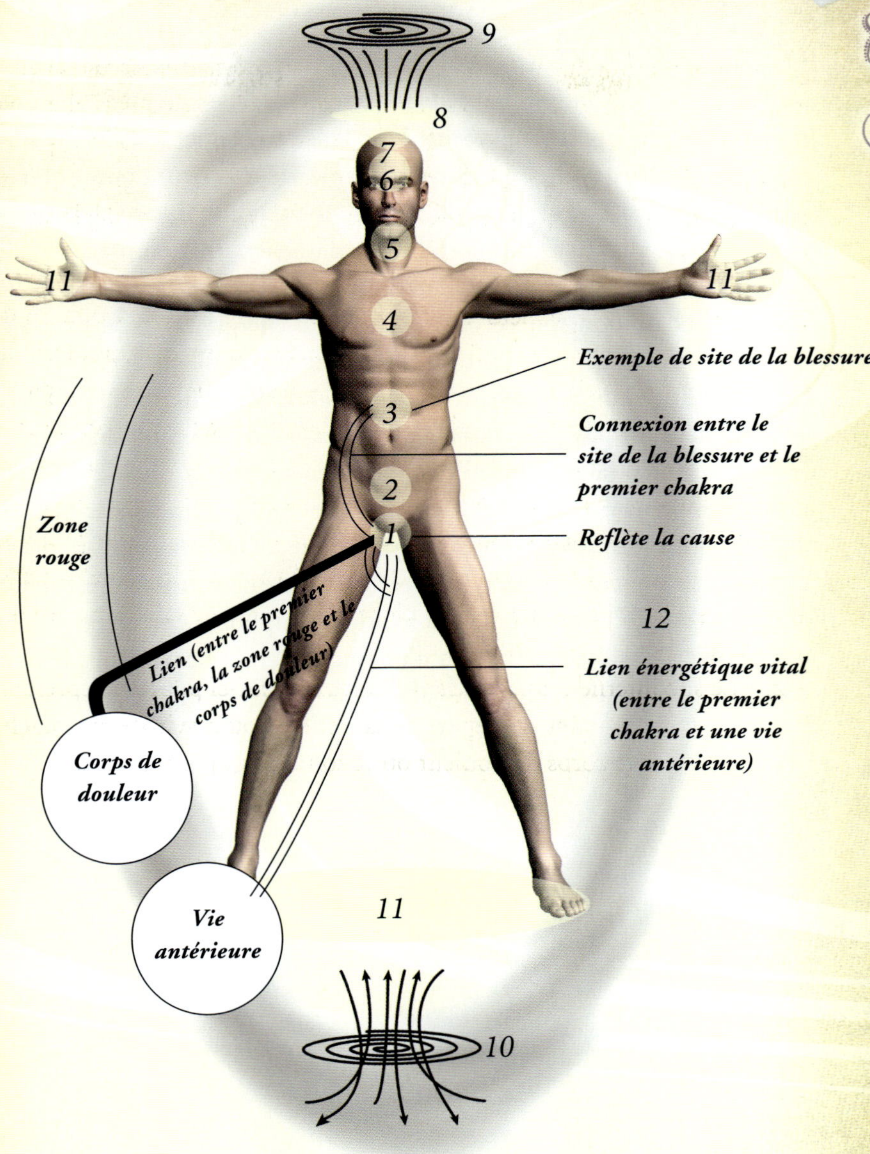


**Figure 17.19 : Les signes énergétiques de la douleur**

## PHOBIES

Les phobies sont considérées comme des peurs irrationnelles qui incitent à éviter ce que l'on craint. Sur le plan énergétique, il s'agit en fait de peurs rationnelles ayant pour origine une expérience dans une vie antérieure. Par exemple, quelqu'un qui s'est noyé dans une vie antérieure pourrait avoir une peur inexplicable de l'eau. Une personne qui craint le feu a peut-être perdu un être cher dans un incendie lors d'une incarnation précédente.

Pour repérer une phobie provenant de l'âme et d'une vie passée, recherchez une coloration foncée ou une boule d'énergie; la roue extérieure tourne peut-être trop vite ou trop lentement (anxieuse ou déprimée; voir figure 17.20). Vous la trouverez dans le chakra qui renferme la phobie. Si vous ne détectez pas cette boule, examinez les archives akashiques dans le huitième chakra, qui reflète toujours l'énergie de la phobie. Des filaments sombres ou jaunes sortiront de cette « boule phobique ». Souvent, dans la couche aurique associée au chakra hôte, ces filaments se réunissent pour former un seul lien énergétique. Cette ligne peut être retracée dans le temps et l'espace jusqu'à la vie antérieure où la phobie s'est créée. Parfois, une phobie vient des expériences d'un ancêtre et, le cas échéant, la boule d'énergie phobique émanera probablement du dixième chakra.

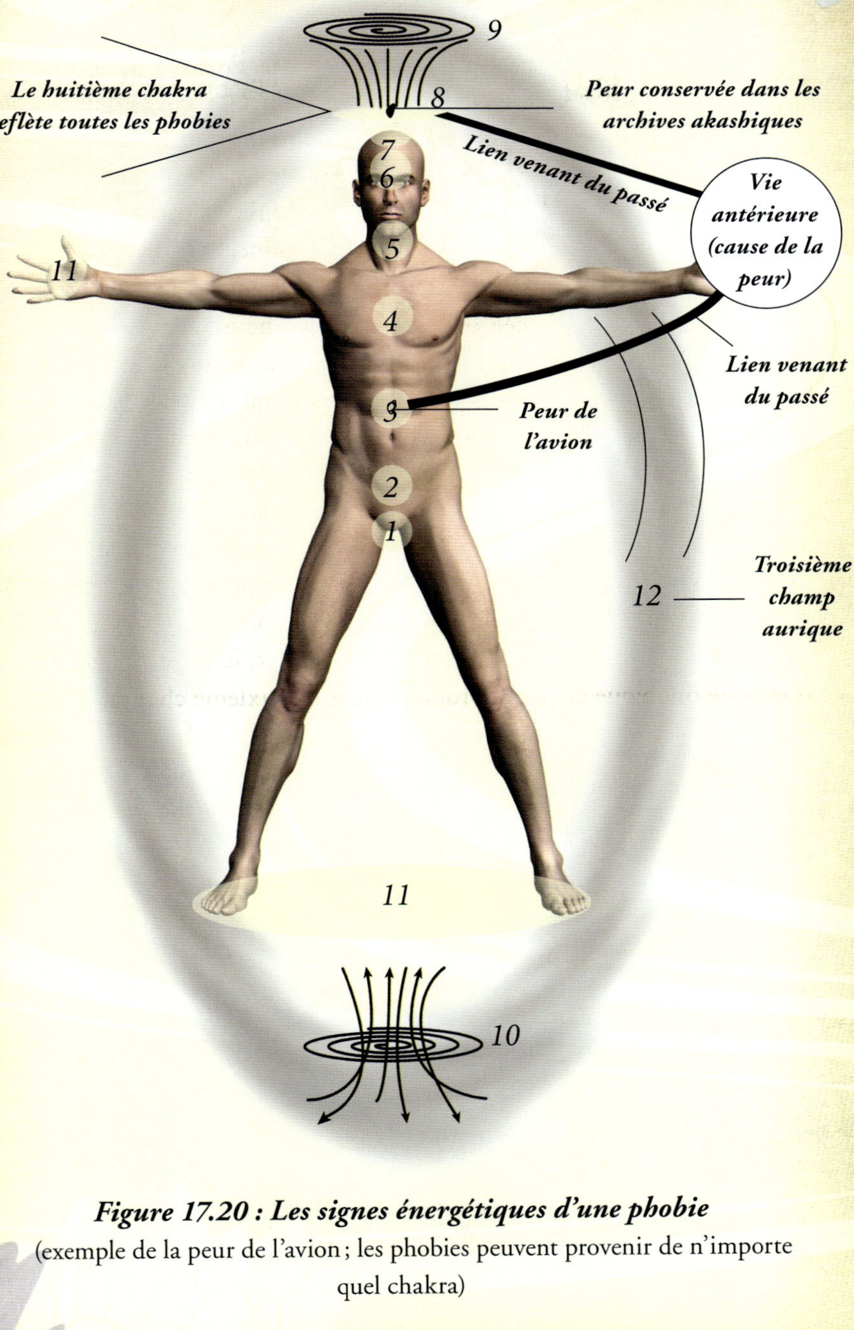


**Figure 17.20 : Les signes énergétiques d'une phobie**
(exemple de la peur de l'avion ; les phobies peuvent provenir de n'importe quel chakra)

# Bibliographie

Albohm, Anders. "Neurodegenerative Diseases, Suicide and Depression Symptoms in Relation to EMF." *Bioelectromagnetics*, S132.

Albohm, Anders, Elisabeth Cardis, Adele Green, Martha Linet, David Savitz, and Anthony Swerdlow. "Review of the Epidemiologic Literature on EMF and Health." *Environmental Health Perspectives*, décembre 2001.

Ambjorn, Jan, Jerzy Jurkiewicz, and Renate Loll. "The Self-Organizing Quantum Universe." *Scientific American*, juillet 2008, Vol. 299, No. 1.

Andrews, Ted. *Imagick : The Magick of Images, Paths & Dance*. St. Paul, MN : Llewellyn Publications, 1989.

Arewa, Caroline Shola. *Opening to Spirit* : *Contacting the Healing Power of the Chakras and Honouring African Spirituality*. London : Thorsons, 1999.

Bach, Richard. *Illusions* : *Les aventures d'un Messie recalcitrant*. Saint-Laurent, Flammarion, 1978.

Balaskas, Janet. "The Feminine Power of Birth," in *Uncoiling the Snake*, ed. Vicki Noble. New York : HarperCollins, 1993.

Bradshaw, John. *La famille* : comprendre les liens qui nous unissent. J'ai lu, 2010.

———. *Healing the Shame that Binds You*. Deerfield Beach, FL : Health Communications, Inc., 1988.

Brennan, Barbara Ann. *Hands of Light : A Guide to Healing Through the Human Energy Field*. New York : Bantam Books, 1987.

Bruyere, Rosalyn L. *Wheels of Light : A Study of the Chakras*, ed. Jeanne Farrens. Arcadia, CA : Bon Productions, 1989.

Callaway, J. C. "A Proposed Mechanism for the Visions of Dream Sleep." *Medical Hypothesis* 26, 1988, p. 119–24.

Cao, Y. N., Y. Liu, and Y. Zhang. "Effects of Exposure to Extremely Low Frequency Electromagnetic Fields on Reproduction of Female Mice and Development of Offsprings." *Zhonghua Lao Dong Wei Sheng Zhi Ye Bing Za Zhi*, août 2006.

Carlson, John B. “Lodestone Compass : Chinese or Olmec Primacy?” *Science, New Series*, Vol. 189, No. 4205. 5 septembre 1975.

Castaneda, Carlos. *The Eagle's Gift*. New York : Washington Square Press, 1981.

Chopra, Deepak. *Créer la santé*. Montréal, Stanké, 1988.

Dale, Cyndi. *Advanced Chakra Healing : Energy Mapping on the Four Pathways*. Berkeley, CA : Crossings Press, 2005.

———. *Advanced Chakra Healing : Heart Disease*. Berkeley, CA : Crossings Press, 2007.

Damasio, Antonio R. *L'erreur de Descartes*. Paris, O. Jacob, 2009.

Devereux, Paul. *Places of Power*. London : Blandford Press, 1990.

Dodick, David W., et J. Jay Gargus. “Why Migraines Strike,” *Scientific American*, août 2008, p. 56–63.

Edwards, Harry. *A Guide to Spiritual Healing*. London : Spiritualist Press, 1956.

Evans, John. *Mind, Body and Electromagnetism*. Dorset, UK : Element, 1986.

Furlong, David. *Working with Earth Energies*. London : Piatkus, 2003.

Gerber, Richard. *Vibrational Medicine*. Santa Fe, NM : Bear & Company, 1988.

Goswami, Shyam Sundar. *Layayoga*. Rochester, VT : Inner Traditions, 1999.

Gray, Henry. *Gray's Anatomy*. Philadelphia : Running Press, 1974.

Haimov, I., and P. Lavie. “Melatonin—A Soporific Hormone.” *Current Directions in Psychological Science*, 1996.

Hansen, J. “Increased Breast Cancer Risk Among Women Who Work Predominantly at Night.” *Epidemiology*, janvier 2001.

Hunt, Valerie V., Wayne M. Massey, Robert Weinberg, Rosalyn Bruyere, et Pierre M. Hahn. “A Study of Structural Integration from Neuromuscular, Energy Field, and Emotional Approaches.” Rolf Institute of Structural Integration, 1977. <http ://www.rolf.com.au/downloads/ucla.pdf>.

Jacka, Judy. *The Vivaxis*. Charlottesville, VA : Hampton Roads, 2000.

Johari, Harish. *Chakras : Energy Centers of Transformation*. Rochester, VT : Destiny, 2000.

Kalweit, Holger. *Dreamtime and Inner Space : The World of the Shaman*. Boston : Shambhala Publications, Inc., 1984.

Katz, Richard. *Boiling Energy : Community Healing Among the Kalahari Kung*. Boston : Harvard College, 1982.

King, Serge. *Kahuna Healing*. Wheaton, IL : The Theosophical Publishing House, 1983.

Lansdowne, Zachary F. *The Rays and Esoteric Psychology*. York Beach, ME : Samuel Weiser, Inc., 1989.

Leadbeater, C. W. *The Chakras*. Wheaton, IL : The Theosophical Publishing House, 1927.

Ledwith, Miceál, D.D., L.L.D., and Klaus Heinemann, Ph.D. *The Orb Project*. New York : Atria, 2007.

Lindsay, Bethany. "The Compass of Birds." *The Science Creative Quarterly*, sept.–nov. 2006.

Lloyd, Seth. *Programming the Universe*. New York : Vintage, 2006.

Matthews, John. *The Celtic Shaman*. Rockport, MA : Element, Inc., 1992.

McTaggart, Lynne. *The Field*. New York : Harper Perennial, 2002.

Men, Hunbatz. *Secrets of Mayan Science/Religion*, trans. Diane Gubiseh Ayala and James Jennings Dunlapp II. Santa Fe, NM : Bear & Company, 1990.

Morgan, Marlo. *Mutant Message Down Under*. Lees Summit, MO : MM Co., 1991.

Motoyama, Hiroshi, et Rande Brown Ouchi. *Science and the Evolution of Consciousness*. Brookline, MA : automne 1978.

Pearsall, Paul, Ph.D. *The Heart's Code*. New York : Broadway Books, 1988.

Pert, Candace, Ph.D. *Molecules of Emotion : The Science Behind Mind-Body Medicine*. New York : Scribner, 1997.

Puthoff, H. E. "Gravity as a Zero-Point Fluctuation Force." *Physical Review* A. Vol. 39, No. 5. mars 1989.

———. "Zero-Point Energy : An Introduction." *Fusion Facts* 3, No. 3. 1991.

Randall, Georgia Lambert. *Esoteric Anatomy* (enregistrements, Wrekin Trust UK, 1991 ; transcrits dans Arewa, *Opening to Spirit*).

———. The *Etheric Body* (notes de lecture non publiées, 1983).

Reynolds, David K. *Water Bears No Scars : Japanese Lifeways for Personal Growth*. New York : William Morrow & Company, 1987.

Rogers, Carl D. *On Becoming a Person*. Boston : Houghton Mifflin Company, 1961.

Roney-Dougal, S. M. "Recent Findings Relating to the Possible Role of the Pineal Gland in Affecting Psychic Abilities." *J. Soc. Psych. Res.*, 1989.

Rubik, Beverly, Ph.D. "Can Western Science Provide a Foundation for Acupuncture ?" *Alternative Therapies*, septembre 1995.

Stein, Diane. *Women's Psychic Lives* (formerly *Stroking the Python*). St. Paul, MN : Llewellyn Publications, 1988.

Stetler, Alfred. *PSI-Healing*. New York : Bantam Books, 1976.

Suplee, Curt. "The Speed of Light Is Exceeded in Lab : Scientists Accelerate a Pulse of Light." *The Washington Post*, 20 juillet 2000.

Talbot, Michael. *L'univers est un hologramme*. Éd. Pocket, 1995.

Taubes, Gary. "The Electric Man." *Discover*, avril 1986.

Tiller, Dr. William. *Science and Human Transformation : Subtle Energies, Intentionality, and Consciousness*. Walnut Creek, CA : Pavior Publishing, 1997.

———. "Subtle Energies," *Science & Medicine*. Mai/juin 1999, Vol. 6, No. 3.

Tynes, Tore, L. Klaeboe, and T. Haldorsen. "Residential and Occupational Exposure to 50 Hz Magnetic Fields and Malignant Melanoma : A Population Based Study." *Occup Environ Med*, mai 2003.

Underwood, Anne. "The Good Heart." *Newsweek*. 3 octobre 2005.

Varenne, Jean. *Yoga and the Hindu Tradition*. Chicago : University of Chicago Press, 1976.

Vestergaard, Lene Hau. "Frozen Light." *Scientific American*, mai 2003.

Villoldo, Alberto, Ph.D. *Shaman, Healer, Sage*. New York : Harmony, 2000.

Wang, L. J., A. Kuzmich, and A. Dogariu. "Gain-assisted Superluminal Light Propagation." *Nature*, Vol. 406, Issue No. 6794 (20 juillet 2000).

Watters, Ethan. "DNA Is Not Your Destiny." *Discover*, novembre 2006.

Wertheimer, N., and E. Leeper. "Electrical Wiring Configurations and Childhood Cancer." *Am J Epidemiol*, 1979.

Whistler, W. Arthur. *Polynesian Herbal Medicine*. Kauai, HI : National Tropical Botanical Garden, 1992.

Whitton, Joel L., and Joe Fisher. *Life Between Life*. New York : Doubleday, 1986.

Wiedemann, Frederic. *Between Two Worlds : The Riddle of Wholeness*. Wheaton, IL : The Theosophical Publishing House, 1986.

Ywahoo, Dhyani. *Voices of Our Ancestors*. Boston : Shambhala Publications, Inc., 1987.

# Index


Abandon, 118, 122, 306, 390
Abus, 9, 10, 23, 53, 67, 73, 76, 88, 97, 136, 141, 157, 158, 161, 162, 170, 193, 217, 220, 298, 306, 341, 344, 445, 454
Acupuncture, 315, 361
Agressivité (rage), 65, 152, 160, 162, 187, 215, 370, 372, 376, 382, 384, 408, 415, 433
Akashiques, 5, 35, 87, 88, 91, 106, 139, 239, 466, 467
Alcoolisme, 10, 382, 406, 417–418. *voir* aussi Maladie, dépendances
Aliments. *voir* aussi Chakras
- Chakras et, 64, 310–312
- En tant que besoin, 1, 6, 10, 16, 64, 67, 78, 82, 309–312, 313, 315

Allergies, *voir* aussi Maladie
- Alimentaires, 310

Âme, 7, 9, 11, 14–16, 21–28, 33, 39, 40, 49, 50, 53, 55, 57, 61–63, 67, 70, 71, 76, 78, 80, 90, 91, 93, 94, 95, 97, 99, 101, 103, 105, 106, 109, 111, 122, 124, 130, 136, 138, 140, 141, 148, 149, 151, 154, 155, 156, 159, 163–166, 168–171, 174, 178, 189, 191, 192, 193, 195, 197, 198, 200, 201, 203, 204, 217, 221, 224, 226, 228, 229, 231, 232, 239, 240–245, 247, 253, 264, 265, 266, 271, 272, 275, 282, 296–300, 302, 306, 308, 309, 312, 314, 317–321, 326–330, 340, 350, 352, 353, 357, 363, 375, 376, 379, 380, 382, 384, 389, 393, 407, 414, 415, 418-421, 432, 442–444, 447, 453, 460, 466
Amertume, 371
Amour vii, 3, 20, 22, 41, 55, 67, 71, 73–77, 80, 81, 83, 89, 92, 96, 100, 115, 120, 124, 125, 126, 130, 131, 136, 145, 146, 151, 159, 161, 164, 177, 187, 192, 193, 200, 202, 225, 231, 234, 236, 252, 256, 274, 275, 281, 286, 290, 309, 314, 326, 328–331, 353, 354, 357, 363, 370, 372, 375, 376, 380, 387, 405, 406, 407, 413, 414, 423, 429, 430, 440, 442, 450, 453, 458
Ancrage (s'ancrer), 42–43, 93, 97, 140–141, 170, 175–177, 234, 246, 254–256, 340
Andrews, Ted, 150
Anges, 17, 18, 84, 136, 193, 225, 252
Antimonde, 29, 30
Anxiété, *voir* Maladie
Appareils électriques, 262
Apparitions (fantômes), 326
Archives
- Akashiques, 5, 35, 87, 88, 91, 106, 139, 239, 466
- De l'Ombre, 88, 106, 139, 239, 436, 437

Livre de Vie, 5, 35, 87, 88, 106, 139, 239, 459
Archives akashiques, *voir* Archives
Archives de l'Ombre, *voir* Archives
Arthrite, *voir* Maladie
Aspects du soi, 127, 326, 443
Asperger, syndrome d', 111, 442
Asthme, *voir* Maladie
Astral
Corps, 224–225
Plan, 74, 224–226, 228, 421
Projection, 76, 224–225
Atlas. *voir* Vertèbres
Attachement, troubles de l', *voir* maladie
Auras, 2, 5, 28, 35, 36, 40, 44, 45, 53, 97, 101, 105, 107, 208–214, 221, 224, 231, 234, 236, 245–250, 252–254, 257, 258, 262, 263, 268, 272, 315, 318, 322, 323, 359, 383, 421, 422, 425, 442, 444
Auriques, champs/couches
Cinquième couche, 210, 228–231
Définition des, 207
Deuxième couche, 217–220, *210*, 222, 448
Dixième couche, 210, 244, 265
Douzième couche, 210, 246–247
Énergies spirituelles et, 36, 247, *268*, 320–323
Huitième couche, 210, 238-239
Illustration des, 210
Neuvième couche, 210, 243–244
Onzième couche, 210, 246–247
Première couche, 210, 214–217, 322–323
Quatre rôles des, 209
Quatrième couche, 210, 224–228, 450-452
Septième couche, 210, 234–238
Sixième couche, 210, 231–234
Troisième couche, 210, 220–224, *426*, 446, 447, 448
Autisme, *voir* Maladie
Axis, *voir* Vertèbres
Bactéries, *voir* Microbes
Bailey, Alice, 271
Balaskas, Janet, 342
Baubiologie, 263
Bénéfices
À base d'amour, 405–406, 407
À base de peur, 405–407
Définition, 405–408
Benker, système cubique, 264
Biochamp, 35
Biophoton, 32
Blâme, 118, 125, 372, 416, 431, 432
Blocages, *voir* aussi Croyances et forteresses
Affectifs, 152–153, 231, 235, 365, 369
Définition des, 14, 43–45, 53–54, 63–64, 70, 98, 108, 110, 123, 128–129, 130, 139, 142, 144–159, 165–167, 173, 175, 178–180, 187–188, 189, 191, 219, 231, 235, 297, 304, 322–323, 340, 349, 360–361, 366, 369, 387–388, 391, 413
Mentaux, 149–151
Physiques, 148–149
Spirituels, 153–158, 323
Bois, 86, 314, 432
Bradshaw, John, 374
Brennan, Barbara Ann, 35, 36, 208, 244, 299, 469
Bruyere, Rosalyn, 64
Cancer, *voir* Maladie
Cardiopathie (maladie du cœur), 3, 22–23, 55, 87, 150, 262, 263, 366, 450–453
Castenada, Carlos, 105, 245, 342, 470
Causal, corps, 105

Centrer, se, 42, 43
Chagrin, 21, 73, 113, 119, 128, 153, 160, 162, 190, 370, 376, 408, 429, 430
Chakra du cœur (coronal), 55, 164, 192–193, 226, 276, 347, 350, 402, 453
Chakras
Aliments et, 64, 310–312
Cinquième, 62, 76–78, 107, 125, 126, 165, 176, 178, 194–195, 201, 203, 224, 228, 255, 302, 331, 333, 337, 339, 343, 344, 377, 384, 387–388, 430, 440, 450, 463
Combinaisons de, 107, 164
Communication intuitive et, 62, 63, 67, 70, 71
Communication physique et, 63, 80
Communication psychique et, 27, 55, 60–62, 63, 66, 78, 80, 82, 93–97, 99, 224, 332, 376, 379, 390, 421
Deuxième, 58, 68-70, 73, 79, 107, 113, 125, 126, 149, 158, 161-163, 175, 176, 188-190, 200, 2025, 203, 218, 219, 255, 256, 291, 292, 302, 337, 339, 342, 343, 344, 346, 357, 376, 377, 381, 394, 395, 406, 427, 429, 437, 440, 444, 445, 446, 447, 449, 454, 459, 461
Différences culturelles et, 339
Dixième, 93-98, 106, 119, 140, 141,, 168, 169-172, 173, 175, 176, 187, 234, 244, 254, 273, 337–340, 345, 346, 357, 376, 379, 391, 432, 438, 439, 450, 466
Dons spirituels et, 57, 106, 111, 359
Douzième chakra, 101-105, 109, 141, 172-173, 176, 213, 247-248, 337, 345, 346, 355, 433, 438, 439
Énergie spirituelle et, 26, 50, 85, 99, 120, 167, 320–323
Forme, tournoiement et vitesse, 184, 195, 437, 449, 451, 450, 454, 457
Frontières et, 332
Glandes endocrines associées aux, 58–60, 63, 80, 88, 101
Guérison et, v, vi, x, 1–5, 12–14, 19, 22–31, 33, 37–45, 47, 55, 58, 73–76, 84, 91, 93, 106, 110, 111, 143, 144, 151, 152, 154, 159, 175, 181, 184, 189, 191, 195, 197, 199, 220, 229, 231, 232, 234, 238, 239, 240, 244, 246, 250–253, 256, 264, 265, 268, 274, 276, 286, 288–292, 295–301, 303, 304, 306, 308–315, 316–324, 325, 335, 336, 344, 356, 367, 370, 374, 377, 395, 396, 401, 405, 407, 408, 414, 421, 422, 425, 431, 436
Huitième, 58, 86–91, 106, 139, 168, 174, 176, 238, 239, 240, 273, 302, 337, 339, 343, 344, 376, 384, 429, 431, 436, 458, 466, 467
Kundalini et, 16, 37-38, 40, 65, 112, 118-120, 121, 186-187, 192, 198, 336, 338-343, 348-349, 353-354, 356-358, 359
L'endroit des, 30, 34, 51, 57, 79, 80, 181–189, 194, 196, 198, 202–204, 214, 215, 218, 219, 222, 225, 226, 238, 254, 302, 335, 355, 448

L'envers des, 182–188, 196, 198, 200, 202–203, 205, 218, 222, 226, 355, 401
Méridiens et, 31, 360–361
Nadis et, 360–361
Neuvième, 91-93, 95, 135, 140, 169, 175-176, 243, 273, 302, 337, 339,345, 346, 355, 376, 379, 384, 431
Onzième, 98-101, 126, 140, 141, 172-173, 175, 176, 246, 247-248, 337, 345, 346, 355, 433
Pendule et, 106, 204, 205
Premier, 53, 58, 64-67, 68, 71, 73, 107, 113, 118, 119, 120, 126, 127, 135, 138, 144, 146, 151, 160, 174, 174, 176, 185, 186-188, 191, 200, 202, 203, 207, 214-217, 243, 255, 256, 260, 275, 291, 302, 329, 330, 337, 338, 339, 340, 342, 343, 347, 357, 359, 366, 376, 377, 380-381, 382, 417, 425, 429, 443, 445, 447, 450, 462, 464, 465
Préoccupations qui affectent les, 5, 25–26, 30–31, 31, 33–35, 39–40, 47–48, 51–52, 55, 57–58, 60, 63, 82, 85, 91, 98, 101, 105–106, 109, 111, 123, 127, 136, 142, 151, 161–162, 164–167, 169, 172–173, 178, 181, 188–189, 202–203, 208, 212–213, 220, 224–226, 231, 234, 238, 244, 246–247, 253, 264, 266, 301–302, 328, 338, 342, 344, 353, 359–360, 366, 375–376, 380, 425, 427, 436, 447, 462, 465
Quatrième, 73-76, 108, 135, 164–165, 175, 176, 192–193, 200, 203, 302, 335, 337, 339, 343, 344, 355, 384, 386-387, 430, 440, 457, 463
Régression et, 111, 151, 170, 184, 252, 366, 381, 404, 408, 421
Roue extérieure et, 57, 58, 59, 146, 436, 447, 457, 466
Roue intérieure et, 57, 58, 59, 436, 457
Septième, 34, 80, 82–85, 106, 117, 135, 137, 138, 164, 167, 168, 176, 198-199, 201, 236, 260, 275, 337, 339, 341, 344, 355, 356, 389, 390, 391, 427, 431, 450
Sixième, 79-82, 107, 136, 158, 166, 175, 176, 196-198, 201, 203, 254, 302, 337, 344, 359, 384, 388, 430, 444, 445, 446
Troisième, 70-73, 76, 97, 107, 108, 114, 124, 144, 163-164, 175, 176, 190-191, 200, 203, 220-224, 256, 263, 293, 302, 337, 339, 340, 341, 342, 346, 347, 354, 357, 366, 376, 377, 378, 382, 383-385, 386, 394, 395, 429-430, 438, 442, 446, 447, 448, 452, 458
Chakra Soma, 34
Chamanisme, 172, 251, 317
Champ éthérique physique, 13–15, 91, 98, 224, 243, 245, 264, 265, 265–266, 436, 449
Champignon, *voir* Microbes
Champs,
Champs, *voir* Auriques, champs/couches
Créés par l'homme, 97, 259–260
Description des, 253–255, 296
Électriques, 79

Électromagnétiques, 79, 82, 97, 259, 262, 264
Géochamps subtils, 264
Humains, 17, 20, 32, 35, 50, 59, 79, 85, 106, 110, 115, 116, 136, 141, 176, 187, 200, 202, 234, 236, 259, 260, 264, 271, 275, 326, 346, 363, 407, 421, 430
Illustration des, 261
Lignes Ley, 264
Lumineux universel, 264
Magnétiques, 79, 255, 262, 264
Morphogénétiques, 36
Ondes sonores et, 259–260
Subtils, 259, 263
Charges, *voir* Charges énergétiques
Cheminement, 240, 264
Cheminement de l'âme, 155, 243, 352
Chi, 70, 343, 360
Chopra, Deepak, 221, 382, 383
Chronique, syndrome de fatigue *voir* aussi maladie, 211, 425
Cœur, 3, 23, 36, 51, 60, 74, 76, 84, 88, 140, 149, 150, 153, 192, 193, 228, 256, 263, 366, 436, 450, 451, 452, 453
Colère, 54, 55, 68, 71, 78, 98, 99, 107, 128, 152, 153, 161, 162, 171, 215, 225, 235, 241, 276, 301, 346, 365–367, 369, 370, 372, 373, 375, 378, 379, 384, 388, 391, 402, 403, 408, 415–417, 430, 438, 440, 442, 462
Communication, 50, 53, 60, 61–63, 65, 67, 68, 70, 71, 74, 76, 78, 80, 84, 85, 90, 93, 97, 99, 111, 113–119, 122, 124–131, 165, 255, 256, 257, 319, 333, 354, 387, 392
Communication intuitive, 62, 63, 67, 70, 71, 76, 78, 80, 85, 90, 93, 97, 99
Communication psychique, 62, 63, 67, 68, 71, 74, 78, 80, 85, 90, 93, 97, 99, 354
Communication sensorielle, 26, 27, 61, 63–65, 67, 74, 85, 90, 126, 319, 326, 327, 354
Complétude, 14, 20, 27, 120, 177, 199–200
Concession, 331
Conscience,
Êtres et, 297, 326–327
Inconscient et, 143, 148, 181–183, 185, 222, 236, 297, 401
Subconscient et, 148, 149, 156, 367
Continuum espace-temps, 13, 47, 84, 86, 90, 205, 221, 315
Contrats, *voir* Liens et ententes énergétiques
Cordes, *voir* Liens
Cordes de codépendance, *voir* Liens
Corps, v, 1, 3–6, 12, 14, 16, 18, 20–27, 31–35, 38–45, 47–55, 58, 60, 61, 63, 64, 68, 70, 73, 74, 76, 82, 85, 86, 88, 91, 94, 95, 97–99, 101, 105, 106, 109, 111, 122, 124, 126, 127, 129, 132, 135, 136, 138, 141, 142, 148, 150–152, 154–156, 159–173, 178, 180, 181, 188–190, 195, 200, 202, 204, 207–209, 212–222, 224, 225, 226, 228, 229, 231, 232, 234–236, 238, 239, 242–245, 247–249, 255–260, 262, 264–268, 271, 273, 278–280, 289, 291, 292, 296–300, 302, 306, 308, 309, 312–316, 318–321, 323, 326, 329, 335, 338, 341–344, 346, 349, 352, 353, 359–361, 363–366, 369, 374–376, 379–383, 391, 394, 395, 400, 401, 405, 408, 418–420, 422, 425, 427, 430, 436,

438, 442, 447–450, 453, 462, 464, 465
Corps émotionnel, 14, 105, 161, 162, 163, 217
Corps éthérique, 14, 91, 214, 224, 244, 245, 264, 265, 266
Corps éthérique de l'âme, 264, 265, 266
Corps goudronneux. *voir* Corps énergétiques
Corps gris. *voir* Corps énergétiques
Corps lumineux, 231, 232, 264, 266, 267, 268, 323
Corps mental, 14, 105, 220, 296
Corps, parties et leur signification, couleurs, 12, 58, 60, 255–257
Corps physique, 14, 25, 33, 40, 42, 47, 48, 51, 52, 58, 61, 70, 85, 86, 91, 94, 97, 99, 101, 105, 109, 111, 126, 127, 135, 136, 150, 160, 163, 170, 208, 209, 214, 220, 224–226, 232, 234–236, 243, 245, 265, 268, 296, 308, 313, 314, 346, 359, 360, 464
Corps (sensibilité du), 45, 161–163, 188–189, 202–203, 217–220, 232, 346, 363, 376, 381–383, 394, 401
Corps souffrant, 105, 464–465
Couleurs
  Parties du corps et leur signification, 35, 44, 49, 63, 65, 68, 74, 91, 95, 219, 221, 235, 255–257, 266, 280, 292, 427, 450–453
Croyances (voir aussi blocages et forteresses)
  Absorption des énergies et, 12, 51, 189, 200, 271, 375–376, 405, 427
  Chakras associés aux, 73, 85, 108, 158–161, 163–167, 168–169, 169–171, 178, 180, 187, 190, 193, 194, 200, 202, 215, 376–377, 383, 395, 438–439
  Dissociation d'un sentiment, 12, 21, 23, 51, 55–56, 67, 68, 73, 93, 108, 125, 130, 144–147, 149–150, 153, 157–158, 159–163, 165, 169, 180–184, 189, 199–200, 211, 215–218, 250–252, 272, 295, 330, 373, 374–376, 382–383, 388–391, 394, 398, 405–406, 408, 410, 421, 439, 455
  Guérison et, 19, 23, 142, 181, 189, 309, 405
Culture, 4, 16, 31, 165, 221, 232, 285, 301, 309
Cynisme, 371
Damasio, Antonio R., 363, 364, 470
Darras, Claude, 361
Dégoût, 161, 369, 371, 372, 382, 392, 416
Démons, 24, 184, 328, 329
Déni, 10, 11, 116, 413, 414, 415, 417, 418
Dépendance sexuelle, 11, 67, 161
Dépendances, 10, 11, 64, 67, 70, 73, 76, 78, 82, 85, 90, 93, 97, 99, 125, 161, 187, 381, 434
Dépression (voir aussi maladie), 11, 84, 85, 122, 139, 141, 163, 197, 370, 381, 385, 425, 427, 436, 447, 448, 449
Désespoir, 110, 128, 162, 189, 366, 370, 381, 392, 417
Destinée, points de, 8, 9, 63, 90, 93, 99, 106, 139, 240, 311
De Vernejoul, Pierre, 361
Dharma, 17, 39, 40
Diabète, 309
Diagnostic, 3, 28, 84, 111, 236, 249, 250, 319, 437

Dieu, 5, 19, 28, 36, 39, 41, 109, 125, 139, 158, 196, 200, 234, 286, 307, 320, 326, 327, 331, 359, 375, 418, 431
Dimensions, 22, 34, 60, 87, 90, 106, 181–183, 194, 198, 209, 212, 225, 228, 229, 246, 265, 295, 327, 352, 398
Don Juan, 105, 245, 342
Dons spirituels, 57, 106, 111, 328, 359
Douleur, 62, 95, 105, 113, 185, 215, 236, 243, 249, 276, 315, 330, 343, 355, 370, 388, 406, 427, 444, 450, 454, 464, 465
Dryer, Carol, 218
Eau, 67, 86, 95, 138, 172, 190, 207, 248, 263, 309, 312–315, 321, 466
Ego, 327, 341
Électromagnétique, 31, 50, 74, 259, 260–264, 268
Électropollution, 26, 262, 263
Éléments, 42, 86, 90, 94, 95, 101, 125, 296, 379, 396, 432, 433
Émotions (voir aussi croyances, blocages et forteresses)
  Définition des, 68
  Développement de l'enfant et, 390, 401
  Étapes de libération, 151, 366–367, 373, 374–375, 377, 388–389, 393, 396, 405, 408
  Guérison et, 23, 74, 90, 118, 142, 152, 190, 238, 314, 375, 394–395, 408
  Mode cérébral et, 397–400
  Mode effréné et, 396–400
Émotivité, 189, 373, 374, 396, 399, 400
Énergétique (Monde), 157
Énergie
  Centres énergétiques, *voir* Corps énergétiques
  Chakras et, *voir* Chakras et leurs noms individuels
  Champs auriques et, *voir* auriques, champs/couches, 31, 36, 105, 207, 212–213, 217, 217–222, 218, 219, 220, 222, 224, 228, 229, 231, 232, 234–236, 238, 239, 240, 244, 248–253, 259, 264, 268, 322, 330, 345, 438, 442, 462, 467
  Charges, 30, 78, 98, 326
  Charges d', 326
  Corde d'argent et, 106, 224, 225, 247, 442
  Corps argenté et, 106
  Corps bleu/corps émotionnel et, 14, 105, 162, 163, 217
  Corps causal et, 105, 234
  Corps énergétiques et, v, 1, 5, 31, 106, 208, 213, 238, 244, 259, 264, 321, 335, 359, 360, 422, 425
  Corps goudronneux et, 106
  Corps gris et, 106
  Corps mental et, 14, 105, 220, 296
  Corps souffrant et, 105, 464–465
  Définition de l', 25
  Électrique, 361
  Formes d', 10, 18, 25, 38, 70, 80, 84, 97, 109, 116, 118–121, 123, 139, 191, 217, 218, 225, 229, 235, 249, 250, 258, 262, 263, 303, 307, 314, 318, 327, 388, 418, 421, 444
  Graine d'étoile de la destinée et, 106
  Magnétique, 79, 255, 262

Œuf énergétique et, 5, 35, 36, 105, 234, 264, 268, 269, 322
Particules d', 26, 27, 31, 47, 49, 86, 207, 209, 222, 264
Subtile, v, vi, 5, 8, 26, 29, 47, 48, 62, 105, 128, 360
Vitale, 38, 68, 107, 164, 212, 242, 328, 329, 338, 343, 349, 352, 353, 357, 359, 360, 422, 432, 450, 451–453, 461, 464
Énergies, 2, 4, 6, 8–10, 12, 20, 27, 29, 32, 36, 37, 42–44, 49, 53, 55, 56, 61, 63, 64, 67, 73, 76, 82, 84–86, 88, 90, 97–99, 105, 109, 113–115, 117, 120, 122, 125–131, 152, 170, 171, 182, 183, 185, 187, 189, 190, 192, 199, 200, 202, 204, 217–219, 226, 229, 232, 248, 250, 251, 264–266, 268, 271–273, 295, 296, 302, 304, 308, 312, 315, 317, 322, 323, 325–328, 332, 335, 339, 343, 346, 347, 350, 355, 356, 376, 409, 410, 427, 432, 462
Enfants innocents, 193, 326, 430
Enfant (s) intérieur (s), 126–127, 143, 326, 419–421, 430
Entente de codépendance. *voir* Liens
Ententes énergétiques *voir* aussi liens, 47, 194, 225, 323, 325, 330, 379
Entités, 27, 37, 71, 116, 236, 242, 248, 266, 320, 326–328, 332, 353, 458, 460, 462
Épigénétique, 265
Esprit, 4, 5, 9, 12, 13, 14, 15, 16, 20, 21, 22, 23, 24, 25, 26, 27, 28, 33, 40, 49, 50, 53, 55, 57, 65, 84, 94, 109, 140, 141, 147, 148, 149, 152, 154, 157, 163, 165, 169, 170, 177, 192, 194, 195, 203, 204, 214, 221, 222, 230, 238, 253, 256, 258, 280, 288, 295, 296, 297, 298, 299, 300, 301, 304, 306, 309, 312, 314, 316, 317, 318, 319, 320, 325, 326, 327, 329, 333, 336, 342, 344, 346, 363, 369, 371, 382, 389, 394, 395, 398, 403, 405, 407, 408, 418, 419, 420, 423, 425, 427, 430, 447
Esprit de groupe, 280
Esprits. *voir* Entités
Éther, 86
Êtres élémentaux, 85–86, 95, 98–99, 170, 248, 313, 327, 346
Êtres planétaires, 86, 326, 432
Expériences de mort imminente, 17
Fantômes, 326
Femmes, 37, 38, 68, 84, 97, 113, 114, 119, 138, 150, 166, 268, 329, 338, 341, 342, 343, 346, 347, 373, 374, 377, 388, 403, 404, 454
Feng shui, 263, 313
Fools Crow, 154
Forces, 17, 19, 26, 93, 99, 105, 110, 113, 114, 116, 129, 143, 165, 172, 209, 248, 265, 282, 314, 433, 450
Forme de pensée, 217, 402, 403
Forme des chakras, 51–52, 184, 187, 445
Forteresses. *voir* aussi Croyances et blocages
Émotionnelles, 53, 115, 123, 127, 137, 142, 146, 148, 149, 151, 152, 156, 180, 188, 243, 249, 258, 262, 265, 290, 314, 330, 360, 367, 368, 375, 379, 380, 387, 389, 390, 397, 402, 413, 438, 462
Mentales, 145–148, 330
Spirituelles, 145, 157–158
Fragmentation, 111, 330, 353
Fragment de l'âme, 318, 443

Frayeur, 65, 123, 160, 215, 218, 366, 371, 376, 381, 382, 391, 408, 431, 432, 433
Fréquence, 30, 35, 49, 63, 86, 106, 146, 162, 186, 187, 208, 214, 236, 258, 262, 296, 302, 310, 323
Frontières, définir, 285
Frontières, établir, 332, 370, 397
Furlong, David, 34, 470
Futur, 29, 36, 41, 79, 80, 86, 87, 238, 384, 398, 436
Genre, 12, 24, 27, 54, 56, 57, 64, 67, 146, 158, 192, 222, 240, 256, 276, 308, 349, 376, 382, 386, 388, 403
Géochamps, subtils, 264
Géopathique, stress, 259, 260, 262
Gerber, Richard, 33, 38, 64, 79, 82, 86, 91, 470
Glande hypophyse, 60, 79, 80, 84, 102, 196, 197, 444, 445, 448
Grâce, 18, 93, 112, 131, 156, 195, 204, 211, 221, 229, 248, 250, 291, 309, 314, 336, 351
Graine d'étoile de la destinée, 106
Guérison,
- Âme, 7, 9, 11–14, 16, 21–28, 33, 39, 40, 49, 50, 53, 55, 57, 61–63, 67, 70, 71, 76, 78, 80, 90, 91, 93–95, 97, 99, 101, 103, 105, 106, 109, 111, 122, 124, 130, 136, 138, 140, 141, 148, 149, 151, 154–156, 159, 163–166, 168–171, 174, 178, 189, 191–193, 195, 197, 198, 200, 201, 203, 204, 217, 221, 224, 226, 228, 229, 231, 232, 239–245, 247, 253, 264–266, 271, 272, 275, 282, 296–300, 302, 306, 308, 309, 312, 314, 317–321, 326–330, 340, 350, 352, 353, 357, 363, 375, 376, 379, 380, 382, 384, 389, 393, 407, 414, 415, 418–421, 432, 442, 443, 444, 447, 453, 460, 466
- Chakras et, v, 1–6, 27, 28, 31, 33–36, 38, 39, 47–54, 57, 58, 60, 61, 63, 79, 82, 85, 86, 97, 98, 101, 105–111, 115, 116, 119–121, 123, 126–128, 131, 135–138, 140–142, 144, 146, 148, 149, 157, 159, 164, 167, 168, 172–178, 181–186, 191, 193, 200, 202–205, 208, 212, 213, 219, 238, 246–249, 254, 260–262, 264, 266, 291, 302, 310, 315, 321, 329, 333, 335, 336, 338, 339, 341, 343, 344, 346, 347, 354, 355, 357, 359, 360, 361, 377, 378, 382, 389, 401, 418, 421, 422, 425–427, 438, 442, 448, 450, 458, 459, 462, 463
- Couleurs et, 1, 44, 79, 80, 107, 109, 161, 162, 189, 204, 218, 222, 225, 250, 254, 255, 277, 278, 283, 294, 389, 444, 447
- Émotionnelle, v, 22, 25, 68, 78, 79, 85, 93, 99, 118, 124, 125, 145, 147, 153, 161, 171, 189, 195, 209, 213, 217, 235, 255, 260, 330, 366, 368, 369, 373, 374, 381, 383, 387, 390, 391, 393, 396, 397, 406, 418, 421, 427, 428, 434, 435, 438, 439, 440, 443, 448, 450, 454, 455, 464

Mentale, 22, 71, 85, 95, 118, 144, 145, 147, 149, 163, 200, 209, 213, 217, 220, 221, 226, 260, 303, 330, 374, 399, 440, 448, 450
Nuances et, 189, 222
Spirituelle, v, 1, 5, 8, 9, 13, 14, 21, 22, 25–28, 37, 38, 48, 49, 57, 59, 63, 78, 84, 85, 93, 94, 101, 113, 114, 118, 120, 123, 131, 145, 148, 155, 156–158, 160, 161, 164, 167, 173, 177, 198, 208, 209, 213, 217, 234, 245– 248, 255, 257, 260, 282, 288, 295, 296, 298, 299, 301, 302, 303, 304, 308, 309, 312, 314, 316, 317, 320–323, 327, 333, 340, 349, 350, 353–356, 370, 371, 387, 422, 425, 444
Guérison de l'âme, 318, 319
Guérison émotionnelle, 396
Habitudes, 40, 56, 367, 368
Hahnemann, Samuel, 264
Haine de soi, 118, 372
Hantise (ancestrales), 160
Harmonique, 297
Hartmann, réseau, 264
Homéopathie, 264
Honte, 18, 124, 125, 154, 157, 158, 160, 162, 215, 272, 301, 325, 347, 366, 371, 372, 382, 391, 416, 418, 429, 430–433, 435, 445, 447
Hunt, Valerie, 49, 50, 470
Incarnations, 326
Information (dans l'énergie), v, 4, 5, 25, 26, 30, 35, 40, 44, 50, 55, 63, 64, 67, 71, 74, 76, 78, 87, 88, 90, 91, 95, 97, 111, 135, 181, 183, 185, 194, 222, 228, 229, 236, 238, 239, 245, 248, 254, 263, 268, 277–280, 287, 299, 316, 317, 322, 332, 333, 343, 354, 356, 365, 367, 377, 394, 422, 431, 436
Infrarouge, 79, 91
Interférence, 327, 328, 331
Intermédiaire, vi, vii, 16, 37–39, 53, 60, 61, 64, 68, 74, 76, 78, 79, 87, 91, 93, 109, 122, 123, 126, 149, 155, 176, 182, 186, 187, 190–194, 211, 215, 221, 222, 224, 228, 232, 239, 243, 244, 247, 253, 271, 274, 283, 297, 299, 300, 304, 322, 338, 346, 347, 364, 366, 382, 420, 432
Intuition, 9, 16, 42, 57, 64, 80, 93, 106, 108, 110, 152, 175, 235, 250, 251, 258, 276–278, 308, 366, 371, 377, 399, 420, 421, 422, 447
Jacka, Judy, 264, 266, 470
Jésus-Christ, 247
Joie, 6, 65, 130, 148, 160, 161, 215, 325, 352, 369, 371, 376, 391, 416, 422, 430
Jugement, 10, 71, 107, 116, 128, 157, 192, 198, 229, 235, 253, 370, 432, 433
Kabbale, 234
Kachina, 234
Kahunas, vi, 38, 217, 367
Kalweit, Holger, 245, 317, 471
Karma, 17, 39, 40, 88, 90, 139, 174, 302, 376
Katz, Richard, 319, 320, 471
Khan, Hazrat Inayat, 231
King, Serge, 217, 367, 471
Kirlian, photographie, 246
Kundalini
Définition, 65
Dorée, 38, 43, 120, 121, 198, 341, 349, 353, 354, 356
Rayonnante, 38, 120, 121, 192

Rouge (serpent), 35, 38, 67, 73, 82, 107, 118–120, 121, 128, 185, 187, 188, 211, 212, 221, 222, 243, 256, 276, 292, 310, 320, 330, 338, 341–343, 349, 354, 356, 376, 427, 444, 452, 453, 464, 465
Serpent, 37, 38, 65, 119, 121, 187, 319, 338, 341, 359
Leadbeater, C. W., 33, 85, 105, 271, 340, 349, 354, 471
Ley, lignes, 264
Liens
Cordes de vie, 330
Ententes de codépendance, *voir* aussi Blocages, forteresses et ententes énergétiques
Lignes électriques, 262, 431
Livre de Vie, *voir* Archives)
Lois spirituelles, *voir* Principes protecteurs, gardiens
Lois universelles, *voir* Principes protecteurs
Lumière visible, 260
Lumière *voir* aussi lumière visible, 7, 16, 20, 26, 28, 30–33, 35, 38, 42–44, 47, 49, 79, 86, 98, 119, 124, 126, 188, 192, 196–199, 208, 231, 232, 238, 240, 243, 244, 260, 263, 264, 266–268, 272, 275, 294, 299, 320, 323, 331, 350, 394, 422
Magie, 86, 120, 247, 301–304, 308, 317, 321, 322, 328, 329, 408, 419
Maîtres, 4, 17, 37, 122, 236, 302, 350, 354
Maladie, v, 8, 11, 23, 24, 25, 32, 53, 87, 88, 107, 142, 146, 150, 152, 162, 174, 180, 211, 220, 235, 236, 241, 249, 264, 266, 290, 317, 329, 360, 366, 406, 425, 438, 450–454, 458
Maladies, *voir* Chaque chakra pour la liste complète
Alcoolisme, 10
Allergies, 76, 266, 375, 427, 428, 432, 434, 458
Anxiété, xv, 242, 391, 436, 437, 454
Arthrite, 438
Asperger, syndrome d', 111, 442, 443
Asthme, 76, 440, 441, 458
Attachement, troubles de l', 442
Autisme, 111, 242, 330, 442, 443
Cancer, 18–20, 87, 88, 185, 234–236, 249, 260, 262, 263, 305, 414, 444–446
Cancer, prostate, 444, 446
Cancer, sein, 236, 249, 444, 445
Chronique, syndrome de fatigue, 211, 212, 425
Dépendances, 10, 11, 64, 67, 70, 73, 76, 78, 82, 85, 90, 93, 97, 99, 125, 161, 187, 381, 434
Dépression, 331
Maladies cardiaques, 3, 23, 263, 450
Maux de tête, 67, 82, 117, 149, 356, 357
Phobies, 23, 436, 466, 467
Syndrome d'immunodéficience acquise (SIDA), 425
Marqueur énergétique, *voir* Liens
Matière, vi, 1, 13, 19, 26, 31, 141, 187, 202, 207, 208, 214, 245, 288, 296, 298, 301–303, 314, 336, 350, 356, 374, 382, 403, 458
Médecine allopathique, 28, 29
Méditation, 43, 85, 185, 199, 225, 252, 268, 276, 395
Mental. *voir* Croyances et forteresses
Méridiens, v, 31, 99, 359, 360, 361

Miasmes, 36, 264
Microbes
Bactéries, 456
Champignons (levures et moisissures), 440, 458
Parasites, 458, 460, 461
Virus, 439, 462, 463
Micro-ondes, 262
Migraines (maux de tête), 55, 117, 152, 153, 450
Miracles, 19, 22, 29, 38, 131, 173, 301–305, 307, 308, 321–324, 408, 419
Miroir éthérique, 264, 266
Moi primal, 144
Moi (soi), 2–5, 6, 9–14, 16–18, 20–22, 25, 28, 30, 41, 42, 44, 47, 54, 56, 63, 105, 107, 109–111, 124, 125, 130, 131, 135, 140, 143, 144, 145, 148, 149, 153–155, 157, 166, 167, 169, 170, 172–174, 177, 178, 181, 182, 185, 187, 193–198, 205, 209, 212, 225, 226, 229, 234, 236, 238, 239, 245, 248, 249, 251, 252–254, 257, 259, 268, 272–276, 278, 279, 281, 287–292, 294–299, 301, 304–306, 313–315, 318–321, 323, 325–328, 330, 333, 334, 338, 341, 346, 347, 349, 357, 368, 371, 372, 382, 385, 389, 394, 400–403, 407–409, 413–423, 425, 431, 432, 443, 447, 458
Monde des esprits, 327, 328
Monde naturel, 259, 326, 327
Musique. *voir* Tons
Nadis, 359, 360
Nature, vii, 2, 8, 11, 16–20, 25, 29, 33, 34, 36, 42, 58, 60, 84, 91, 113, 115, 123, 125, 126, 130, 137, 138, 145, 148, 149, 155, 157, 166, 170, 173, 184, 186, 187, 192, 197, 208, 209, 211, 217–219, 221, 225, 252, 255, 256, 262, 265, 275, 287, 288, 291, 303, 305, 312, 327, 328, 333, 334, 341, 350, 354, 365, 366, 382, 403, 413, 432
Neuropeptides, 365
Nieper, Hans, 262
Obsession, 330
Œuf énergétique, 5, 35, 36, 105, 234, 264, 268, 269, 322
Ondes radio, 262, 430
Parasites. *voir* Microbes
Pardon, 88, 130, 331, 352, 407
Particules/charges énergétiques. *voir* Charges énergétiques
Passé, 17, 36, 39, 41, 42, 54, 56, 62, 80, 86–88, 90, 95, 111, 129, 130, 139, 144, 152, 153, 163, 167, 172, 177, 183, 187, 238, 241, 247, 280, 307, 311, 330, 357, 379, 390, 398, 400, 417, 418, 431, 467
Pendule, 106, 204, 205
Pert, Candace, 365, 366, 471
Peur, 9, 19, 21, 40, 87, 94, 99, 128, 148, 161, 171, 184, 187, 191, 200, 218, 235, 257, 289, 314, 318, 319, 340, 349, 365, 367, 368, 369, 371, 372, 379, 385, 388, 389, 402, 404, 405, 406, 411, 415–417, 429, 430, 436, 440, 442, 447, 450, 453, 456, 457, 466, 467
Philosophie esprit/corps, 19, 27, 139, 234
Phobies, 23, 436, 466, 467
Photons, 30, 31, 32, 264
Points clés, système des, *voir* aussi vertèbres, 335, 343, 354–356, 358
Points énergétiques spirituels
29. plaisir, 112, 129, 336, 351
30. pardon, 112, 130, 336, 351
31. foi, 112, 131, 336, 351

Abondance, 112, 122, 336, 348
Alignement (avec l'objectif ultime), 112, 127, 336, 348
Clarté, 112, 123, 336, 348
Création, 112, 125, 336, 348
Équilibre des polarités, 112, 115
Grâce et conscience de la Source divine, 112, 131
Harmonie, 112, 116, 336, 348
Kundalini, 112, 118, 121, 348
Libre arbitre et liberté, 112, 117
Maîtrise, 112, 120, 168, 336, 348
Paix, 112, 128, 336, 351
Réalisation, 126, 336
Sagesse, 78, 112, 129, 336, 351
Yang, 63, 65, 68, 71, 74, 76, 80, 84, 90, 91, 95, 99, 112–116, 133, 174, 345, 346, 360
Yin, 63, 65, 68, 71, 74, 76, 80, 84, 90, 93, 95, 99, 112–116, 174, 345, 360
Point zéro, 31, 32, 264, 268
Pollution magnétique, 97, 260, 262, 263, 458
Popov, A.S., 35
Possession, 161, 195
Présent (temps), 2–4, 9, 10, 22, 31, 34, 36, 41, 47, 50, 80, 86–88, 95, 118, 128, 141, 154, 207, 238, 239, 241, 250, 257, 259, 262, 293, 296, 323, 325, 327, 330, 334, 341, 354, 359, 380, 394, 398, 400, 425, 436, 439, 444, 460
Prière, 85, 199, 263, 268, 333
Principes protecteurs, 285, 306, 323, 324, 356, 395, 408
Programme, 21, 23, 73, 146, 156, 310, 376, 379, 418
Programme en 12 étapes, 291
Projection, 76, 224, 225, 272, 394
Prophétie, 85
Protection, 71, 76, 127, 144, 164, 189, 212, 214, 235, 251, 262, 268, 338, 350, 388, 415
Quarks, 49
Quatre voies, 5, 22, 23, 172, 327, 328
Rachel, iv
Randall, Georgia Lambert, 34, 471
Rayons
Cinquième, 274
Définition, 36
Deuxième, 274
Énergies spirituelles et, 82, 317
Guérison et, 2, 4, 12, 19, 47, 189, 195, 238, 252, 274, 288–292, 295, 303, 317, 318, 323, 325, 336, 377
Premier, 274
Quatrième, 274
Septième, 275
Sixième, 282
Troisième, 274
Récession, 330
Refoulement, 64, 162, 235, 343, 352, 384, 385, 447
Régime alimentaire *voir* aussi aliments, 58, 76, 98, 236, 301, 313
Régression, *voir* aussi chakra, 111, 125, 151, 184, 252, 366, 380, 381, 404
Reiki, 314
Réincarnation, *voir* Vies antérieures
Reynolds, David, 364, 471
Rogers, Carl, 396, 472
Santé mentale, thérapies, 95, 220
Sarno, John, 152
Schémas (comportementaux), v, 10, 13, 87, 88, 139, 143, 146, 148, 150, 174, 175, 201, 203, 217, 220, 224, 228, 295, 297, 329, 366–368, 373, 374, 376, 387, 388, 390, 393, 408, 411, 423, 450
Schizophrénie, 85, 97, 242, 330

Schulz, Mona Lisa, 152
Sclérose en plaques, 152, 458
Sentiments, *voir* Croyances, blocages et forteresses
 Cinq constellations, 365, 369
 Guérison et, 2, 4, 12, 19, 47, 189, 195, 238, 252, 274, 288–292, 295, 303, 317, 318, 323, 325, 336, 377
 Maladie et, 329, 366
Serpent kundalini, 37, 38, 65, 119, 121, 187, 319, 338, 341, 359
Shambhala, 94, 236, 244, 471, 473
Soi de Dieu. *voir* Corps énergétiques
Soins holistiques, 29
Soi original, 326
Soi supérieur, 3, 38, 41, 49, 67, 85, 102, 103, 117, 191, 199, 204, 205, 232, 295, 323, 327, 350, 353, 354, 356, 363, 431
Sort, *voir* Liens
Source divine, 11, 14, 17, 19–21, 28, 41, 57, 60, 62, 76, 82, 85, 93, 109, 112, 117, 120, 123, 125, 126, 128–131, 151, 154, 158, 165, 180, 187, 188, 192–195, 197, 198, 201, 215, 225–228, 232, 234, 236, 238, 249, 251, 272–276, 279, 280–282, 288–292, 294, 296–299, 301, 303–306, 308, 314, 318–323, 343, 349, 351–353, 354, 357, 382, 389, 392, 407, 408, 413, 414, 416, 417, 419, 420, 422, 423
Sources, 5, 67, 113, 194, 252, 254, 272, 285, 317, 325, 332, 353
Sources psychiques, 332
Souvenir, 41, 53, 90, 180, 220, 238, 307, 370, 375
Stein, Diane, 35, 52, 70, 86, 98, 224, 472
Style kinesthésique physique, 85, 251, 258, 355, 382, 421
Symboles, *voir* Symboles géométriques
Syndrome de l'intestin irritable (SII), 454
Syndrome prémenstruel (SPM), 70, 357
Système des chakras secondaires, 101
Tachyons, 49, 86
Terre, 6, 65, 74, 86, 94, 95, 97, 98, 101, 103, 170, 172, 184, 224, 236, 246, 256, 264, 299, 312, 314, 328, 335, 350, 353, 360, 364, 423, 432, 458, 462
Terreur, 371
Tiller, William, 3, 13, 15, 24, 30, 360, 472
Tons, 95, 195
Toucher, 8, 55, 119, 250, 286, 314, 315, 400, 401
Tournoiement, 450, 454
Tournoiement des chakras, 450, 454
Travail (en tant qu'idéal), 301–302
Tristesse, 62, 107, 146, 161, 162, 163, 365, 369, 370, 375, 379, 384, 403, 415, 417, 429, 458, 459
Ultraviolet, 88, 90, 260
Univers parallèles, 229, 268
Vagues, 398, 399
Vérité, 4, 8, 11, 17, 33, 41, 43, 76, 136, 139, 154, 156, 159, 166, 172, 173, 188, 198, 214, 229, 231, 232, 234, 286, 292, 293, 297, 350, 367, 405, 407, 411, 418, 430
Vertèbres,
 Atlas, 352, 353, 356
 Axis, 352, 353, 356
 Cervicales, 101, 103, 341, 347, 350, 351, 352
 Coccygiennes, 338, 339, 342, 343, 345, 354, 357
 Guérison par le système des points clés et les, 335, 343, 354, 356, 358

Lombaires, 101, 103, 344, 345, 346, 347
Sacrées, 101, 103, 312, 338, 339, 343
Thoraciques (dorsales), 347, 348, 349, 350, 356
Vêtements (en tant que besoin), 16, 159, 185, 207, 217, 309, 313, 315, 388
Vibration, 13, 15, 21, 25, 26, 36, 260, 310
Vies antérieures, 40, 51, 54, 90, 95, 123, 139, 141, 142, 147, 148, 169, 170, 181, 183, 194, 240, 242, 265, 298, 311, 318, 344, 357, 379
Virus, *voir* Microbes
Vivaxis, 264, 266, 470
Voie de l'imagination, 80, 86, 328, 383, 396
Voie du pouvoir, 1, 3, 4, 7, 14, 21, 38, 42, 68, 70, 71, 73, 85, 93, 94, 98, 99, 107, 110, 111, 113, 114, 120, 126, 128–130, 135, 138, 141, 142, 144, 150, 151, 153, 154, 158, 159, 163, 171, 172, 175, 182, 184, 185, 190, 193, 212, 235, 242, 248, 249, 256, 272, 274–276, 281, 295, 299, 301, 303, 304, 306, 309, 311, 312, 319–323, 328, 329, 340–343, 353, 354, 369–372, 377–379, 383, 384, 391, 394, 399, 407, 408, 413, 416, 421, 430, 442, 444, 462
Voie élémentale, 97–99, 170, 328
Voies, *voir* Quatre voies
Vortex, 52
Waidika, 34
Whitton, Joel, 23, 240, 473
Wiedemann, Frederic, 39, 473
YK, Liu, 361
Yogaranjopanishad, 34
Zone blanche, 240–242
Zone grise, 242
Zone noire, 243
Zone rouge, 243, 464, 465
Zones (de l'existence), 240

ADA éditions

www.AdA-inc.com
info@AdA-inc.com